AF545460

Schau mir in die Augen, Dürer!

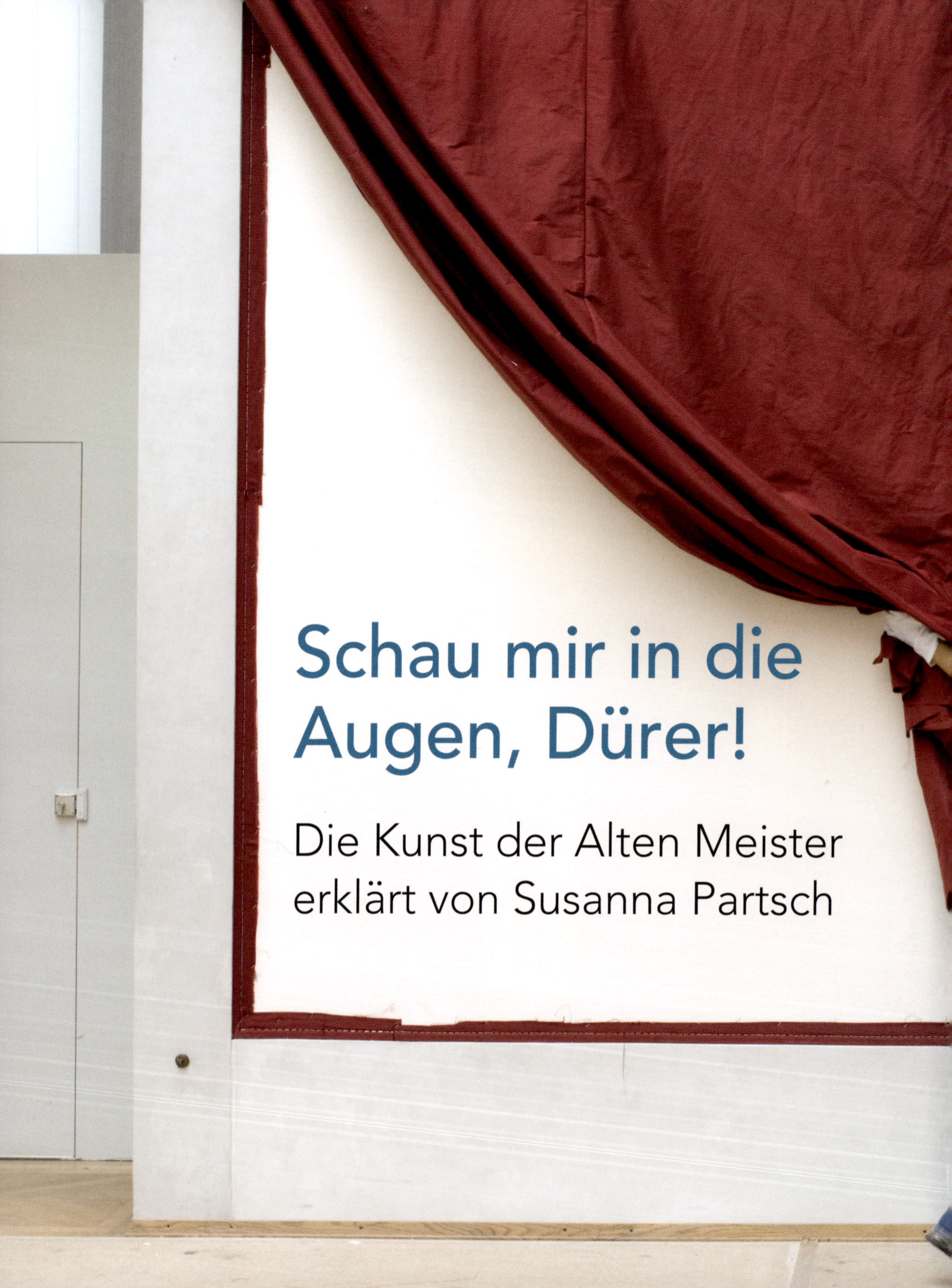
Schau mir in die Augen, Dürer!
Die Kunst der Alten Meister erklärt von Susanna Partsch

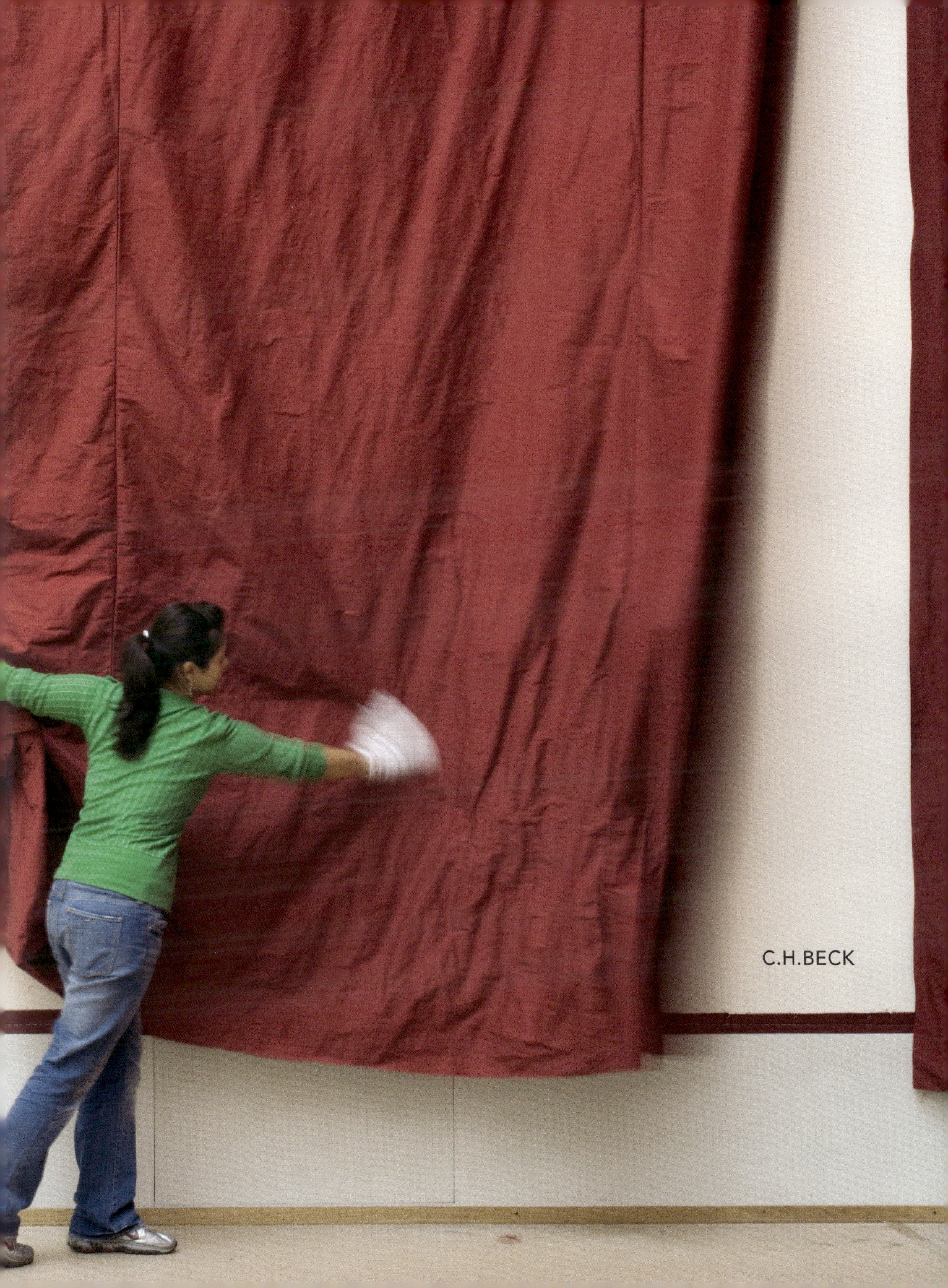
C.H.BECK

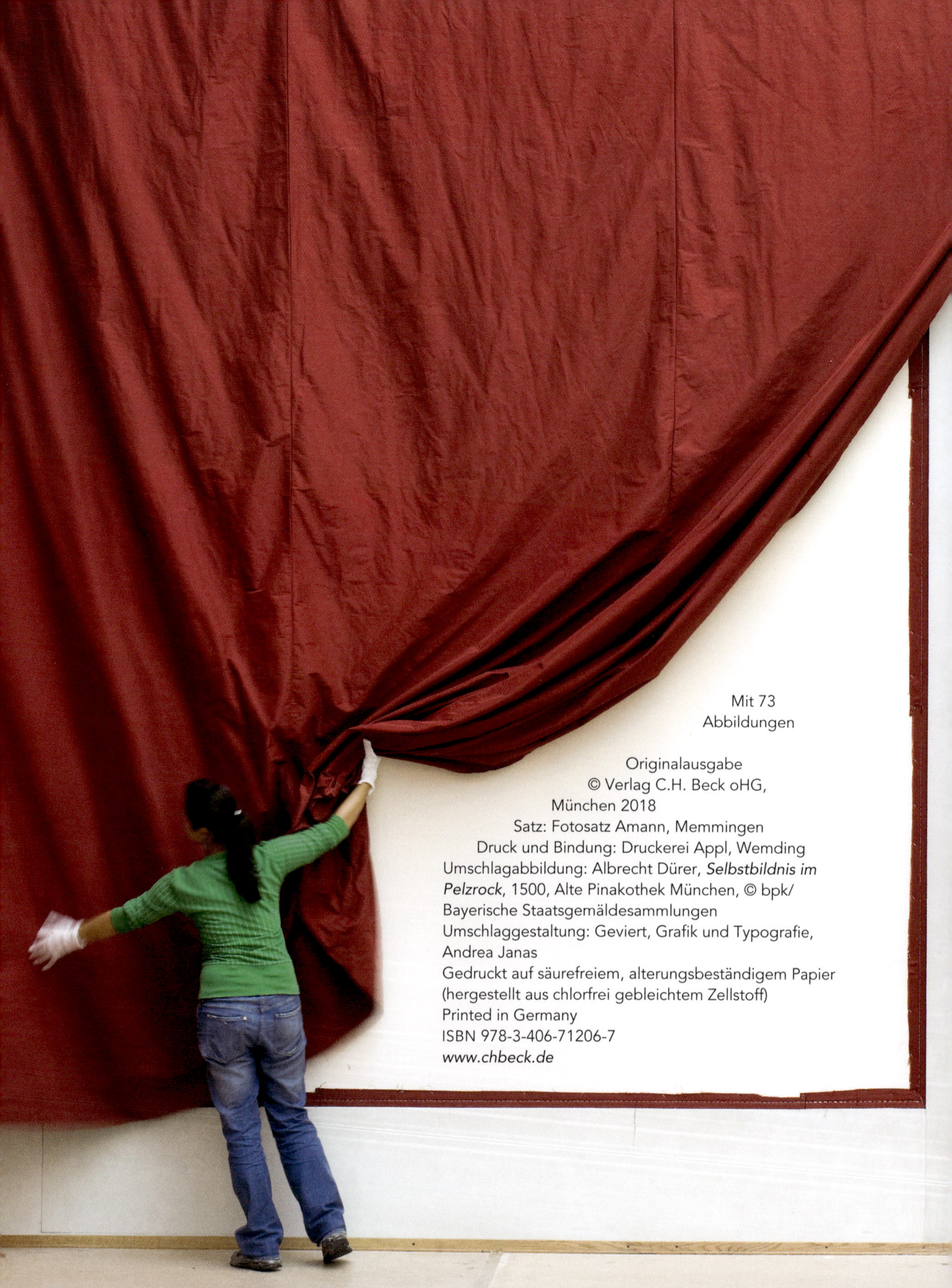

Mit 73 Abbildungen

Originalausgabe

Satz: Fotosatz Amann, Memmingen
Druck und Bindung: Druckerei Appl, Wemding
Umschlagabbildung: Albrecht Dürer, *Selbstbildnis im Pelzrock*, 1500, Alte Pinakothek München, © bpk/ Bayerische Staatsgemäldesammlungen
Umschlaggestaltung: Geviert, Grafik und Typografie, Andrea Janas
Gedruckt auf säurefreiem, alterungsbeständigem Papier (hergestellt aus chlorfrei gebleichtem Zellstoff)
Printed in Germany
ISBN 978-3-406-71206-7
www.chbeck.de

Inhalt

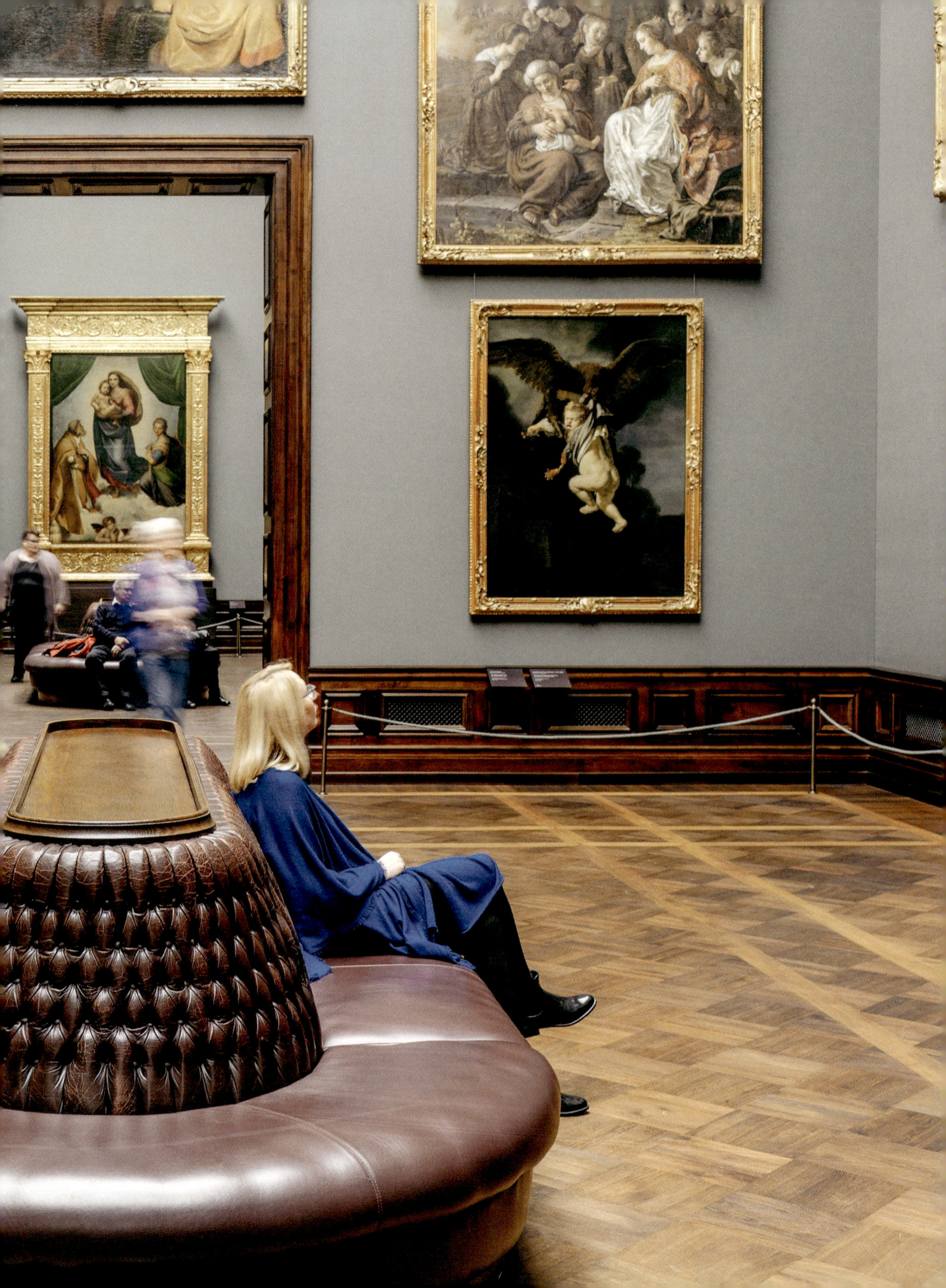

Vorwort

In einem Museum steht eine Familie vor einem Bild, auf dem ein fast nacktes Baby von einem gewaltigen Adler in die Lüfte getragen wird. Das Kind sagt mit lauter Stimme: «Schau mal, das Baby pinkelt. Warum denn?» Der Vater versucht es mit einer allgemeinen Erklärung über Angst, während die Mutter das Schild neben dem Bild liest: «Rembrandt, Die Entführung des Ganymed, 1635» steht dort. «Das ist Ganymed, der von einem Adler entführt wird», folgert sie. «Und wer war das? Und warum?» Ratlosigkeit und dann das Eingeständnis: «Das weiß ich auch nicht.» 1 | S. 12

Diese Szene hat sich so ähnlich vor einigen Jahren in der Gemäldegalerie Alter Meister in Dresden zugetragen. Ich habe mich damals nicht getraut, zu der Familie zu gehen und die Geschichte zu erzählen, wie der schöne Jüngling Ganymed von Zeus in der Gestalt eines Adlers entführt und zum Mundschenk der Götter erkoren wurde. Über diese spezielle Darstellung hätte ich allerdings auch nur Mutmaßungen anstellen können, da sie bis heute nicht ganz entschlüsselt ist. Damals keimte die Idee, ein Buch zu schreiben, in dem es um rätselhafte Bilder geht, die sich heute in Museen befinden. Aus ihr entstanden erste Überlegungen zu einem Buchprojekt über Gemälde Alter Meister. Doch welche Fragen stellen Besucher, die ohne kunsthistorisches Vorwissen in ein Museum gehen, in dem Werke aus früheren Jahrhunderten ausgestellt sind? Um das herauszufinden, schrieb ich an Freunde und Bekannte und bat sie, mir genau dies zu sagen. Viele von ihnen antworteten und stellten zum Teil Fragen, auf die ich nie gekommen wäre. Aus ihnen ergaben sich jedoch andere, und so entstand allmählich ein Konzept, bei dem die Fragen nach Kapiteln geordnet erhalten blieben. Für die Antworten, die unterschiedlich lang ausfielen, suchte ich nach Bildbeispielen in verschiedenen deutschsprachigen Museen.

Man kann das Buch natürlich von vorne bis hinten durchlesen, doch

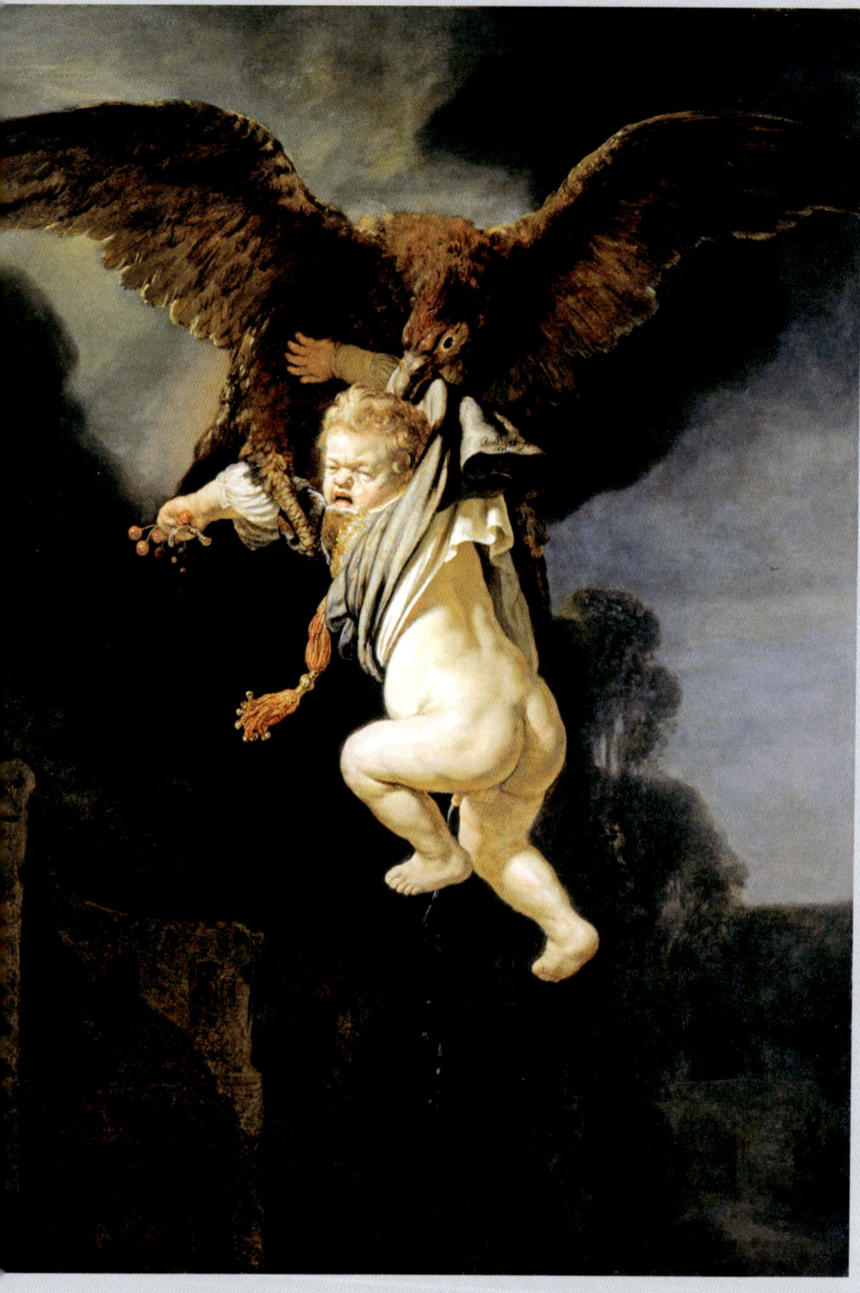

1

Rembrandt, Die Entführung des Ganymed, 1635, Leinwand, 177 x 129 cm, Dresden, Gemäldegalerie Alter Meister

ist es vor allem dazu gedacht, einzelne Fragen, die man sich beim Besuch eines Museums stellt, zu beantworten. Deshalb gibt es einerseits immer wieder Verweise auf Textstellen, andererseits sind aber auch Wiederholungen unvermeidbar, um nicht zu viel blättern zu müssen. Kurzbiografien der Künstler und ein Glossar, in dem Fachbegriffe kurz erläutert werden, entlasten darüber hinaus den Text, der sich an all die wendet, die sich auf einen Museumsbesuch vorbereiten wollen oder nach dem Gang durch eine Galerie der Alten Meister neugierig geworden sind und mehr wissen wollen. Das Alter spielt dabei eine zu vernachlässigende Rolle. Es wendet sich gleichermaßen an Jugendliche und Erwachsene, kann aber auch sicher hilfreiche Stütze sein, wenn Eltern gemeinsam mit ihren Kindern im Museum unterwegs sind.
Für eine bessere Lesbarkeit des Textes haben sich Autorin und Verlag darauf geeinigt, die männlichen Formen von Berufsbezeichnungen zu wählen, wobei die weiblichen natürlich impliziert sind.

Erste Gedanken zu dem Buch entstanden im gemeinsamen Gespräch mit Stefanie Hölscher und Uwe-Michael Gutzschhahn. Das daraus entwickelte Konzept, in das all die Fragen der Freunde mit einflossen, hat Alexandra Schumacher dann begeistert aufgegriffen, das Manuskript in allen Phasen seiner Entstehung begleitet, Ideen beigesteuert und den Text kompetent lektoriert. Ohne den Einsatz von Babette Leckebusch hätte sich nicht nur die Bildbeschaffung mühsam gestaltet und durch die Ideen von Christa Schauer ist aus dem Text ein ansprechendes Buch geworden.
Darüber hinaus haben Freunde und Kolleginnen immer ein offenes Ohr gehabt, Fragen diskutiert, Probleme gelöst, Wissenslücken gefüllt. Claudia Steinhardt-Hirsch hat den Fragenkatalog geprüft und Bettina Schwabe das Kapitel über Materialien und Techniken mit Sachverstand und Kompetenz gelesen und Fehler korrigiert.
Ihnen allen sei Dank.

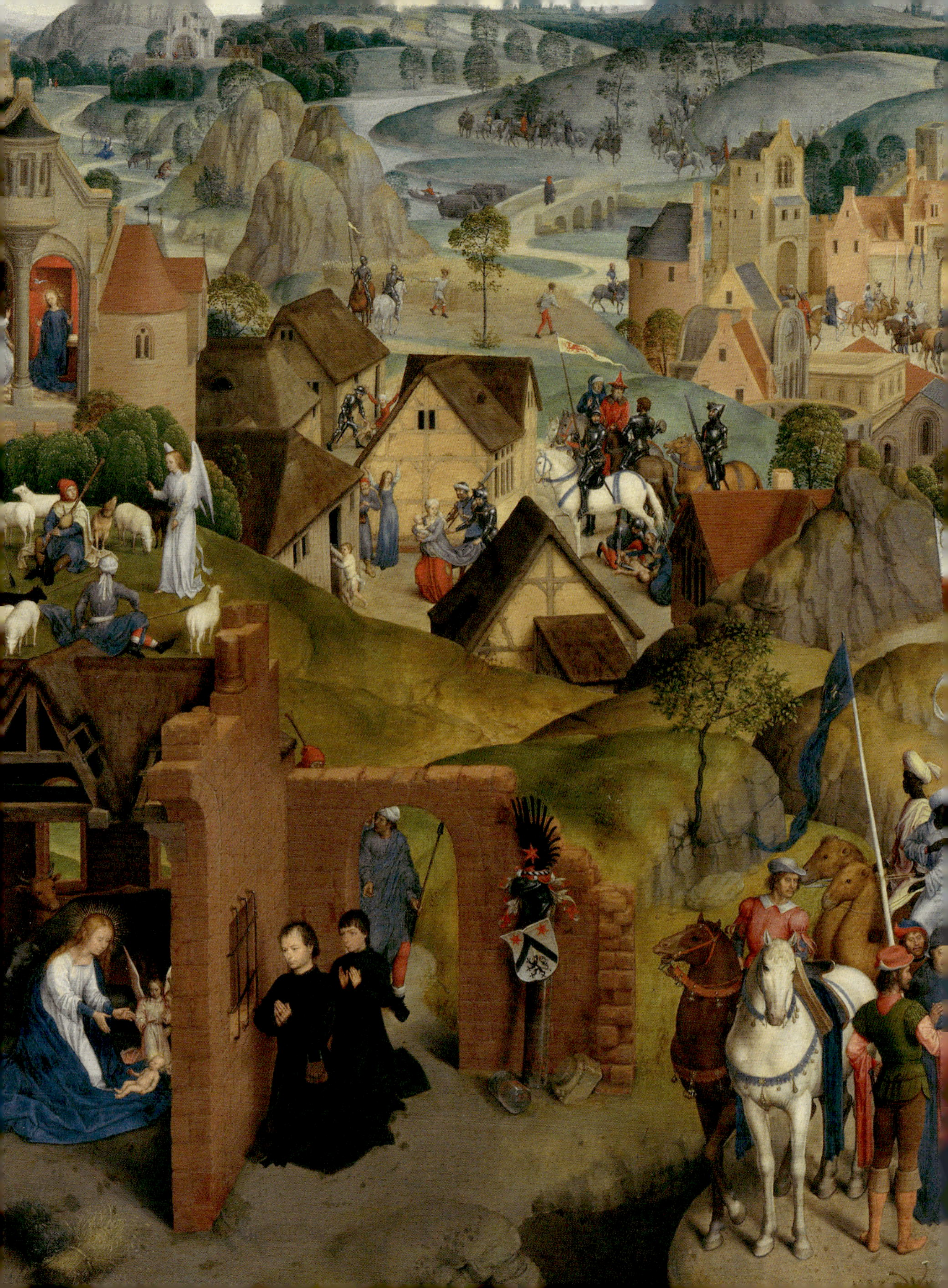

Einleitung: Ein Bild – viele Fragen

Bilder aus früheren Jahrhunderten geben uns oft Rätsel auf. Sie erzählen Geschichten, die uns nicht geläufig sind und die wir deshalb nicht verstehen. Auch die Namen der Maler kennen wir manchmal nicht. Und aus welchem Grund das eine oder andere Bild gemalt wurde, erschließt sich ebenfalls nicht sofort, jedenfalls dann nicht, wenn es sich im Museum befindet, denn dort hat es sich ja nicht immer befunden. Oder vielleicht doch?

Eines dieser rätselhaften Bilder in der Alten Pinakothek in München stammt von Hans Memling und trägt den Titel *Die sieben Freuden Mariens*. Auf dem sehr breiten Bild entfaltet sich eine Landschaft mit vielen Bergen, einem Fluss und einem See im Hintergrund. Vom Himmel ist kaum etwas zu sehen, die Landschaft reicht fast bis an den oberen Rand des Bildes. Eingebettet in die Landschaft befinden sich verschiedene Gebäude: Häuser, Burgen, Bauernhöfe, aber auch die eine oder andere Ruine. Dazwischen erkennt man mehrere Menschengruppen, kleinere und größere Ansammlungen. Kenner der biblischen Geschichte können verschiedene Begebenheiten aus dem Leben Jesu ausmachen, doch wird auch gleich deutlich, dass es sich um mehr als sieben Szenen handelt. Insgesamt finden sich 25 einzelne Episoden, beginnend mit der *Verkündigung an Maria*. Relativ weit hinten am linken Bildrand befindet sich ein nach vorne hin offenes Haus, das an eine Kapelle erinnert. Der Engel ist eingetreten und spricht zu der an einem Pult knienden und lesenden Maria, was man an seiner erhobenen Hand erkennt. Maria, die immer an ihrem blauen Kleid zu erkennen ist, hat die Hände zum Gebet erhoben, über ihr fliegt die Taube des heiligen Geistes und ihr Kopf ist von einem Strahlenkranz erhellt. Mit der *Geburt Christi*, der *Verkündigung an die Hirten*, der *Anbetung der Heiligen Drei Könige*, dem *Bethlehemitischen Kindermord* und der *Flucht nach Ägypten* sind die Geschichten aus der Kindheit Christi abgeschlossen. Ein anderer Erzählstrang bil-

□ 2 | S. 16/17

gegenüberliegende Seite: Detail aus □ 2

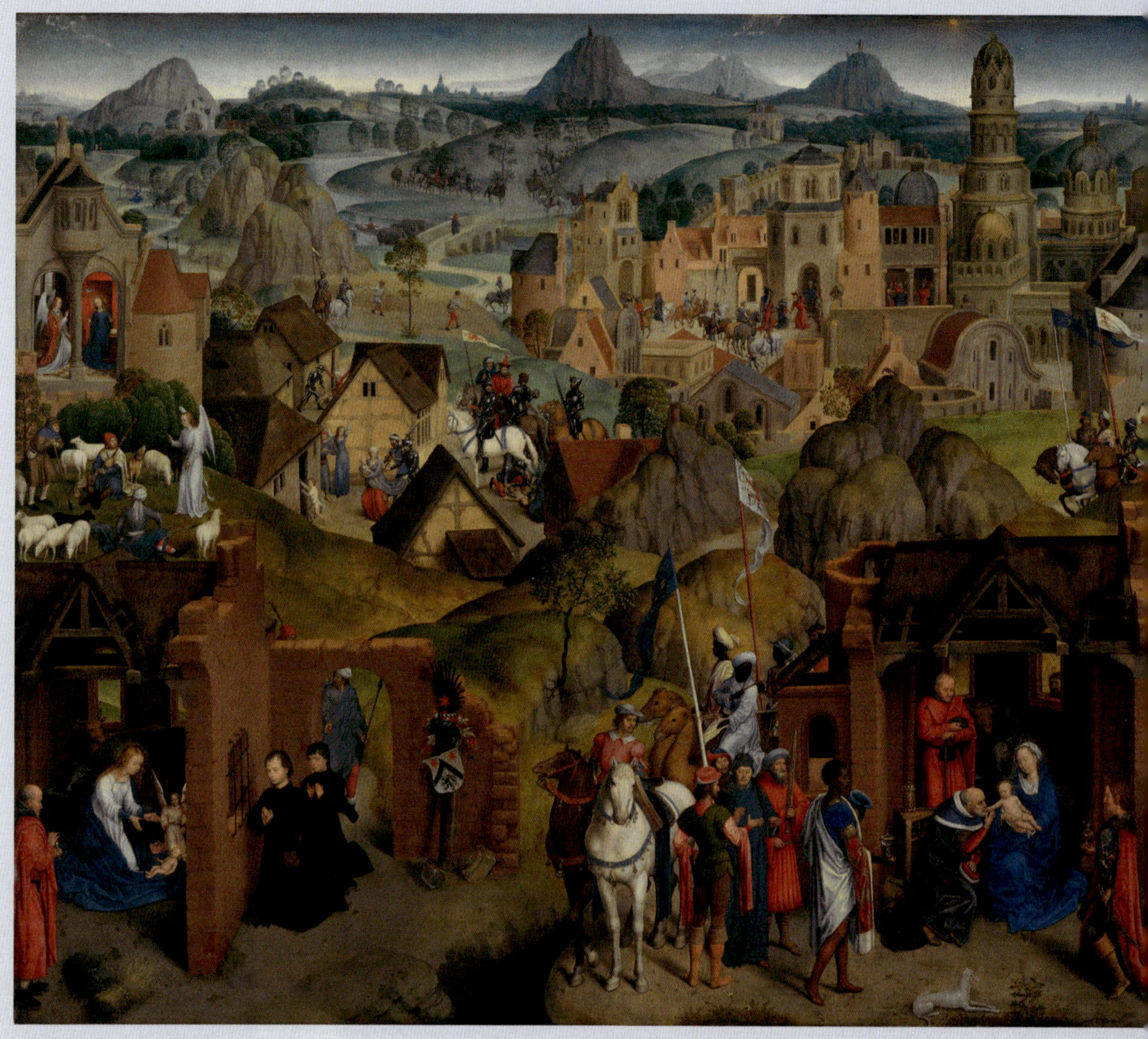

2

Hans Memling, *Die sieben Freuden Mariens*, 1480, Eichenholz, 81 x 189 cm, München, Alte Pinakothek

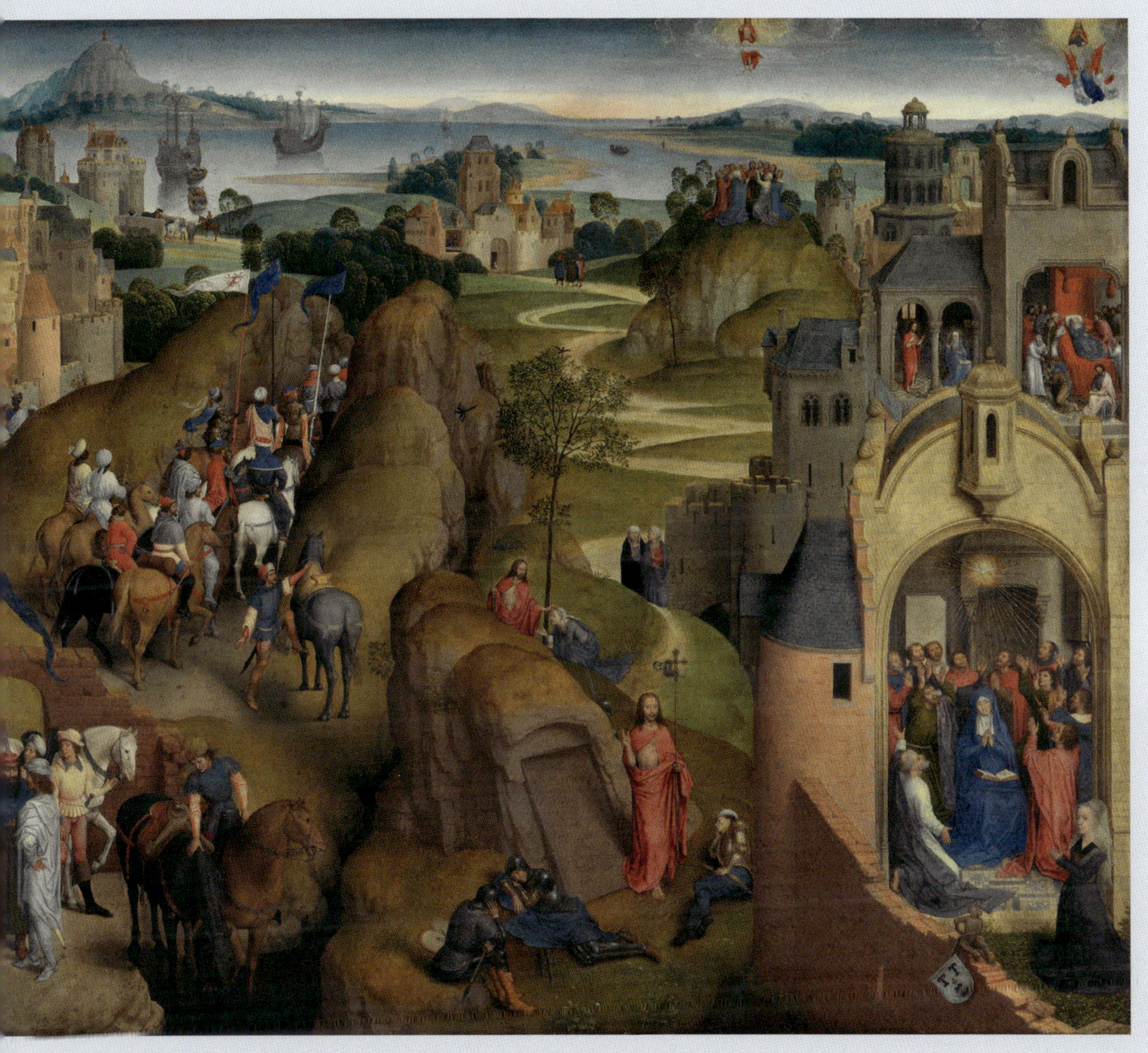

det die Reise der Heiligen Drei Könige, die auch die Weisen genannt werden, in mehreren Bildern ab: Jeder auf einem Berg im Hintergrund (oder am oberen Bildrand) stehend, sieht den Stern, der ihm die Geburt des Erlösers verkündet. Alle drei machen sich mit großem Gefolge auf den Weg, treffen sich, kommen zu Herodes, dem König der Juden, nach Jerusalem, ziehen weiter nach Bethlehem, wo sie dem Christkind Geschenke darbringen, reiten auf einem anderen Weg als gekommen zum Meer und schiffen sich dort ein. Das letzte Drittel des Bildes ist der Auferstehung Jesu gewidmet. Der Auferstandene steht erst vor seinem Grab und erscheint dann Maria Magdalena, den Jüngern in Emmaus und Petrus am See Genezareth. Es folgen die *Himmelfahrt Christi*, die Ausgießung des Heiligen Geistes an *Pfingsten*, der *Tod Marias* und ihre *Himmelfahrt*.

Zu den sieben Freuden Mariens, wie sie vielfach dargestellt wurden, gehören jedoch einerseits Szenen, die auf diesem Bild nicht zu finden sind, andererseits sind es ja weitaus mehr als sieben. Den Titel erhielt das Bild vermutlich erst im 19. Jahrhundert, und obwohl er erwiesenermaßen falsch ist, wurde er im Deutschen beibehalten. Das ist nichts Außergewöhnliches. Auch die berühmte *Nachtwache* von Rembrandt trägt einen falschen Namen (s. S. 268) und ob es sich bei der *Mona Lisa* von Leonardo da Vinci wirklich um eine Frau namens Lisa handelt, ist bis heute umstritten. Inzwischen wird Memlings Bild aber auch *Szenen vom Advent und dem Triumph Christi* genannt.

Auf dem Bild erkennt man drei Personen, die offensichtlich nicht zum Geschehen gehören. Alle drei sind schwarz gekleidet, knien, haben die Hände zum Gebet gefaltet und sind an ihren Wappen als reiche Bürger zu erkennen. Die beiden Männer links befinden sich an der Außenwand des Stalls und können durch ein Fenster das gerade geborene Christuskind sehen, die Frau rechts hält sich außerhalb des Hauses auf, in dem das Pfingstwunder stattfindet. Sie haben sich als die Stifter mit in das Bild malen lassen. Auf dem ursprünglichen Rahmen, der sich nicht erhalten hat, standen ihre Namen, das Datum der Stiftung und der Ort, die Zunftkapelle der Gerber in der Liebfrauenkirche in Brügge. Man weiß, dass sich das Bild bis 1764/65 dort befunden hat. Über den Kunsthandel gelangte es 1813 in die Sammlung der Brüder Boisserée (s. S. 31) und von dort in die Alte Pinakothek.

Der Stifter, der mit seinem Sohn und seiner Frau dargestellt ist, war ein reicher Gerbermeister und Kaufmann. Er konnte es sich leisten, ein Bild bei dem damals bedeutendsten Brügger Maler in Auftrag zu geben. Hans Memling, der Maler, führte sicher eine größere Werkstatt, da sich von ihm sehr viele Bilder erhalten haben: vor allem Altartafeln und Porträts. Er gehörte zu den reichsten Bürgern in Brügge, wo er ab 1465 lebte und arbeitete. Allerdings malte er nur zwei sogenannte Simultanbilder mit Panorama-Ansicht.

Doch warum malte Memling diesen Marienaltar mit so vielen einzelnen Szenen? Das Marienthema war sicher durch den Ort vorgegeben, einer Kirche, die der Muttergottes (Unserer Lieben Frau) geweiht war. Und es fällt auf, dass die vier großen Kirchenfeste am vorderen Bildrand zu sehen sind: Geburt Christi (Weihnachten), Anbetung der Könige (Epiphanie), Auferstehung (Ostern) und Ausgießung des Heiligen Geistes (Pfingsten). Wahrscheinlich wollte der Stifter die Weisen ganz besonders prominent ins Bild gesetzt haben, denn sie wurden schon seit einiger Zeit als Heilige Drei Könige in prächtige Gewänder gehüllt und mit dem ganzen Reichtum gezeigt, den damals wohlhabende Kaufleute, vor allem in den reichen Handelsstädten Florenz und Brügge, besaßen. So wird der Stifter hier Einfluss auf die Komposition genommen haben.

Die Idee, so viele einzelne Geschichten simultan, also gleichzeitig, zu zeigen, war nicht ganz neu und wurde sicher bestärkt durch die überall aufkommenden Mysterien- und Kreuzwegspiele, bei denen die biblische Geschichte aufgeführt wurde, so wie sie zum Teil in der Bibel nachgelesen werden kann. Ergänzungen finden sich in den Legenden, die um die biblischen Geschichten herum erzählt wurden und werden und die auch nachgelesen werden können. Diese Form des Bildes, bei dem sich die einzelnen Bilder zu einer großen Geschichte fügen, weist aber auch voraus auf Bildergeschichten oder den Comicstrip.

I.
Ein Haus voller Bilder: Das Museum

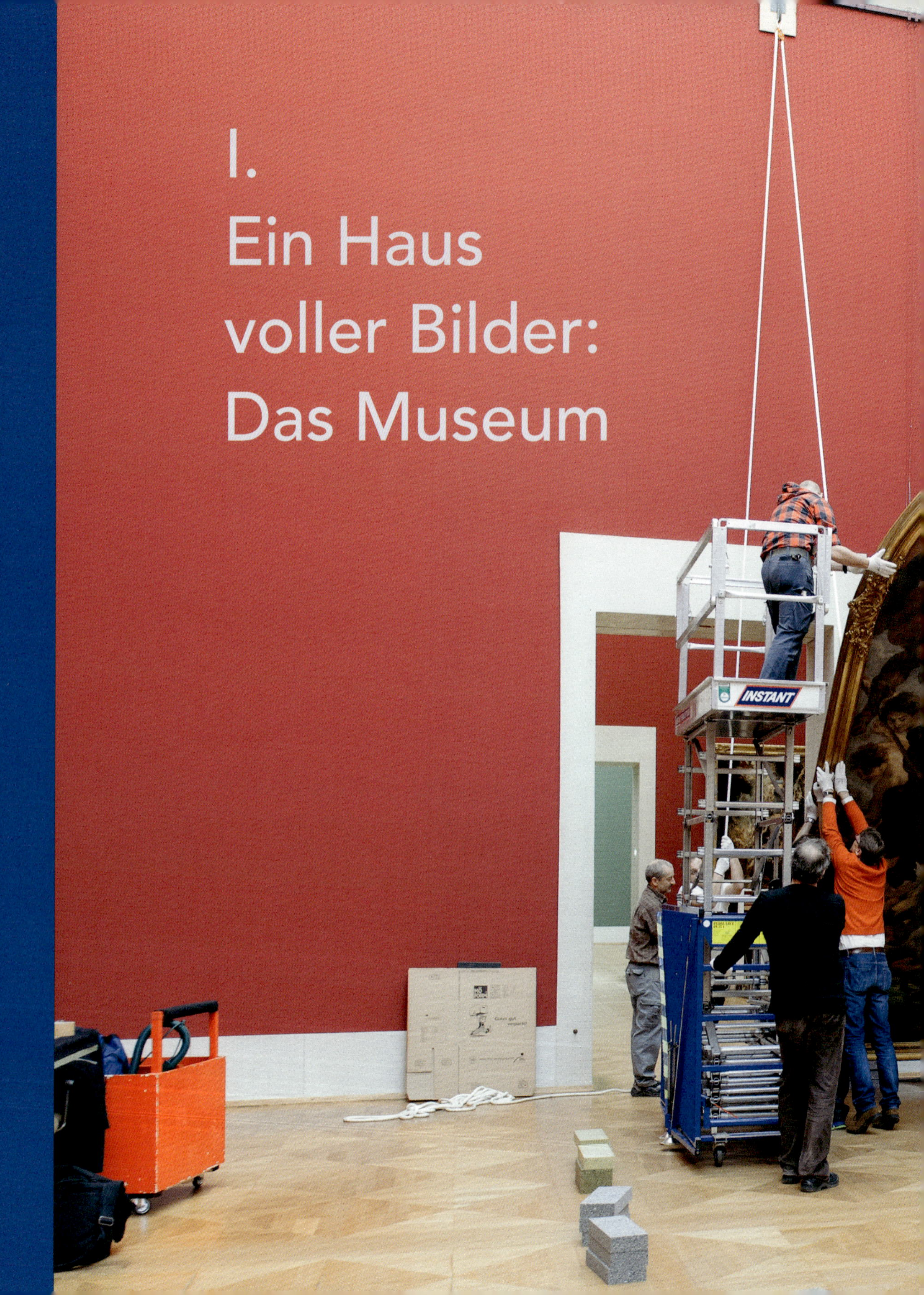

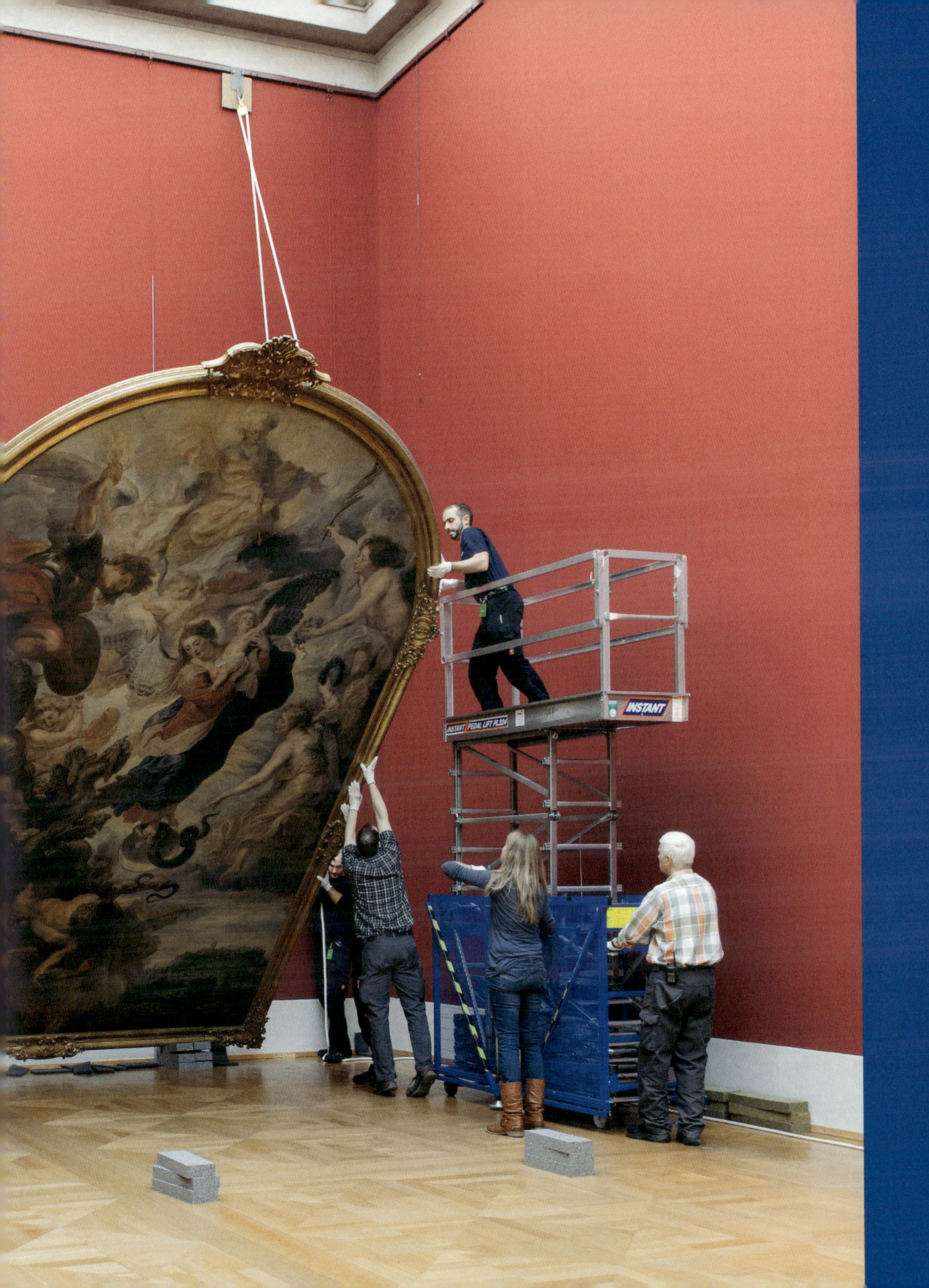
INSTANT PEDAL LIFT PL324
INSTANT

Seit wann gibt es eigentlich Museen?

Das Wort Museum ist sehr viel älter als die Einrichtungen, die wir als Museen bezeichnen. Es ist abgeleitet von den Musen, den Schutzgöttinnen der Künste, die in der griechischen Antike zuständig waren für verschiedene Wissenschaften sowie Dichtkunst und Musik. Deshalb hießen die ihnen geweihten Tempelbezirke oder Haine *Museion*. Später, im 3. Jahrhundert v. Chr., nannte man auch Forschungsinstitute und Bibliotheken so. Der antike Name wurde aber erst im 16. Jahrhundert auch auf Kunstwerke übertragen. Damals bezeichnete der italienische Bischof, Gelehrte, Geschichtsschreiber und Biograf Paolo Giovio seine Bildersammlung als *Musaeum*. Sie bestand aus Porträts berühmter Persönlichkeiten, darunter Dichter, Wissenschaftler, Herrscher und Staatsmänner. Doch diese Sammlung, die sich in einer Villa mit eigens dafür gebauten Räumen befand, war natürlich nicht in unserem heutigen Sinne öffentlich zugänglich, auch wenn es durchaus Möglichkeiten gab, die Sammlung zu besuchen.

Etwa um dieselbe Zeit ließen Herrscher in Europa Häuser für ihre Kunstsammlungen bauen. Nördlich der Alpen entstanden die ersten eigenständigen Bauten für Kunstkammern: ab 1556 in Wien und ab 1563 in München. Eine erste Museumsgründung durch die Bürger einer Stadt gab es bereits 1661 in Basel. Dort kauften der Rat der Stadt und die Universität eine große Privatsammlung und machten sie der Öffentlichkeit zugänglich. Mitte des 18. Jahrhunderts folgten das British Museum in London und das Fridericianum in Kassel, die sich angeblich öffneten. Doch die Öffentlichkeit war stark eingeschränkt. Es gab nur wenige Tage oder sogar Stunden, an denen Eintritt gewährt wurde, man musste sich anmelden und durfte nur in «angemessener» Kleidung erscheinen, was auch immer das heißen mag.

Deshalb gilt als das erste Museum in unserem heutigen Sinne, also ein Haus, in dem eine Kunstsammlung der gesamten Bevölkerung offensteht und die nicht nur auf Anmeldung hin zugänglich ist, der Louvre in Paris. Die große Galerie des Pariser Königsschlosses wurde nach der Revolution von 1789 in ein Museum umgewandelt und 1793 als Musée Français eröffnet. Es hatte an fast allen Wochentagen geöffnet und konnte von jedem besucht werden. Anschließend entstanden überall in Europa Museen. Die meisten von ihnen gingen aus den Kunstsammlungen der jeweiligen Herrscher hervor, es gab aber auch immer wieder Gründungen der Bürger einer Stadt wie 1815 das Städel in Frankfurt am Main oder 1869 die Hamburger Kunsthalle.

Wann begannen die Sammlungen zu wachsen?

Jedes Museum hat natürlich seine eigene Geschichte, wobei diejenigen, die aus den Kunstsammlungen der Herrscher hervorgegangen sind, meistens ähnlich beginnen. Denn die Wettiner in Dresden, die Wittelsbacher in München und die Habsburger in Wien begannen um die Mitte des 16. Jahrhunderts mit dem Aufbau ihrer Kunst- und Wunderkammern, für die sie dann auch eigene Gebäude errichteten. Es gab natürlich Unterschiede in der Sammeltätigkeit einzelner Herrscherpersönlichkeiten. So ließen in Dresden August der Starke und sein Sohn August III. den Großteil der heute bestehenden Gemäldegalerie Alter Meister von Agenten in ganz Europa zusammentragen. In München und Wien hingegen waren mehrere Personen über einen längeren Zeitraum am Wachsen der Sammlung beteiligt. Außerdem kamen vor allem in München aufgrund von komplizierten Erbfolgen Sammlungen anderer Wittelsbacher aus Mannheim, Düsseldorf und Zweibrücken hinzu.

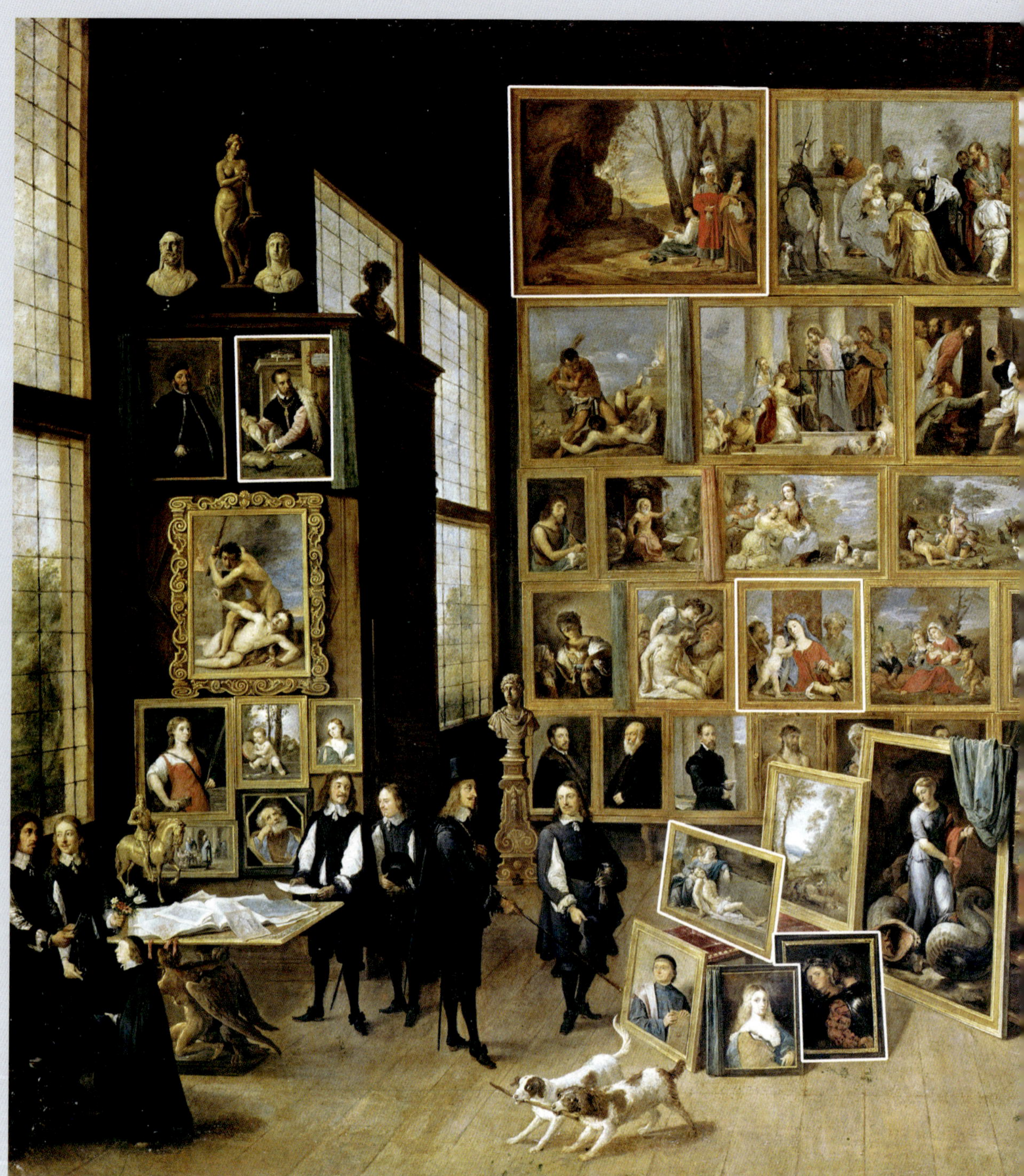

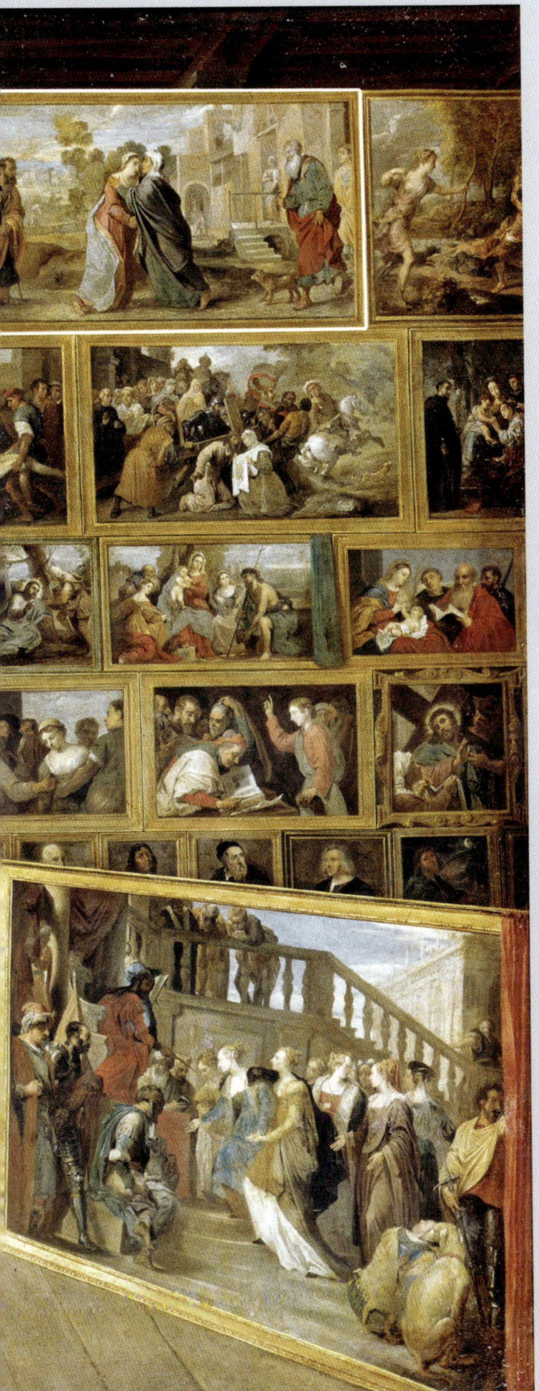

3

David Teniers d.J., Erzherzog Leopold Wilhelm in seiner Galerie in Brüssel, um 1651, Leinwand, 124 x 165 cm, Wien, Kunsthistorisches Museum (die im Text erwähnten Bilder sind durch weiße Rahmen hervorgehoben)

Das Bild *Erzherzog Leopold Wilhelm in seiner Galerie in Brüssel* von David Teniers dem Jüngeren vermittelt eine Vorstellung von einer der Kunstsammlungen, die heute zum Bestand des Kunsthistorischen Museums in Wien gehört. Erzherzog Leopold Wilhelm, der Bruder des in Wien residierenden Kaisers Ferdinand III. von Habsburg, lebte 1647 bis 1656 als Statthalter der Niederlande in Brüssel und baute sich dort eine große Bildersammlung auf. Das Ende des Dreißigjährigen Krieges und die Revolution in England ermöglichten es ihm, erstaunliche Bilderkäufe zu tätigen – zum Beispiel zwei große englische Privatsammlungen, die vor allem aus italienischen Gemälden bestanden. Außerdem erwarb er Bilder von zeitgenössischen flämischen Malern und vieles andere mehr. 1656 wurden die 1400 Gemälde nach Wien transportiert.

Sein Hofmaler und Galeriedirektor, David Teniers der Jüngere, malte um 1650 mehrere Bilder, auf denen Gemälde der Brüsseler Galerie des Erzherzogs zu sehen sind. Diese Bilder verschenkte der Erzherzog an andere Herrscher. Das hier abgebildete Werk befindet sich heute

■ 3 | S. 24/25

in Wien. Der Erzherzog hatte es seinem Bruder, dem Kaiser Ferdinand III. in Prag, zum Geschenk gemacht. Auf ihm ist eine Wand vollkommen von Bildern bedeckt, andere stehen auf dem Boden oder auf einem Stuhl beziehungsweise lehnen dagegen. Auch am Windfang des Eingangs hängen Bilder, oben stehen mehrere Büsten und eine Figur. Die großen Fenster links im Bild lassen viel Licht in den Raum, der dadurch hell ausgeleuchtet ist. Der Erzherzog mit einem Hut auf dem Kopf deutet mit seinem Stock auf ein Bild und unterhält sich mit seinem Galeriedirektor, während am Tisch, auf dem viele Papiere liegen, zwei weitere Männer fachsimpeln. Die drei Männer am vorderen Bildrand sind ebenfalls ins Gespräch vertieft, die Hunde hingegen weisen auf den privaten Charakter der Galerie hin.

Die 51 dargestellten Gemälde, die alle von oberitalienischen Meistern stammen, hatte der Erzherzog kurz zuvor aus der Sammlung des Duke of Hamilton erworben. Die meisten von ihnen befinden sich heute noch im Kunsthistorischen Museum in Wien, ihre Identifizierung wird auch dadurch erleichtert, dass Teniers die Namen der Maler immer auf die Rahmen der einzelnen Bilder geschrieben hat. Man erkennt von Giorgione *Die drei Philosophen*, von Jacopo Palma dem Älteren *Die Heimsuchung*, von Annibale Carracci eine *Pietà* sowie von Tizian unter anderen die Bilder *Der Bravo, Die Kirschenmadonna, Jacopo Strada*, die allerdings in falschen Größenverhältnissen zueinander stehen.

Wo waren die Bilder, bevor sie in die Museen kamen?

Einige der Bilder gaben Herzöge, Kurfürsten, Könige, aber auch andere Sammler wie Kardinäle direkt bei den Künstlern in Auftrag. Ein Beispiel dafür ist ein Zyklus von vierzehn Bildern mit Ansichten von Dresden, die der venezianische Maler Bernardo Bellotto im Auftrag des sächsischen Kurfürsten malte. Auf einem der Gemälde sieht man die Stadt vom rechten Elbufer aus mit der Frauenkirche und den Gebäuden der Brühlschen Terrasse im Hintergrund, davor die damals neu gestaltete Elbbrücke, die Hofkirche mit eingerüstetem Turm und das Schloss, wie es sich Mitte des 18. Jahrhunderts darbot. Als Teil der Sammlung der sächsischen Herrscher befindet sich dieses Bild auch heute noch in Dresden und gehört zu den berühmtesten Bildern der Gemäldegalerie.

■ 4 | S. 28

Die Herrscher erwarben aber auch bereits gemalte Bilder aus den Künstlerwerkstätten oder kauften ganze Konvolute bei Kunsthändlern. Meistens machten sie das natürlich nicht selbst, sondern hatten dafür spezielle Kunstberater. Doch Kurfürst Maximilian I. von Bayern war beispielsweise so begeistert von den Bildern Albrecht Dürers, dass er alles dafür tat, so viele wie möglich zu bekommen. Dafür setzte er den Rat der Stadt Nürnberg ebenso unter Druck wie die Dominikaner in Frankfurt. Denn vor allem die Stadt Nürnberg war von seiner Gunst abhängig, was er den Stadtvätern sehr deutlich zu

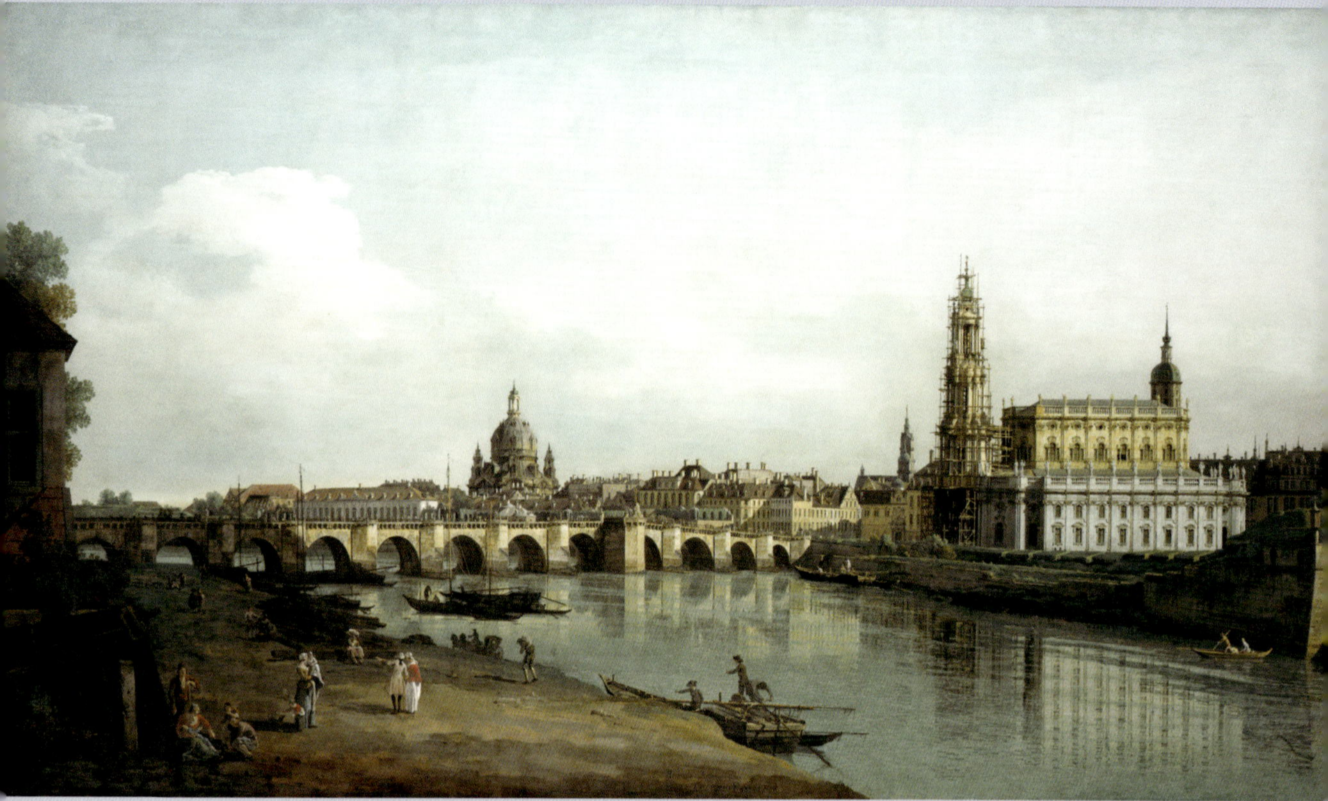

4

Bernardo Bellotto, gen. Canaletto, Dresden vom rechten Elbufer unterhalb der Augustusbrücke, 1748, Leinwand, 133 x 237 cm, Dresden, Gemäldegalerie Alte Meister

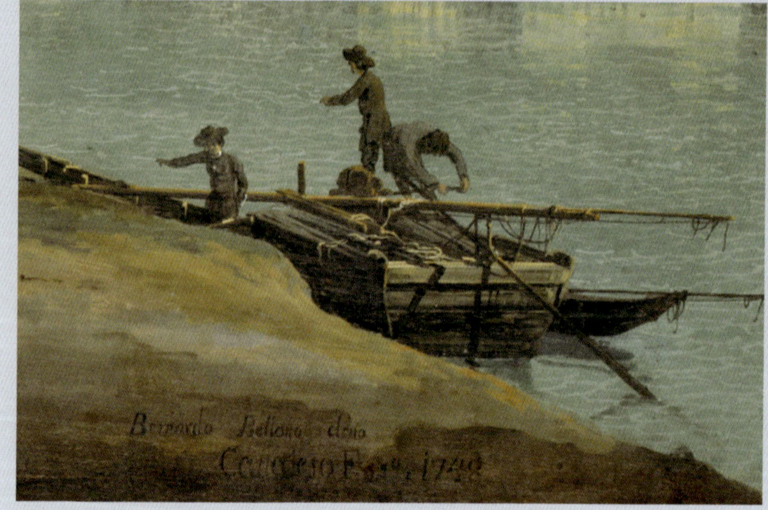

verstehen gab. Aus Nürnberg erhielt er so den *Paumgartner Altar* und die *Vier Apostel*, aus Frankfurt den Mittelteil des *Helleraltars*, so genannt nach dessen Stifter. Die Dominikaner in Frankfurt ließen für ihre Kirche eine Kopie dieser *Himmelfahrt Mariens* herstellen, die sich bis heute erhalten hat. Das Original hingegen verbrannte 1729 bei einem der großen Residenzbrände.

61 | S. 219

Wieder andere Bilder befanden sich im Lauf der Zeit in mehreren Sammlungen wie *Die Heilige Familie aus dem Hause Canigiani*. Das Gemälde wurde von der Florentiner Familie Canigiani bei Raffael anlässlich der Hochzeit von Domenico Canigiani im Jahr 1507 in Auftrag gegeben. Auf ihm sind Maria und Josef mit dem Jesuskind gemeinsam mit dem Johannesknaben und der hl. Elisabeth dargestellt. Hinter ihnen breitet sich eine weite Landschaft aus, darüber in den Wolken beobachten kleine Engel das Geschehen. Aus dem Palast der Canigiani kam das Bild als Geschenk an den Großherzog von Florenz in die Uffizien, die bereits damals die Kunstsammlung der Medici beherbergten, und wurde dort erstmals 1576 in einem Inventar erwähnt. Über hundert Jahre später, 1697, erhielt Johann Wilhelm von Pfalz-Neuburg das Bild von den Medici als Dank für eine Heiratsvermittlung. Seine Düsseldorfer Sammlung kam aufgrund einer komplizierten Erbfolge über Mannheim 1806 nach München und mit ihr auch das Bild von Raffael.

5 | S. 30

Viele andere Bilder waren ursprünglich für Kirchen gemalt worden und hingen dort häufig jahrhundertelang. Die meisten von ihnen kamen zur Zeit der Säkularisation in den Besitz der Sammlungen, aus denen dann die Museen hervorgingen. Es gab aber auch zu unterschiedlichen Zeiten entstandene Sammlungen von Privatleuten, die von den Museen aufgekauft wurden.

1815 erwarben die Berliner mit Mitteln des preußischen Königs, Friedrich Wilhelm III., über 150 Bilder aus der Sammlung Giustiniani als Grundstock für ein neu zu gründendes Museum. Diese Sammlung wurde im 17. Jahrhundert in Rom von den Brüdern Benedetto und Vincenzo Giustiniani zusammengetragen. Sie sammelten systematisch, beauftragen aber auch Künstler wie Caravaggio, Bilder für sie zu malen,

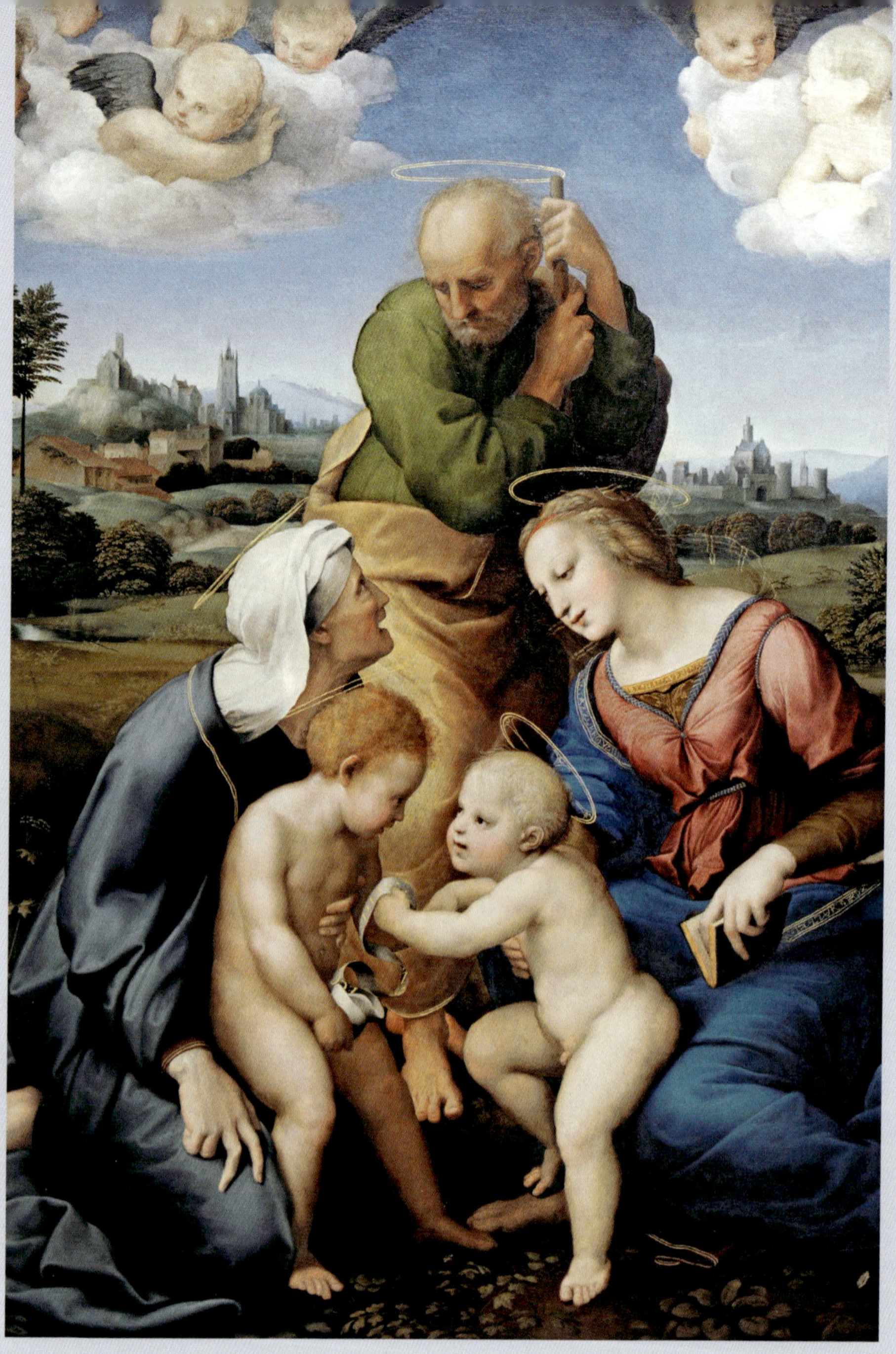

5

Raffael, *Die Heilige Familie aus dem Hause Canigiani*, um 1505/06, Pappelholz, 131 x 107 cm, München, Alte Pinakothek

zum Beispiel das Gemälde *Amor als Sieger*. Bei Vincenzos Tod umfasste die Sammlung 600 Gemälde und 2000 antike Skulpturen. Sie gelangte 1812 nach Paris und wurde dort von Nachfahren der Giustiniani verkauft. Von den 158 Bildern, die nach Berlin kamen, befinden sich 42 noch heute in der Gemäldegalerie, 25 weitere in Potsdam. Der Rest ist seit dem Zweiten Weltkrieg verschollen, ob die Bilder verbrannten oder entwendet wurden, weiß man nicht.

15 | S. 70

König Ludwig I. von Bayern konnte 1827 eine großartige Sammlung deutscher und niederländischer Altartafeln aus dem Spätmittelalter für die Alte Pinakothek erwerben, die 1836 in München eröffnet wurde. Es handelte sich dabei um Bilder, die die Brüder Sulpiz und Melchior Boisserée mit ihrem Freund Johann Baptist Bertram seit 1804 aus aufgelöstem Kirchenbesitz zusammengetragen hatten. Darunter befanden sich so hervorragende Werke wie der *Columba-Altar* von Rogier van der Weyden, die *Sieben Freuden Mariens* von Hans Memling und der *Bartholomäusaltar* von einem unbekannten Meister. Ein Jahr später erwarb der König in Ergänzung zu der Sammlung Boisserée auch noch 200 Gemälde aus der Sammlung des Fürsten Ludwig zu Oettingen-Wallerstein, der altdeutsche Gemälde im süddeutschen Raum zusammengetragen hatte.

65 | S. 239
2 | S. 16/17
19 | S. 87

Werden in einem Museum alle Bilder ausgestellt, die das Haus besitzt?

Die Gemäldesammlungen wurden mit der Zeit immer größer. Viele Bilder, die Herrscher kauften oder geschenkt bekamen, entsprachen zwar dem Geschmack der Zeit, gelten aber heute nicht mehr unbedingt als herausragende Werke. Andere verkauften oder tauschten sie. Manche dieser Aktionen sind aus heutiger Sicht vollkommen unverständlich. Andererseits begann bereits kurz nach Gründung des Louvre (s. S. 23) eine Systematisierung vieler Sammlungen. Der Galeriedirektor Johann Christoph von Mannlich, der die 1799 aus Zweibrücken nach München überführte Sammlung begleitete und dort zum «Centralgalleriedirector» ernannt wurde, gründete ab 1806 sogenannte Filialgalerien in ganz Bayern. Auf Schlössern, die im Besitz der Wittelsbacher waren, wurden Galerien eingerichtet oder vergrößert, um die Bilder irgendwo unterzubringen. Dort gab es dann natürlich auch noch Depots, in denen weitere Bilder aufbewahrt wurden. Andererseits hatten die meisten Herrscher nicht systematisch gesammelt. Lücken wurden durch die Sammlung Boisserée und andere Ankäufe geschlossen.

Bei der Eröffnung der Alten Pinakothek wurden dort 1269 Gemälde präsentiert. Das kann man in dem ersten Katalog von 1838 nachlesen. Heute werden in den Räumen der Alten Pinakothek nur noch etwa 700 Gemälde gezeigt – immer noch eine Menge, die man mit einem Besuch kaum erfassen kann. Dabei handelt es sich um die Bilder, die nach heutigen wissenschaftlichen Gesichtspunkten einen Überblick über die verschiedenen Kunstströmungen bieten, beginnend im Mittelalter. Die Bayerischen Staatsgemäldesammlungen besitzen mehrere Tausend Werke alter Kunst, also Gemälde, die bis zum Ende des 18. Jahrhunderts entstanden sind. Viele von ihnen werden nach wie vor in Filialgalerien gezeigt. Sie haben häufig Bezüge zum Ausstellungsort wie die Staatsgalerie Altdeutscher Meister in Augsburg, in der hauptsächlich Bilder gezeigt werden, die der Augsburger und schwäbischen Schule des späten Mittelalters und der frühen Renaissance entstammen, einer Zeit, die als Hochzeit der Augsburger Malerei gilt. Und so verhält es sich auch mit den anderen Filialgalerien an weiteren Orten Bayerns.

Dennoch befinden sich natürlich auch noch viele Bilder in den Depots der Bayerischen Staatsgemäldesammlungen. Und manchmal ersetzt so ein Depotbild für einige Zeit ein Bild, das auf Reisen geht, weil es für eine Ausstellung angefragt ist. Viele der Depotbilder können sich durchaus mit Bildern messen, die in der Pinakothek ausgestellt sind. Aber oft sind es zum Beispiel zu viele von einem Künstler. Diese zeigt man dann eher in Sonderschauen.

Das bayerische Beispiel ist nur eines von vielen. In allen Museen befinden sich viele Werke in den Depots, und die werden ausgelagert, in Sonderausstellungen gezeigt, an andere Häuser ausgeliehen. Einzelne Bilder werden aber auch auf Wunsch Wissenschaftlern gezeigt, wenn sie diese für ihre Forschungen benötigen und sich nicht mit Fotografien behelfen können.

Nach welchen Kriterien werden die Bilder in den Museen gehängt?

Früher hingen die Bilder in den Sammlungen der Fürsten über- und nebeneinander, sodass sie die ganze Wand bedeckten, so wie es auch David Teniers der Jüngere in etlichen seiner Gemälde zeigt. ■ 3 | S. 24/25
Von dieser sogenannten Petersburger Hängung ist man schon lange abgekommen und zeigt sie heute höchstens, um eine historische

Präsentation nachvollziehen zu können. Heute jedoch werden sehr viel weniger Bilder gezeigt und diese sparsamer in den Räumen verteilt.

In den meisten großen Museen sind die Bilder erst einmal nach Ländern geordnet und dann wiederum nach der Zeit, in der sie entstanden sind. Dabei spielen natürlich auch die Schwerpunkte in den Sammlungen eine große Rolle. Das Herzstück der Berliner Gemäldegalerie ist der Rembrandt-Raum, das der Alten Pinakothek derjenige mit den großformatigen Rubens-Bildern und Wien besitzt die größte Sammlung von Bildern von Pieter Bruegel dem Älteren. Einige Museen wie diejenigen in Berlin und München können Werke aus dem 13. und 14. Jahrhundert zeigen, in Dresden und Wien hingegen setzten die fürstlichen Sammler andere Akzente. Es gibt aber auch Bilder, die in einer Sammlung zu keiner größeren Gruppe gehören. Für sie finden sich dann Ausweichmöglichkeiten, indem sie zu anderen thematisch oder stilistisch vergleichbaren Bildern gehängt werden können. Wichtige Gesichtspunkte für die Art der Hängung sind also die Schwerpunkte der Sammlung. Außerdem ändern sich die Sehgewohnheiten. Heute werden immer wieder neue Möglichkeiten in Betracht gezogen wie die Konfrontation mit Werken der modernen Kunst oder eine Umhängung, durch die bestimmte Aspekte eines Bildes besonders zur Geltung kommen. Zum 200. Geburtstag luden die Kuratoren des Städel Museums in Frankfurt andere Häuser ein, ihnen Bilder auszuleihen, die sie neben ihren eigenen Highlights präsentierten. Dadurch gelangen faszinierende Gegenüberstellungen.

Immer wieder ist es erforderlich, dass die Galerien neue technische Standards in ihren Räumen berücksichtigen oder dass die Gebäude renoviert werden. Dazu müssen die Häuser häufig zumindest teilweise geschlossen werden. Dadurch ergeben sich Chancen, andere Hängungen auszuprobieren, die die Bilder wieder in einem neuen Licht zeigen und zu anderen Interpretationen herausfordern. Mit der veränderten Hängung ist also auch die Chance auf eine neue Sichtweise auf die Bilder gegeben.

Ohne eine gute Ausleuchtung ist es problematisch, Gemälde zu betrachten, weil dann oft die Farben verfälscht sind oder sich Reflexe bilden, durch die man bestimmte Teile eines Bildes nicht mehr erkennen kann. Hinzu kommt, dass heute viele Bilder verglast worden sind, als Vorsichtsmaßnahme gegen unbeabsichtigte oder beabsichtigte Zerstörung. Das Säureattentat auf mehrere Gemälde von Dürer in der Alten Pinakothek 1988 ist nur eines von mehreren Beispielen gezielter Zerstörung, durch die eine Verglasung gerade der bekannten Bilder notwendig geworden ist (s. S. 218, 220).

Das Licht muss also auf der einen Seite die Räume gut ausleuchten, darf aber auf der anderen Seite nicht zu hell sein, weil sonst die Farben leiden. Vor der Erfindung des elektrischen Lichts bot das Tageslicht die einzige Möglichkeit der Ausleuchtung eines Raumes. Kerzen oder andere künstliche Lichter wurden nur in Ausnahmefällen benutzt. Schon bei den ersten Museumsbauten war man sich bewusst, dass Oberlicht und Nordlicht die optimalen Lichtverhältnisse boten, denn bei nach Norden ausgerichteten Sälen vermied man das direkte Sonnenlicht und das durch Deckenfenster fallende Licht verteilte sich gleichmäßig im Raum. Doch war es oft zu hell.

Auch heute noch bevorzugt man Tageslicht, allerdings kann man es durch bestimmte Techniken so verringern, dass es den Bildern nicht schadet. Hinzu kommen neue Leuchtmittel wie LED, bei denen man die Helligkeit ebenso steuern kann wie die Art des Lichts, also kalt oder warm beziehungsweise angepasst ans Tageslicht.

Wie gehen Bilder auf Reisen?

In einem Museum sind meistens einige Räume für Sonderausstellungen reserviert. Dort werden häufig Bilder der eigenen Sammlung mit Werken zusammen gezeigt, die sich in anderen Häusern befinden. Diese Ausstellungen stellen das Werk eines Künstlers oder einer

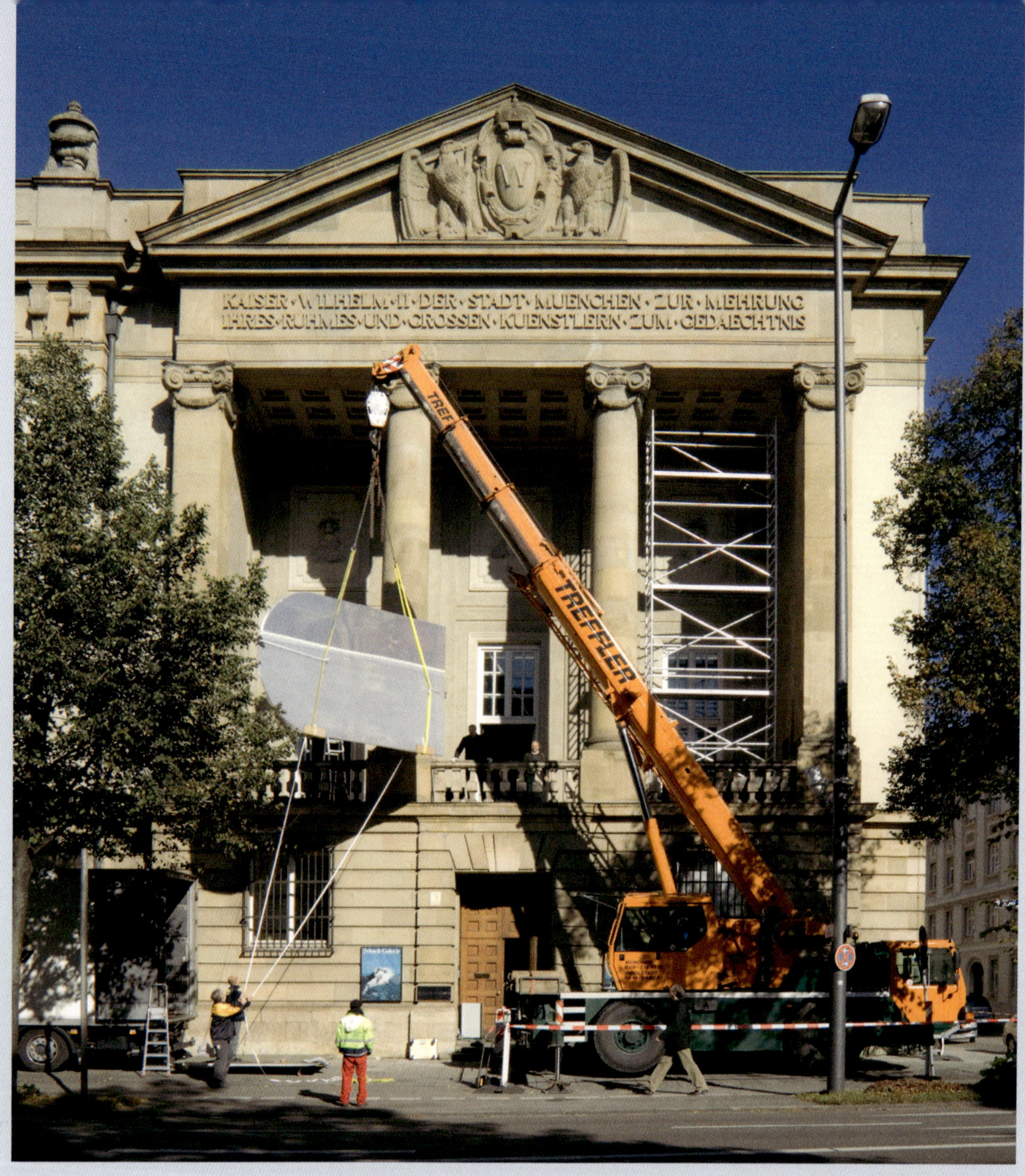

6

Gemäldetransport,
Schack-Galerie München

Künstlerin vor, sie können sich aber auch einem Thema widmen wie dem Stillleben, dem Porträt oder einer Figur wie der Venus. Doch auch wenn die Depots voll sind, befinden sich dort oft nicht die richtigen Beispiele. Die müssen dann aus anderen Häusern ausgeliehen werden. Das hört sich einfacher an, als es ist, denn Kunstwerke nehmen bei Reisen leicht Schaden.

Wenn ein Museum eine Leihanfrage erhält, prüfen die Sammlungsleiter und Restauratoren, ob sie die Ausleihe überhaupt befürworten können. Bestimmte Bilder wie Dürers *Selbstbildnis im Pelzrock* dürfen gar nicht mehr reisen, andere nur zu besonderen Anlässen. ◘ 14 | S. 68
Doch wenn die Reise genehmigt wird, müssen anschließend viele Vorgaben erfüllt werden, von denen die Versicherung des Bildes noch das wenigste ist. Bei den Werken Alter Meister ist eine Klimakiste vonnöten, die innen ausgepolstert ist und in die das Bild ganz genau hineinpasst. Sie garantiert während der Reise ein konstantes Klima. Kurz bevor das Bild verpackt wird, fertigt der Restaurator ein Protokoll über dessen Zustand an, dann erst kommt es in die Kiste, die sofort zugeschraubt wird und in einem luftgefederten Laster, in Begleitung eines Kuriers transporiert wird. Als Kurier fährt entweder ein Restaurator oder ein anderer Museumsmitarbeiter mit, der auch dabei ist, wenn das Bild am Bestimmungsort wieder ausgepackt und aufgehängt wird. Vorher wird noch einmal kontrolliert, ob sich gegenüber dem Protokoll Veränderungen ergeben haben.

Wenn ein Bild nach Übersee ausgeliehen wird, sitzt der Kurier neben dem Bild im Flugzeug, selbst in einer Frachtmaschine. Wenn der Leihgeber es fordert, wird es von bewaffneten Sicherheitsleuten eskortiert. All diese Kosten muss natürlich der Leihnehmer tragen. Und wenn man bedenkt, dass für eine große Ausstellung viele Bilder aus verschiedenen Museen ausgeliehen werden, kann man sich ungefähr vorstellen, wie teuer das werden kann.

Wer entscheidet heute, welche Bilder ins Museum kommen? Und wer bezahlt sie?

Jedes öffentliche Museum verfügt über einen Ankaufsetat. Die wissenschaftlichen Mitarbeiter eines Hauses dürfen daraus Ankäufe tätigen, die eine sinnvolle Ergänzung der Sammlung bieten. Bis zu einer gewissen Summe können Direktorium und Mitarbeiter alleine darüber verfügen. In anderen Fällen, und das ist bei alten, teuren Bildern eigentlich immer der Fall, muss die Ankaufskommission eingeschaltet werden, die aus Politikern und Wissenschaftlern besteht und die entscheidet, ob das Werk gekauft werden kann. Außerdem gibt es Fördervereine, deren Mitglieder relativ hohe Beiträge zahlen und mit diesen Geldern die Museumsarbeit unterstützen. Bei besonders großen Beträgen können andere private und öffentliche Institutionen einen Teil der Summe übernehmen wie Banken, Versicherungen, Firmen oder die Kulturstiftung der Länder.

So konnte in Dresden mithilfe der Freunde der Staatlichen Museen das berühmte Gemälde *Dresden vom rechten Elbufer unterhalb der Augustusbrücke* von Bernardo Bellotto, genannt Canaletto, restauriert

■ 4 | S. 28

werden. Der Berliner Förderverein, der wohl älteste seiner Art, kaufte in seinem über hundertzwanzigjährigen Bestehen weit über hundert Bilder, darunter noch 2010 einen *Heiligen Franziskus betend* von dem spanischen Maler Antonio del Castillo y Saavedra aus einer Privatsammlung. Die Staatsgalerie in Stuttgart erwarb mithilfe von Lottogeldern in den Jahren 1970/71 die beiden sogenannten *Erbach'schen*

■ 7 | S. 39

Tafeln. Dabei handelt es sich um zwei querrechteckige Tafeln mit insgesamt vierundvierzig Bildern aus der Apokalypse, die vor allem in Gold auf blauem Grund gemalt sind. Um 1330/40 datiert, stammen sie offensichtlich aus Neapel und kamen später in den Besitz der Familie zu Erbach-Fürstenau. Das erklärt auch den Namen der Tafeln,

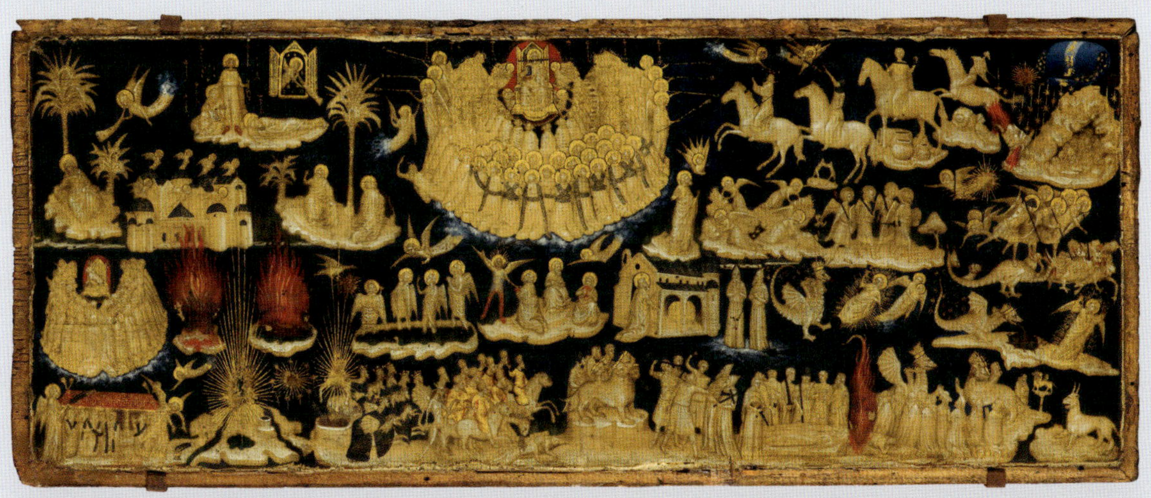

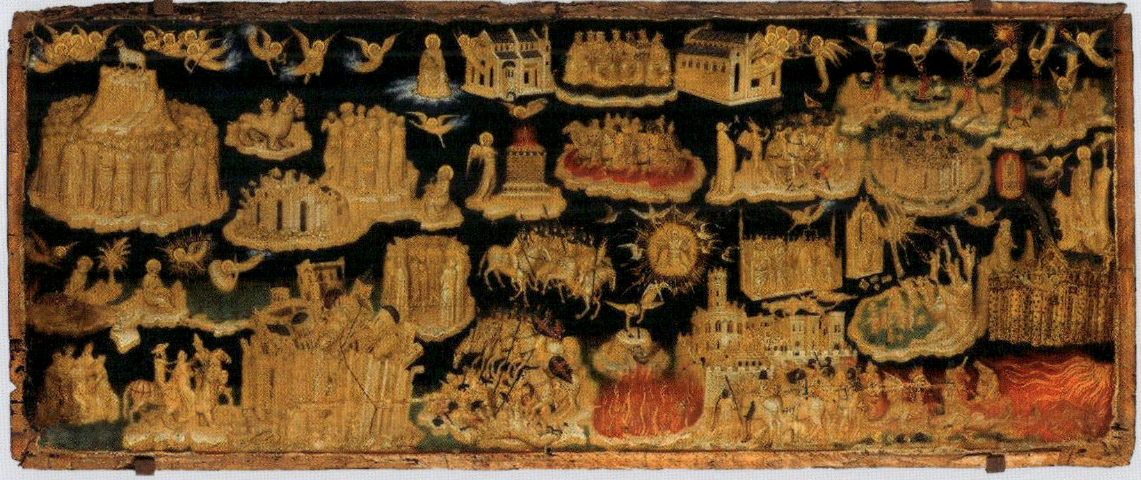

7

Meister der Erbach'schen Tafeln, Apokalypse des Johannes (Szenen aus Kapitel 1–13 und 14–22), um 1330/40, Pappelholz, je 34,9 x 86,3 cm, Stuttgart, Staatsgalerie

deren Maler nicht bekannt ist. Die einzelnen Szenen zeigen die Visionen des Evangelisten Johannes, die Teil des Neuen Testaments sind und den Weg hin zum Jüngsten Gericht beschreiben. Man sieht unter anderem die apokalyptischen Reiter, die Posaune blasenden Engel, die Verdammten, die in die Hölle kommen, und viele Szenen mehr.

Bei einem äußerst komplizierten Fall half der Freundeskreis der Alten Pinakothek. 1940 erhielt das Museum aus dem Berliner Kunsthandel das Bild *Stillleben mit Porzellankanne,* das der holländische Maler Willem Kalf im Jahr 1653 gemalt hatte. So kann man es auch in den Bestandskatalogen nachlesen. Doch das Datum der Erwerbung kann auch stutzig machen. 2006 meldete sich der Enkel des Malers Josef Block, der das Bild zusammen mit einer ganzen Sammlung von seinem Onkel geerbt hatte. Aufgrund seiner jüdischen Abstammung wurde Block nach 1933 diskriminiert, verfolgt und gezwungen, Bilder aus seiner Sammlung zu minimalen Preisen zu verkaufen, so auch das Stillleben, das dann über den Chefeinkäufer von Adolf Hitler in die Alte Pinakothek kam. Auch andere Bilder der Sammlung verschwanden, nicht alle können wiedergefunden werden. Block selbst starb 1943 in einem «Siechenheim» in Berlin vor der Deportation in ein Konzentrationslager.

2008 gab die Alte Pinakothek das Bild an die Erben zurück, verhandelte dabei aber gleich über einen möglichen Kauf, den dann der Freundeskreis tätigte und das Stillleben der Alten Pinakothek als Dauerleihgabe überließ. Ohne diese Spende wäre der endlich rechtmäßige Kauf des Bildes nicht möglich gewesen.

Gefallen den Museumsbesuchern alte Gemälde besser als moderne Bilder?

Liest man die Besucherstatistiken der Museen für alte und für moderne Kunst in unterschiedlichen Städten, kommt man zu ganz verschiedenen Ergebnissen. In München gehen etwas mehr Besucher in die Pinakothek der Moderne als in die Alte Pinakothek, in Berlin ist das ähnlich, aber in Dresden und Wien besuchen zwischen 400- und 600 000 mehr Menschen die Museen, in denen sich die alten Gemälde befinden. Das mag vor allem daran liegen, dass in diesen Städten die Sammlungen Moderner Kunst nicht so berühmt sind. Dafür gibt es in Wien noch ein weiteres Museum, in dem sich viele Bilder von Gustav Klimt, Egon Schiele und Oskar Kokoschka befinden, außerdem große Sammlungen zum Wiener Jugendstil, also aus der Zeit, die zwischen der alten und der modernen Kunst liegt. Dieses Haus, das Belvedere, übertraf im Jahr 2015 die Besucherzahlen des Kunsthistorischen Museums mit weit über einer Million Besuchern um etwa 400 000. Auch in London besuchen über eine Million mehr Menschen die National Gallery of Art als die Tate Modern. Insgesamt scheint die alte Kunst also doch den größeren Anziehungspunkt zu bieten, auch wenn die Unterschiede nicht überall extrem sind.

Natürlich gibt es Leute, denen moderne Kunst besser gefällt als alte. Einige aber lehnen die moderne Kunst ab und beschäftigen sich lieber mit der alten Kunst, weil sie das handwerkliche Geschick der Alten Meister, z. B. die realistische Darstellungsweise, bewundern oder weil ihnen die Geschichten, die diese Bilder erzählen, zugänglicher erscheinen. Unabhängig vom eigenen Geschmack wollen die meisten Menschen in den großen Museen vor allem die berühmtesten Bilder sehen, und das sind meist die Werke der Alten Meister.

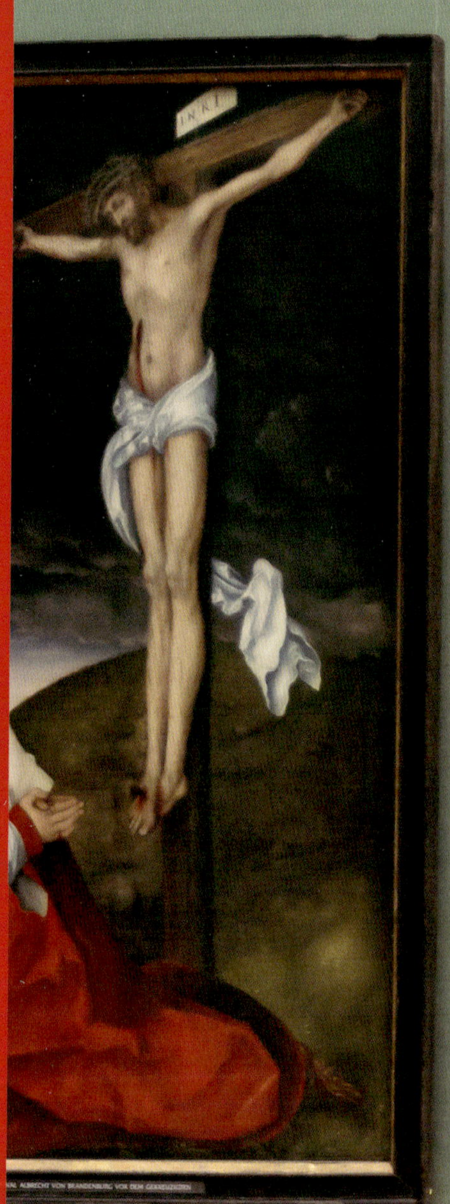
I N R I
ALBRECHT VON BRANDENBURG VOR DEM GEKREUZIGTEN

II.
Namenlose Meister und berühmte Namen: Die Maler

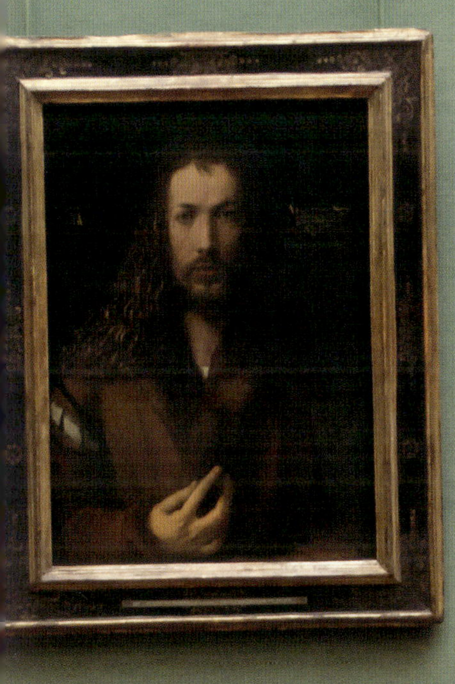

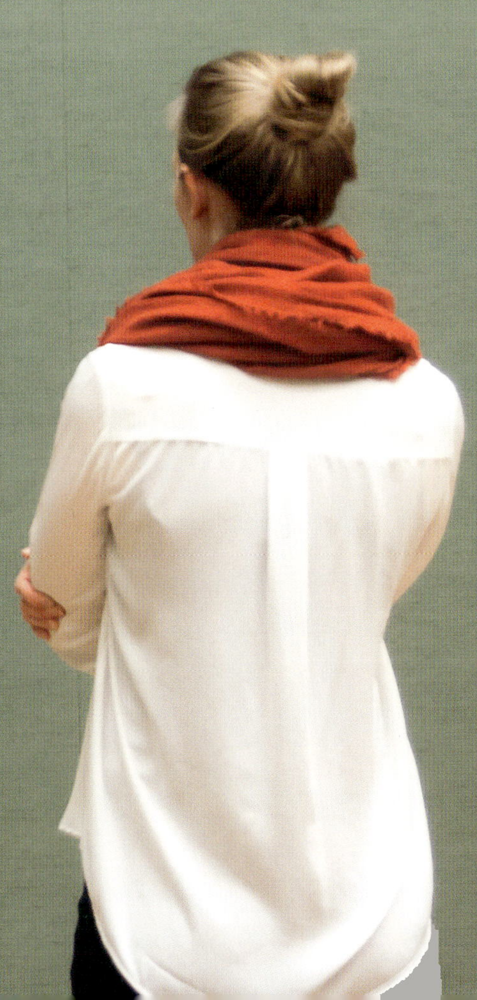

Woher kommt der Begriff «Alte Meister»? Gibt es auch «Junge Meister»?

Mit den Museumsgründungen im 19. Jahrhundert ging die Ordnung der Bilder nach Zeiten und Orten einher. Dabei unterschied man natürlich auch zwischen alter und neuer Kunst. In München ließ König Ludwig I. das erste Museum für zeitgenössische Kunst bauen, die Neue Pinakothek. Seitdem, also seit 1846, gibt es in München eine Alte und eine Neue Pinakothek, und es ist nur logisch, dass in dem einen Museum die Werke der Alten Meister hängen, in dem anderen die der Neuen, nicht der Jungen. Der Begriff der «Alten Meister» wurde wohl kurz davor zum ersten Mal in Bezug auf die ältere Kunst allgemein benutzt. In Dresden fand er sogar Eingang in den Namen des Museums, nachdem auch hier eine räumliche Teilung stattgefunden hatte. Seit Anfang der 1960er Jahre existieren die Gemäldegalerien «Alte Meister» und «Neue Meister» in zwei verschiedenen Häusern. Der Begriff der Alten Meister bezieht sich im Museum dabei vor allem auf Tafelbilder, die in der Zeit zwischen dem 13. und dem 18. Jahrhundert entstanden sind, also in einem Zeitraum von maximal 600 Jahren.
Der Begriff der «altmeisterlichen Malweise» leitet sich natürlich auch von den Alten Meistern ab, wird aber vor allem auf heutige Maler und Malerinnen angewendet, die in einer ähnlichen Weise malen, wie es die alten Meister getan haben, also auf grundierten Leinwänden oder Holztafeln, mit selbst hergestellten Farben, gegenständlich und möglichst naturgetreu. In Museen, in denen Gemälde Alter Meister ausgestellt sind, kann man häufig Malerinnen oder Maler sehen, die auf diese Weise Bilder kopieren. Und es gibt sogar Abstellkammern, wo sie ihre Staffeleien, Farben und Pinsel unterstellen können.

Warum gibt es so wenige Meisterinnen?

Künstlerinnen kommen in der älteren Kunstgeschichte kaum vor. Die Vorstellung, dass eine Frau kreativ sein kann, war lange Zeit unvorstellbar, weshalb auch die tatsächlich schaffenden Künstlerinnen nicht zur Kenntnis genommen wurden. Inzwischen ist längst bekannt, dass Nonnen ebenso wie Mönche in ihren Klöstern nicht nur Bibeln beziehungsweise andere heilige Schriften kopierten, sondern auch mit Buchmalereien versahen. Später gab es Malerinnen, die in Künstlerhaushalten aufwuchsen und wie ihre Brüder beim Vater in die Lehre gingen, häufig aber nie ein Bild mit dem eigenen Namen versahen. Einige wenige kennt man mit Namen und würdigt ihre Kunst heute ganz anders als noch vor dreißig Jahren.

Die venezianische Malerin Rosalba Carriera bekam gemeinsam mit ihren Schwestern eine musische Ausbildung, lernte dann bei bekannten venezianischen Malern und spezialisierte sich auf Porträts in Pastellmalerei, die sie meisterlich beherrschte und verfeinerte. Später leitete sie eine große Werkstatt, in der ausschließlich Frauen arbeiteten. Mit deren Hilfe führte sie die Aufträge der vielen Fürstenhöfe aus, die sie vor allem aus Deutschland und Dänemark, später auch aus Frankreich erhielt. Als eine der wenigen Frauen wurde sie 1705 Mitglied der römischen Malerakademie und 1720 derjenigen in Paris, als sie dort ein Jahr lebte. In dieser Zeit porträtierte sie zahlreiche Mitglieder des französischen Königshofes, darunter sogar den König selbst.

Auch der damalige Kurfürst von Sachsen, August III., bewunderte ihre Kunst. Auf seinen häufigen Reisen nach Venedig kaufte er so viele Pastelle dieser damals berühmten Künstlerin, dass sich in Dresden am Ende über 150 Werke in dem dafür eingerichteten Rosalba-Saal befanden. Etliche dieser Bilder sind im Krieg zerstört worden,

andere wurden verkauft. Doch besitzt die Gemäldegalerie Alter Meis-
8 | S. 47 ter immer noch über siebzig Bilder, darunter ein *Selbstbildnis*, viele Porträts, aber auch Marienbilder und Allegorien. Vom Zyklus der vier Erdteile hat sich nur *Afrika* erhalten, das Porträt einer jungen, fröhlich aus dem Bild schauenden Afrikanerin mit einem Turban auf dem Kopf, geschmückt mit Federn und Perlen und einem Bündel Schlangen in ihrer linken Hand, die sehr lebendig wirken – im Gegensatz zu dem Skorpion, den sie an einer Kette am Hals trägt.

Das Wort «Meister» erinnert an einen Handwerker. Wie wurden die Maler früher ausgebildet?

Die Maler galten früher als Handwerker. Genauso wie in anderen Handwerksberufen gab es Lehrlinge, Gesellen und Meister. In den Städten bildeten sich Zünfte aus, die die Interessen der einzelnen Handwerksberufe vertraten, dabei aber auch den Ausbildungsgang sowie die Rechte und Pflichten der Meister festlegten. Die ersten Malergilden entstanden in Italien. Bald gab es auch welche in verschiedenen Städten nördlich der Alpen. Sie wurden häufig Lukasgilden genannt nach dem Evangelisten, der der Legende nach die Muttergottes gemalt hatte und deshalb zum Schutzpatron der Maler
21 | S. 93 wurde.

Bis ein Maler Meister wurde, dauerte es ziemlich lang. Ein Lehrling kam sehr jung in die Werkstatt eines Meisters und musste dort fünf bis sieben Jahre lernen. Andere Handwerksberufe wie der Steinmetz hatten kürzere Lehrzeiten. Wenn der Meister den Lehrling freigesprochen hatte, folgte die Gesellenzeit und damit Jahre der Wanderschaft und der Arbeit in verschiedenen Malerwerkstätten. Ob ein Geselle jemals Meister werden konnte, lag nicht nur an seinem Können,

8

Rosalba Carriera, *Selbstbildnis als «Winter»*, Pastell auf Papier, 46,5 x 34 cm, Dresden, Gemäldegalerie Alte Meister

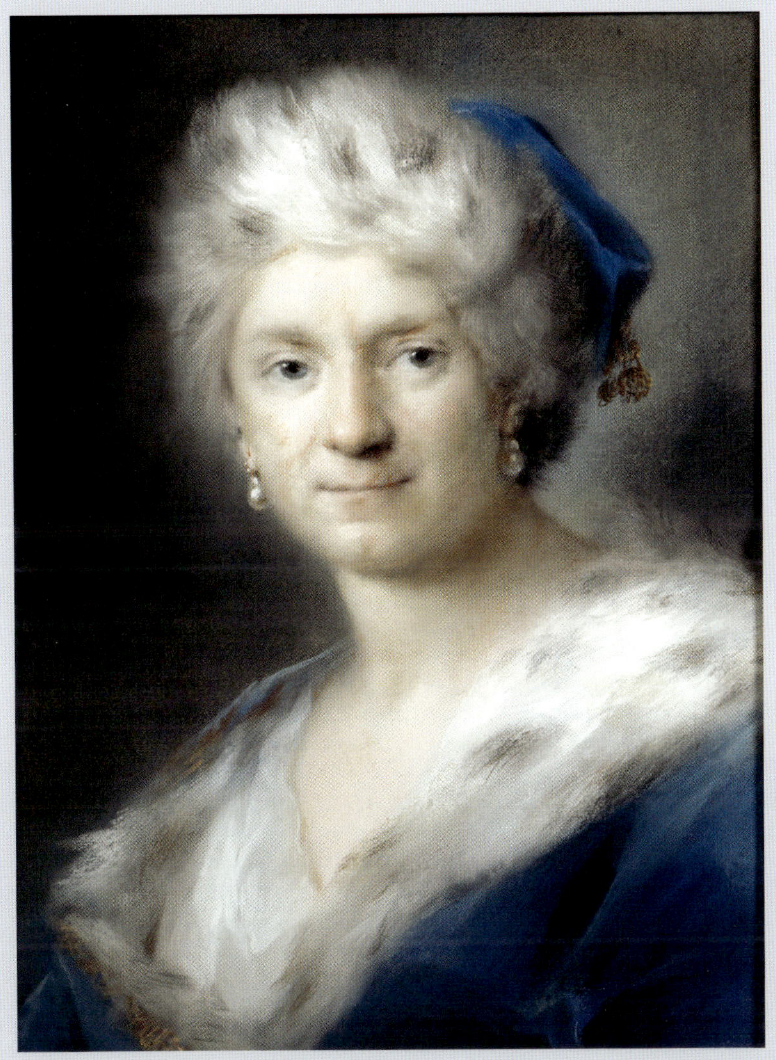

sondern auch an seinen finanziellen Möglichkeiten und ob sich überhaupt die Gelegenheit bot, als Meister eine Werkstatt zu eröffnen oder besser zu übernehmen. Denn in vielen Städten gab es eine festgelegte Anzahl an Malerwerkstätten. Wenn der Meister starb, erbte seine Frau die sogenannte Gerechtigkeit. Jetzt konnte der Sohn des Meisters die Werkstatt übernehmen. In anderen Fällen legte ein als Mitarbeiter in der Werkstatt tätiger Geselle die Meisterprüfung ab, heiratete die Frau oder die Tochter und beantragte das Bürgerrecht. Doch war das nicht überall gleich geregelt, und es gab natürlich immer Ausnahmen. Ein Hofkünstler unterlag zum Beispiel nicht der Zunftordnung, die häufig die Anzahl der Lehrlinge und Gesellen in einer Werkstatt festlegte. Dieser konnte also auch größere Werkstätten führen.

Ein Maler, bei dem wir den Ausbildungsweg ganz gut kennen, ist Albrecht Dürer. 1471 in Nürnberg als Sohn des Goldschmieds gleichen Namens geboren, ging er wohl ab 1477 für wenige Jahre in die Schule, um Lesen und Schreiben zu lernen. Anschließend, wahrscheinlich 1481, also mit gerade mal zehn Jahren, kam er zum Vater in die Lehre und lernte fünf Jahre lang die Kunst des Goldschmiedens. 1486 erlaubte ihm der Vater, die Lehre abzubrechen und zu einem Maler zu wechseln, wo er weitere drei Jahre ausgebildet wurde. 1489 war er Geselle und brach 1490 zu seiner vierjährigen Wanderschaft auf. Als er nach Hause zurückkehrte, hatte der Vater eine Heirat für ihn arrangiert, mit der er auch automatisch das Bürgerrecht der Stadt erhielt. Doch trotz der großen Erfolge in den nächsten Jahren richtete er erst 1505 offiziell eine Werkstatt mit Lehrlingen und Mitarbeitern ein. Während einer längeren Italienreise leitete seine Frau Agnes diese Werkstatt.

In Italien hatten die Künstler damals schon eine andere Stellung als in Deutschland, und so schrieb Dürer 1506 aus Venedig nach Hause: «Hier bin ich ein Herr, daheim ein Schmarotzer.» Dürer lebte auch in Nürnberg nicht schlecht, er führte ein großes Haus, wurde in den Großen Rat der Stadt gewählt und gehörte zu den reichsten Bürgern der Stadt. Dennoch besaßen die Künstler in Italien inzwischen eine gehobenere Stellung als in Deutschland und forderten andere Ausbildungswege. 1563 wurde dann in Florenz die erste Akademie gegründet, in der die Maler Mitglied werden konnten, wo aber auch junge Talente ausgebildet wurden. Es folgten bald Gründungen in Rom (1593) und knapp hundert Jahre später, 1648, in Paris. Doch gab es auch weiterhin die Lukasgilden und die Möglichkeit der handwerklichen Ausbildung. Und in vielen Orten herrschte bis ins 19. Jahrhundert hinein Zunftzwang, das heißt, ein Meister, der eine Werkstatt führen wollte, musste Zunftmitglied sein.

Wie eine solche Werkstatt ausgesehen hat, wissen wir durch einige Bilder. Eines davon malte der Niederländer Adriaen van Ostade, der vor allem für seine Darstellungen von Bauern und Bürgern bekannt ist. Von den über 400 Gemälden mit Szenen aus Wirtshäusern und von Festen, aber auch Porträts von einzelnen Personen befinden sich einige auch in Basel, Berlin, Dresden, Frankfurt, München und Wien. Eines seiner bekanntesten Bilder zeigt aber einen Maler in seiner Werkstatt, der gerade dabei ist, ein Bild zu malen. ◘ 9 | S. 50

In einem nur spärlich eingerichteten Raum sitzt ein Mann an einer Staffelei und malt. Eine Skizze des entstehenden Bildes ist darüber befestigt und dient als Erinnerungsstütze. Auf einem kleinen Tisch neben ihm häufen sich Flaschen, Pinsel und Lappen. Auf dem Boden sind weitere Malutensilien verteilt, dazu hilfreiche Gegenstände wie die Gliederpuppe an der Treppe und die Maske, die links am Tischbein lehnt. Die Gestalt ganz hinten im Raum reibt offensichtlich Farben an.

Es gibt zwei weitere Atelierbilder von Ostade, ein Gemälde in Amsterdam und einen Kupferstich mit einem lateinischen Text, der in deutscher Übersetzung lautet: «Obwohl Du Maler ein Gemälde mit der Kunst Apelles malst, das mal die Künstler, mal die Vögel täuscht, wird nagender Neid die Ehre, die Deines Talents würdig ist, verhindern, so Du nicht vom Glück gesegnet bist.» Er verweist also darauf, dass ein Künstler nicht nur Talent besitzen muss, sondern auch das Glück, erfolgreich zu sein.

Ostade macht mit diesen Bildern auf die Armut vieler Künstler auf-

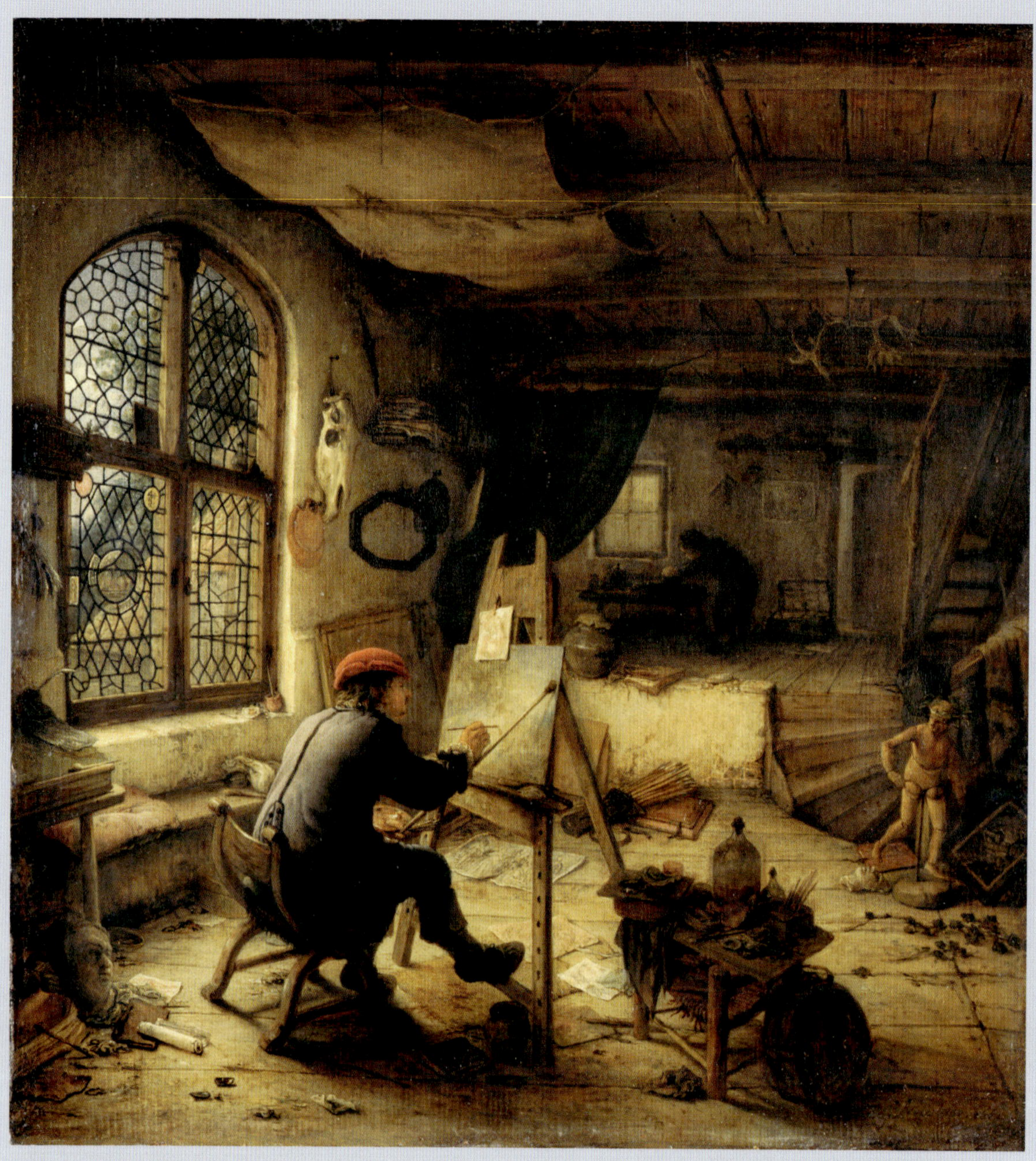

9

Adriaen van Ostade, *Der Maler in seiner Werkstatt*, 1663, Eichenholz, 38 x 35,5 cm, Dresden, Gemäldegalerie Alte Meister

merksam, die nicht so viel Glück hatten wie er selbst. Außerdem sind mehrere der Gegenstände im Atelier auch Symbole, die auf die Gelehrsamkeit des Malers, auf seine Auseinandersetzung mit Kunsttheorien, aber auch mit Anatomie und Perspektive hinweisen. Trotzdem bietet das Bild natürlich einen Einblick in eine Werkstatt der damaligen Zeit mit all ihren Gerätschaften und mit der Betonung darauf, wie wichtig ein hell ausgeleuchteter Raum für die Malerei ist. Der Maler selbst, der den Betrachtern den Rücken zukehrt, hält in der einen Hand den Pinsel, in der anderen den Malstock. Das war ein ganz wichtiger Gegenstand, den viele Maler in Selbstbildnissen oder Bildern von Kollegen darstellten als Zeichen ihres Berufes.

Oft steht bei den Bildern hinter dem Namen des Meisters «Werkstatt» oder «Umkreis». Was bedeutet das?

Malerwerkstätten waren unterschiedlich groß. Das hatte zuerst einmal finanzielle Gründe. Ein Meister, der viele gut bezahlte Aufträge bekam, konnte mehr Mitarbeiter bezahlen, als ein anderer. Außerdem gab es Bestimmungen der Zünfte, wie viele Mitarbeiter in einer Werkstatt erlaubt waren. Diese Regeln unterschieden sich in den verschiedenen Städten und Ländern. Hofmaler waren von dieser Regel ausgenommen. Und so konnte Lucas Cranach der Ältere in Wittenberg, wo er Hofmaler war, eine sehr große Werkstatt führen, in der einmal gefundene Bilderfindungen immer wieder kopiert wurden. Dabei spezialisierten sich die Mitarbeiter vermutlich auf bestimmte Arbeitsabläufe, sodass man heute gar nicht mehr sagen kann, wie viele Maler an einem Bild gemalt haben.
Aus der Werkstatt, die später vom gleichnamigen Sohn, Lucas Cranach dem Jüngeren, geführt wurde, stammten vermutlich über

5000 Bilder, von denen sich wahrscheinlich etwa 2500 erhalten haben. Deshalb finden sich auch in allen großen Gemäldegalerien Bilder dieser großen Werkstatt. Wir kennen allein über fünfzig verschiedene Gemälde mit der Darstellung von *Venus und Amor*, also der Liebesgöttin mit ihrem kleinen Sohn, dem häufig geflügelten Liebesgott, dessen Pfeile die Getroffenen in Liebe entbrennen lassen und
22 | S. 95 der häufig damit Unfug treibt. Eines dieser Bilder zeigt die nur mit einem durchsichtigen Schleier bekleidete Venus und Amor, der Pfeil und Bogen in beiden Händen hält und sich ebenso nackt zeigt wie
15 | S. 70 derjenige von Caravaggio.

Etwa hundert Jahre später besaß Peter Paul Rubens seine berühmte Werkstatt in Antwerpen, in der neben zahlreichen Gesellen und Lehrlingen auch andere Meister tätig waren. Zu ihnen zählen Jan Brueghel der Ältere, Anthonis van Dyck, Frans Snyders und Jan Wildens, die alle auch selbst eine Werkstatt leiteten. Sie gehörten zu den herausragenden Spezialisten für die Darstellung von Landschaften, Tieren, Blumen oder Früchten und wurden häufig namentlich bei der Abgabe eines Bildes erwähnt. Und so stammt bei dem Gemälde
24 | S. 101 *Cimon und Efigenia* das Stillleben mit dem kleinen Affen vorne rechts von Frans Snyders, die Landschaft im Hintergrund jedoch von Jan Wildens.

Doch wie viele Mitarbeiter gleichzeitig in der Rubens-Werkstatt beschäftigt waren, wie viele an einem Bild arbeiteten, ist nicht bekannt. Wie Zeitzeugen berichteten, entwarf Rubens viele Bilder nur als kleine Skizzen, die von besonders begabten Mitarbeitern dann auf das große Format übertragen wurden. Da das betont wird, kann man davon ausgehen, dass die Meister üblicherweise die Bilder nicht nur entwarfen, sondern auch auf die grundierte Leinwand oder die Holztafel eine erste Zeichnung setzten. Dann folgte die Ausarbeitung des Bildes, an der einige Werkstattmitglieder beteiligt sein konnten.

Bei einem sehr viel älteren Bild in der Alten Pinakothek in München, das vermutlich aus der Werkstatt des Florentiner Malers Giotto stammt, kann man sich eine solche Arbeitsteilung sehr gut vorstel-
10 | S. 53 len. Bei dem *Abendmahl* wurden als Erstes die Wände des Raums mit

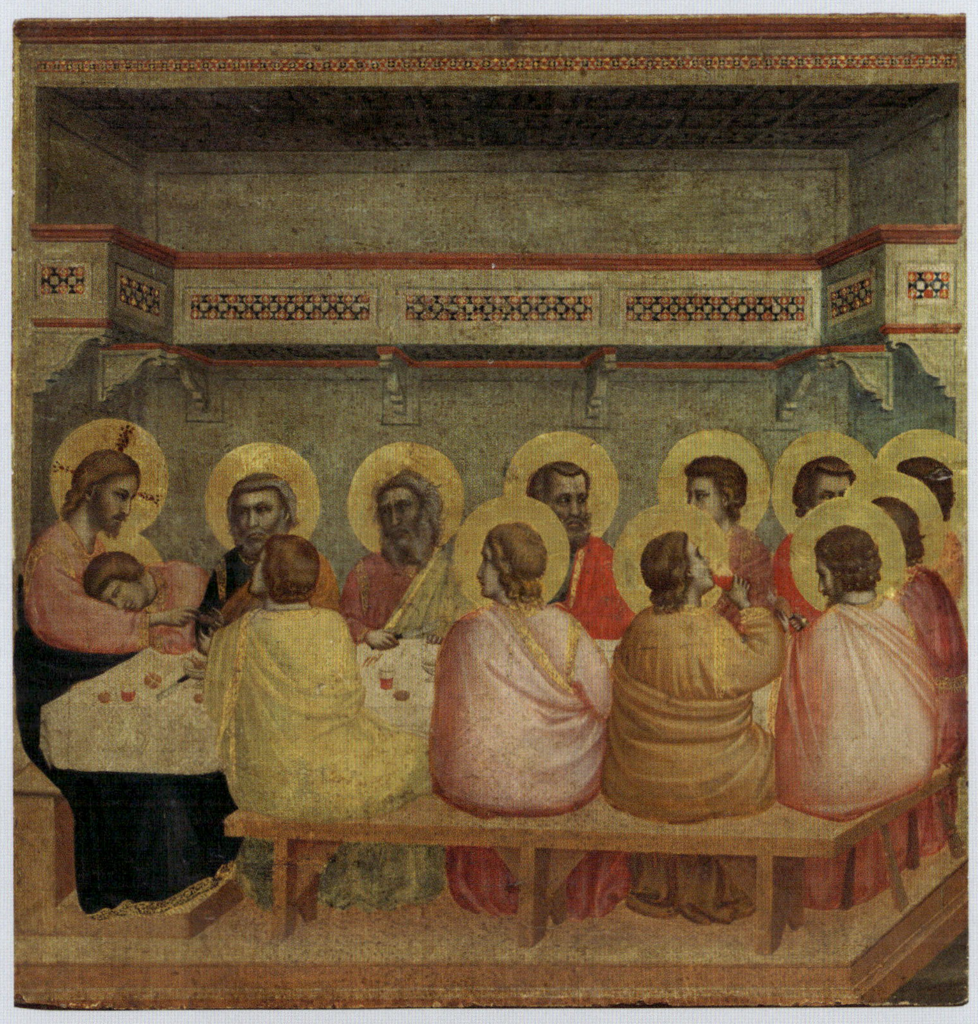

10

Giotto und Werkstatt, *Das letzte Abendmahl*, um 1303/06 – 1312/13, Pappelholz, 47,6 x 46,1 cm, München, Alte Pinakothek

goldener Farbe gemalt, dann die Decke mit ihren Kassetten, die umlaufende Empore, die Einrichtung und der gedeckte Tisch. Die Verzierungen an der Front der Decke und der Empore könnten nach Vorlage von einem älteren Lehrling ausgeführt worden sein. Dem folgten die Figuren von Christus und den Jüngern, wobei denkbar ist, dass ein Maler auf die Gewänder spezialisiert war, ein zweiter auf die Gesichter und ein dritter auf die Haare. Die Heiligenscheine sind wieder aus Gold und wurden wahrscheinlich zum Schluss von einem auf Vergoldung spezialisierten Künstler ausgeführt. Es wäre also durchaus möglich, dass sechs Maler an diesem Bild beteiligt waren, auf dem sich der Raum wie eine Bühne kastenförmig zu den Betrachtern hin öffnet.

■ 65 | S. 239

Ähnliches trifft auf den *Columba-Altar* zu, bei dem Rogier van der Weyden wahrscheinlich nur die zentralen Figuren malte, den Rest überließ er seinen Mitarbeitern. Der Stifter wurde vermutlich sogar erst ins Bild gemalt, nachdem der Altar in Köln abgeliefert worden war. Überbringer und damit Maler des Stifters war wohl der junge Hans Memling, der in der Werkstatt des Meisters in Brüssel gelernt hatte.

Wurden die Maler gut bezahlt?

Über Künstler, speziell Maler, gab es schon immer Legenden. Die einen erzählen vom Genie, die nächsten von Konkurrenz, aber auch von Manie und Wahnsinn und wieder andere von ihrer Armut. Gerade die Vorstellung vom Hunger leidenden Künstler ist seit dem 19. Jahrhundert nicht mehr wegzudenken, stimmt aber nur zum Teil.

In früheren Zeiten wurden bei einem Auftrag Preise ausgehandelt. Sie beinhalteten auch das Material, das verwendet wurde. Wollte eine

Kirche eine Altartafel mit viel Gold und Lapislazuli, einer teuren blauen Farbe, musste sie natürlich mehr Geld bezahlen, als wenn es sich um einfache Farben handelte. Wurde im Vertrag festgelegt, dass der Maler eigenhändig das Bild zu malen hatte (und nicht seine Mitarbeiter in der Werkstatt), hatte das Auswirkungen auf den Preis. Die Leiter einer Werkstatt waren meistens hoch angesehene Bürger, die auch in der Stadtpolitik mitmischten, wie Albrecht Altdorfer oder Albrecht Dürer. Lucas Cranach d. Ä. war 1528 sogar der reichste Bürger von Wittenberg. Er führte nicht nur eine große Malerwerkstatt mit bis zu elf Gesellen und zahlreichen Lehrlingen, sondern handelte mit Immobilien, besaß eine Druckerei und eine Papierhandlung, außerdem einen Verlag und war als Schankwirt und Apotheker tätig. Die Werkstatt von Rubens dürfte noch größer gewesen sein, ebenso sein Einkommen, über das es zwar verschiedene Berichte gibt, aber keine Quellen, die seine Einkünfte belegen. Er gehörte wohl zu den reichsten Bürgern von Antwerpen.

Natürlich gab es nicht nur derart reiche Maler, sonst hätte Adriaen van Ostade die Werkstatt eines Malers anders dargestellt, viele von ■ 9 | S. 50 ihnen werden aber ein gutes oder zumindest ausreichendes Einkommen gehabt haben. Doch wenn man ihre Klagen liest, die sie verfasst haben, um ihren Auftraggebern klarzumachen, wie wenig Geld sie verdienen, gewinnt man den Eindruck, dass sie alle arme Schlucker waren.

Nachdem Albrecht Dürer 1507 von dem Frankfurter Kaufmann Jakob Heller den Auftrag erhalten hatte, einen dreiflügeligen Altar zu malen, versuchte er 1508 den vereinbarten Preis von 130 Gulden auf 400 hochzutreiben, allein schon deshalb, weil die Materialkosten höher ausgefallen wären als anfangs gedacht, außerdem aber auch, weil er sich nicht mehr als Handwerker sah, der zum Pauschalpreis arbeite. Heller ließ sich darauf allerdings nicht ein. Dürer gab nach und lieferte den Altar.

In vielen anderen Fällen landeten Künstler und Auftraggeber vor Gericht, weil die Künstler über das zu niedrig ausgefallene Honorar klagten. Häufig bestellte das Gericht dann andere Künstler, die das

Bild auf seinen Wert hin schätzen sollten. Die Summe, die diese Gutachter nannten, musste dann an den Künstler bezahlt werden.
Es gibt also unzählige Beispiele von reichen und von armen Künstlern. Es gibt aber auch Geschichten von solchen, die erst berühmt waren und dann arm starben. Bekanntestes Beispiel dafür ist Rembrandt, der angeblich nach einer glänzenden Karriere verarmt und vergessen starb. Doch das ist eine Legende, die überhaupt erst seit dem 19. Jahrhundert verbreitet wurde. Sie hat sich gehalten, obwohl man inzwischen weiß, dass sie so nicht stimmt.
Rembrandt war nicht nur ein angesehener Maler, sondern auch ein gerissener Geschäftsmann, der es lange Zeit verstand, auf großem Fuß zu leben, eine hervorragende Kunstsammlung zusammenzutragen und in den Seehandel zu investieren. Um die Preise für seine Bilder in die Höhe zu treiben, kaufte er sie selbst zu Höchstpreisen zurück, wodurch er immer mehr Schulden machte. Für das Geld, das er sich lieh, bot er als Sicherheit Bilder, die er noch gar nicht gemalt hatte. Irgendwann platzte die Blase, er musste Konkurs anmelden, sein Haus und seine Kunstsammlung verkaufen, wofür er nun viel weniger Geld bekam, als sie tatsächlich wert war. Er konnte deshalb nicht alle Schulden bezahlen und musste mit dem Geld, das er mit Bilderverkäufen verdiente, diese eigentlich weiterhin begleichen. Doch verstand er es erneut, die Bezahlung der Schulden zu umgehen und das verdiente Geld zu behalten. Sein Sohn und seine zweite Frau gründeten eine Firma, in der sie ihn anstellten, um zu malen. Die Einnahmen gingen an sie, nicht an Rembrandt, der so als mittellos galt und die Schulden nicht tilgen konnte. Denn auch wenn Rembrandt in seinen späteren Jahren nicht mehr ganz so berühmt war wie vorher, so waren seine Bilder doch weiterhin begehrt und erzielten hohe Preise.

Seit wann kennen wir die Namen der Maler?

Die ältesten Gemälde in der Berliner Gemäldegalerie stammen aus dem 13. Jahrhundert, im Frankfurter Städel, in der Münchner Alten Pinakothek und der Stuttgarter Staatsgalerie aus dem 14. Jahrhundert, im Basler Kunstmuseum, der Dresdner Gemäldegalerie, der Hamburger Kunsthalle und dem Kunsthistorischen Museum in Wien um 1400. Vor allem aus dem 13. und 14. Jahrhundert sind zwar die Namen etlicher Maler bekannt. Sie stehen in den Listen der Zünfte und werden in Verbindung mit Lehrlingsverträgen, in notariellen Einträgen wie Häuserkauf oder Testament, Gerichtsakten oder gar Verträgen genannt. Doch signiert – also ihren Namen auf die Bilder geschrieben – haben die Maler damals ihre Werke nur selten.

In Glücksfällen haben sich Verträge erhalten, bei denen es eindeutig ist, um welches Bild es sich handelt. Dann kann ein Maler, der dokumentarisch bekannt ist, zumindest mit einem Bild in Verbindung gebracht werden. Häufig können ihm beziehungsweise seiner Werkstatt dann noch weitere Gemälde zugeschrieben werden. Das ist zum Beispiel bei Bertram von Minden der Fall, von dem bekannt ist, dass er seit 1367 in Hamburg lebte, dort 1371 ein Haus besaß und eine große Werkstatt leitete, die vor allem für den Hamburger Stadtrat tätig war. 1383 vollendete Meister Bertram den Hochaltar für die Hamburger Kirche St. Petri, der sich heute in der Hamburger Kunsthalle befindet. ■ 11 | S. 58 Dieser Altar, dessen bemalte Außenflügel heute verloren sind, zeigt auf den Innenflügeln in vierundzwanzig Bildern Geschichten aus dem Alten Testament und der Kindheit Christi. Sie verdecken die 44 geschnitzten und vergoldeten Heiligenfiguren im Inneren des Altars, der sogenannten Festtagsseite. Es ist anzunehmen, dass der ganze Altar in der Werkstatt von Meister Bertram ent-

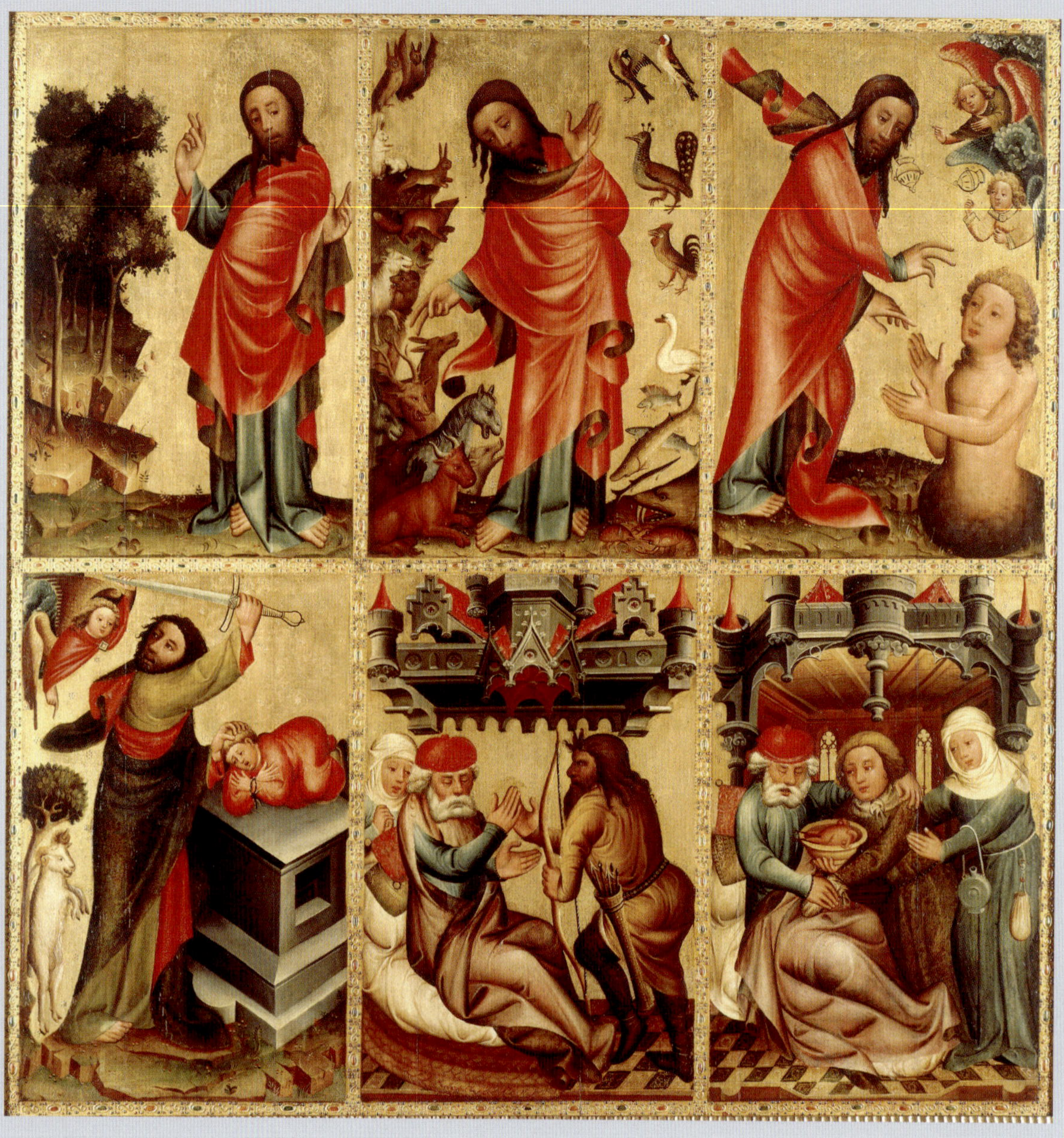

11

Bertram von Minden, 6 von 24 Bildern der bemalten Flügel des *Petri-Retabels* mit der Erschaffung der Welt und des Menschen, dem Isaak-Opfer, Isaak und Esau und dem Segen Isaaks, 1383, Eichenholz, 80 x 51 cm pro Bildfeld, Hamburg, Kunsthalle

stand, ob er allerdings das gesamte Werk zu verantworten hatte oder nur die Malereien, ist nicht dokumentiert.

Von Bertram von Minden wissen wir zwar noch, dass er 1390 eine Pilgerreise nach Rom unternahm und 1415 gestorben sein muss, es sind auch Arbeiten dokumentiert, die sich nicht erhalten haben, doch weitere Werke sind ihm lediglich zugeschrieben. Bei dem Südtiroler Maler Michael Pacher hingegen ist das durch Signaturen und Verträge gesicherte Werk weitaus größer, zu dem auch der um 1470/80 gemalte *Kirchenväteraltar* für das Augustinerchorherrenstift Neustift bei Brixen gehört, der sich dort bis zur Säkularisation befand und 1812 in die Münchner Sammlungen kam.

Doch in anderen Fällen kennt man Maler aus Dokumenten, es fehlen aber die Bilder dazu. Oder man hat die Bilder ohne Dokumente. Beim *Bartholomäusaltar* der Alten Pinakothek in München weiß man, wer die Stifter waren, der Name des Malers bleibt im Dunkeln. ■ 19 | S. 87 Und so nannte man ihn irgendwann den Meister des Bartholomäusaltars. Ähnliche Bilder schrieb man ihm oder seiner Werkstatt zu, von der man sich immer noch nicht sicher ist, ob sie sich eher in Köln oder in den Niederlanden befunden hat. Und so geht es uns mit vielen anderen Bildern auch. Die Bilder aus dem 13. Jahrhundert in Berlin werden zumeist nur geografisch eingeordnet, also als «Westfälisch», «Kölnisch» oder «Böhmisch» bezeichnet. Es fällt auf, dass aus Italien sehr viel früher die Namen der Künstler bekannt sind als vor allem im deutschsprachigen Raum. Und so stammen hier aus einer Zeit, in der in Italien, aber auch in den Niederlanden schon zahlreiche Bilder Malern zugeordnet werden können, noch sehr viele Gemälde von anonymen Meistern, denen man Notnamen gegeben hat, um die Werke einer Schule oder einem Ort zuzuweisen.

Einer davon ist der Meister des Marienlebens, der wohl zwischen 1460 und 1490 in Köln eine größere Werkstatt leitete und der nach acht Tafeln benannt ist, die für die Marienkapelle der Kirche Sankt Ursula in Köln geschaffen wurden und Szenen aus dem Leben Mariens darstellen. Entweder bildeten sie einen Flügelaltar oder sie befanden sich als Bilderwand in der Kapelle, möglicherweise auch als einzelne Bilder. Ihr Stifter, der Kölner Ratsherr Johann von Hirtz, hatte auch die Kapelle gestiftet und ließ sich in das Bild hineinmalen, das *Heimsuchung* genannt wird und auf dem sich Maria und Elisabeth, die Mutter von Johannes dem Täufer, treffen, als sie beide schwanger sind.

Sieben dieser Tafeln kamen mit der Sammlung Boisserée (s. S. 31) in die Alte Pinakothek. Die achte Tafel hatten die Brüder mit einem anderen Sammler getauscht. Es befindet sich heute in der National Gallery in London. Dem Meister werden viele weitere Werke zugeschrieben, eines davon befindet sich ebenfalls in der Alten Pinakothek und zeigt das Porträt eines Baumeisters.

Auf dem zweiten der Marienbilder ist die Geburt Mariens dargestellt. Bei der *Geburt Christi* mussten die Maler bestimmte Regeln einhalten, also den Stall mit Ochs und Esel, die Krippe, Joseph und Maria,

■ 12 | S. 61

Engel, den Hirten zeigen. Bei der *Geburt Mariens* jedoch konnten sie ein Geburtszimmer so zeigen, wie es damals aussah. Und so erkennt man auf dieser Tafel ein Zimmer mit einem großen Bett, einer Truhe und einem Schrank. Die hintere Wand ist oben mit Goldfarbe gestrichen und unten mit kostbaren, golddurchwirkten Webteppichen verhängt. Auf dem Bett liegt eine große rote Bettdecke, der Baldachin darüber und die Wand hinter dem Bett sind mit Brokat verkleidet. Die Geburtshelferinnen, immerhin acht Frauen, die sich um Anna und die kleine Maria kümmern, tragen ebenfalls kostbare Gewänder, die teilweise aus Brokat bestehen. Im Köln der damaligen Zeit spielte die Tuchindustrie eine große Rolle, was sich auch in diesem Bild zeigt. Hier ist demnach der Schlafraum einer wohlhabenden Kölner Familie gezeigt, vergleichbar mit der des Stifters, ein Ratsherr der Stadt, der auch mehrfach Bürgermeister war.

Auffallend an dem Bild ist auch der Fußboden mit seinen quadratischen Kacheln, die ein Gitternetz bilden und so als Hilfe für eine perspektivische Darstellung des Raums dienen. Man vermutet, dass der Künstler die niederländische Malerei der Zeit kannte. Vielleicht war er selbst in seiner Lehr- oder Gesellenzeit in den Niederlanden

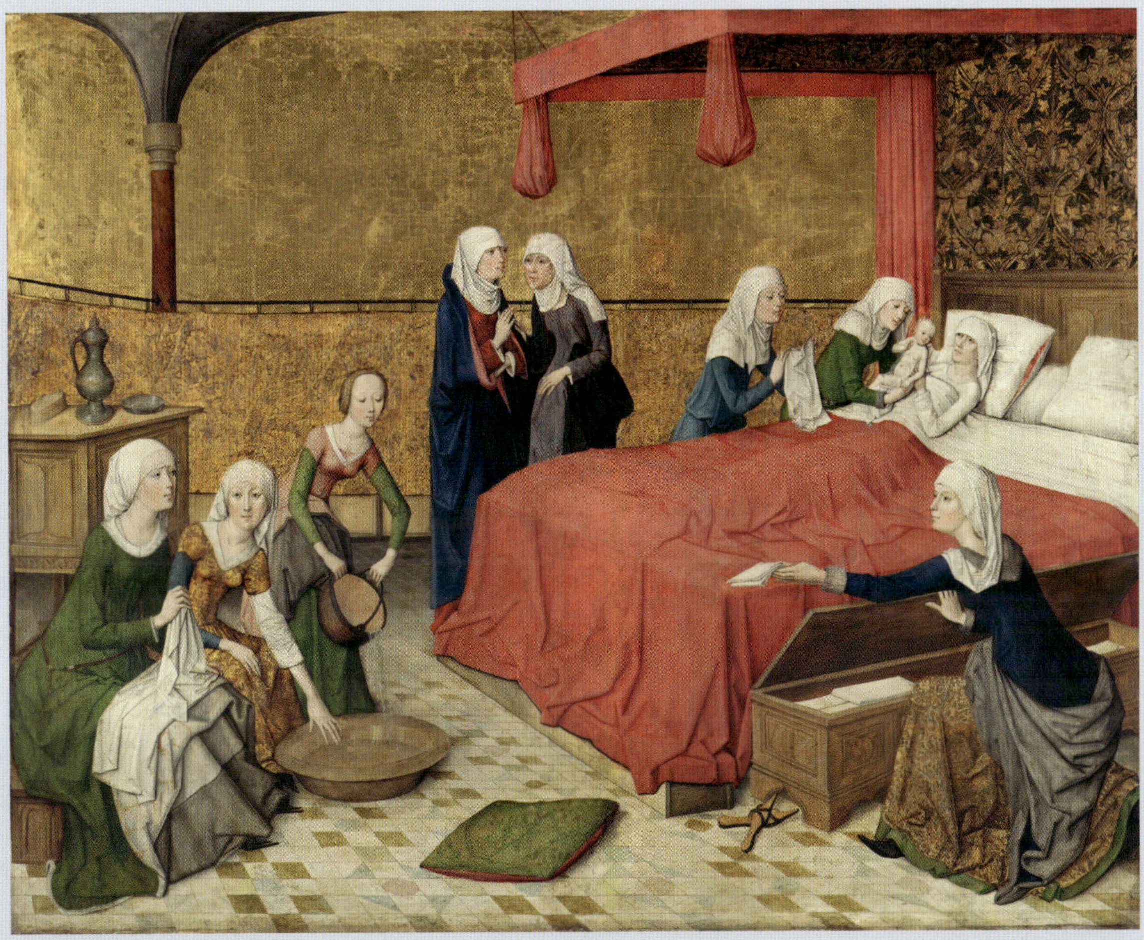

12

Meister des Marienlebens, *Geburt Mariens*, um 1460/65, Eichenholz/ Goldgrund, 85,6 x 109,5 cm, München, Alte Pinakothek

■ 65 | S. 239

gewesen. Sicher kannte er Bilder niederländischer Maler in Köln wie den *Columba-Altar* von Rogier van der Weyden. Außerdem kamen immer wieder niederländische Gesellen nach Köln und mögen sogar in der eigenen Werkstatt mitgearbeitet haben.

Waren heute berühmte Maler auch schon zu Lebzeiten bekannt?

Die Bilder, die sich in den Gemäldegalerien Alter Meister befinden, entstanden in einem Zeitraum von etwa fünf- bis sechshundert Jahren. Das ist eine lange Zeit, in der sich die Stellung der Künstler veränderte, wobei auch eine Rolle spielte, in welchem Land sie lebten und arbeiteten. Doch die Fähigkeiten besonders begabter Maler wurden zu allen Zeiten gerühmt, und ihr Ruhm verbreitete sich auch häufig weit über die Stadt hinaus, in der sie lebten. Der aus Florenz stammende Giotto arbeitete in Rom, Assisi und Padua, besaß aber gleichzeitig ein Haus in Florenz und wurde 1328 vom König in Neapel zum Hofmaler ernannt. Doch die Florentiner wollten, dass ihr berühmter Maler wieder in seiner Heimatstadt lebte, und boten ihm den Posten des Dombaumeisters an, den er erst annahm, nachdem er finanzielle Sonderkonditionen ausgehandelt hatte. Noch zu Lebzeiten setzte ihm der ebenfalls aus Florenz stammende Dichter Dante in seiner Göttlichen Komödie ein Denkmal, als er im elften Gesang des *Fegefeuers* schrieb:
«Noch wiegte Cimabue wohl der Glaube / Daß er als Maler hoch ob allen rage / Da war sein Lorbeer Giotto schon zum Raube.»
Andere schon zu Lebzeiten berühmte Künstler waren Lucas Cranach, Jan van Eyck, Hans Memling, Peter Paul Rubens, Rembrandt, Rogier van der Weyden ...

Mindestens ebenso berühmt war auch zu seinen Lebzeiten schon Leonardo da Vinci, unehelicher Sohn eines Notars, der bei seinem Vater aufwuchs und erst mit siebzehn Jahren zu einem damals sehr bekannten Florentiner Künstler, Andrea del Verrocchio, in die Lehre kam. Bereits drei Jahre später, 1472, wurde er Mitglied der Florentiner Lukasgilde, blieb aber trotzdem noch einige Jahre bei seinem Lehrer. Später wurde er Hofmaler in Mailand, hielt sich in verschiedenen anderen Städten Italiens auf, lebte auch kurz in Rom, um dann auf Drängen des französischen Königs seinen Lebensabend in einem eigenen kleinen Schloss oberhalb von Amboise an der Loire zu verbringen. Die Legende erzählt, er sei dort in den Armen des Königs gestorben.

Es gibt unendlich viele Biografien über Leonardo, diesen Künstler, der nicht nur Bilder malte, sondern sich mit allen Sparten der Naturwissenschaften beschäftigte, von der Astronomie bis hin zur Physik: Er entwarf Geräte, mit denen man möglicherweise fliegen konnte, und stellte Vermutungen darüber an, dass sich die Erde um die Sonne dreht und nicht umgekehrt. Solche Überlegungen schrieb er zwar nieder, veröffentliche sie allerdings nicht. Sein frühester Biograf, der Geschichtsschreiber und Arzt Paolo Giovio, dürfte ihn gekannt haben. Von ihm stammen die ersten schriftlich überlieferten Lobeshymnen über Leonardo, in denen es unter anderem heißt:

«Der Zauber von Leonardos Wesen, das Blendende seiner Anlagen, die freigebige Güte seiner Natur waren nicht geringer als seine körperliche Schönheit; und ebenso groß war sein Genie im Erfinden …»

Die Alte Pinakothek ist das einzige Museum in Deutschland, das ein Gemälde von Leonardo besitzt. Es wurde nicht von einem der Kurfürsten oder Könige erworben, sondern gelangte erst 1889 ins Museum, als ein privater Sammler bereit war, es weit unter dem damaligen Schätzpreis zu verkaufen. Es gehört zu den frühesten erhaltenen Bildern Leonardos und zeigt eine Maria, die ihrem Kind eine Nelke reicht, weshalb man es auch *Madonna mit der Nelke* nennt, obwohl der offizielle Titel *Maria mit dem Kind* lautet. ■ 13 | S. 64

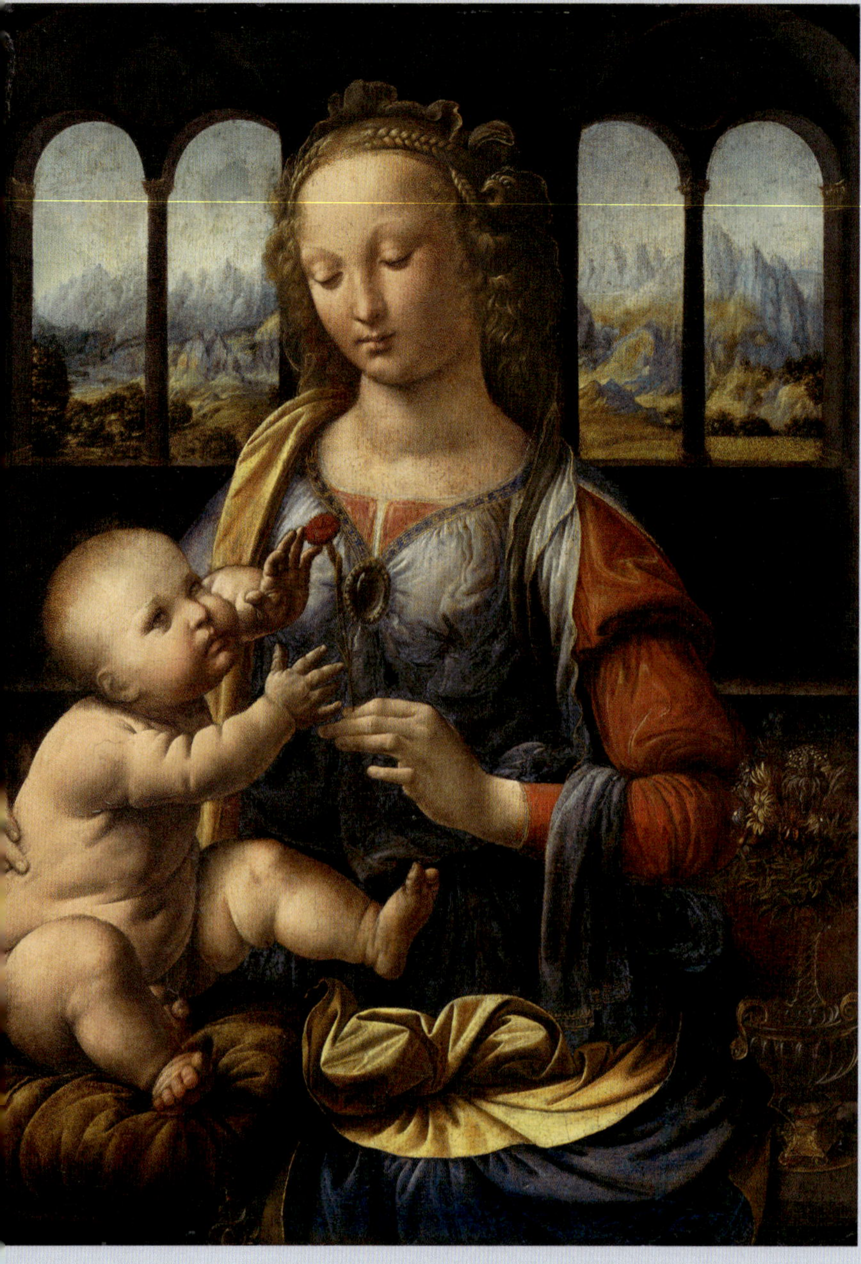

13

Leonardo da Vinci, *Maria mit dem Kind (Madonna mit der Nelke)*, um 1473, Pappelholz, 62x47,5cm, München, Alte Pinakothek

In einem nicht näher zu bestimmenden Raum steht rechts neben der in kostbare Gewänder gekleideten Maria eine kunstvolle Glasvase mit verschiedenen Blumen. Das Glas ist so durchsichtig wie die Reinheit Mariens und weist darüber hinaus auf die unbefleckte Empfängnis hin. Ob Maria sitzt oder steht lässt sich nicht genau sagen, das nackte Jesuskind neben ihr auf einem Kissen wird von ihr mit der einen Hand zärtlich umfasst. Mit zwei Fingern der anderen Hand hält sie ganz vorsichtig die Nelke, nach der das Kind greift, wobei es allerdings nicht die Blume anschaut, sondern den Blick nach oben richtet. Denn die Nelke ist das Symbol göttlicher Liebe, die aus dem Himmel von Gottvater zu dem Kind gelangt.

Leonardo experimentierte damals mit verschiedenen Zusammensetzungen der Ölfarben. Hier führte das zur Kräuselung der Farbe im Gesicht der Madonna, was etliche Forscher dazu veranlasste, das Bild Leonardo abzusprechen. Seine Naturbeobachtungen zeigen sich in den Falten an Armen und Beinen des wohlgenährten Kleinkindes, das seinen rechten Fuß so tief ins dick gepolsterte Kissen drückt, dass sich auch im Stoff Falten bilden. Hinzu kommen die üppigen Faltenwürfe der Gewänder Marias, die vollkommen natürlich gebildet sind bis auf den einen aufgebauschten Gewandzipfel in ihrem Schoß, der goldgelb leuchtet und eine liegende Acht bildet, das Symbol der Vollkommenheit.

Schon in diesem frühen Bild zeigt sich das Können Leonardos. Die Art seiner Lichtführung lässt bestimmte, ihm wichtige Teile heller erscheinen als andere. Durch die weiche, abgemilderte Beleuchtung führt das Spiel von Licht und Schatten zu natürlichen Faltenwürfen der Stoffe, besonders aber zu einer Intensität des Gesichtsausdrucks von Maria. Man gewinnt so den Eindruck, ihre Gefühle von Liebe und ungläubigem Staunen zu spüren. Diese Fähigkeiten machten Leonardo auch für die Zeitgenossen zu einem der berühmtesten Künstler.

Der italienische Architekt und Maler Giorgio Vasari ist der Nachwelt weniger durch seine Kunstwerke bekannt als vor allem aufgrund

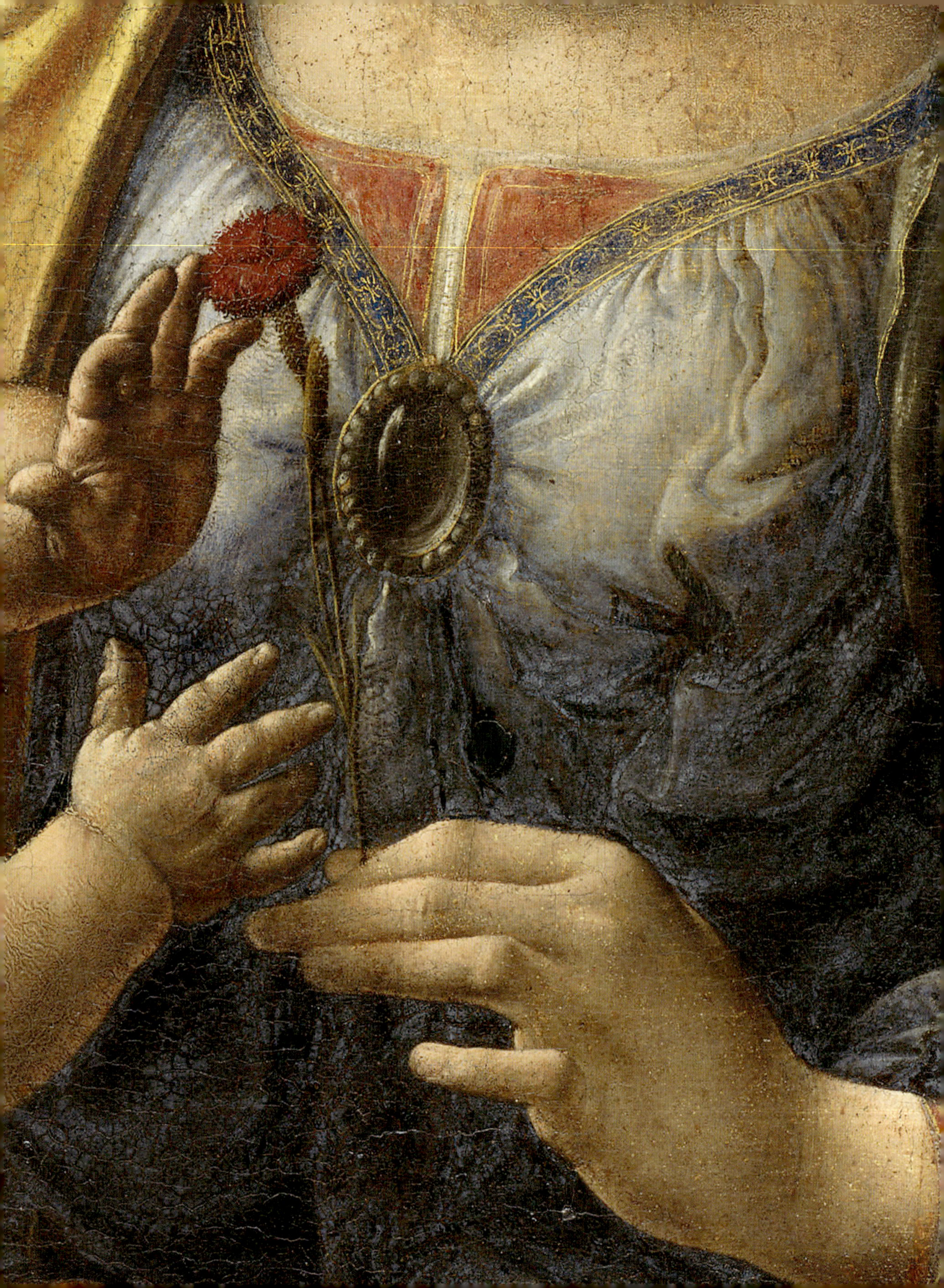

seiner 1568 erschienenen Künstlerbiografien. Das mehrere Bände umfassende Werk reicht von Giotto bis Michelangelo und behandelt neben den italienischen Künstlern auch wenige deutsche und niederländische. Vasari war noch ein Kind, als Leonardo starb, und auch wenn er ihn in den höchsten Tönen lobt, so fällt doch der Text über ihn sehr viel kürzer aus als der über Raffael. Doch auch dieser kann sich mit dem über Michelangelo, den Vasari als gottgleich (divino) bezeichnet, nicht messen. Lange Zeit galt das Urteil Vasaris als maßgeblich für den Bekanntheitsgrad eines Künstlers. Heute hat sich das geändert. Gibt man die drei Namen bei einer Suchmaschine ein, kommt man bei Leonardo auf unendlich viel mehr Treffer als bei Michelangelo, und Raffael kommt nicht annähernd an diese Zahlen heran. Andererseits gehört das Bild der *Sixtinischen Madonna* von Raffael in Dresden mit zu den berühmtesten Bildern überhaupt – im Gegensatz zur *Madonna mit der Nelke* von Leonardo.

◘ 70 | S. 262

Sehr viel bekannter als die *Madonna mit der Nelke* ist auch das *Selbstbildnis*, das Albrecht Dürer im Jahr 1500 von sich malte und das sich ebenfalls in München befindet. In ihm zeigt sich das Selbstbewusstsein dieses Künstlers, der zu seiner Zeit weit über die Grenzen Nürnbergs hinaus bekannt war, bis hin in die Niederlande und nach Italien und der unter anderem den Auftrag bekam, den Kaiser zu protätieren.

◘ 28 | S. 111

Albrecht Dürer hat sich mehrmals selbst gemalt, in dem *Selbstbildnis im Pelzrock* aber erreicht er durch die frontale Wiedergabe des Gesichts, den langen, in der Mitte gescheitelten Haaren und der auch an den Segensgestus erinnernden Handhaltung eine durchaus beabsichtigte Christusähnlichkeit. Das erscheint uns heute vermessen. Doch wollte Dürer zum einen seine Demut ausdrücken, zum anderen aber auch die Ähnlichkeit der Menschen mit Gott betonen, die er nach seinem Bilde schuf, wie es in der Bibel heißt. Hinzu kommt die Schöpferkraft des Künstlers, die mit derjenigen Gottes vergleichbar ist. Der eine hat die Menschen erschaffen, der andere bildet sie ab.

◘ 14 | S. 68

gegenüberliegende Seite: Detail aus ◘ 13

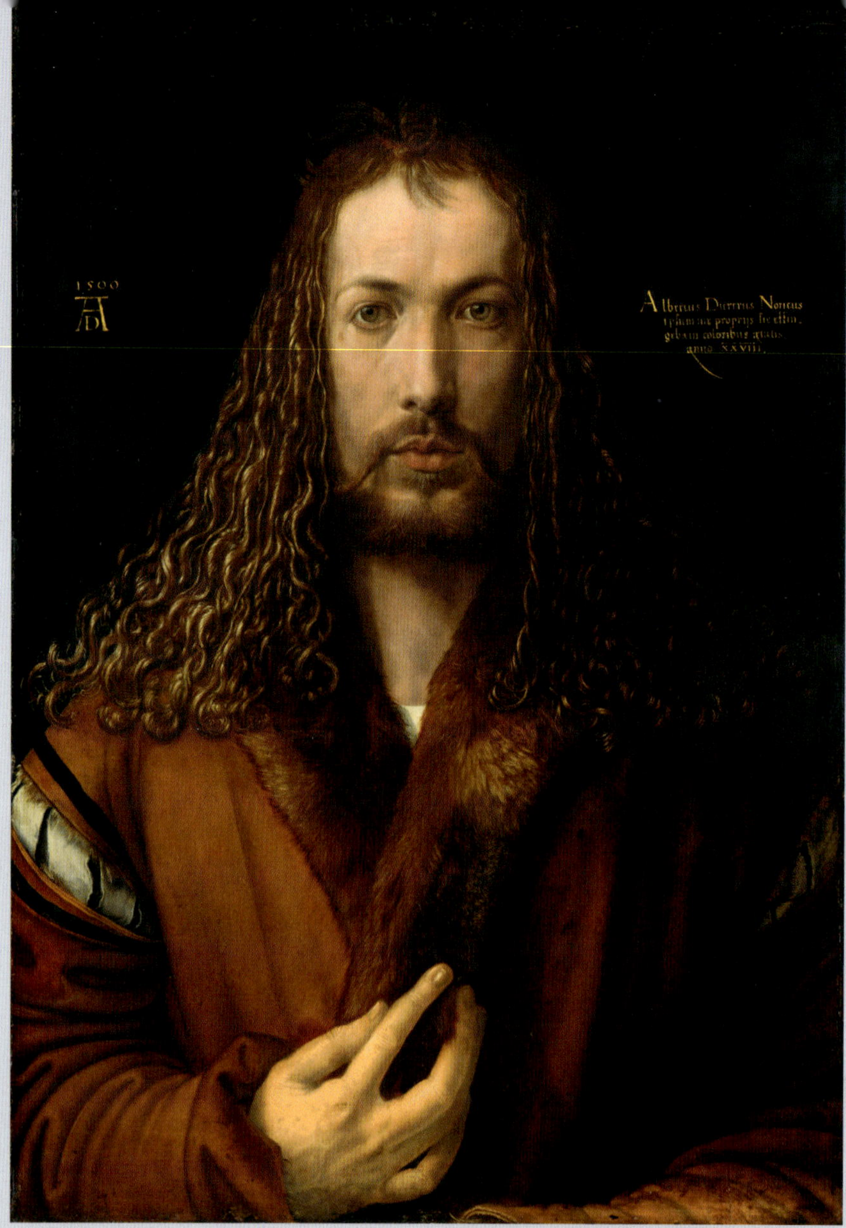

14

Albrecht Dürer, *Selbstbildnis im Pelzrock*, 1500, Lindenholz, 67 x 49 cm, München, Alte Pinakothek

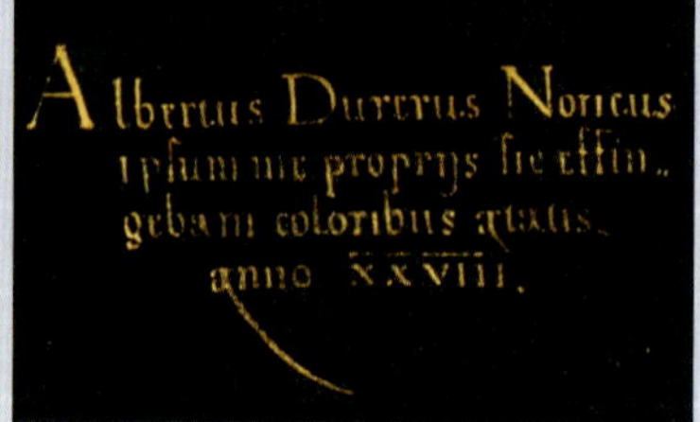

Standden die Maler in Konkurrenz zueinander?

Ebenso wie es Freundschaften zwischen Künstlern gab oder auch Werkstattgemeinschaften, bei denen sich mindestens zwei Meister zusammentaten, fanden auch immer wieder Konkurrenzkämpfe statt. Maler neideten sich gegenseitig Aufträge und zogen deshalb über die Kunst des jeweils anderen her. Solche Geschichten haben sich vor allem als Anekdoten erhalten, aber natürlich auch in Briefen und Berichten.

Von einem dieser Konkurrenzkämpfe im Rom der Barockzeit kennen wir die Prozessakten, aus denen man ersehen kann, zu welchen Verleumdungen die Künstler gegenseitig tatsächlich fähig waren. 1603 wurden in Rom zwei Gedichte über den Maler Giovanni Baglione verbreitet, der daraufhin die Maler Michelangelo Merisi, gen. Caravaggio und Orazio Gentileschi anzeigte und erreichte, dass sie ins Gefängnis kamen. Einem einflussreichen Auftraggeber von Caravaggio gelang zwar deren Freilassung nach wenigen Tagen, doch wurden sie mehrfach verhört. Die Verhörprotokolle, aber auch die Gedichte haben sich erhalten. In ihnen werden die Gemälde von Baglione als «große Schmierereien» bezeichnet, mit denen er sich «den Arsch abwischen» könne. Außerdem sei er nicht würdig, die Ehrenkette zu tragen, die er von Kardinal Benedetto Giustiniani verliehen bekommen habe. Das sind nur die weniger deftigen Teile der Spottverse, und es ist durchaus verständlich, dass sich der angesprochene Künstler dadurch angegriffen fühlte, doch hatte er auch seinerseits dazu Anlass gegeben.

Denn Baglione hatte das Bild *Der himmlische Amor besiegt den irdischen Amor* als Antwort auf Caravaggios Bild vom irdischen Amor gemalt und es dann dem Bruder von Caravaggios Auftraggeber, dem Kardinal Benedetto Giustiniani, zum Geschenk gemacht. Damit be-

■ 16 | S. 70
■ 15 | S. 70

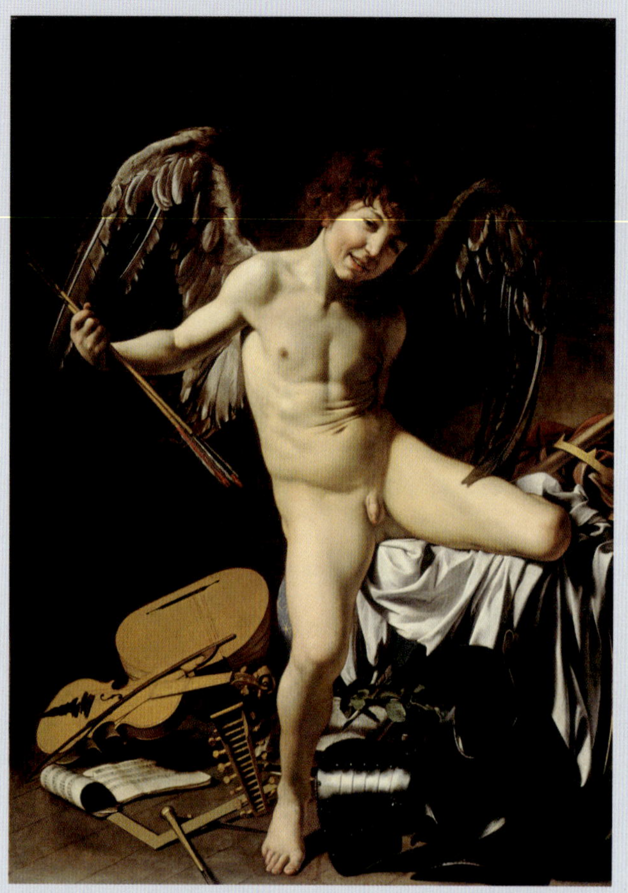

15
Michelangelo Merisi, gen. Caravaggio, *Amor als Sieger*, 1602, Leinwand, 156 x 113 cm, Berlin, Gemäldegalerie

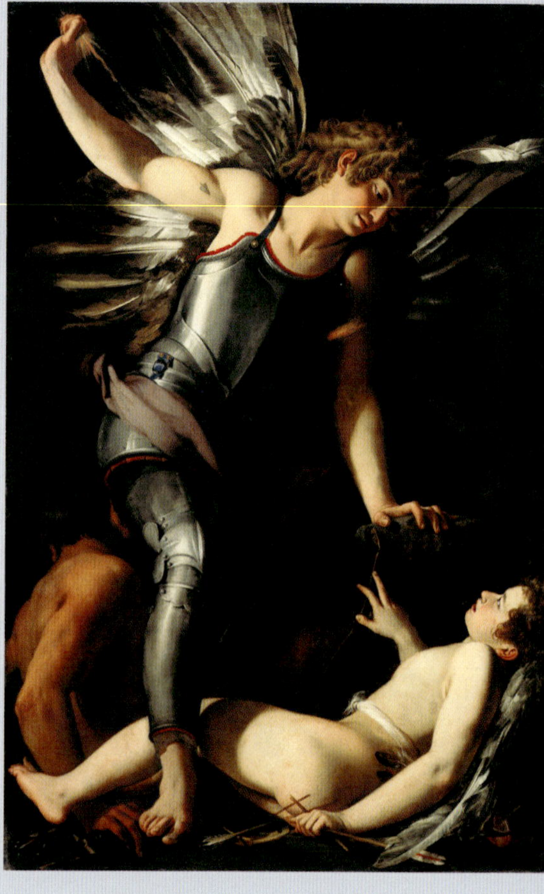

16
Giovanni Baglione, *Der himmlische Amor besiegt den irdischen Amor*, um 1602/03, Öl auf Leinwand, 183,4 x 121,4 cm, Berlin, Gemäldegalerie

fanden sich beide Bilder in einer Sammlung, weshalb man sie auch in Berlin zusammen anschauen kann (s. S. 29, 31).
Caravaggio hat seinen Amor als einen nackten Jungen mit Flügeln und Pfeilen, die ihn als Liebesgott ausweisen, dargestellt. Ihm zu Füßen liegen Musikinstrumente, Notenblätter, Winkel und Zirkel, Teile einer Rüstung, ein Lorbeerkranz, darunter ein dicht beschriebenes Manuskript, das von Amors rechtem Bein zum Teil verdeckt wird, ebenso wie ein sternenbesetzter blauer Globus, von dem nur noch eine Ausbuchtung zu erkennen ist. Rechts hinten im Bild, von einem weißen Tuch gerade nicht verdeckt, sieht man Krone und Zepter der weltlichen Macht. Der Stoff, über eine Bett- oder Tisch-Kante drapiert, auf der Amor elegant sein linkes Bein abgelegt hat, verunklärt die Situation.
Baglione hingegen kleidet den Engel der himmlischen Liebe in eine Rüstung und stattet ihn mit einem Flammenschwert aus, sodass er wie der Erzengel Michael, der den Satan besiegt, aussieht. Doch hier ist es «nur» die irdische Liebe, ein kleiner wehrloser Knabe, der mit einem Dämon im Bunde ist, über den der himmlische Amor einfach hinwegtrampelt. Dieser gerüstete Amor war damals von Gentileschi kritisiert worden, wie dessen Zeugenaussage bei Gericht zu entnehmen ist: «Das Bild wies, wie ich ihm sagte, manche Unvollkommenheit auf, denn er hatte einen bewaffneten, voll ausgewachsenen Mann gemalt; dabei hätte es das Bild eines nackten Knaben sein müssen.»
Dieses eine Beispiel steht für viele Schmähungen, mit denen sich Künstler gegenseitig beschuldigten, es gab aber natürlich auch die Konkurrenz um Aufträge, die in einigen Fällen als offizieller Wettbewerb angekündigt wurden. Außerdem wurden Aufträge vergeben, die mehrere Maler zusammen auszuführen hatten, indem sie verschiedene Bilder für einen Raum malten.
Berühmtes Beispiel ist die Ausstattung der Seitenwände der Sixtinischen Kapelle im Vatikanspalast, die Papst Sixtus IV. ab 1475 umbauen ließ. Er wollte an den beiden Längswänden Geschichten aus dem Leben Jesu Szenen aus dem Leben Mose gegenüberstellen.

Dafür wurden sieben Maler nach Rom berufen: Sandro Botticelli, Piero di Cosimo, Domenico Ghirlandaio, Pietro Perugino, Pinturicchio, Cosimo Rosselli und Luca Signorelli. Vier von ihnen stammten aus Florenz, drei aus Umbrien. Der Auftrag an die damals bekanntesten Maler, die bereit waren, nach Rom zu kommen, war bewusst als Künstlerwettstreit angelegt, weshalb der Bildfolge kein gemeinsames Konzept zugrunde liegt, sondern die Maler mit ihren Gehilfen für die jeweiligen einzelnen Bilder verantwortlich waren. Doch trotz aller Konkurrenzgedanken verwendeten sich die Maler gegenseitig als Modelle, denn in allen Bildern tauchen ihre Gesichter immer wieder als Begleitfiguren auf.
Ein Wettbewerb, bei dem sieben Bildhauer aufgefordert wurden, Entwürfe für eine Bronzetür des Florentiner Baptisteriums zu entwerfen, und eine Kommission darüber entschied, wer den Zuschlag bekam, ist für das Jahr 1402 bezeugt. Solche Wettbewerbe, bei denen einzelne Künstler aufgefordert wurden, Entwürfe zu liefern und dann den besten von ihnen auszuwählen, gab es seitdem immer wieder, und zwar in allen Sparten der Kunst, also Architektur, Bildhauerei und Malerei. Und auch hier erfährt man natürlich immer wieder von Bestechungen, die die Künstler einsetzten, um an die Aufträge zu gelangen. Von dem Venezianer Jacopo Tintoretto weiß man, dass er alle möglichen Tricks anwendete, um einen großen Auftrag zu erhalten, der ihn und seine Werkstatt dann auch über Jahre beschäftigen sollte. Sein Sohn Domenico scheint dieses Verhalten vom Vater gelernt zu haben und verfuhr nach ähnlicher Manier, um das Wandbild im Saal des Großen Rats im Dogenpalast ausführen zu können, ohne am Wettbewerb teilgenommen zu haben.

Konnte früher ein Künstler wissen, wie in anderen Ländern gerade gemalt wurde?

Handelsbeziehungen zwischen Italien und den Ländern nördlich der Alpen, vor allem den Niederlanden, führten dazu, dass auch Kunstwerke von einem Land ins andere gelangten. Das machte neugierig. Um 1450 reisten die ersten deutschen und niederländischen Künstler über die Alpen nach Italien und zeichneten dort, was sie sahen. Diese Zeichnungen zeigten sie dann zu Hause ihren Malerkollegen. In ihren Bildern finden sich Einflüsse dessen, was sie gesehen hatten. Gleichzeitig wurde der Buchdruck erfunden, und die verschiedenen druckgrafischen Techniken wie Holzschnitt und Kupferstich wurden immer ausgefeilter. Wenn man jetzt ein Bild abzeichnete, konnte man es anschließend auf einen Druckstock kopieren und vervielfältigen. So konnten viele Menschen die Bilder sehen, ohne eine weite Reise antreten zu müssen. Die Farben der Bilder kannten sie dann allerdings nicht.

Von vielen Künstlern weiß man, dass sie lange Reisen unternahmen. Häufig wurden sie von ihren Auftraggebern als Diplomaten losgeschickt, sollten dabei manchmal aber auch Spionage betreiben. Andere wurden beauftragt, Porträts zu malen, zum Beispiel von einer Prinzessin, die der Auftraggeber heiraten wollte oder sollte. Und wieder andere fuhren aus eigenem Antrieb. Jan van Eyck war mehrfach in geheimer Mission unterwegs. 1428/29 fuhr er nach Spanien und Portugal, um für den Herzog von Burgund das Porträt einer portugiesischen Prinzessin zu malen. Rogier van der Weyden reiste 1450 zum Heiligen Jahr nach Rom, Albrecht Dürer hielt sich auf alle Fälle von 1505 bis 1507 in Venedig auf und war vielleicht auch schon 1494 dort. Peter Paul Rubens lebte acht Jahre in Italien und reiste von dort nach Spanien. Er fuhr 1622, nachdem er längst wieder in Antwerpen war, nach Paris und pendelte anschließend zwischen London und Madrid, um ein Friedensabkommen zwischen Spanien und England zu erreichen, was ihm 1630 dann tatsächlich auch gelang. Rubens kannte dadurch natürlich auch viele italienische, französische und spanische Künstler.

Der etwas jüngere Rembrandt hingegen verbrachte sein ganzes Leben in Amsterdam, wohin er von seinem Geburtsort Leiden gekommen war. Bilder von Künstlern aus anderen Orten kannte er, wenn man sie in Amsterdam sehen konnte oder durch die Druckgrafiken, die er von ihnen sammelte. Gleichzeitig verkaufte er seine Bilder bis hin nach Sizilien, denn ein berühmter Sammler, der auf der italienischen Insel lebte, bestellte Bilder bei ihm, die dann auf dem Seeweg zum Auftraggeber gelangten.

Es gab also viele Möglichkeiten, um zu wissen, welche Künstler in anderen Ländern wie malten. Italien, wo sich so viele Kunstwerke aus der Antike erhalten hatten, war dabei das Reiseziel schlechthin. Ein längerer Italienaufenthalt galt sogar bei vielen Künstlern als Teil der Ausbildung, auch wenn sich einige wenige wie Rembrandt dem widersetzten.

Wieso konnte ein Künstler wie El Greco Erfolg haben, obwohl seine Bilder wirken wie aus der Zeit gefallen?

17 | S. 75

Das Bild *Die Entkleidung Christi* stammt von El Greco, einem Griechen, der auf Kreta die Ikonenmalerei lernte, bevor er 1567/68 nach Venedig kam und dort vor allem die Kunst Tizians und Tintorettos studierte. Nach einem kurzen Aufenthalt in Rom zog es ihn – wie viele andere Künstler der damaligen Zeit auch – nach Spanien an den Hof Philipps II., der viele Künstler beschäftigte. Seit 1577 lebte er in

68 | S. 252
40 | S. 152

17

El Greco, *Entkleidung Christi*, um 1590/1600, Leinwand 165 x 99 cm, München, Alte Pinakothek

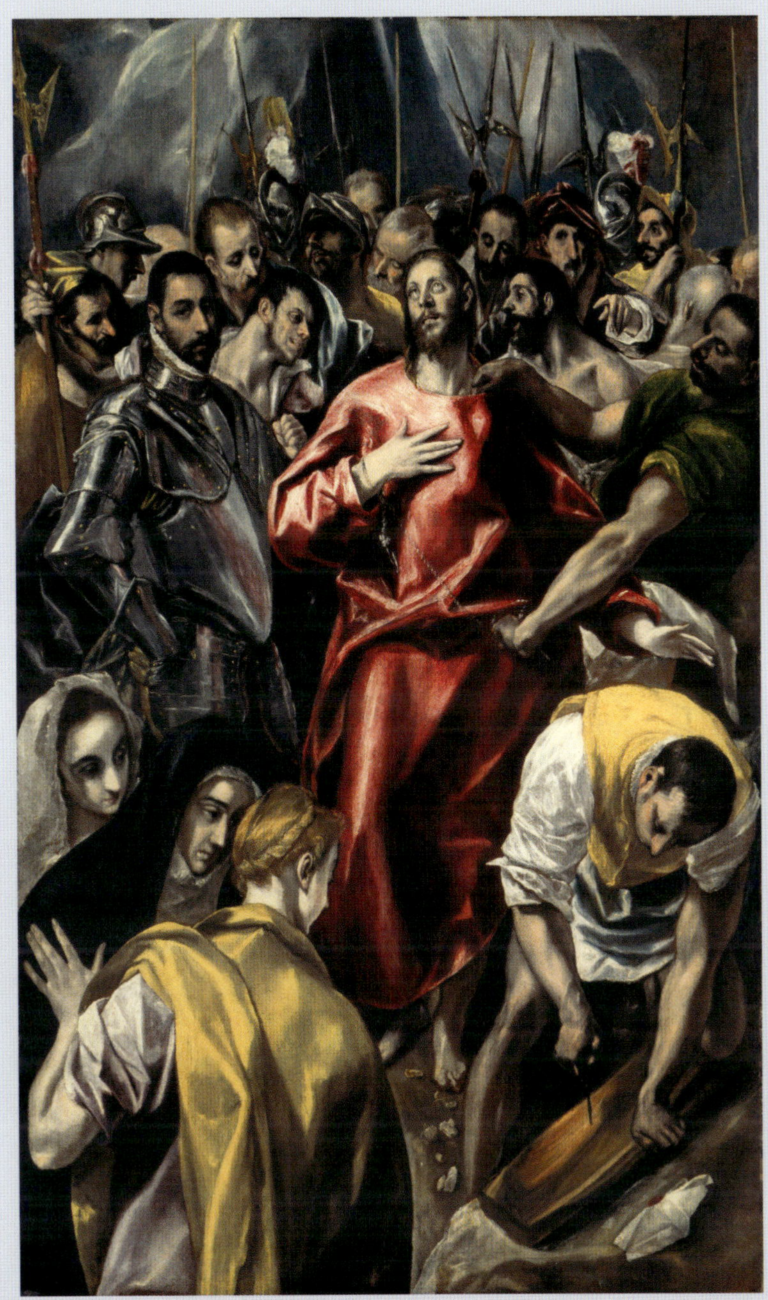

Toledo, arbeitete allerdings weniger für den König, dem seine überlängten Figuren und grellen Farben nicht gefielen, als für die Kirche und für Adlige, die sich von ihm porträtieren ließen. Dominico Greco, der eigentlich Doménikos Theotokópoulos hieß und heute nur noch El Greco (der Grieche) genannt wird, war so erfolgreich, dass er eine große Werkstatt leitete, in der viele seiner Bilder mehrfach kopiert wurden.

Und so ist auch die *Entkleidung Christi* in der Alten Pinakothek die Kopie des Gemäldes, das El Greco 1577 für die Sakristei der Kathedrale von Toledo malen sollte und das er 1579 lieferte. In der Sakristei legen die Priester ihr Gewand für den Gottesdienst an. Sie sollten beim Kleiderwechsel an den Opfertod Christi und dessen vorherige Entkleidung erinnert werden, auch wenn diese Begebenheit nicht Bestandteil der biblischen Geschichte ist.

Den Priestern der Kathedrale gefiel das Bild nicht, weil Christus von Sündern überragt würde, doch ein Gutachter erklärte das Bild zum Meisterwerk, was die Priester akzeptierten. Das Bild war anschließend so begehrt, dass es mehrfach kopiert wurde.

Da die Szene der *Entkleidung* nur selten dargestellt wird, hat El Greco eine eigenständige Fassung geschaffen, auf der viel mehr Personal zugegen ist als normalerweise. Dadurch wird gleichzeitig auf den Kreuzweg und die Kreuzigung selbst verwiesen.

Auf dem hochrechteckigen, schmalen Bild in dunklen Braun-, Blau- und Grautönen, aus denen wenige grelle Farben hervorstechen, hält Christus im rotvioletten Kleid seine rechte Hand an die Brust und blickt nach oben in den Himmel, so als bete er zu Gottvater. Die Schnur an seinem Handgelenk hält der Henkersknecht mit einer Hand fest, mit der anderen greift er das Kleid Christi am Halsausschnitt, um es herunterzureißen. Seine grüne Weste findet ihre Entsprechung in der gelben Weste des zweiten Schergen vorne rechts, der über den Kreuzesbalken gebeugt ist und ihn anbohrt. Vorne links im Bild sind die drei trauernden Marien zu sehen, die Muttergottes trägt einen schwarzen Mantel und wendet sich der sie umarmenden Maria Magdalena zu, deren blondes Haar ebenso hervorsticht wie ihr goldgelber Mantel.

El Greco war schon durch seine Herkunft ein Ausnahmekünstler, der die italienische, vor allem venezianische Malerei mit Stilelementen der Ikonenmalerei verband. Das führte vor allem in seinem Spätwerk zu der außergewöhnlichen Farbgebung und zu den überlängten Figuren, die weit über das hinausgingen, was im italienischen Manierismus üblich war. Ob es sich dabei um eine vergeistigte Art der Frömmigkeit handelte, also um eine Spiritualität, wie sie damals stark verbreitet war, oder um eine Bildsprache, in der der Maler Formen und Farben über die Inhalte stellte, wird bis heute unterschiedlich beurteilt.

Schon kurz nach seinem Tod wurde El Grecos Kunst nicht mehr verstanden, im 19. Jahrhundert wurde er für geisteskrank erklärt. Erst die Begeisterung der Impressionisten, aber vor allem der Expressionisten führte zu einer Neubewertung seiner Kunst. Doch noch 1909, als der damalige Direktor der Pinakotheken, Hugo von Tschudi, das Bild der *Entkleidung Christi* kaufen wollte, musste er sich dafür rechtfertigen. Im Almanach *Der Blaue Reiter*, der 1912 erschien, wurden Paul Cézanne und El Greco zu Geistesverwandten erklärt, der «alte Mystiker» zu einem Vorläufer der zeitgenössischen Kunst.

El Grecos Kunst wirkte zu seiner Zeit nicht «wie aus der Zeit gefallen». Vergleicht man das Bild mit *Vulkan überrascht Venus und Mars* von Jacopo Tintoretto, dann sieht man, dass der Venezianer ■ 40 | S. 152
auch wenige, kräftige Farben einsetzte, seine Figuren zwar nicht ganz so überlängt sind, aber hier eine Verwandtschaft mit der Malerei des spanischen Griechen zu finden ist. Im katholischen Spanien spielte dann die Spiritualität die entscheidende Rolle für die entrückten Figuren El Grecos.

Hat Hieronymus Bosch unter Drogen gemalt?

Die Bilder von Hieronymus Bosch galten schon zu seinen Lebzeiten als außergewöhnlich, weil er mit viel Fantasie die Schwächen der Menschheit dazustellen wusste und die Höllenqualen als Folge eines sündigen Lebens ungeheuer drastisch zu schildern verstand. Die Mischwesen, die seine Bilder bevölkern, findet man auch als Skulpturen an den großen mittelalterlichen Kirchenbauten und in den Randspalten der Buchmalereien, aber dort waren es Einzelwesen. In seinen Bildern tauchen sie in großer Anzahl auf und erzählen eine Geschichte. Später hat man vermutet, er habe einer Sekte angehört, sei ein Ketzer gewesen, aber vermutlich ist das genaue Gegenteil der Fall: Der Maler, der seine niederländische Heimatstadt 's-Hertogenbosch nie verlassen hat, war ein tiefgläubiger Mensch auf der Schwelle zwischen Mittelalter und Renaissance, der den Menschen vor Augen führen wollte wie es ihnen erginge, wenn sie ihr Handeln nicht in den Dienst Gottes stellten, sondern ein sündiges Leben führten. Allerdings muss er auch eine große Fantasie und eine gehörige Portion Humor besessen haben, um solche Bilder malen zu können. Drogen waren dazu eher nicht nötig.

■ 18 | S. 79

Das Bild in der Alten Pinakothek, das 1817 erstmals erwähnt wurde, hat man lange für ein spätes Werk des Künstlers gehalten. Inzwischen glauben viele Forscher, dass es sich um das Bild eines Nachahmers handelt, das möglicherweise schon zu Lebzeiten Boschs entstanden ist. Es wurde kritisiert, dass dem Bild ein übergeordnetes Ganzes fehle. Die einzelnen Figuren würden wie eine «Schmetterlingssammlung» wirken, die nebeneinander, aber eben nicht miteinander auf dem Bild agieren.

Auf einer längsrechteckigen Holztafel mit dunklem Hintergrund sieht man ein Durcheinander von verschiedenen nackten Figuren

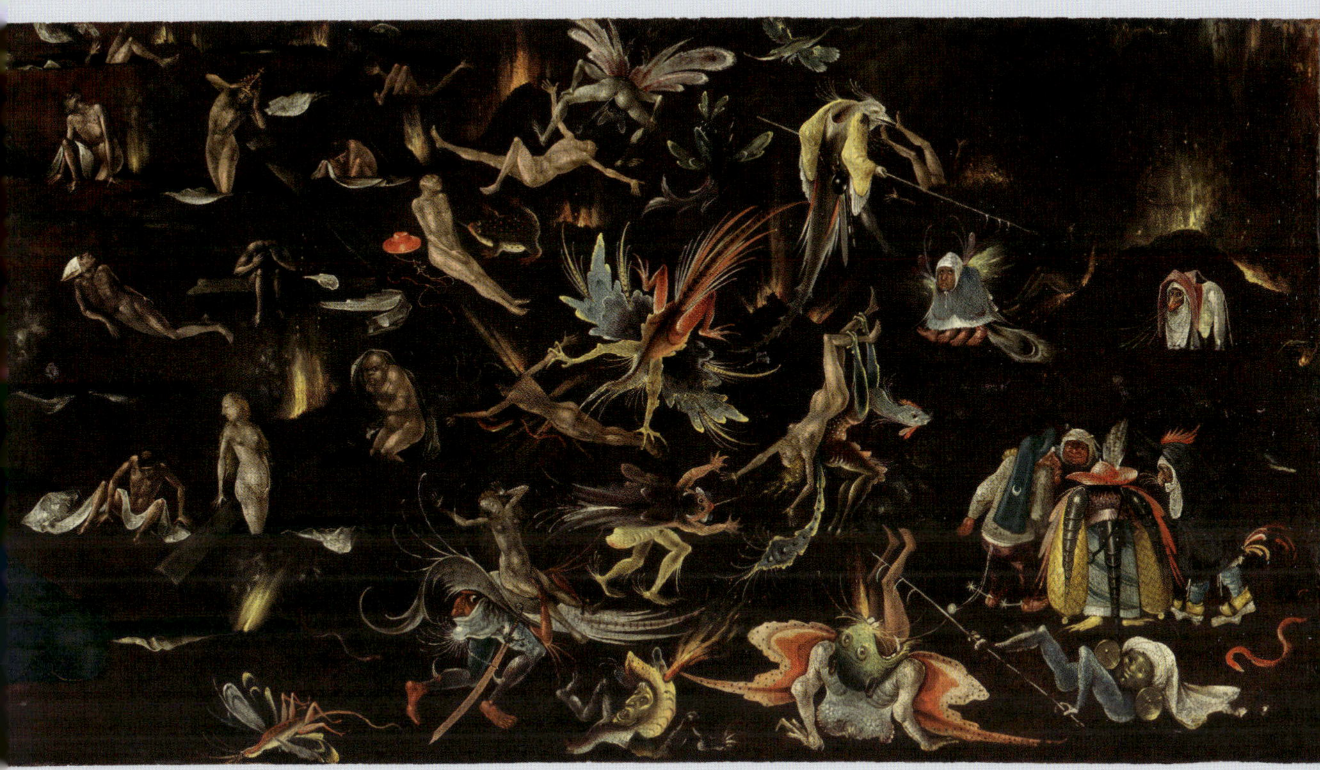

18

Hieronymus Bosch (Nachfolge), Fragment der Darstellung eines *Jüngsten Gerichts*, 1510/20, Eichenholz, 59,4 x 112,9 cm, München, Alte Pinakothek

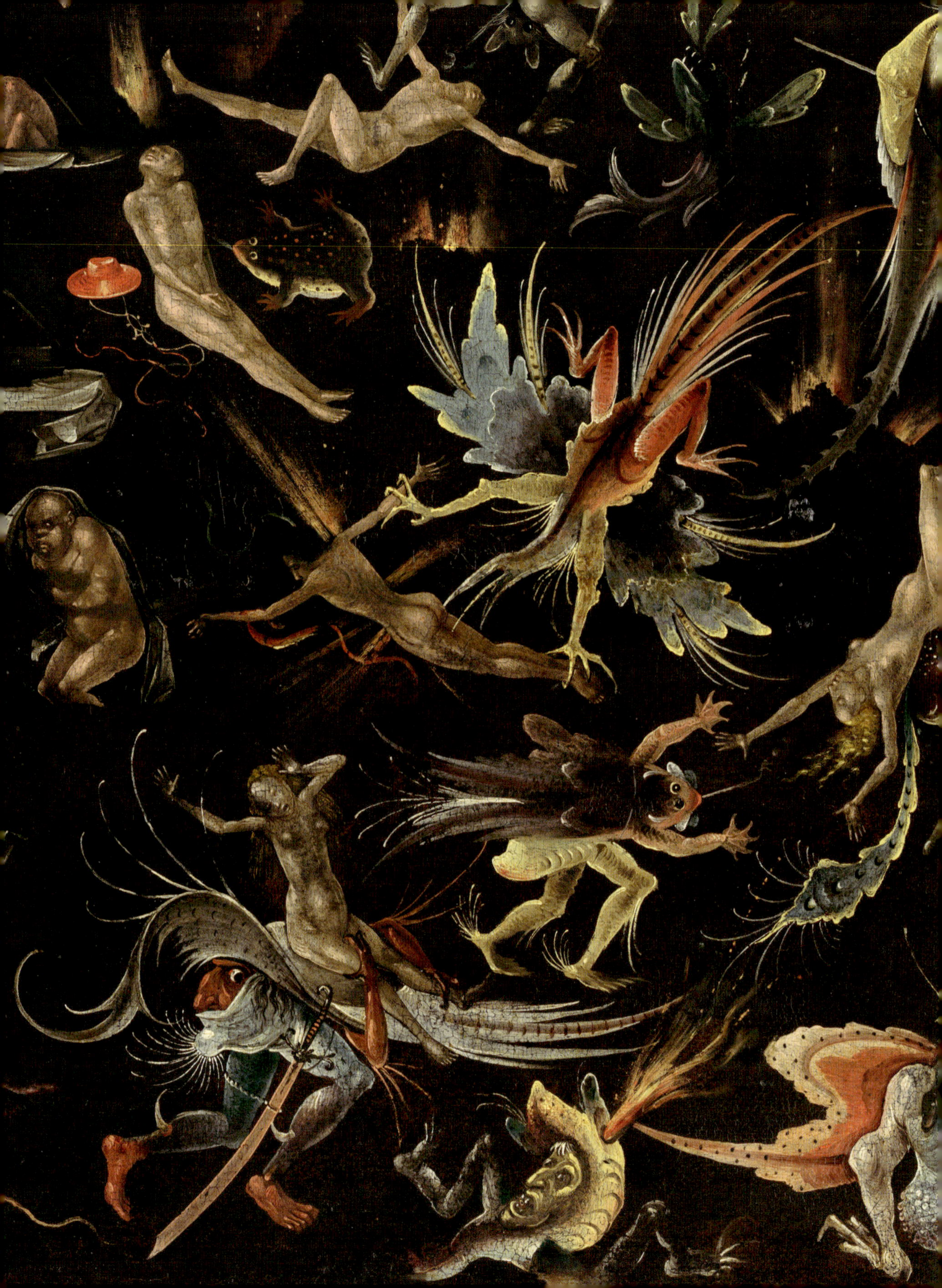

und merkwürdigen Wesen in grellen Farben. Schaut man genauer hin, erkennet man, dass im linken Teil des Bildes lauter kleine nackte Menschen aus ihren Gräbern steigen, die dann von ebendiesen merkwürdigen Wesen nach rechts hin weggeschleppt, gequält, gefressen werden. Ganz rechts brennt ein Feuer. Dort befindet sich wohl das Höllentor. Das Bild ist der erhaltene Rest einer sehr viel größeren Tafel, auf der ein *Jüngstes Gericht* zu sehen war. Links unten sieht man den Zipfel eines blauen Gewandes, in das eine größere Figur gekleidet sein muss. Um wen es sich handelte, ist nicht sicher zu sagen, doch müssen links die Auferstandenen noch in den Himmel gekommen sein, wo Christus als Weltenrichter thront, zu seiner Rechten – und damit links im Bild – Maria, zur Linken Johannes der Täufer als Fürbitter für die Menschheit, außerdem noch Vertreter des Alten und Neuen Testaments sowie der Erzengel Michael als Seelenwäger, so wie es auf vielen anderen Bildern mit der Darstellung des Jüngsten Gerichts der Fall ist.

Die wichtigsten Werke des Malers befinden sich in Madrid und in Museen der Niederlande, einige wenige im deutschsprachigen Raum. So besitzt die Berliner Gemäldegalerie das Bild *Johannes auf Patmos* von 1505, das ganz auf den heiligen Evangelisten bezogen ist. Ihm zur Seite erkennt man auch wieder ein merkwürdiges Mischwesen aus Mensch und verschiedenen Tieren, einen kleinen Dämon. In dem *Ecce Homo*-Bild im Frankfurter Städel, das um 1500 entstand, fehlen diese Mischwesen, doch die zu Fratzen verzerrten Gesichter der Schaulustigen, die Jesus verspotten, zeigen die Boshaftigkeit der Menschen nur allzu deutlich. Ähnlich widerwärtige Personen finden sich in der *Kreuztragung* in Wien, die Bosch wohl um 1480/90 als linken Flügel eines kleinen Klappaltärchens malte. Im Kunsthistorischen Museum werden auch einige Bilder aufbewahrt, die nicht von Bosch selbst stammen, aber in seinem Umfeld entstanden sind und auf denen auch wieder merkwürdige Mischwesen dargestellt sind.

gegenüberliegende Seite: Detail aus ◘ 18

III. Die Themen der Maler

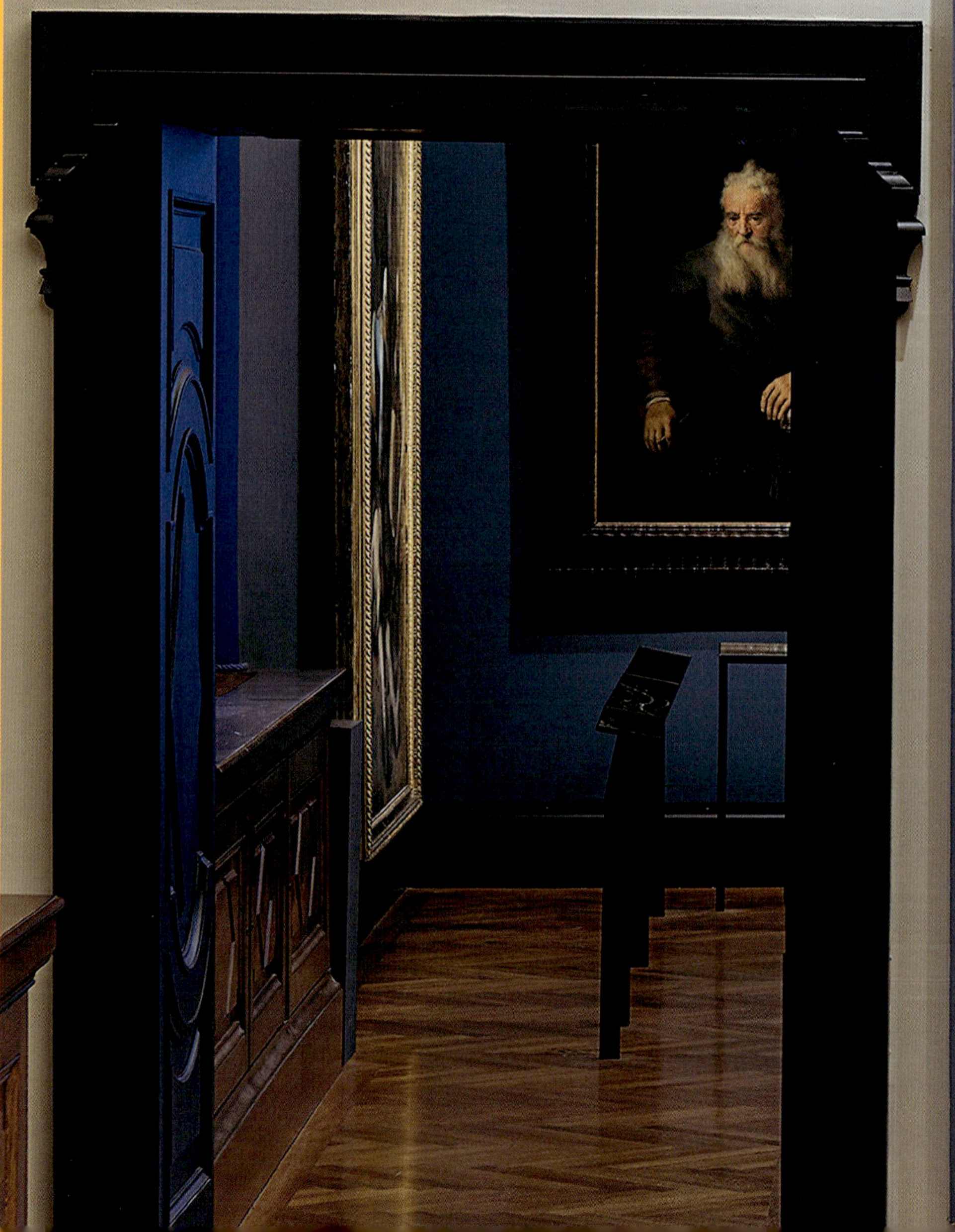

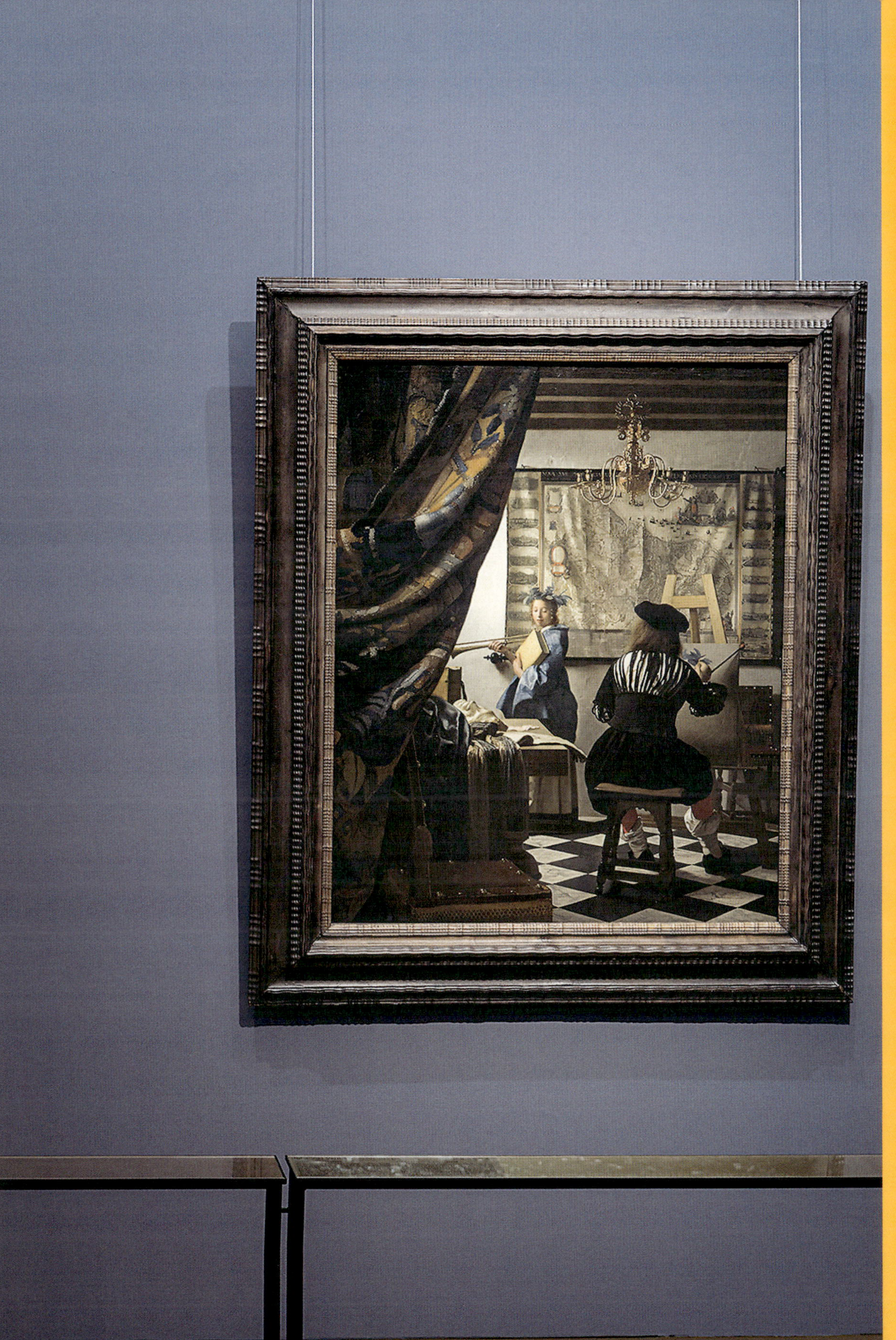

Was für Geschichten erzählen die Bilder der Alten Meister und gab es zu bestimmten Zeiten Lieblingsthemen?

Die ersten erhaltenen Bilder aus dem 13. und 14. Jahrhundert sind Altartafeln, die Geschichten aus der Bibel oder Heilige darstellen. Erst später kamen andere Themen hinzu: Figuren und Geschichten aus der griechischen und römischen Sagenwelt, Porträts, Darstellungen aus der Vergangenheit, aber auch aus dem täglichen Leben, Landschaften, Stillleben, Innenräume. Dabei gab es immer wieder Überschneidungen. So zeigen viele Bilder mit christlichen Inhalten auch Innenräume aus der Zeit, in der die Bilder entstanden sind, andere bieten eine großartige Landschaft, in der wie nebensächlich auch eine Begebenheit aus der Bibel oder der antiken Mythologie erzählt wird. Ereignisse aus früheren Zeiten werden in zeitgenössischen Kostümen wiedergegeben und beziehen sich auf die damalige Gegenwart. In wiederum anderen Gemälden tragen die Protagonisten die Gesichtszüge wichtiger Herrscher oder Stifter.

Natürlich wurden in den verschiedenen Zeiten manche Themen bevorzugt dargestellt, außerdem gab es Orte und Landschaften, in denen bestimmte Sujets favorisiert wurden. Oft lag das auch an neuen Bilderfindungen. Nachdem in Italien erste Stillleben gemalt worden waren, verlangten immer mehr Käufer solche Bilder. Bald wurden sie nicht mehr nur in Italien, sondern auch in den Niederlanden hergestellt, wobei man sich dort besonders auf das Blumenstillleben spezialisierte.

Ebenso verhielt es sich mit dem Landschaftsbild, das ganz verschiedene Ausprägungen fand. Wollte ein Auftraggeber eine Landschaft mit antiken Ruinen, wandte er sich eher an einen italienischen Maler, stand ihm aber der Sinn mehr nach einem Bild mit einer Meereslandschaft, fand er in den Niederlanden erfahrenere Meister.

Gab es Epochen, in denen man ausschließlich christliche Themen gemalt hat?

In der Wand- und Buchmalerei gab es in der europäischen Kunst seit dem frühen Mittelalter immer auch Bilder mit weltlichen Darstellungen. In Ritterburgen wurden Legenden von berühmten Helden an die Wände gemalt, in wissenschaftlichen Büchern Heilpflanzen, Tierjagden und andere Dinge bildlich wiedergegeben, um den Text anschaulicher zu machen. Das (heute häufig im Museum ausgestellte) Tafelbild jedoch diente über einen längeren Zeitraum hinweg als Altarbild rein religiösen Zwecken, weshalb hier erst später auch weltliche Darstellungen zu finden sind. Doch wurden in christliche Bilder auch weltliche Motive mit aufgenommen, wie an vielen Beispielen zu sehen ist. Dazu eigneten sich vor allem Geschichten wie die *Geburt Mariens* oder *Die Anbetung der Heiligen Drei Könige*. Aber auch andere Altartafeln wurden – vor allem in späteren Zeiten – mit weltlichen Beigaben aufgefüllt. Ein Beispiel dafür ist der aus Köln stammende *Bartholomäusaltar*, der sich heute in der Alten Pinakothek in München befindet.

12 | S. 61
65 | S. 239
19 | S. 87

Der Altar wurde 1809 aus der Kirche St. Kolumba in Köln von Melchior Boisserée angekauft, ein Jahr nachdem die Brüder den ebenfalls aus St. Kolumba stammenden Altar mit der *Anbetung der Heiligen Drei Könige* erworben hatten. Beide Altäre besitzen drei Flügel, die Außenseiten der Seitenflügel sind nicht bemalt, das heißt, in geschlossenem Zustand waren keine Bilder zu sehen.

65 | S. 239

Auf dem *Bartholomäusaltar* sind insgesamt acht Personen dargestellt, sieben Heilige und ein Stifter. Die Heiligen stehen aufgereiht auf einem Steinboden aus verschiedenfarbigen geschnittenen Steinen, deren Rahmung an den Fugen mit Eisenklammern verbunden ist. Er grenzt an eine Wiese, von der nur noch ein schmaler Streifen zu sehen ist. Der kostbare goldene Brokatvorhang hinter den Figuren ersetzt den in früheren Bildern vorherrschenden Goldgrund, reicht aber nicht bis zum oberen Bildrand und gibt dadurch noch den Blick frei auf eine Stadtkulisse, die mit dem breiten Fluss und dem unvollendeten Dom wahrscheinlich Köln darstellen soll. Diese Stadtlandschaft kann als weltliche Beigabe angesehen werden, ebenso wie Kleidung und Schmuck der Heiligen.

Den oberen Abschluss der Tafeln bildet ein Rankenwerk mit Blüten und an Disteln erinnernden Blättern, die an den Seiten der Mitteltafel von Wappen begrenzt werden. Disteln verweisen unter anderem auf das Leiden der dargestellten Märtyrerinnen Agnes und Cäcilie, die – auf den Seitentafeln – von Johannes dem Evangelisten und den Heiligen Margarete, Jakobus dem Jüngeren und Christina begleitet werden.

Vor dem heiligen Bartholomäus kniet ein Kartäusermönch, der ursprüngliche Stifter des Bildes. Zwischen ihnen sprießt aus der Wiese eine Akelei und damit eine Pflanze, die mehrere symbolische Bedeutungen besitzt. Hier steht sie vermutlich für die wiederholte Anrufung Gottes. Der Stifter war lange übermalt und wurde erst im Zuge einer Restaurierung 1949/51 wieder freigelegt. Die Wappen oben an den Bildecken gehören einem Kölner Kaufmann und seiner Frau, die verwandtschaftliche Beziehungen zu den Kartäusern besaß. Möglicherweise starb der Stifter, noch bevor das Bild vollendet war, die Verwandten übernahmen die Zahlung. Deshalb wurden ihre Wappen hinzugefügt, der ursprüngliche Stifter vielleicht damals schon übermalt. Der Kaufmann war in Köln kein Unbekannter, er handelte mit Tuchen und war von 1481 bis 1513 Ratsherr. Um so ein Bild bezahlen zu können, musste er auch einiges Geld besessen haben, denn allein das Material, das viele Gold, aber auch die anderen Farben wie das Lapislazuli-Blau des Untergewands des heiligen Bartholomäus, waren nicht billig.

In den damals reichen Tuchhandelszentren der Niederlande, aber auch in Köln, wurden die Heiligen häufig in kostbaren Gewändern gezeigt. Sie stellten damit den Reichtum der Stifter zur Schau. Doch

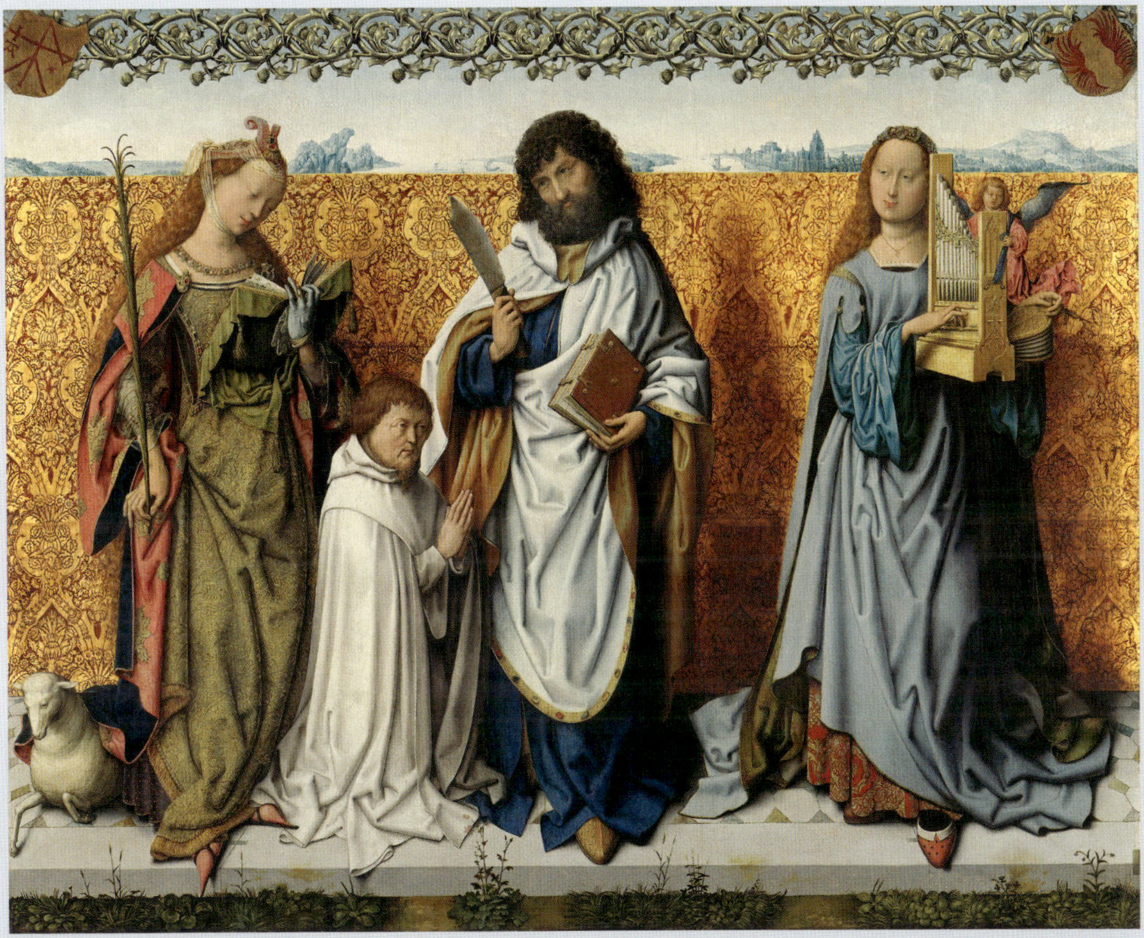

19

Meister des Bartholomäusaltars, *Bartholomäusaltar*, um 1505/10, Eichenholz, Mitteltafel 129 x 161 cm, München, Alte Pinakothek

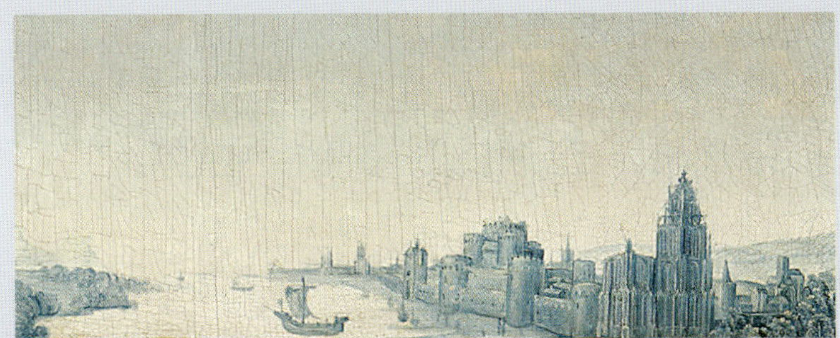

die Geschichte des Bildes ist noch nicht gänzlich geklärt. Und auch den Namen des Malers kennen wir nicht, der vermutlich in Köln eine große Werkstatt besaß und bislang als Meister des Bartholomäusaltars (s. auch S. 59) bezeichnet wird. Sicher ist, dass das Bild zu den herausragenden Werken gehört, die um 1505/10 in Köln entstanden sind, und dass es von einem Meister stammt, der sowohl die niederländische als auch die Kölner Malerei der Zeit kannte.

Warum wurden bestimmte Geschichten zu verschiedenen Zeiten so unterschiedlich dargestellt?

Im Lauf der Zeit änderte sich die Weltanschauung und damit auch der Blick auf Ereignisse oder Personen. Waren die christlichen Geschichten wie die Verkündigung an Maria, die Geburt Christi, aber auch die Kreuzigung in himmlischen Sphären angesiedelt und damit auf Goldgrund gemalt, erhielten sie später eher weltlichen Charakter. Sie fanden in bürgerlichen Wohnstuben und weitläufigen Landschaften statt und wurden mit unendlich viel Beiwerk und Begleitungen versehen, je nach Bedarf. So wurde das Gefolge der Heiligen Drei Könige immer größer, der Kreuzigung wohnten Schaulustige und Soldaten bei, Maria mit Kind wurde von jubilierenden Engeln begleitet, von solchen, die es faustdick hinter den Ohren zu haben scheinen oder sie befanden sich ganz allein in einer Wohnstube.
Bei der Bildkomposition spielten häufig die Wünsche der Auftraggeber eine Rolle: Sie bestimmten, wo und wie auffällig sie im Bild erscheinen sollten, ob man im Gemälde Hinweise auf den Beruf des Stifters fand, auf seine Stellung oder gar auf politische Ereignisse. Diese Andeutungen wurden damals natürlich verstanden, heute brauchen wir dazu meistens Erklärungen.

Woher wusste man, wie Christus, Maria und die Heiligen aussehen?

Das Aussehen der meisten Heiligen, vor allem der bekanntesten, wurde mit der Zeit festgelegt. So erkennt man Petrus nicht nur an dem Schlüssel, den er von Christus erhalten hat, um so das Himmelreich öffnen zu können, sondern auch an seinem runden Gesicht und an der Halbglatze mit Haarkranz. Paulus unterscheidet sich von Petrus, mit dem er häufig gemeinsam auftritt, durch ein längliches Gesicht und volleres Haar, meistens mit tiefen Geheimratsecken. Die Heilige Maria Magdalena hingegen hat so langes Haar, dass sie sich darin einhüllen kann, und besitzt meistens eine dünne, ja ausgemergelte Figur, ebenso wie Johannes der Täufer, dessen dunkle Haare lockig und ziemlich lang sind. Diese Heiligen und alle anderen sind vor allem aber an ihren Attributen, also an den ihnen beigegebenen Gegenständen zu erkennen, die sich in den meisten Fällen auf ihr Martyrium beziehen: Zum heiligen Laurentius gehört ein Rost, weil er auf dem glühenden Eisen den Tod fand, der heilige Stephanus hält einen der Steine in der Hand, mit denen er gesteinigt wurde, und der heilige Sebastian wird von Pfeilen durchbohrt. Von den Jüngern Jesu ist Andreas am Schrägbalkenkreuz zu erkennen, das seitdem seinen Namen trägt, Jakobus der Ältere an der Muschel als Pilgerzeichen und Thomas am Gürtel Mariens, den er bei ihrer Himmelfahrt erhält. Neben der heiligen Barbara steht der Turm, in dem sie eingeschlossen war (als Zeichen ihrer Jungfräulichkeit), mehrere weibliche Heilige (Agnes, Katharina von Alexandrien und Katharina von Siena) tragen einen Ring, der auf ihre mystische Vermählung mit Christus hinweist. Die Evangelisten werden entweder von ihren Symbolen begleitet oder gar durch sie ersetzt: Der Mensch gehört zu Matthäus, der Löwe zu Markus, der Stier zu Lukas und der Adler zu Johannes.

Das Aussehen von Christus und Maria ist bekannt, jedenfalls dann, wenn man zwei Legenden Glauben schenkt. Die erste handelt von der heiligen Veronika, die Christus, als er das Kreuz tragen musste, ihr Tuch reichte, um sich den Schweiß abzuwischen. Als er ihr das Tuch zurückgab, fand sich darauf der Abdruck seines Gesichts. Es gibt auch noch andere Versionen dieser Geschichte, doch handelt es sich in jedem Fall um die «Vera ikon», das wahre Bild, das auch im Namen der Heiligen enthalten ist. Veronika wird meistens mit dem Schweißtuch dargestellt, es gibt aber auch Darstellungen von dem Tuch ohne die Heilige.

20 | S. 91 Auf der Münchner Tafel hält die in ein rotes Gewand gekleidete Heilige ein so großes Tuch mit dem Antlitz Christi in ihren Händen, dass es ihren Körper fast vollständig verdeckt. Die grünbräunliche Gesichtsfarbe Christi reflektiert die dunklen, das Gesicht einrahmenden Haare und den Bart sowie die grüne, fast leuchtende Dornenkrone, die so fest auf den Kopf gedrückt ist, dass aus der Stirn das Blut fließt. Die auf dem gekachelten Fußboden sitzenden Engel halten Schriftrolle und Buch in den Händen und lesen oder singen daraus vor.

Maria hingegen wurde von dem Evangelisten Lukas, einem aus Syrien stammenden Arzt, porträtiert, entweder zu Lebzeiten der Muttergottes oder als sie ihm erschien. In jedem Fall ist auch dieses Bild der Muttergottes mit dem Kind auf dem Arm als authentisch anzusehen. Es gibt mehrere Orte, darunter Rom und Konstantinopel, an denen sich die beiden «Originale» angeblich befanden, durch Kopien sind die Gesichtszüge in jedem Fall überliefert.

Bilder, die Lukas als Porträtisten der Muttergottes zeigen, gibt es schon in der frühen Buchmalerei, doch saß ihm Maria nie Modell. Dieser Bildtypus kam erst im 15. Jahrhundert auf. Ein von Rogier van der Weyden um 1435 gemaltes Bild, das sich heute in Boston im Museum of Fine Arts befindet, hing ursprünglich im Brüsseler
21 | S. 93 Zunfthaus der Lukasgilde. Das Bild in der Alten Pinakothek ist eine genaue Kopie dieses Bildes und ist um 1450 oder sogar noch später entstanden. Außer dieser Kopie gibt es noch zwei weitere. Der Bild-

20
Meister der heiligen Veronika, *Die heilige Veronika mit dem Schweißtuch*, um 1420, Nadelholz mit Leinwand überzogen, 78,1 x 48,2 cm, München, Alte Pinakothek

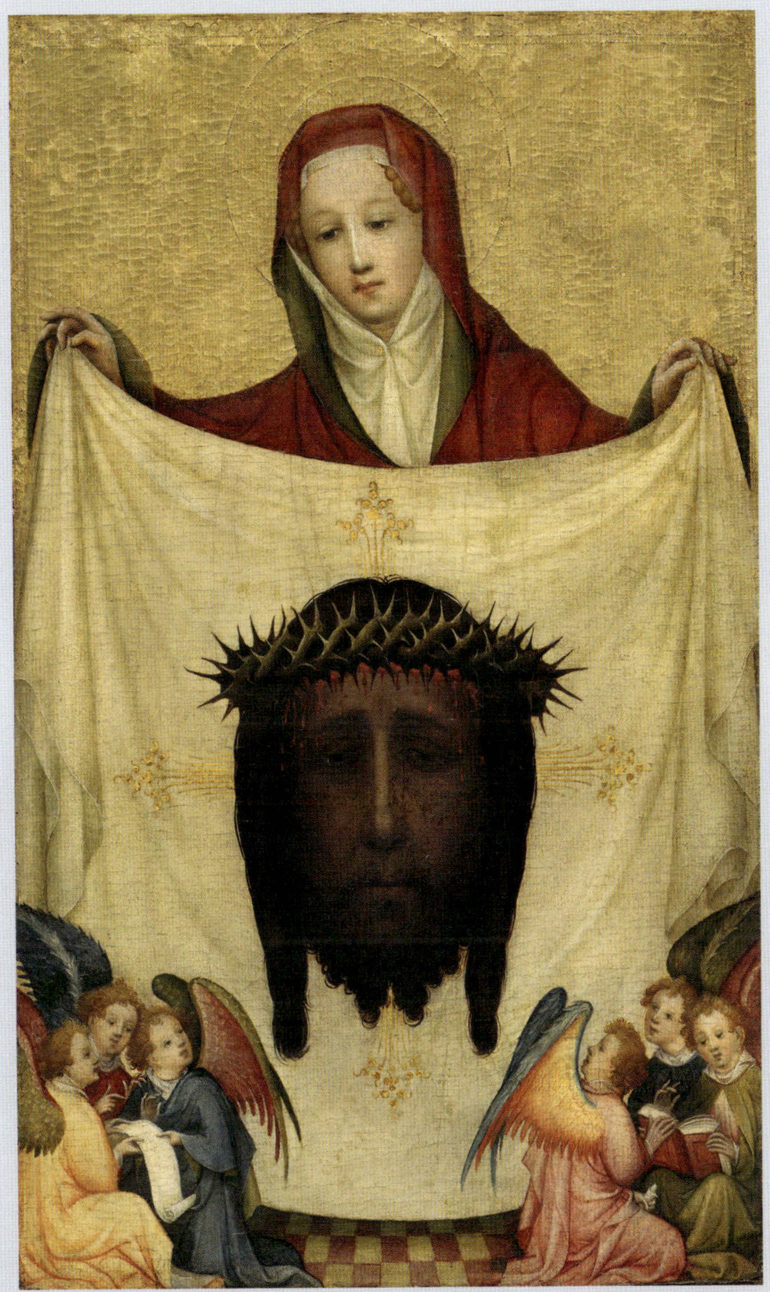

typus mit dem Evangelisten und Maria als Modell verbreitete sich schnell. Nicht immer fertigt Lukas dabei mit dem Silberstift eine Skizze an, häufig sitzt er auch an der Staffelei und malt das Bild mit dem Pinsel. In jedem Fall aber sieht man auf diesen Bildern den Maler bei der Arbeit. Der Patron der Maler gab auch deren Gilden und Bruderschaften seinen Namen (s. S. 46). Insofern ist auch die These nicht von der Hand zu weisen, dass Rogier van der Weyden dem Evangelisten seine eigenen Gesichtszüge gab.

Warum tragen Heilige und biblische Gestalten auf vielen Bildern einen Heiligenschein?

10 | S. 53

70 | S. 262

Auf vielen Heiligenbildern wie z.B. der *Abendmahlsdarstellung* von Giotto sind die Heiligen durch eine goldene Scheibe hinter dem Kopf hervorgehoben. In späteren Bildern verschwindet dieser Heiligenschein oder ist nur noch ganz zart als Reif angedeutet, wie bei der *Sixtinischen Madonna* von Raffael.
Den Strahlen- oder Lichtschein für herausragende Personen wie Götter, Helden oder Herrscher kennen die meisten Kulturen. Er kann den ganzen Körper umfassen oder aber nur um den Kopf gelegt werden. In römischer Zeit wurden damit die zu Göttern erhobenen Kaiser geehrt. Von hier aus fand wahrscheinlich die direkte Übernahme ins Christentum statt. Auf frühchristlichen Darstellungen können Kaiser und Christus beide den Heiligenschein tragen, wobei der von Christus noch durch das eingeschriebene Kreuz hervorgehoben wird. Im Lateinischen «Nimbus» (Wolke) und im Griechischen «Halon» (Umfeld) genannt, sind auch die Bezeichnungen Aureole, Gloriole, Glorien- oder Strahlenschein gebräuchlich. Der Begriff «Mandorla» bezieht sich auf den ovalen (mandelförmigen) Nimbus,

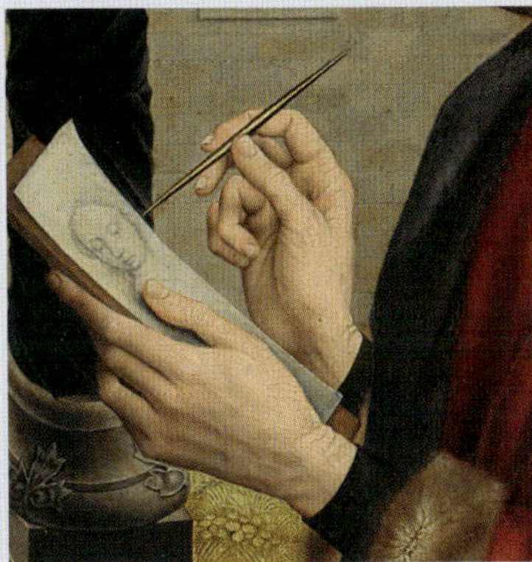

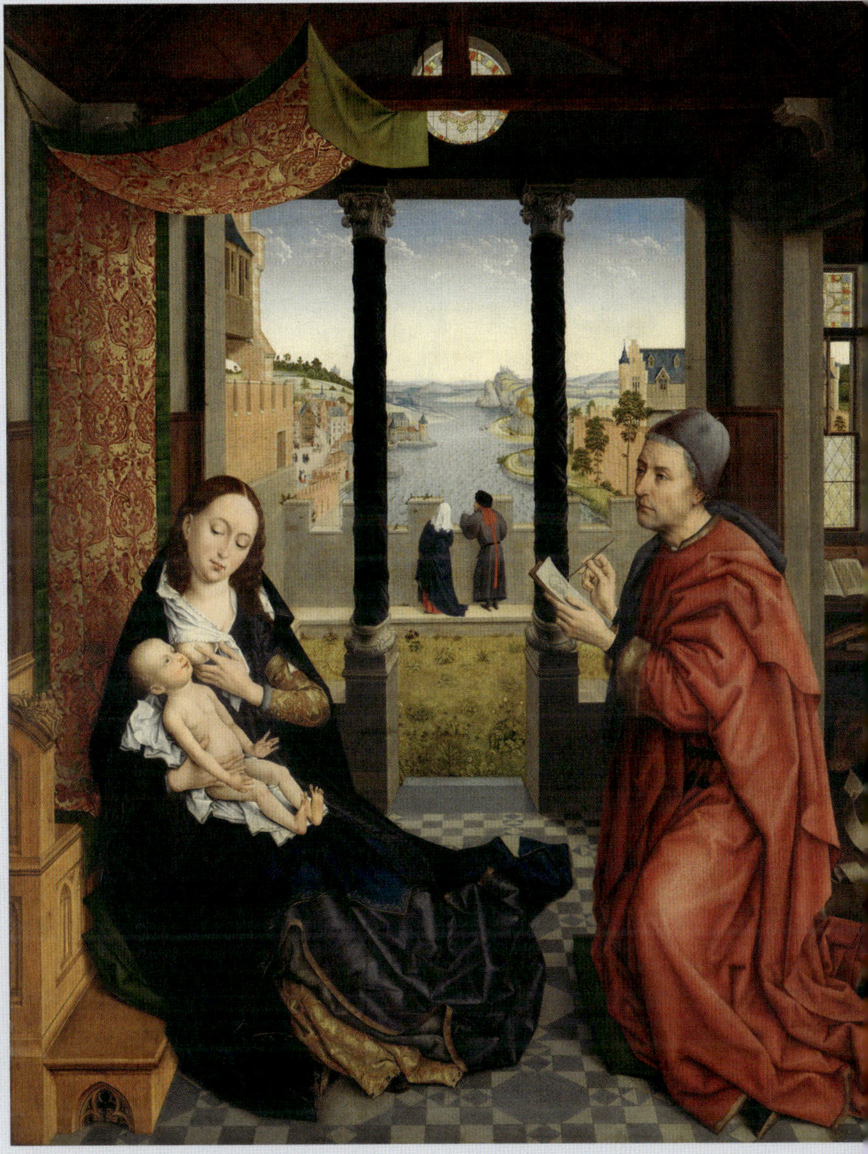

21

Rogier van der Weyden, *Der heilige Lukas zeichnet die Madonna*, nach 1450, Eichenholz, 138 x 110 cm, München, Alte Pinakothek

der den ganzen Körper einrahmt und nur für Christus und Maria in bestimmten Darstellungen Verwendung findet wie bei den jeweiligen ■ 2 | S. 16/17 Himmelfahrten. Ein Beispiel dafür ist Memlings große Altartafel, auf der keine üblichen Heiligenscheine dargestellt sind. Lediglich Maria und Jesus besitzen Strahlenkränze, beide sind bei den Himmelfahrten vollkommen in ein helles Licht eingehüllt.

Wann gab es die ersten Aktdarstellungen?

Der nackte Körper wurde zu allen Zeiten dargestellt. Denn auch in der biblischen Geschichte ist die Nacktheit ein Thema, angefangen bei den Paradiesdarstellungen mit Adam und Eva bis hin zum toten Christus am Kreuz und den Seelen beim Jüngsten Gericht. Bestimmte Märtyrer wie der Heilige Sebastian waren nackt, um das Martyrium zu zeigen, in diesem Fall den von Pfeilen durchbohrten Körper. Doch die Nacktheit hatte immer einen Grund, nie war es einfach nur ein nackter Körper, und die Scham wurde häufig durch Feigenblatt oder Lendentuch verborgen. Das änderte sich erst im 15. Jahrhundert durch die zunehmende Beschäftigung mit der Antike (s. S. 96, 98; 267). Stärker als vorher setzten sich die Künstler mit der Beschaffenheit des menschlichen Körpers auseinander. Vor allem in Zeichnungen wurde die Anatomie studiert, egal ob die Figuren dann nackt oder angezogen gemalt wurden, wie man am Beispiel der Un- ■ 54 | S. 191 terzeichnung bei der *Sixtinischen Madonna* von Raffael sehen kann. ■ 70 | S. 262 Natürlich trägt sie im fertigen Gemälde dann ein Kleid. Eine nackte Maria wäre auch eine Ungeheuerlichkeit gewesen. Anders verhält es sich bei antiken Göttern wie der Venus, die auf verschiedene Weise gezeigt wurde. Die in Italien erstmals gemalte stehende Venus übernahm der deutsche Künstler Lucas Cranach als Einzelfigur, die von dem kleinen Amor begleitet wird. Es war die erste nackte Venus nörd-

▫ 22

Lucas Cranach, *Venus und Amor*, um 1530, Lindenholz, 167 x 62 cm, Berlin, Gemäldegalerie

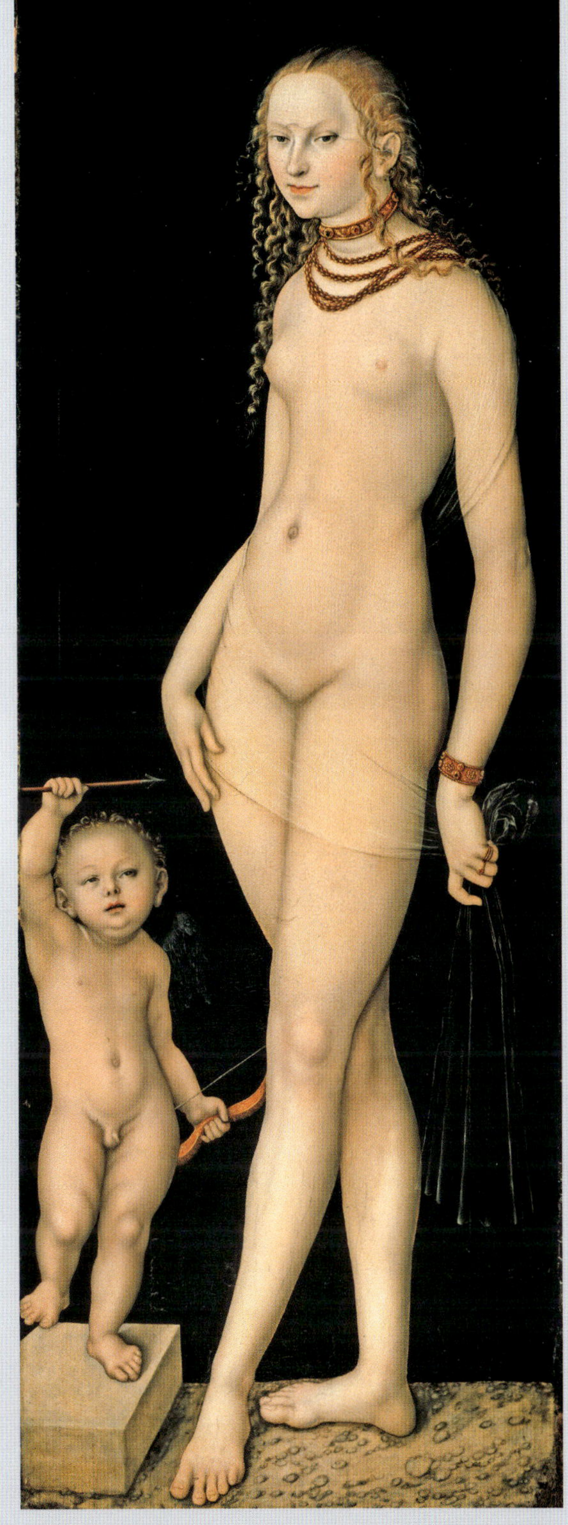

lich der Alpen. Wie immer bei Cranach gibt es mehrere Fassungen von dem Bildtypus, die erste bekannte stammt von 1509 und befindet sich in der Eremitage in Sankt Petersburg, eine andere in der Berliner Gemäldegalerie entstand wahrscheinlich um 1530.

■ 22 | S. 95

Die nackte Göttin der Liebe ist mit kostbaren Ketten, Armbändern und Ringen geschmückt, der durchsichtige Schleier kann ihre Scham nicht verhüllen. Ihr kleiner Sohn Amor ist ebenfalls nackt und spielt mit Pfeil und Bogen. Eine Inschrift auf der ersten Fassung des Bildes warnt Amor vor dem Gebrauch seiner Liebespfeile und den Betrachter davor, sich den Freuden der Liebe hinzugeben. Die Inschrift steht im Widerspruch zur Darstellung. Die Schönheit der Venus schließt ihre erotische Anziehung mit ein und entspricht so den Gedanken der italienischen Renaissance. Die Warnung davor, sich dieser Schönheit hinzugeben, gehört hingegen zu den christlich moralisierenden Vorstellungen der Länder nördlich der Alpen.

Warum haben christliche Maler antike Götter und Helden dargestellt?

Um 1300 begannen sich in Italien die Menschen für ihre Vergangenheit zu interessieren. Die antiken Ruinen wurden bewundert, antike Schriften gesucht, gelesen und einige von ihnen ins Volgare, die italienische Sprache, übersetzt. Das Manuskript einer Geschichte der Stadt Florenz von den Anfängen bis in die Gegenwart wurde mit Buchmalereien versehen und darin die in Florenz damals vorherrschende Meinung vertreten, dass das Baptisterium (die Taufkirche, die aus dem 11. Jahrhundert stammt) früher ein antiker Tempel gewesen war. Die Antiken-Begeisterung hielt an, die mythologischen Geschichten, wie sie Ovid, Vergil und Homer erzählt hatten, wurden

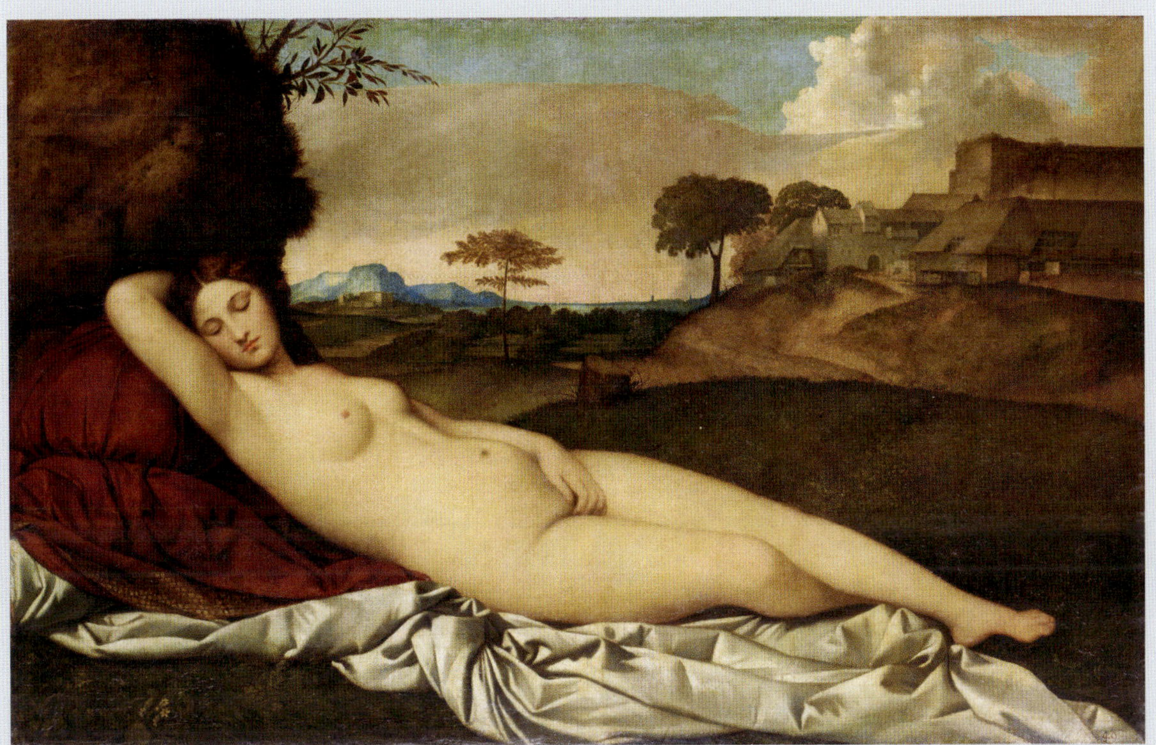

23

Giorgione und Tizian, *Schlummernde Venus*, um 1507/10, Leinwand, 108,5 x 175 cm, Dresden, Gemäldegalerie Alte Meister

gelesen und gemalt. Da gab es einerseits die Tafelbilder, dann aber auch ganze Bildprogramme, die die Paläste der Herrscher schmückten. Mit diesen Geschichten konnte man seine eigene Herrlichkeit darstellen, verkleidet zum Beispiel in die Taten des Herkules. Oder man erfreute sich an der Nacktheit einer antiken Göttin. Prädestiniert dafür war natürlich Venus, die Göttin der Liebe. Sie wurde besonders gerne dargestellt. Vermutlich um 1507 entwickelte der in Venedig arbeitende Künstler Giorgione den Typus der *Schlummernden Venus*, die vielleicht aber nur ruht. Das Bild, das für all die späteren Darstellungen der nackt daliegenden Göttin Vorbild war, wurde nach dem Tod Giorgiones wahrscheinlich von dem jüngeren Tizian vollendet und befindet sich heute in Dresden.

23 | S. 97

Die nackte Dame liegt mit geschlossenen Augen völlig entspannt auf einer aus weißem und rotem Tuch bestehenden Bettstatt mitten in einer Landschaft. Der über ihren Kopf gelegte Arm wird als Schlafgestus gesehen, die andere Hand bedeckt ihre Scham – und betont sie damit. Zu ihren Füßen befand sich früher noch ein Amor, ein kleiner Liebesgott, der allerdings irgendwann so schlecht erhalten war, dass man ihn im 19. Jahrhundert übermalte.

Das Bild hing früher in einem venezianischen Palast. Vermutlich wurde es von dem Besitzer anlässlich seinen Hochzeit 1507 in Auftrag gegeben und verbildlicht eines der antiken Hochzeitsgedichte, die zu der damaligen Zeit von jungen Männern und Frauen vor dem Hochzeitszimmer gesungen wurden. In ihnen spielt Venus eine große Rolle. Der kleine Amor weckt die in ihrem Garten, einer heiligen Landschaft, schlafende Göttin, damit sie zur stattfindenden Hochzeit eilt und dem Brautpaar durch ihre Anwesenheit Glück bringt.

Welche Teile des Bildes von Giorgione Tizian vollendete, ist unklar, zumal der Erhaltungszustand des Bildes nicht sehr gut ist. Deshalb ist auch in Röntgenaufnahmen nicht zu erkennen, wie der Amor ausgesehen hat.

Der neue Bildtypus wurde von Tizian und vielen anderen Malern übernommen. Die Interpretation, dass es sich um die Verbildlichung eines Hochzeitsgedichtes handelt, ist zwar überzeugend, erklärt aber nicht die totale Nacktheit, die man vielleicht ganz einfach mit der Lust von Maler und Auftraggeber an schönen weiblichen Körpern erklären kann, deren Zurschaustellung in der «Verkleidung» als antike Göttin möglich war.

Warum sind auf alten Bildern viele Frauen so dick?

Jede Zeit hat ihr eigenes Schönheitsideal, und so wie heute besonders schlanke Frauen als schön gelten, waren das im Barock eher die üppigen Damen. Das hat zwar auch etwas mit der Lebenssituation zu tun, aber nicht nur. Im Gegensatz zu heute galt es früher zwar als Zeichen für Reichtum, sich süß oder fett zu ernähren, überhaupt viel zu essen, und man brachte dies in der Malerei durch entsprechende Leibesfülle zum Ausdruck. Dennoch waren die ganz üppigen Formen nur in der Barockzeit gefragt. Die *Schlummernde Venus* entspricht mit ihren Rundungen zwar auch nicht dem heutigen Schlankheitsideal, sie besitzt aber nicht die fülligen Formen, die die Maler hundert Jahre später bevorzugten. Bekanntester Maler dieses Frauentypus war Peter Paul Rubens, weshalb auch der Begriff der «Rubensfigur» oder «Rubensfrau» geprägt wurde. Einen «Rubensmann» gibt es allerdings nicht, obwohl auch dieser meistens Körperfülle besitzt wie anhand des *Großen Jüngsten Gerichts* nachvollzogen werden kann. Wiederum gut hundert Jahre später hatte sich das Schönheitsideal schon wieder geändert, die «Rubensfrauen» waren jetzt «zu fleischig», wurden als «ekelhaft» bezeichnet, das *Große Jüngste Gericht* sogar als «große Schlachtbank». Heute werden innerhalb der Kunstgeschichte solche Urteile zwar nicht mehr gefällt, der abwertende Begriff der «Rubensfrau» hat sich im allgemeinen Sprachgebrauch jedoch gehalten, auch wenn

□ 23 | S. 97

□ 55 | S. 196

die Leistungen dieses hervorragenden Malers wieder stärker anerkannt werden.

24 | S. 101 In dem Gemälde *Cimon und Efigenia* sind die Männer bekleidet, nur die Frauen zeigen ihre kaum verhüllte Schönheit. Das Bild gehört zu den für Rubens typischen Werkstattarbeiten, an denen mehrere Meister beteiligt waren. Rubens malte lediglich die Figuren, die Landschaft stammt nachweislich von Jan Wildens, das Stillleben mit Affe im Vordergrund von Frans Snyders. Beide arbeiteten als eigenständige Meister in der Rubens-Werkstatt (s. S. 52), als das Bild um 1617 entstand.

Das Bild erzählt eine Geschichte aus dem Decamerone von Giovanni Boccaccio. Sie handelt vom Taugenichts Kimon, der sich in die schöne Efigenia verliebt, als er sie in Begleitung zweier Dienerinnen und eines Dieners schlafend an einem Quell findet. Kimon stützt sich auf seinen Stock und betrachtet die in helles Licht getauchte Efigenia, die eine ähnliche Haltung einnimmt wie die schlafende
23 | S. 97 Venus von Giorgione. Hinter dem Quell, einem architektonisch üppig gestalteten Brunnen, breitet sich eine weite Landschaft aus, im Vordergrund labt sich das kleine Äffchen an den Resten eines opulenten Mahls.

Haben die historischen Geschehnisse wirklich so stattgefunden, wie sie auf den Bildern gemalt sind?

Bilder, die Geschichten erzählen, egal ob sie aus der Bibel, der Sagenwelt oder der Geschichte stammen, nennt man Historienbilder. Zu ihnen gehören auch Ereignisbilder, die – wie der Name schon sagt – Geschehnisse aus der gegenwärtigen Zeit zeigen. Das können

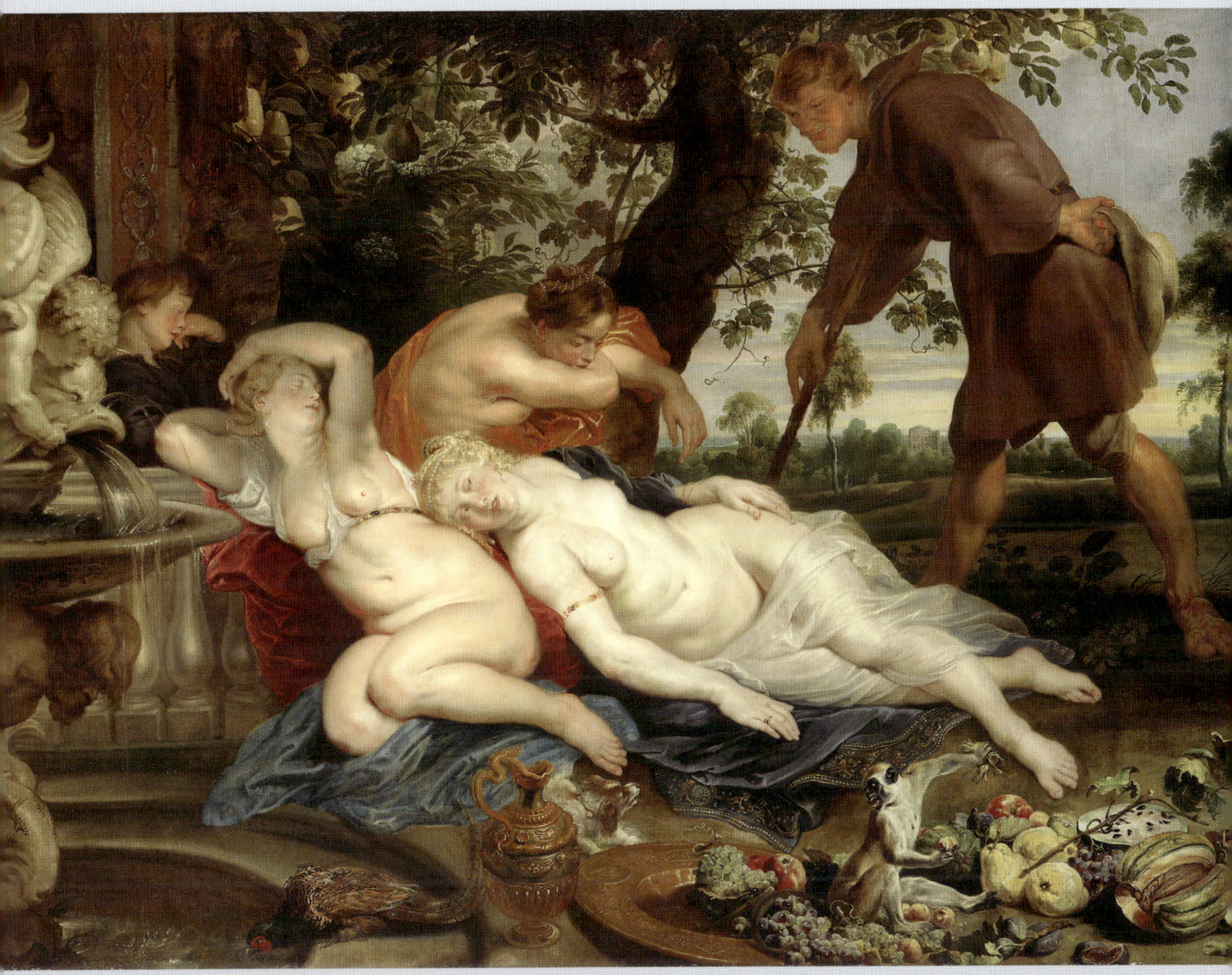

24

Peter Paul Rubens, Frans Snyders, Jan Wildens, *Cimon und Efigenia*, um 1617, Leinwand, 208 x 282 cm, Wien, Kunsthistorisches Museum

Schlachtenbilder sein, aber auch Friedensschlüsse, der Einzug in eine (eroberte) Stadt oder anderes. Dabei wurde häufig der Ruhm eines Herrschers dargestellt, in anderen Fällen auch die Grausamkeit eines Krieges. Allerdings wurde bei den Ereignisbildern meist nicht ein Moment eingefangen, der tatsächlich so stattgefunden hatte, sondern die Bilder wurden aus verschiedenen Begebenheiten zusammengesetzt, von denen der Maler Zeichnungen angefertigt hatte oder die ihm berichtet worden waren. Und so sind auch Ereignisbilder heute keine sicheren historischen Dokumente. Bei geschichtlich überlieferten Ereignissen konnte das natürlich noch viel weniger der Fall sein, denn davon existierten ja nur Berichte.

Eines der berühmtesten Beispiele für die Darstellung einer historischen Schlacht ist die von Albrecht Altdorfer im Auftrag des bayerischen Herzogs Wilhelm IV. und seiner Frau gemalte *Alexanderschlacht*, die aber auch zeitgenössische Bezüge beinhaltet.

□ 25 | S. 103

Die Alexanderschlacht kann man, ähnlich wie das Bild von Hans Memling, als «Wimmelbild» bezeichnen, allerdings wird hier nur eine Geschichte erzählt, nämlich die Schlacht bei Issos im Jahr 333 v. Chr., als Alexander der Große, König von Makedonien, den persischen König Darius III. vernichtend schlug. Mitten im Himmel schwebt eine Inschriftentafel, die ursprünglich größer war und einen deutschen Text trug, der im 17. Jahrhundert durch einen lateinischen ersetzt wurde. Er lautet in deutscher Übersetzung: «Alexander der Große besiegt den letzten Darius, nachdem in den Reihen der Perser 100 000 Mann zu Fuß erschlagen und über 10 000 Reiter getötet wurden. Während König Darius mit nicht mehr als 1000 Reitern sich durch Flucht retten konnte, wurden seine Mutter, seine Gattin und seine Kinder gefangengenommen.»

□ 2 | S. 16/17

In der Mitte des Bildes ist genau der Moment gezeigt, als Darius in seinem von Pferden gezogenen Streitwagen die Flucht vor dem hoch zu Ross heranpreschenden Alexander ergreift. Um die beiden herum kämpfen verschiedene Truppen gegeneinander, deren Mannschaftsstärken und Verluste auf einigen der mitgeführten Fahnen zu lesen

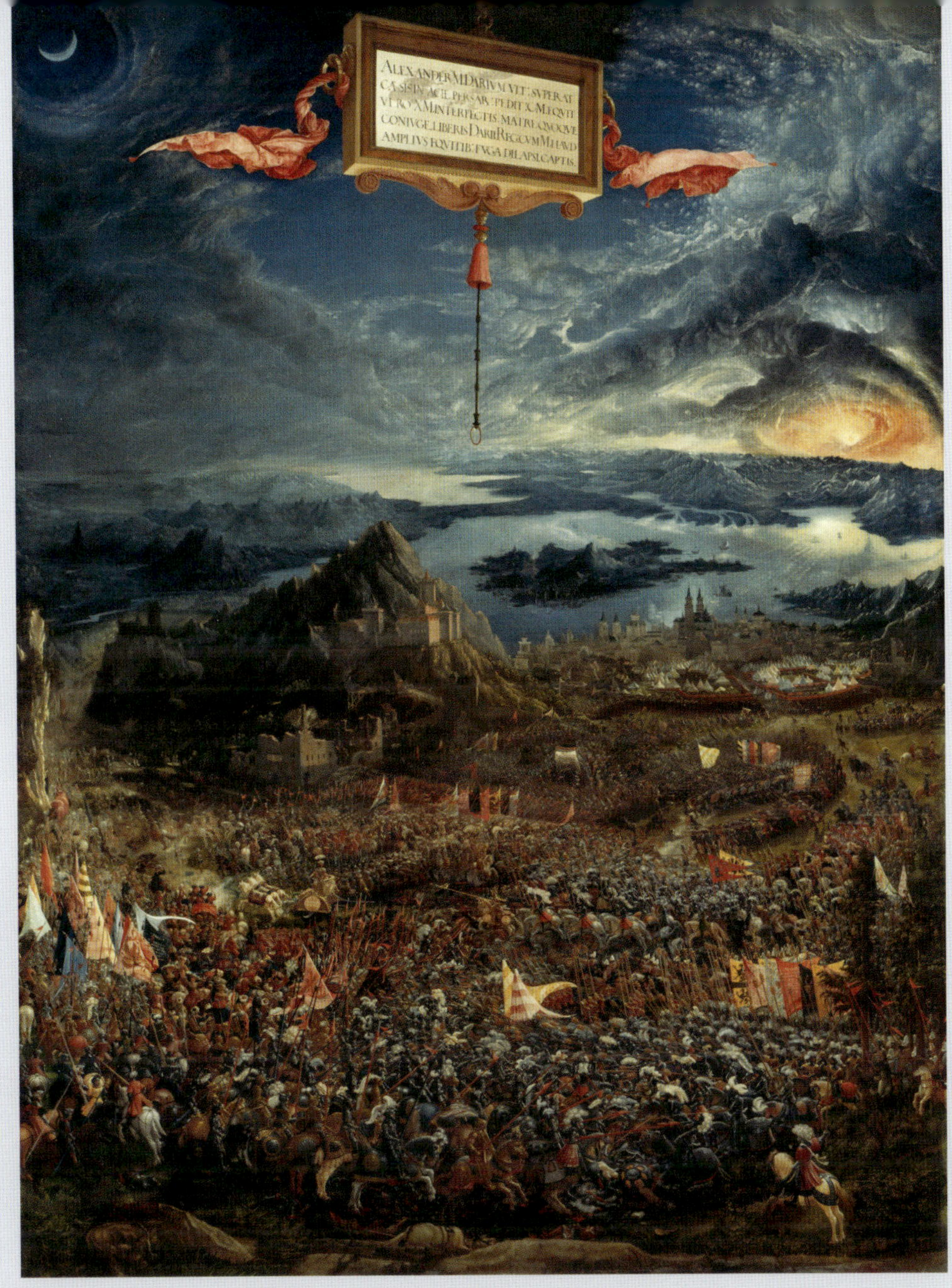

25

Albrecht Altdorfer, *Die Schlacht bei Issos (Alexanderschlacht)*, 1529, Lindenholz, 158,4 x 120,3 cm, München, Alte Pinakothek

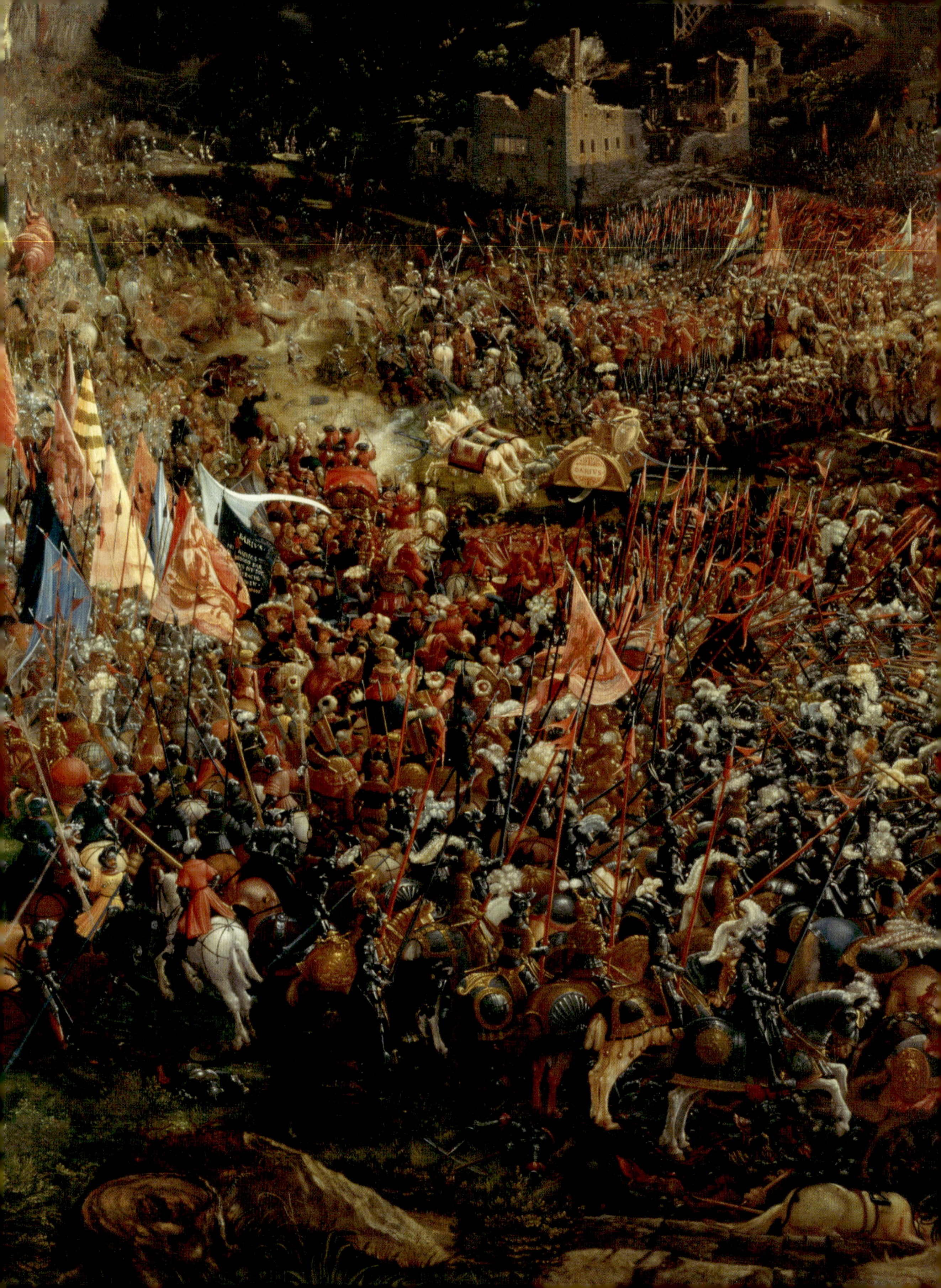

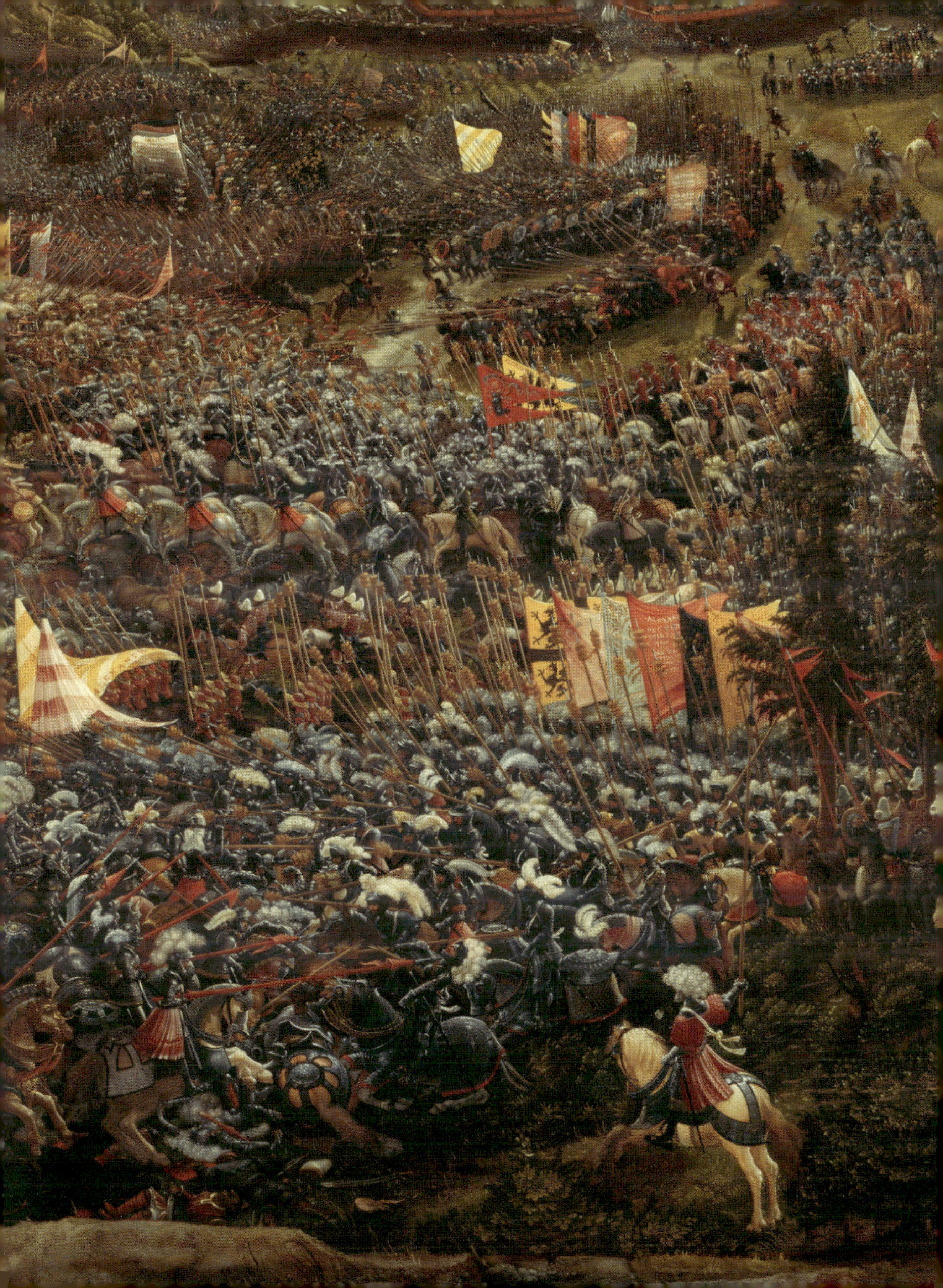

sind. Die Soldaten und Heerführer tragen Uniformen und Rüstungen des 16. Jahrhunderts, die Schlacht bekommt dadurch aktuelle Bezüge, die möglicherweise auf die drohende Gefahr der Türken vor Wien anspielt. Es können aber auch andere Kriege der Zeit gemeint sein. Dazu gibt es verschiedene Interpretationen.

Hinter der Schlacht breitet sich eine Landschaft aus, überragt von einem Berg, auf dem eine Burg thront. Dahinter, direkt am Meer, liegt die Stadt Issos, in der mehrere Truppen ihre Zelte aufgeschlagen haben. Erstaunlich ist die genaue Darstellung des Mittelmeers, die Altdorfer mithilfe von Seekarten gelungen ist. Man erkennt das Nildelta, die Insel Zypern, das Rote Meer und den Persischen Golf. Darüber wölbt sich der Himmel mit verschiedenen Wolkenformationen, die glauben machen, dass sich die Schlacht hier fortsetzt. Die Horizontlinie ist gekrümmt und verweist auf die durch Kolumbus' Entdeckungsreise bewiesene Kugelgestalt der Erde. Links oben ist die Mondsichel zu erkennen, rechts bricht sich die untergehende Sonne ihre Bahn durch die Wolken und kündet den Sieg an. Darius und das persische Heer gehören damit der untergehenden, dunklen Seite der Welt an, Alexander und die Griechen der aufsteigenden, von der Sonne beschienenen.

Die *Alexanderschlacht* wird hier als eines der großen Weltereignisse dargestellt, das über die Jahrhunderte entscheidend für das Kräfteverhältnis zwischen Orient und Okzident war. Das Bild kann somit auch als eine Darstellung der Welt an sich verstanden werden. Beeindruckend ist aber vor allem, wie es Altdorfer gelungen ist, jedes Detail darzustellen: Jede Figur, jedes Gesicht ist ganz genau erkennbar, Felsformationen, Bäume und Büsche, die Schiffe auf dem Meer, Städte auf der Insel und sogar am afrikanischen Ufer können mit dem bloßen Auge erfasst werden, ebenso wie die Wolken am Himmel. Diese Art der Darstellung, die mit großformatigen Buchmalereien vergleichbar ist, und die Vielschichtigkeit der inhaltlichen Aussage machen die *Alexanderschlacht* zu dem Meisterwerk, als das es von Anbeginn an gegolten hat.

vorausgegangene Doppelseite: Detail aus ◘ 25

Gab es immer schon Porträts? Und wozu wurden sie gemalt?

Vor Erfindung der Fotografie war es den Künstlern vorbehalten, die individuellen Züge eines Menschen festzuhalten. Porträts konnten in verschiedenen Techniken hergestellt werden: als Gemälde oder Zeichnung, als Druckgrafik, also als Holzschnitt, Kupferstich, Radierung, als Medaille oder als plastisches Bildwerk. Aus der Antike kennen wir vor allem Bildwerke in Stein. Doch in nachantiker Zeit wurde der Wunsch, das Aussehen eines Menschen festzuhalten, erst einmal ersetzt durch das Bedürfnis nach der Darstellung des Göttlichen. Das änderte sich allmählich wieder, erste Bilder, bei denen Porträts individuelle Züge tragen, entstanden spätestens im 14. Jahrhundert. Das waren Herrscher oder Stifter, die sich in ein Bild hineinmalen ließen. Dabei spielte der Wunsch, auch nach dem Tod nicht vergessen zu werden, bestimmt eine große Rolle. Vor allem beim Herrscherbild (s. S. 110) kamen noch verschiedene andere Gründe hinzu.

Nachdem die Porträtmalerei zumindest in Italien und den Niederlanden nach 1400 eine eigenständige Gattung der Malerei geworden war (im deutschsprachigen Raum dauerte es etwas länger), ließen sich immer mehr Menschen darstellen. Und auch die Künstler selbst suchten sich Modelle, sei es aus Verehrung, so wie Albrecht Dürer von seinem Lehrer Michael Wolgemut ein Bild schuf, um sich seiner zu erinnern, sei es, um sich in der Wiedergabe von Gesichtern zu üben. Seit dieser Zeit wurde die Porträtmalerei zu einem eigenen Fach, manche Künstler spezialisierten sich darauf, immer mehr Menschen gaben ihr Bildnis in Auftrag. Ein solches Gemälde kostete natürlich viel Geld. Deshalb blieb die Möglichkeit, von sich oder seiner Familie ein Porträt zu besitzen, bis zur Erfindung der Fotografie den wohlhabenden Teilen der Bevölkerung vorbehalten. Selbst dann wurde oft nur ein Bild zu Lebzeiten gemalt, und wenn es mehrere gab, konnte man die Entwicklung eines Menschen nie so genau nachvollziehen wie in Fotografien.

Ein frühes Beispiel für ein Porträt, das keinen Herrscher darstellt, aber auch nicht in Zusammenhang mit einer Stiftung steht, ist das
26| S. 109
Bildnis eines feisten Mannes von dem im damals niederländischen Tournai lebenden Maler Robert Campin. Es fasziniert vor allem durch die wirklichkeitsgetreue, überhaupt nicht beschönigende Art der Darstellung. Auf dem Brustbild ist der Mann im Dreiviertelprofil nach links blickend gezeigt. Er besitzt ein fleischiges Gesicht mit einem großen Doppelkinn, einer vorgeschobenen Unterlippe und einer geraden, dicken Nase. Auf der Stirn bilden sich bereits einige Falten, ebenso wie im Bereich der freundlich blickenden Augen, die möglicherweise auf eine andere Person (seine Frau?) gerichtet sind. Sie war vielleicht in einem zweiten dazugehörigen Bild dargestellt, das verloren ist (oder nicht mehr ausgeführt wurde). Diptychen mit den Bildern eines Ehepaars waren schon in der Frühzeit des eigenständigen Porträts durchaus üblich.

Es wird vermutet, dass es sich bei dem Bild um Robert de Masmines handelt, einen adligen Hofbeamten, der den burgundischen Herzögen als Truppenführer diente und 1430 in den Orden vom Goldenen Vlies aufgenommen wurde. Da er den Orden auf dem Bild nicht trägt, muss das Original vor 1430 entstanden sein. Denn von dem Bild hat sich eine zweite, sehr ähnliche Fassung erhalten, die sich heute in Madrid befindet und nach 1433 gemalt wurde, wie die dendrochronologische Untersuchung zeigt. Nur die Haare sind in Madrid ein klein wenig lockiger, aber jede Falte, die Modellierung des Gesichts durch Licht und Schatten, der Blick der Augen stimmen überein.

Aus Quellen wissen wir, dass bereits damals Porträts häufig kopiert wurden, damit auch die Kinder des Porträtierten ein Exemplar bekommen konnten. Möglicherweise sind sogar beide Bilder Kopien eines verlorenen Originals. In der Werkstatt von Campin arbeitete 1427 bis 1432 auch der junge Rogier van der Weyden, von dem vielleicht das Berliner Gemälde stammt. All das ist bis heute nicht geklärt. Das Bild gibt also den Forschern nach wie vor Rätsel auf.

26

Robert Campin, *Bildnis eines feisten Mannes (Robert de Masmines)*, um 1425/30, Eichenholz, 28,5 x 17,7 cm, Berlin, Gemäldegalerie

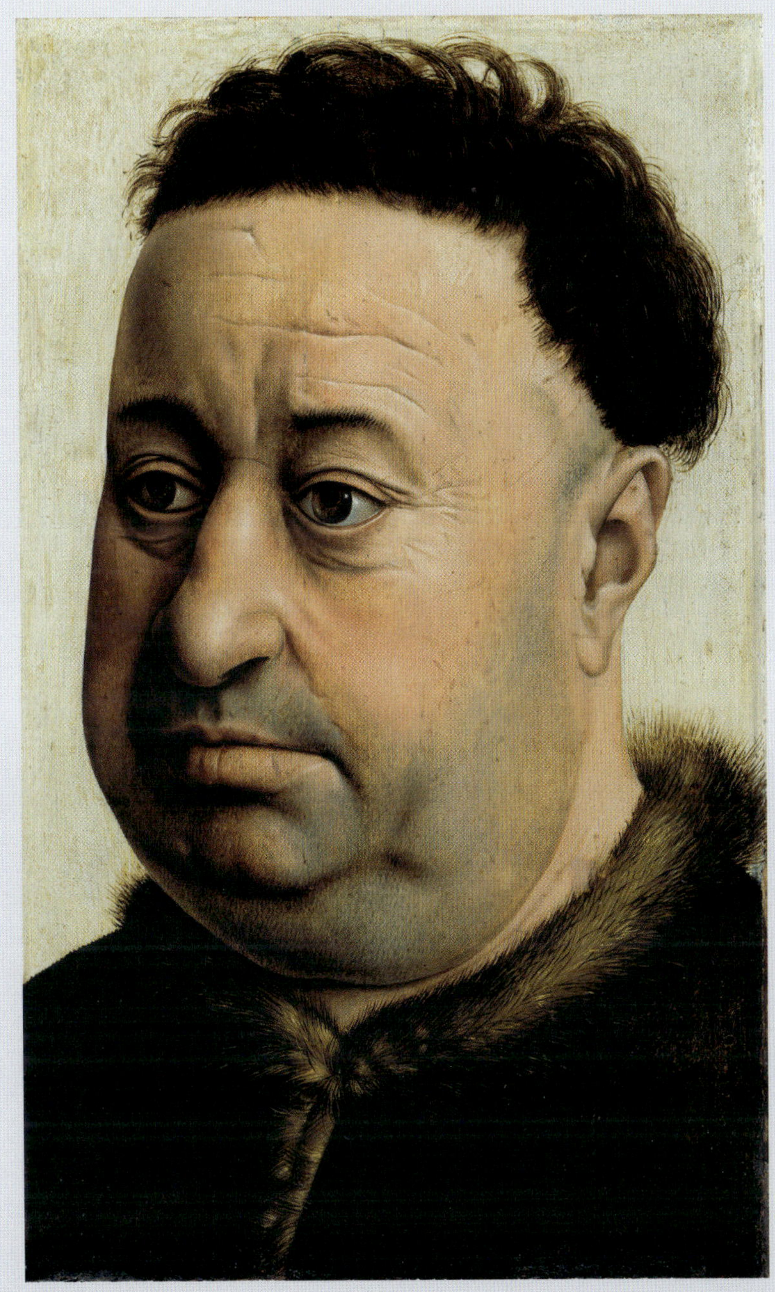

Wozu diente das Herrscherporträt?

Im Herrscherporträt gilt es vor allem, zwei Eigenschaften darzustellen: die individuelle Person und das Amt, also die Repräsentation. Einerseits muss es dem oder der Abgebildeten möglichst ähnlich sein, andererseits soll es das Aussehen auch beschönigen oder idealisieren, damit die persönlichen Befindlichkeiten nicht dem öffentlichen Ansehen schaden. So wie heutige Politiker auf Wahlplakaten zehn Jahre jünger und dynamischer wirken, als sie es tatsächlich sind, so durfte auch der Maler des offiziellen Herrscherporträts nicht jede Falte, jede Unebenheit im Gesicht oder gar Grausamkeit und Härte in den Gesichtszügen wiedergeben.

Das Herrscherporträt diente vor allem der Repräsentation, auch wenn der Herrscher selbst nicht anwesend war. Dann vertrat ihn sein Bild. Deshalb wurden von einer einmal gefunden Darstellungsform häufig zahlreiche Kopien angefertigt. Als Gemälde hing das Bild in Audienzzimmern von Ministern, in Gerichten oder war bei Festbanketten zugegen, an denen der Herrscher nicht teilnehmen konnte. Als Druckgrafik fand es unter der Bevölkerung weite Verbreitung.

Im Jahr 1519, nach dem Tod des Herrschers, malte Albrecht Dürer Kaiser Maximilian I. Beim Reichstag in Augsburg fertigte er 1518 eine Zeichnung (Wien, Albertina) an, die dann als Vorlage für einen Holzschnitt und zwei Gemälde diente. Das Leinwandbild befindet sich in Nürnberg (Germanisches Nationalmuseum), die Holztafel in Wien.

■ 27 | S. 111

■ 28 | S. 111

Das Bild zeigt den Kaiser von seiner Kleidung her, einem pelzbesetzten, Schaube genannten, Mantel, als Privatmann. Die kaiserliche Würde erhält er durch das Wappen, das den Doppeladler mit dem Orden des Goldenen Vlieses zeigt und der langen Inschrift in goldenen Lettern, die seine Tugenden als Kaiser hervorhebt. Statt des Reichs-

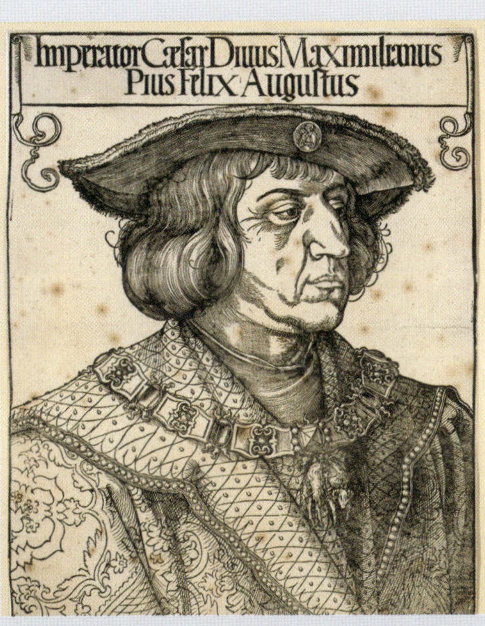

27

Albrecht Dürer,
Kaiser Maximilian I., um 1519,
Holzschnitt, 41,1 x 32,3 cm

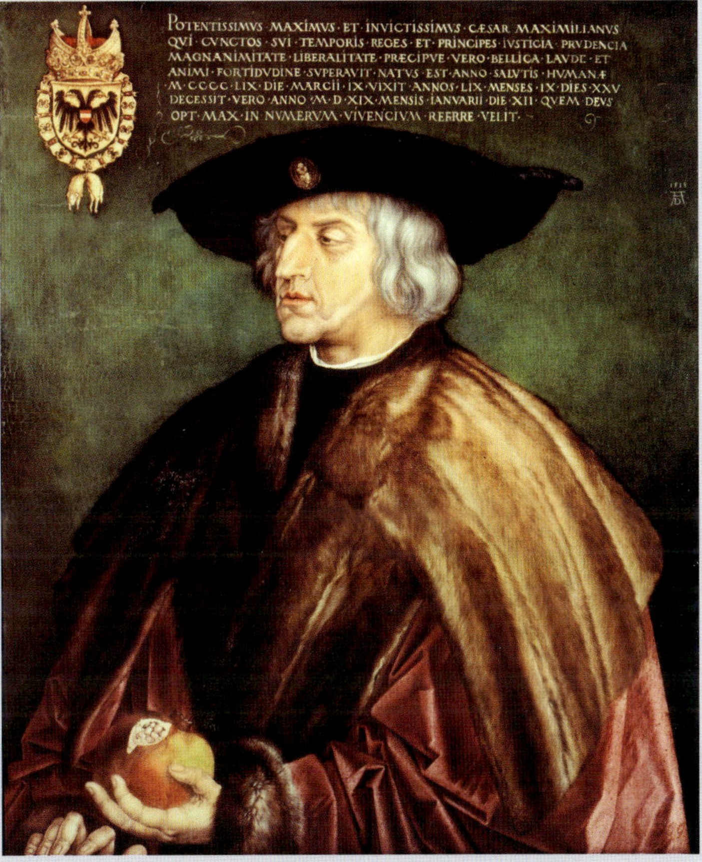

28

Albrecht Dürer, Kaiser Maximilian I.,
1519, Lindenholz, 74 x 61,5 cm,
Wien, Kunsthistorisches Museum

apfels hält er einen Granatapfel in der Hand, der einmal das Zeichen für Auferstehung und ewiges Leben ist, in der geöffneten Form aber auch Sinnbild für die barmherzige Liebe. Zu diesen Äußerlichkeiten kommen die Größe der Halbfigur, die fast die gesamte Bildfläche ausfüllt, hinzu, die scharf geschnittenen Gesichtszüge und der wache Blick. Dürer gelang es also vor allem mithilfe der Malerei, kaiserliche Würde darzustellen, und er verschaffte dem Kaiser darüber hinaus tatsächlich ewiges Leben, da das Bild unsere Vorstellung von Kaiser Maximilian I. bis heute geprägt hat.

Dazu trug auch der Holzschnitt bei, der die in Augsburg entstandene Zeichnung genauer wiedergibt und den Kaiser in höfischer Tracht zeigt, wie Dürer ihn auch gezeichnet hatte. Er trägt keine Krone, sondern einen Hut. Einziges Zeichen der Kaiserwürde ist die Kette, an der der Orden des Goldenen Vlieses befestigt ist. Die Inschrift fällt zwar sehr viel knapper aus als im Gemälde, verweist aber auch auf die Kaiserwürde.

Der Holzschnitt war so begehrt, dass insgesamt vier Holzstöcke gefertigt werden mussten. Die Blätter wurden anschließend zum Teil handkoloriert, andere mit Gold gedruckt.

Seit wann haben sich die Maler selbst gemalt?

Die frühesten Selbstbildnisse kennen wir aus der Buchmalerei, wo sich die Buchmaler und -malerinnen als Urheber dargestellt haben, auch wenn diese Bilder keine porträthaften Züge besaßen. Die Maler waren häufig Mönche, aber auch Nonnen wie Guda, die sich 1150 in dem Buch, einer Sammlung von Predigtstellen (Homiliar), das sie selbst kopiert und illustriert hatte, in einer Initiale darstellte. Erste erkennbare Porträts hat es in der Wandmalerei gegeben. Von Giotto ist überliefert, er habe sich selbst gemalt. Spätestens aus der zweiten

Hälfte des 14. Jahrhunderts kennen wir erhaltene Selbstbildnisse auf Fresken, auf Tafelbildern finden sie sich erst im 15. Jahrhundert. Bei einigen von ihnen ist bis heute unklar, ob sie nur für Selbstbildnisse gehalten werden oder wirklich solche sind. Zu ihnen gehört Jan van Eycks *Mann mit dem roten Turban* in der National Gallery in London, 1433 datiert und signiert. Es ist zwar nirgends vermerkt, dass es sich um ein Porträt des Künstlers handelt, doch gibt es einige Hinweise, die darauf schließen lassen. Bei einem anderen Bild in Berlin kann man sich sicherer sein, auch wenn hier keine genaue Bezeichnung aller Dargestellten vorliegt. Es handelt sich um eine völlig neue Form der *Darstellung Christi im Tempel*, das heißt der biblischen Szene, in der Maria und Joseph den Neugeborenen in den Tempel bringen, um ihn dem Hohepriester zu präsentieren. Bis dahin immer in einem Tempel oder einem Kirchenraum gemalt, zeigt Andrea Mantegna die wichtigsten Personen nur als Halbfiguren hinter einer Art Fensterrahmen. Zu den üblichen Figuren gesellen sich aber im Hintergrund noch zwei weitere jeweils am Bildrand, die etwas kleiner sind als die Heiligen. Schon deshalb kann es sich um Stifterfiguren handeln. Doch von der Physiognomie her liegt die Vermutung nahe, dass sich der Maler hier gemeinsam mit seiner Frau Nicolosia, der Tochter des venezianischen Malers Jacopo Bellini, dargestellt hat. Beide schauen nach links aus dem Bild heraus, doch während Mantegna am rechten Bildrand die heilige Handlung beobachten könnte, wirkt seine Frau am Geschehen desinteressiert. Diesen Eindruck wollte Mantegna sicher nicht erwecken. Vielmehr ist denkbar, dass das Gemälde auf ein anderes Bild, zum Beispiel einen Altar, hin ausgerichtet war, auf das das Malerehepaar schaute. Möglicherweise entstand es anlässlich der Geburt des ersten Sohnes Mantegnas ohne Auftrag, der Maler wäre damit gleichzeitig der Stifter des Bildes. In jedem Fall gilt es als die früheste erhaltene Darstellung eines Malerehepaares.

29 | S. 114

Interessanterweise entstand etwa zehn Jahre später eine zweite Fassung dieser Bilderfindung (Venedig, Fondazione Querini Stampalia), die Mantegnas Schwager Giovanni Bellini zugeschrieben wird. Es scheint sich dabei um ein Familienbild zu handeln. Die zentrale

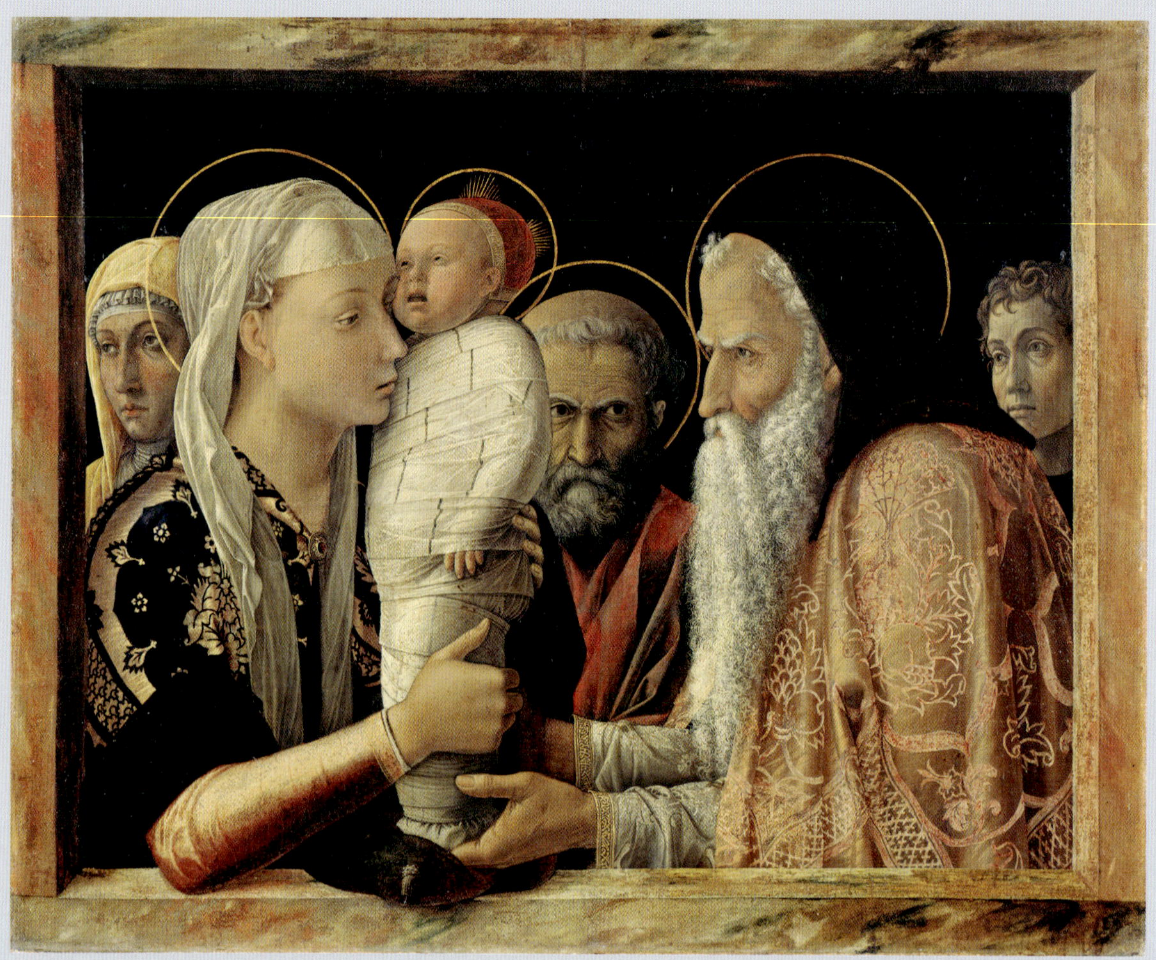

29

Andrea Mantegna, *Darstellung Christi im Tempel*, um 1455, Leinwand, 69 x 86,3 cm, Berlin, Gemäldegalerie

Gruppe wird rechts von zwei jungen Männern (Bellini und sein Bruder Gentile?), links von zwei Frauen (seine Schwester und seine Mutter?) begleitet. In Joseph könnte man ein Porträt von Jacopo Bellini, dem Vater, erkennen.
Bald nach diesem, noch in einen anderen Zusammenhang eingebundenen Selbstbildnis eines Künstlers, folgten weitere wie das berühmte frontale Bild von Albrecht Dürer, aber auch dasjenige von Parmigianino, der sich 1523/24 in einem Konvexspiegel malte (Wien, Kunsthistorisches Museum). Nur wenig später, 1554, malte Sofonisba Anguissola, eine der frühesten Malerinnen, die professionell arbeitete und von ihren Bildern lebte, eines ihrer vielen Selbstbildnisse (ebd.), nach denen der Markt verlangte. Seitdem haben sich viele Malerinnen und Maler selbst dargestellt, was sich bis heute nicht geändert hat.

14 | S. 68

Warum und für wen malten die Künstler Selbstbildnisse?

Ebenso wie ihre Auftraggeber wünschten sich viele Künstler, nicht in Vergessenheit zu geraten, ihr Abbild für spätere Generationen zu bewahren. Albrecht Dürer behielt sein berühmtes Selbstbildnis von 1500 erst einmal in seinem Haus. Ob er oder seine Nachfahren es der Stadt Nürnberg schenkten, weiß man nicht.
Dürer stellte sich auf diesem Bild als Herr im eleganten Pelzrock dar und zeigte damit, dass er sich selbst nicht als Handwerker sah. Seine Ernennung zum Nürnberger Ratsherrn erfolgte allerdings erst neun Jahre später. Dürers Gemälde bildete den Auftakt für viele andere repräsentative Selbstbildnisse wie zum Beispiel das von Tizian, der die vierfache Kette trägt, die er von Kaiser Karl V. als Zeichen seiner Ritterwürde erhalten hatte, und das er 1550 oder 1562 malte (Berlin, Ge-

14 | S. 68

mäldegalerie), oder das von Peter Paul Rubens, der sich 1609/10 mit seiner jungen Frau Isabella Brant in der Geißblattlaube wiedergab (München, Alte Pinakothek). Doch von keinem anderen Künstler davor hatte es so viele Selbstbildnisse gegeben wie von Rembrandt. Das früheste Ölbild stammt von 1629 (München, Alte Pinakothek), da war er gerade mal 23 Jahre alt. Es folgten weitere. Einige von ihnen befinden sich in Berlin, Dresden, Köln und Wien, andere in Amsterdam, Boston, London, New York, Paris ... Er malte sich, zeichnete sich, fertige Radierungen von seinem Gesicht an. War er denn so eitel?

Das ist bestimmt ein Aspekt, warum sich dieser holländische Maler immer wieder selbst malte, vor allem dann, wenn er sich auf den Bildern als höhergestellte Persönlichkeit wiedergab. Ein anderer wesentlicher Gesichtspunkt ist aber auch, dass sich der Künstler damit im Malen von Gesichtern übte und sich selbst immer wieder in Bilder einfügte. Denn das billigste Modell ist man selbst. Und so haben sich von Rembrandt fast fünfzig gemalte, zehn gezeichnete und etwa 30 radierte Selbstbildnisse erhalten, einige von ihnen mit verschiedenen Grimassen. Als er dann heiratete, malte er auch seine Frau Saskia, später dann den Sohn Titus und nach Saskias Tod seine Lebensgefährtin Hendrickje. Auch sie waren nicht immer als Porträts gemeint. Denn Rembrandt verwendete nicht nur sich, sondern ebenfalls seine Familienmitglieder als Modelle, was allerdings nicht immer so wahrgenommen wurde. So galt das Bild mit dem *Verlorenen Sohn in der Schenke*, das Rembrandt 1635, ein Jahr nach seiner Hochzeit mit Saskia, malte, lange als die Wiedergabe des ausschweifenden Lebens, das der Maler und seine begüterte Frau führten. Diese Interpretation lag auch an der starken Beschneidung der Leinwand, wie sich dann noch später herausstellte. Eine Röntgenaufnahme bewies nicht nur die Beschneidung, sondern zeigte auch, dass sich zwischen den beiden Figuren noch eine nackte Lautenspielerin befand, die jetzt durch die Pfauenfedern übermalt ist. Das Bild war einmal querrechteckig und enthielt viel mehr Details der Umgebung, also der Schenke, in der der Verlorene Sohn sein Erbe mit

30 | S. 117

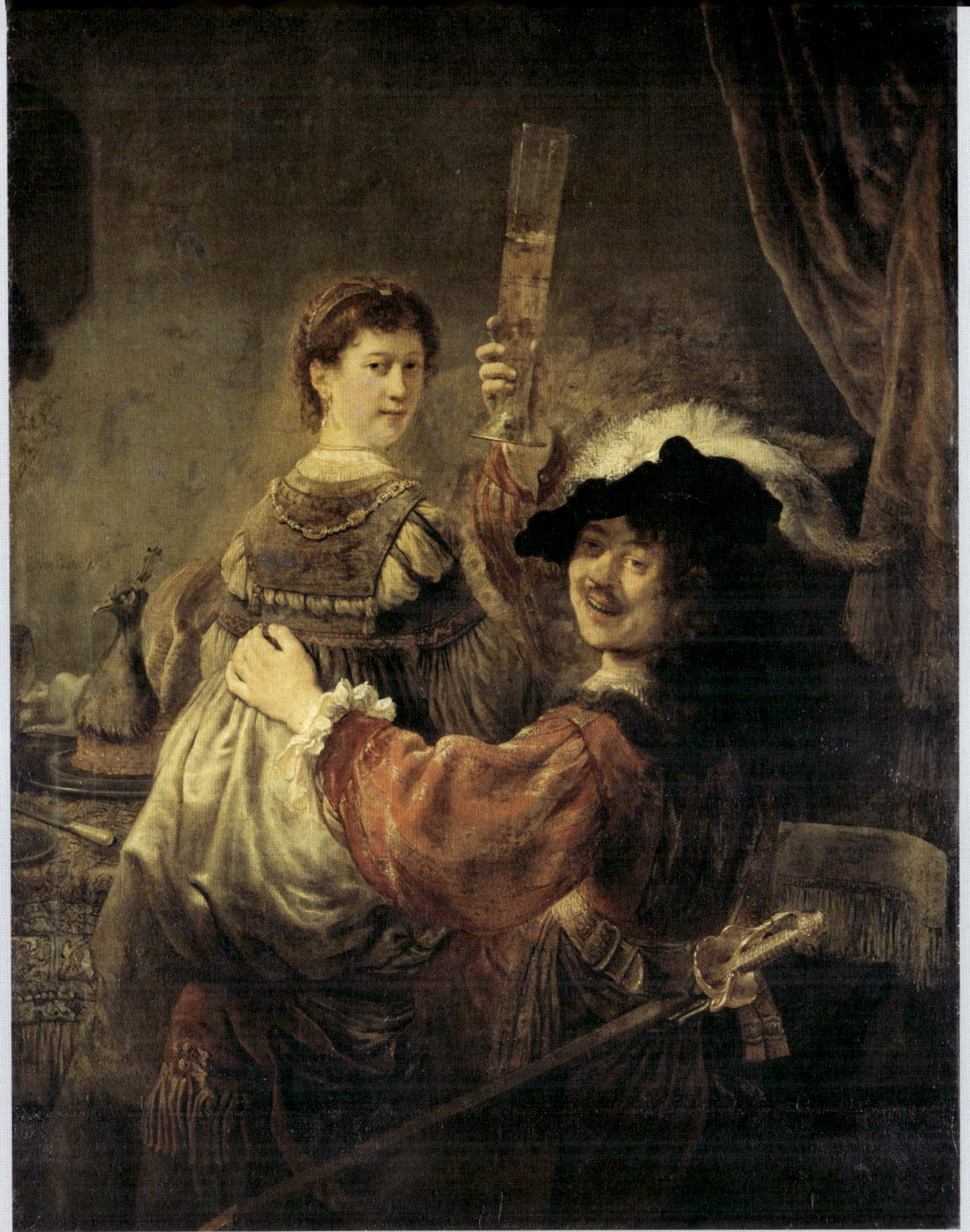

30

Rembrandt, *Der verlorene Sohn in der Schenke (Rembrandt und Saskia im Gleichnis vom verlorenen Sohn)*, um 1635, Leinwand, 161 x 131 cm, Dresden, Gemäldegalerie Alte Meister

den Huren verprasst. Dass Rembrandt sich und seine Frau hier in negativen Rollen darstellte, war damals nichts Ungewöhnliches. Schon durch die Kostümierung mit Kleidern aus dem 16. Jahrhundert schaffte er einen Abstand zu sich und Saskia im tatsächlichen Leben. Das Gemälde darf also nicht als Künstlerehebildnis verstanden werden, so wie das von Mantegna oder Rubens, sondern als ein Historienbild (s. S. 100, 102), in dem die Protagonisten die Gesichtszüge der Eheleute tragen.

29 | S. 114

Das Gleichnis vom verlorenen Sohn ist eine biblische Geschichte (Lukas 15, 11–32), die von einem jungen Mann handelt, der sich vom Vater das Erbe auszahlen lässt, es mit gutem Essen, Wein und Frauen verprasst und dann als Schweinehirt arbeiten muss, bevor er reumütig nach Hause zurückkehrt und von seinem Vater wieder aufgenommen wird.

Rembrandt zeigt den verlorenen Sohn in der eleganten, aber schon etwas ramponierten Kleidung der Offiziere aus früherer Zeit, der an einem reich gedeckten Tisch sitzt, eine junge Frau auf dem Schoß, die ebenfalls kostbare Kleider trägt, dazu edlen Schmuck. Beide sitzen mit dem Rücken zu den Betrachtern am Tisch, drehen aber den Kopf. Der junge Mann lacht und prostet jemandem zu, der sich außerhalb des Bildausschnitts befindet, wahrscheinlich dem jeweiligen Betrachter, der damit in das Geschehen einbezogen wird. Links an der Wand ist noch der Teil einer Tafel zu erkennen, auf der der Wirt die Rechnung notierte. Sie dürfte bei der ursprünglichen Größe des Bildes ganz zu sehen gewesen sein.

Von dem Bild sind mehrere Entwurfszeichnungen bekannt, die – wie das Bild ursprünglich auch – querrechteckig sind und einen größeren Tisch zeigen. Ob Rembrandt selbst das Bild beschnitt und die nackte Lautenspielerin übermalte oder ob das zu einem späteren Zeitpunkt geschah, wird nicht mehr herauszufinden sein. Jedenfalls führte die Veränderung des Bildes zu der falschen Interpretation des fragwürdigen Ehebildnisses.

Seit wann gibt es Landschaftsbilder?

In der mittelalterlichen Tafelmalerei mit ihren Goldgründen wurde die Landschaft höchstens durch ein paar Bäume, Blumen, einen Fluss oder Berg angedeutet. Mit wirklichen Landschaften hatte das nichts zu tun. Das änderte sich erst, als die Goldgründe verschwanden, also in Italien bereits im 14. Jahrhundert, in den Niederlanden und Deutschland eher im 15. Jahrhundert. So sieht man in deren Bildern mit biblischen Geschichten und Heiligen weit ausgedehnte Landschaften, die aber in fast allen Fällen nicht mit wirklichen Landschaften übereinstimmen. Aus dem 16. Jahrhundert stammt dann das erste Beispiel einer Landschaft, die man genau benennen kann und bei der das Bild ausschließlich die Landschaft abbildet. Erstaunlicherweise ist diesmal das Ursprungsland nicht Italien, sondern Deutschland. Albrecht Altdorfer malte einige Jahre vor der *Alexanderschlacht* ein kleines Bild, das heute den Titel *Donaulandschaft mit Schloss Wörth bei Regensburg* trägt. Die darauf gezeigte Landschaft ist nicht nur topografisch ganz genau gemalt, sondern man kann auch noch bestimmen, wo der Maler gestanden haben muss, als er das Bild skizzierte, das er dann in seiner Werkstatt ausführte und auf dem man den Weg sieht, der neben dem Wellerbach durch den Wald zu Schloss Wörth führt, das oberhalb der Donau liegt.

□ 25 | S. 103
□ 31 | S. 120

Im Laufe des 16. Jahrhunderts entwickelte sich die Landschaftsmalerei zu einer eigenen Gattung innerhalb der Malerei, die im 17. Jahrhundert immer beliebter wurde. Vor allem in den Niederlanden und in Rom wurde die Landschaftsmalerei zur bevorzugten Gattung, wobei es den Malern weniger auf eine topografisch genaue Darstellung ankam als auf bestimmte Voraussetzungen, die sie zu erfüllen hatten. Während sich in den Niederlanden vor allem die Weite des flachen Landes in den Bildern spiegelte, bevorzugten die in Rom

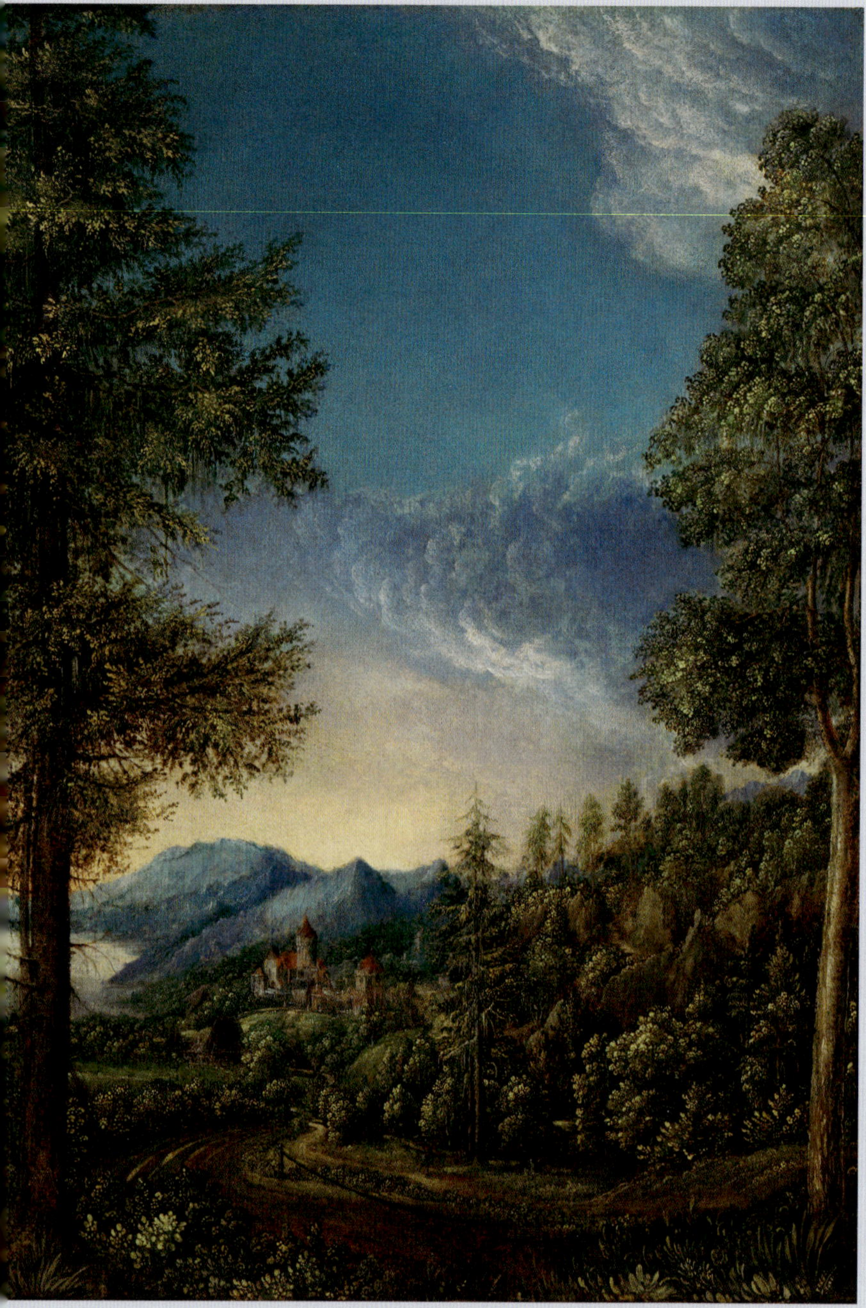

31

Albrecht Altdorfer, *Donaulandschaft mit Schloss Wörth bei Regensburg*, nach 1520, Pergament auf Buchenholz, 30,5 x 22,2 cm, München, Alte Pinakothek

lebenden Maler die Ideallandschaft mit Ruinen und Hainen, wie man sie in Italien antreffen kann. Meistens komponierten sie ein Bild aus verschiedenen Landschaften, die sie gezeichnet hatten, sie arbeiteten mit Versatzstücken, die sie zu einer erfundenen Einheit zusammenfügten.

Welche Rolle spielen die Figuren in der Landschaftsmalerei?

Um 1600 bildete sich vor allem in Rom ein neuer Bildtypus heraus, die Ideallandschaft mit Staffage. Die Landschaft sollte kein Abbild einer realen Umgebung sein, sondern bestimmte Voraussetzungen erfüllen. Man unterschied zwischen heroischen und idealen Landschaften, wobei das Beiwerk, also die Staffage, sich danach richtete. Diese Staffage bestand meistens aus Personen, die danach ausgesucht wurden, ob es eine heroische, eine ideale oder eine bukolische Landschaft werden sollte. Je nachdem wurde die Landschaft mit Helden (heroisch), Figuren aus der Bibel oder der antiken Mythologie (ideal) oder aber mit Liebespaaren (bukolisch/arkadisch) bevölkert. Bestimmte Geschichten ließen sich besonders gut in eine Landschaft einbinden, weshalb diese häufig dargestellt wurden. Oft muss man allerdings nach den Personen in den Bildern suchen, obwohl sie titelgebend sind. Ein frühes Beispiel für solch eine Landschaft ist die *Flucht nach Ägypten* von Adam Elsheimer, bei der die Darstellung des Nachthimmels viel größere Aufmerksamkeit erfährt als die namengebende fliehende Heilige Familie. Noch viel unscheinbarer ist sie in einem Bild des damals in Rom lebenden Franzosen Claude Lorrain, dessen Titel, *Landschaft mit der Flucht nach Ägypten* (Dresden, Gemäldegalerie Alte Meister), auch zeigt, dass es vor allem auf die Land-

▫ 51 | S. 183

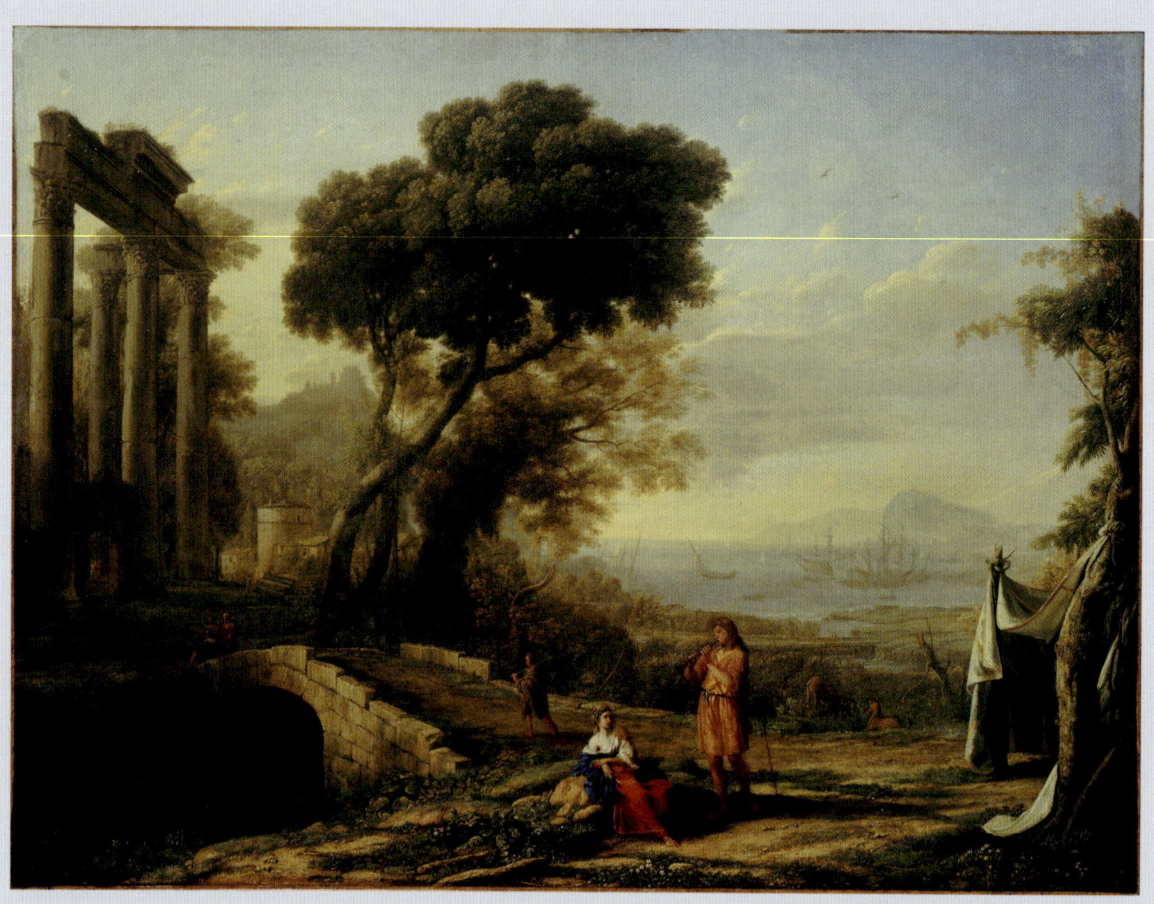

32

Claude Lorrain, *Italienische Küstenlandschaft im Morgenlicht*, 1642, Leinwand, 99,8 x 135,3 cm, Berlin, Gemäldegalerie

schaft ankommt. Ein anderes biblisches Thema, das in der Landschaftsmalerei Verbreitung fand, ist die *Verstoßung der Hagar*, ein Bild, das auch Lorrain häufig malte (z. B. München, Alte Pinakothek). In einem anderen Bild, der *Italienischen Küstenlandschaft im Morgenlicht*, verzichtet Lorrain auf eine biblische oder mythologische Geschichte. Er bedient sich als Staffagefiguren zweier Hirten und anderer Personen. ■ 32 | S. 122

Über einer Ruinenlandschaft, die sich bis zu einer Meeresbucht erstreckt, wölbt sich ein heller blauer Himmel. Im Morgendunst sind die Berge am Ende der Bucht kaum sichtbar, doch die Strahlen der außerhalb des Bildes befindlichen aufgehenden Sonne scheinen im Vordergrund schon kräftiger, was an den Schlagschatten der Figuren zu erkennen ist. Ein Hirte spielt auf seiner Schalmei, seine Gefährtin lauscht ihm und achtet weder auf die etwas weiter hinten grasenden Tiere noch auf den Mann, der über die Brücke zu einer antiken Ruine eilt, die von zwei anderen noch kleineren Personen betrachtet wird.

Die von Lorrain bewusst eingesetzte Lichtführung spielt in allen seinen Bildern eine entscheidende Rolle für deren Wirkung. Hinzu kommen die einzelnen Objekte wie der große Baum vor der Ruine mit zwei sich überkreuzenden Stämmen, der einerseits ein natürliches Gegengewicht zur künstlichen Architektur bildet, andererseits aber auch auf die Zweisamkeit der Liebenden verweist. Andererseits zeigen das primitive Zelt, die antike Ruine und die stolze Burg die verschiedenen Möglichkeiten der Beherbergung auf, der Wanderer und die Schiffe die Fortbewegungsmöglichkeiten. Die ideale Landschaft vereint damit unterschiedliche Aspekte des Lebens, verweist aber auch auf die Hirtenidylle.

Der Hirte hielt früher den neben ihm stehenden Stab in der einen Hand und reichte mit der anderen der vor ihm sitzenden Frau etwas. Das weiß man durch eine Zeichnung des Bildes. Später wurde die Figurengruppe verändert, der Stab kam bei einer Reinigung des Gemäldes wieder zum Vorschein und steht jetzt etwas unmotiviert in der Landschaft.

Die Bilder dieses in Rom lebenden Franzosen aus Lothringen (daher der Name) hatten bis weit ins 18. Jahrhundert hinein großen Einfluss auf die italienische, niederländische, deutsche und englische Malerei, weniger auf die französische.

Was bedeutet «Stillleben»?

Der Name Stillleben ist eine verkürzte Form für «stilles Leben» und meint Bilder, auf denen nur «tote» Dinge dargestellt sind wie Blumen, gedeckte Tische, Früchtekörbe, Musikinstrumente, Waffen, Jagdtrophäen (also tote Tiere), Bücher, Küchenutensilien und vieles andere mehr. Manchmal verirren sich auch eine (lebendige) Maus, ein kleiner Affe oder ein Vogel auf ein solches Stillleben, das auf Italienisch «natura morta», also tote Natur, heißt, was eine bessere Umschreibung ist. Viele der Stillleben verweisen auf die Vergänglichkeit (Vanitas) des Lebens, was durch einen Totenkopf, das Stundenglas, halb geschälte oder schon leicht zersetzte Früchte und viele andere Dinge ausgedrückt werden kann.
Ähnlich wie die Landschaftsmalerei, die sich aus den Hintergründen
21 | S. 93
von Bildern entwickelte, z.B. *Der heilige Lukas zeichnet die Madonna* von van der Weyden, entstanden die Stillleben aus Bildteilen wie sie ebenfalls in vielen Bildern dargestellt sind. Beispiele dafür sind hier
13 | S. 64
die Blumen in der Vase, wie sie sich in Leonardos Marienbild finden, oder aber die Musikinstrumente, wie sie in Caravaggios Gemälde
15 | S. 70
vom *Amor* wiedergegeben sind. Caravaggio gehörte zu den Künstlern, die maßgeblich an der Entwicklung des Stilllebens Anteil hatten. Der von ihm 1595/96 gemalte *Früchtekorb* (Mailand, Pinacoteca Ambrosiana) gilt als das erste erhaltene Stillleben, was aber noch nicht so genannt wurde. Die anfangs einzelnen Bezeichnungen wie *Blumenstück* oder *Musikinstrumente* wurden um 1650 dann von dem Oberbegriff abgelöst.
Die meisten Stilllebenmaler finden sich in den Niederlanden und in

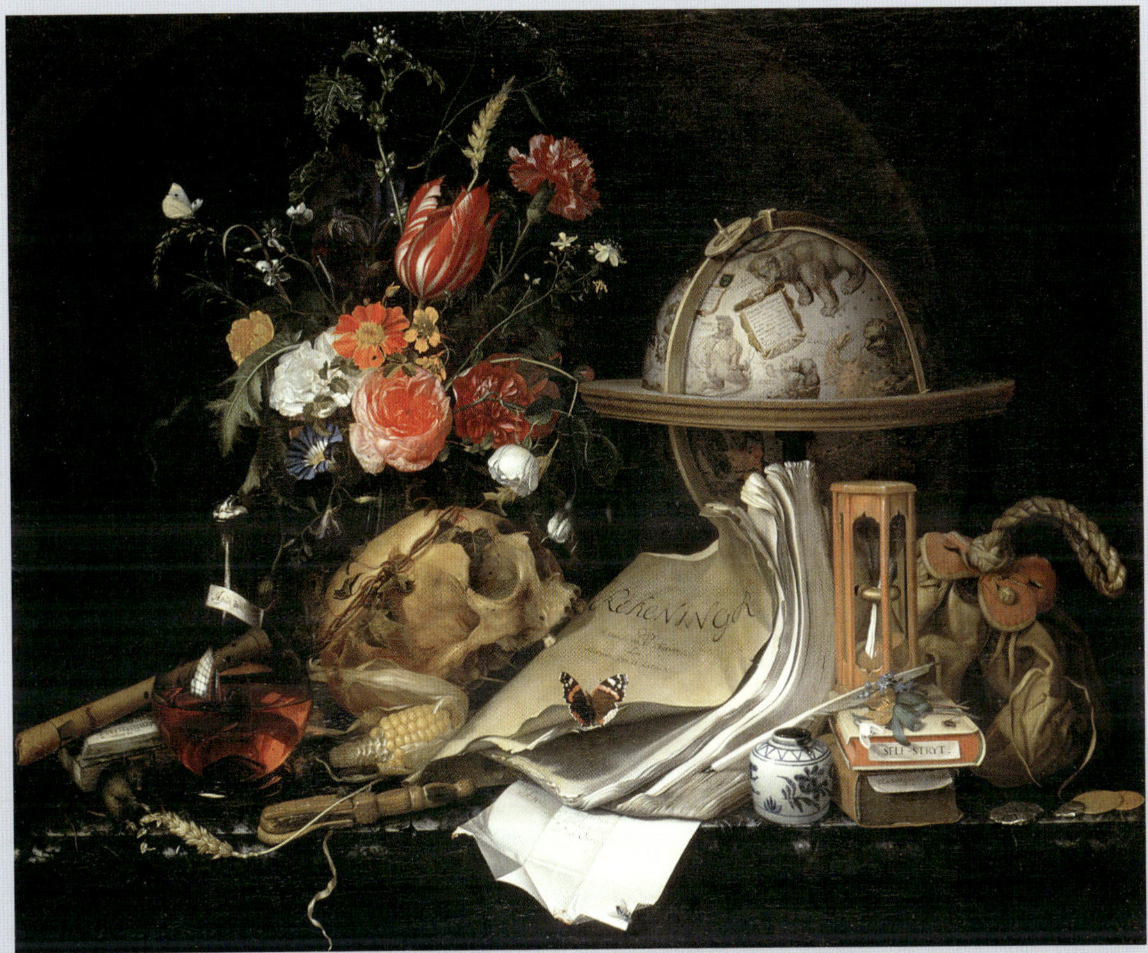

33

Maria van Oosterwijck, *Vanitas-Stillleben*, 1668, Leinwand, 73x88,5cm, Wien, Kunsthistorisches Museum

Italien, doch gab es natürlich auch in anderen europäischen Ländern Künstler, die sich auf diese Gattung spezialisierten wie Georg Flegel, der erste deutsche Stilllebenmaler, dessen Bilder sich zum Beispiel in Basel, Frankfurt, Köln, München, Stuttgart und Wien finden. Stillleben waren aber auch das bevorzugte Thema von Malerinnen, weil sie dafür den häuslichen Bereich nicht verlassen mussten. Von den verhältnismäßig vielen niederländischen Malerinnen war Maria van Oosterwijck eine der auch im kommerziellen Sinn erfolgreichsten, von der sich eine Reihe von Stillleben auch in verschiedenen Museen erhalten haben.

33 | S. 125

Auf dem signierten und auf das Jahr 1668 datierten *Vanitas-Stillleben* sieht man eine leicht geborstene marmorne Tischplatte, auf der sich ein Sammelsurium an Dingen befindet. Himmelsglobus und Blumenstrauß mit 17 verschiedenen Blumen nehmen den größten Raum ein. Vor dem Globus befinden sich ein Geldsack, einige Münzen, ein Stundenglas, Feder und Tintenfass, mehrere Bücher, von denen eines zerlesen ist und Eselsohren besitzt. Auf einem der geknickten Blätter hat sich ein Schmetterling, ein Pfauenauge, niedergelassen. Titel des Buches ist «Rekeningh», was so viel wie Rechnung heißt. Die Zeilen darunter bedeuten auf Deutsch: «Wir leben, auf dass wir sterben, und sterben, auf dass wir leben.» Unter dem Buch schaut ein Zettel hervor, auf dem man lesen kann: «Job 14. // De Mensche van e / is kort van dage / sadt van Onrust.» (Hiob 14,1 heißt vollständig: Der Mensch, vom Weibe geboren, lebt kurze Zeit und ist voll Unruhe.) Vor der Blumenvase sieht man einen mit Efeuranken umwundenen Totenkopf, einen halb abgegessenen Maiskolben, eine kleine Maus, die an einer Weizenähre knabbert, eine Blockflöte und eine Flasche mit dem Etikett «Aqua vita» (Wasser des Lebens). In der Flasche spiegelt sich das Atelier mitsamt der Künstlerin.

Viele der Dinge auf dem Tisch erinnern an die Vergänglichkeit des Menschen, andere an die Auferstehung. So verweist der Totenkopf auf die Vergänglichkeit, der Efeu hingegen auf die Unsterblichkeit. Der Schmetterling erinnert einerseits an die Kürze des Lebens, andererseits aber auch durch die Entwicklung von der Raupe über die

Verpuppung zum Falter an die Wiedergeburt. Im Stundenglas verrinnt die Lebenszeit, der Himmelsglobus bietet Platz nach der Auferstehung. Das Zitat aus dem Buch Hiob ergänzt das Buch, in dem der Weg des Lebens eines jeden Einzelnen aufgeschrieben wird, der mit dem Tod endet. Aus Mais und Weizen wird das Brot gebacken, das beim heiligen Abendmahl an Tod und Auferstehung erinnert, unterstützt vom «Wasser des Lebens» in der Flasche. Das sich darin spiegelnde Bild der Künstlerin verweist auf einen anderen Bibelspruch, den man im 1. Korinther 13,12 als Teil des «Hohelieds der Liebe» lesen kann: «Jetzt schauen wir in einen Spiegel und sehen nur rätselhafte Umrisse, dann aber schauen wir von Angesicht zu Angesicht.» Und diese Liebe ist unsterblich.

Was sind Genrebilder?

Das Wort Genre bedeutet Gattung und bezeichnet eigentlich die verschiedenen Gattungen innerhalb der Malerei, also Historien-, Porträt-, Landschafts-, Stillleben- oder eben Genremalerei. Denn daneben wird das Wort auch für die Bilder verwendet, die das tägliche Leben zeigen, sei es in der Familie, in Gesellschaft oder im Beruf. Dabei wird noch zwischen dem bäuerlichen, bürgerlichen oder höfischen Genre unterschieden. Im Gegensatz zum Historienbild oder dem Gruppenporträt sind beim Genrebild die Geschichten frei erfunden und haben einen komischen oder moralisierenden Inhalt, können dabei aber auf bestimmte Tugenden verweisen. Es gibt allerdings auch Historienbilder mit genrehaften Zügen wie die *Geburt Mariens*, die meistens eine Geburtsszene der Zeit zeigt. Doch das 12 | S. 61
eigentliche Genrebild entwickelt sich im 16. Jahrhundert, um dann im 17. Jahrhundert vor allem in den Niederlanden zu einem beliebten Thema zu werden. Einer ihrer bekanntesten Vertreter ist der aus der holländischen Stadt Leiden stammende Maler, Wirt und Bierbrauer

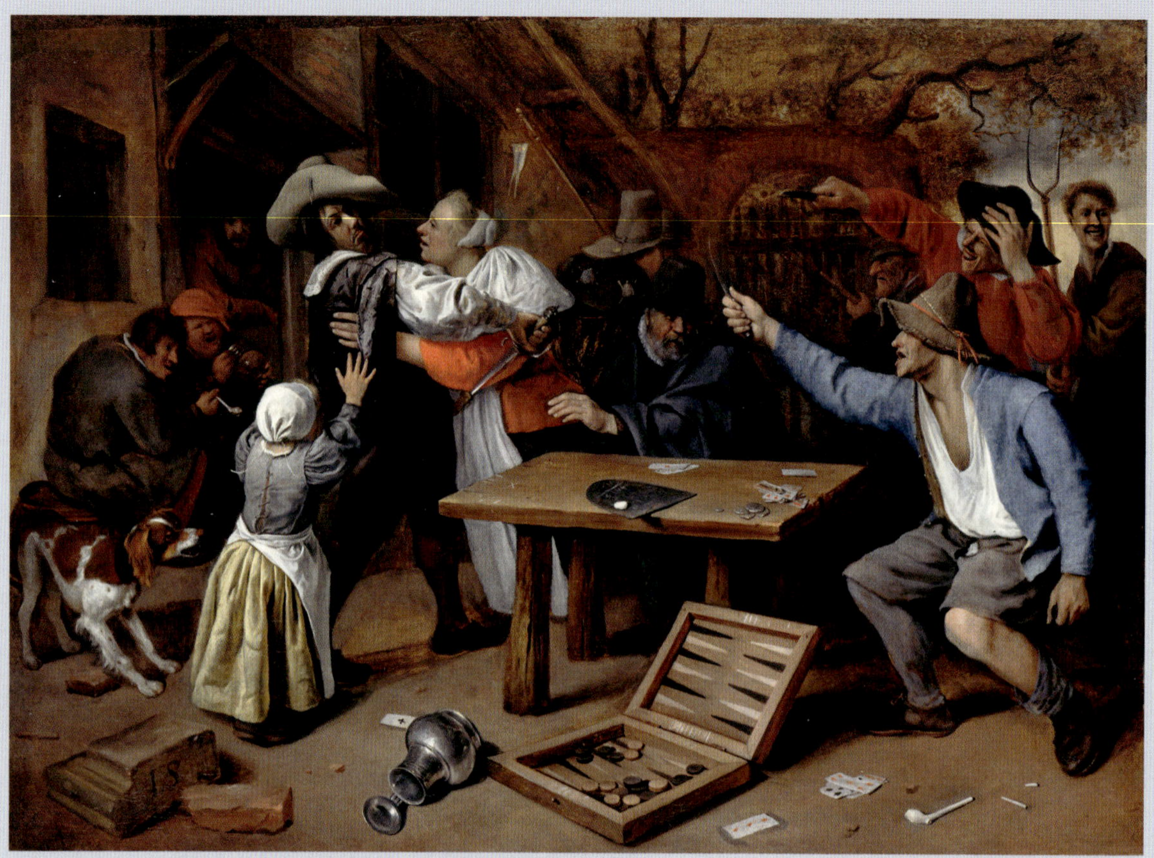

34

Jan Steen, *Streit beim Kartenspiel*, um 1664/65, Leinwand, 90x119 cm, Berlin, Gemälde galerie

Jan Steen, der zwar auch Historienbilder und Porträts malte, vorzugsweise aber Genrebilder wie das der *Verkehrten Welt* (Wien, Kunsthistorisches Museum). In diesem Bild, das zur Reihe der sogenannten Unordentlichen Haushalte gehört, wird vor einem unsittlichen Lebenswandel gewarnt, ein Thema, das sich auch schon im 16. Jahrhundert großer Beliebtheit erfreute, vermutlich deshalb, weil man es unter moralisierenden Vorzeichen eben doch darstellen konnte und die Betrachter sich daran erfreuten. In anderen Genrebildern konnten Jan Steen und andere Genremaler aber auch Idyllen wie einen *Wirthausgarten* (Berlin, Gemäldegalerie) zeigen, in dem die Leute das schöne Wetter und die guten Speisen genießen.

Auch das Bild *Streit beim Kartenspiel* ist ein typisches Genrebild. Auf einem Tisch liegen ein paar Spielkarten und Geld, eine Anschreibtafel und ein Stück Kreide. Andere Karten sind auf den Boden gefallen, ebenso wie das Tricktrack-Spiel, eine zerbrochene Meerschaumpfeife und ein Zinnkrug. Drum herum befindet sich eine aufgebrachte Versammlung von sich streitenden Menschen. Die Bauern rechts haben Messer gezückt oder sind mit einer Mistgabel bewaffnet. Sie rufen laut durcheinander und wenden sich gegen den elegant gekleideten Mann links im Bild, der Anstalten macht, mit seinem Degen auf die Bauern loszugehen, von (s)einer Frau und einem Kind aber daran gehindert wird. Ein ganz in Schwarz gekleideter Herr sitzt noch am Tisch vor seinen Spielkarten und versucht zu beschwichtigen. Die zwei Männer auf einer Bank direkt vor dem Wirtshaus beobachten rauchend und trinkend das Geschehen, ebenso wie die Wirtin in der Schenke. Offensichtlich fühlt sich der Degenträger beim Spiel übers Ohr gehauen und versucht, sich zu rächen. 34 | S. 128

Jan Steen hat die Szenerie vor der Bauernschenke wie ein Theaterstück auf einer Bühne komponiert und dazu den Betrogenen in die Kleider des Feiglings gesteckt, wie man ihn aus damaligen Stücken der viel gespielten Commedia dell'Arte kannte. Zur Warnung vor Glücksspiel, besonders in Verbindung mit Alkohol (der Zinnkrug deutet an, dass getrunken wurde) als moralisierendem Thema, kommt noch hinzu, dass man die streitenden Männer auch als Verkörperung des Zorns

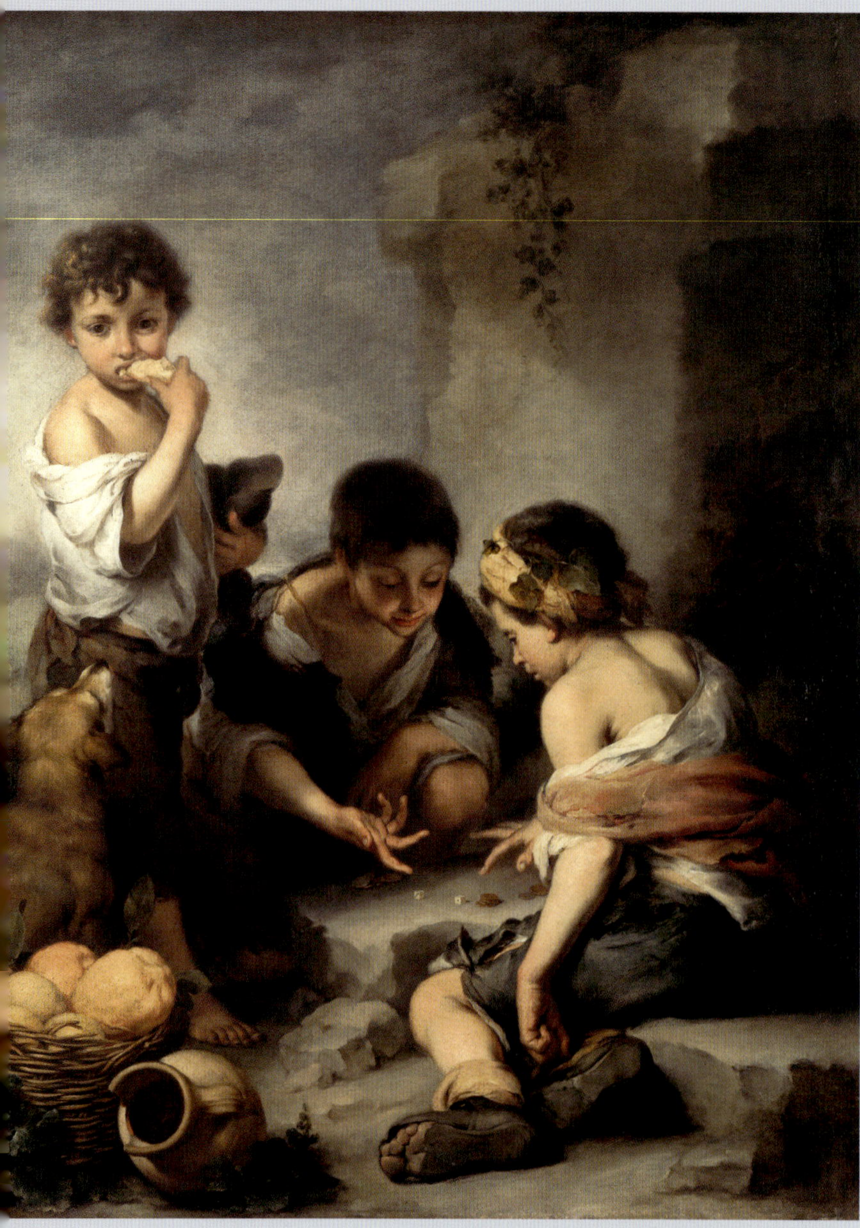

35

Bartolomé Esteban Murillo,
Bettelknaben beim Würfelspiel,
um 1675/80, Leinwand,
146 x 108,5 cm, München, Alte
Pinakothek

(Ira) ansehen kann und damit als eine Darstellung einer der sieben Todsünden. So besitzt das Bild mehrere Ebenen. Es ist einmal eine humorvolle Darstellung eines Streits im Wirtshaus, wie man ihn damals erleben konnte und der auch in den Theaterstücken zu sehen war, dann eine Aufforderung zu einem sittlichen Lebenswandel, in dem Glücksspiel und Alkohol nichts zu suchen haben, und darüber hinaus die bildliche Umsetzung einer der sieben christlichen Todsünden.

Eine ganz andere Art des Genrebildes schuf der Spanier Bartolomé Esteban Murillo, der zwar vor allem religiöse Bilder malte, daneben aber auch die Kinder auf den Straßen Sevillas darstellte. Die ohne Auftrag entstandenen Werke verkauften niederländische Kunstagenten für den Spanier, weshalb sich die Bilder in vielen mitteleuropäischen Museen finden, aber nicht in Spanien. 35 | S. 130

Vor einer Ruine sitzen zwei Knaben auf verwitterten Stufen und zählen die Augen der Würfel zwischen ihnen. Offensichtlich sind sie sich nicht über das Ergebnis einig. Den neben ihnen stehenden Knaben kümmert das wenig. Er beißt gedankenverloren in ein Brot, starrt dabei vor sich hin und scheint weder den vor ihm sitzenden bettelnden Hund wahrzunehmen noch den Obstkorb im Vordergrund. Wie in all seinen Kinderbildern so zeigt Murillo auch hier einerseits die Armut der Kinder und damit vor allem die Hoffnungslosigkeit auf ein besseres Leben, andererseits aber ihren unverwüstlichen Optimismus, womit er – dem Genrebild entsprechend – die Situation der Kinder verklärt.

Was ist ein Interieur?

Das Wort Interieur kommt aus dem Französischen und bedeutet innen, Innenraum, Inneneinrichtung. Der Begriff wird auch in der bildenden Kunst verwendet und bezeichnet die Abbildung eines

Innenraums. Das reine Interieur, in dem keine Menschen zu sehen sind, hat es vor dem 19. Jahrhundert allerdings kaum gegeben. Und so halten sich auch in der *Kunst- und Raritätenkammer* von Frans II.
◘ 69 | S. 255 Francken im hinteren Raum zwei kleine Menschen auf. Sie bilden damit nur eine Staffage, aber das immerhin. Bilder mit Innenräumen, in denen sich Menschen befinden und handeln, gibt es schon aus früher Zeit. Sie können verschiedene biblische oder mythologische Geschichten wiedergeben, aber auch allegorische Darstellungen. Die Innenräume zeigen uns nicht nur, wie die Menschen in verschiedenen Zeiten gelebt haben, sondern bilden auch unterschiedliche Lebensformen in verschiedenen Ländern ab. So ist auf dem Bild vom
◘ 48 | S. 173 *Steuereinnehmer* ein völlig anderer Innenraum zu sehen als bei *Vul-*
◘ 40 | S. 152 *kan überrascht Venus und Mars*, obwohl die Bilder fast gleichzeitig entstanden sind. Doch stammt das eine Gemälde aus den Niederlanden und zeigt die Stube eines wohlhabenden Bürgers, das andere hingegen kommt aus Italien – man sieht den Schlafraum in einem venezianischen Palast.

Erkennt man an den Bildern, wie die Menschen früher gelebt haben?

Auf vielen Figurenbildern sind die Menschen in zeitgenössischen Kleidern dargestellt. Sogar in etlichen Gemälden mit Heiligenfiguren kann man Kostümkunde betreiben wie zum Beispiel bei der *An-*
◘ 65 | S. 239 *betung der Heiligen Drei Könige* von Rogier van der Weyden. Auf einigen Bildern sind die Straßen einer Stadt genau abgebildet, wie bei
◘ 49 | S. 176/177 den *Kinderspielen* von Pieter Bruegel. Innenräume und ihre Einrichtung kennen wir sowohl aus biblischen und mythologischen Geschichten als auch aus Bildern, die das tägliche Leben schildern. Die

Verkündigung an Maria, aber auch Bilder, die Maria mit dem Kind zeigen wie jenes von Rogier van der Weyden auf dem *Lukasbild* 21 | S. 93 werden häufig in einem Innenraum gezeigt, in dem sich auch zahlreiche Einrichtungsgegenstände befinden, die zwar symbolischen Charakter haben können, gleichzeitig aber auch in der damaligen Zeit durchaus gebräuchlich waren. Bei der *Geburt Mariens* kommt 12 | S. 61 zur Einrichtung noch die Handlung einer Geburt hinzu, wie sie damals stattgefunden hat. Ebenso verhält es sich mit Geschichten aus der antiken Sagenwelt. So lässt der venezianische Maler Tintoretto die Geschichte, wie Vulkan Venus und Mars überrascht in einem 40 | S. 152 Raum stattfinden, den es so in einem venezianischen Palast gegeben haben könnte.

Andere Bilder erzählen Geschichten aus der damaligen Gegenwart wie dasjenige vom *Steuereinnehmer* oder die Wiedergabe der Gemäl- 48 | S. 173 degalerie Erzherzog Leopold Wilhelms in Brüssel. So unterschiedlich 3 | S. 24/25 diese Werke auch sind, sie zeigen beide den Auftraggeber in seiner Umgebung. Doch es gibt auch Darstellungen, die eine häusliche Umgebung zeigen, ohne dass sich ein Auftraggeber besonders in Szene setzen musste. So ein Bild stammt von dem holländischen Maler Pieter de Hooch: In einem Raum sitzt eine Frau vor einem Vorhang, der 36| S. 134 einen Teil der Bettnische (Alkoven) verdeckt. Neben ihr steht eine Wiege, in die sie hineinschaut, während sie an ihrem Mieder nestelt und es öffnet oder schließt. Entweder hat sie ihr Baby gerade gestillt oder sie ist im Begriff, es zu tun. Der Raum mit seinen Bildern, dem Wandtisch mit Kerze und Kanne, dem schwarz-weiß gefliesten Fußboden ist in warmes Licht getaucht, das vor allem aus dem hinteren Raum mit der geöffneten Haustür kommt, durch die das Sonnenlicht scheint. An der Tür steht ein kleines Mädchen, so, als wolle es gleich hinaustreten. Vielleicht wartet es noch auf die Mutter. Die roten und dunklen rautenförmigen Fliesen grenzen die Diele von dem Wohn- und Schlafraum ab, in dem sich auch ein Hund befindet. Er zeigt den Betrachtern sein Hinterteil, wendet aber den Kopf zu der Mutter, so als wolle auch er sie auffordern, mit hinauszugehen.

Das Bild ist so angelegt, dass die Betrachter das Gefühl haben, sich

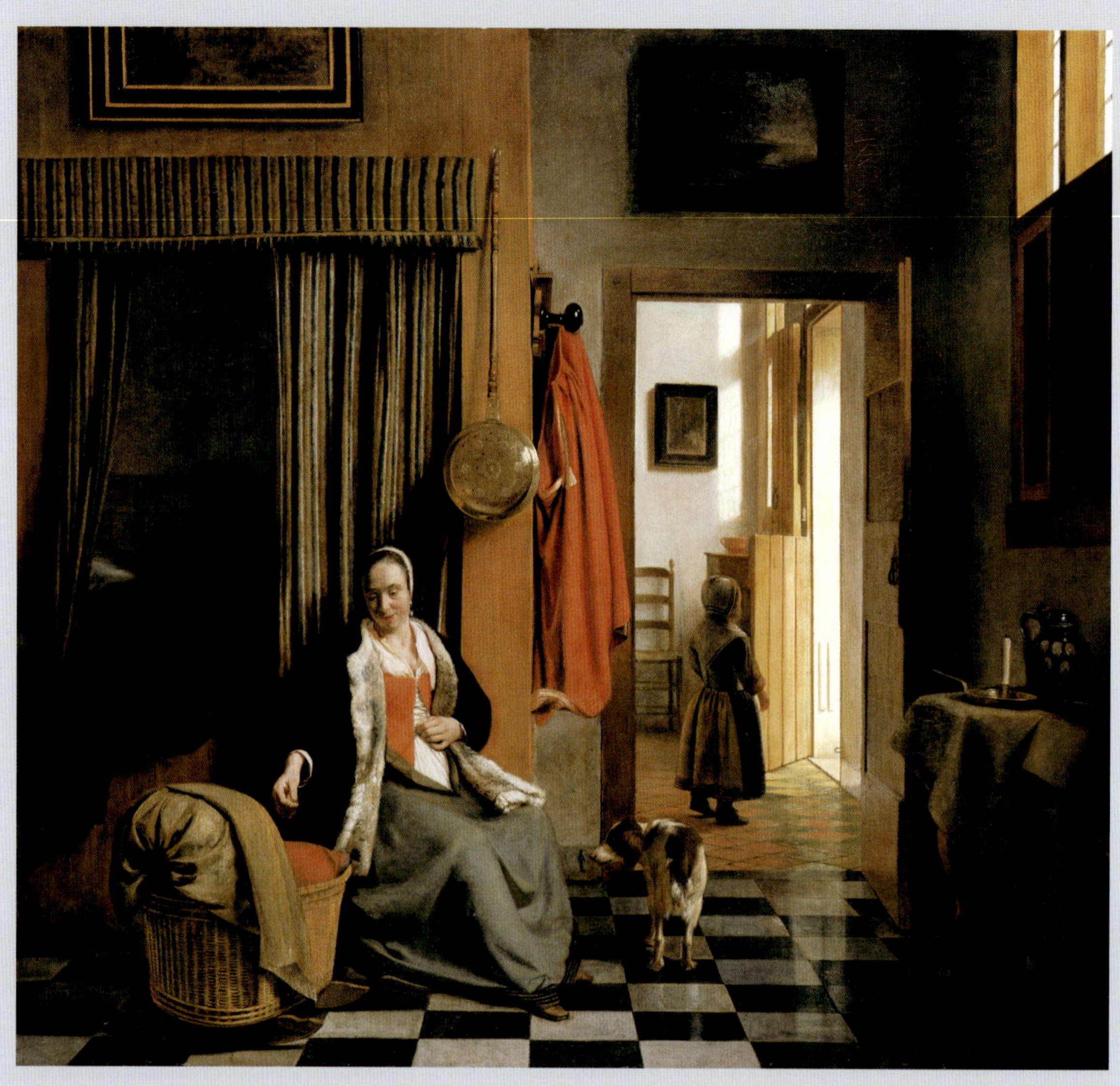

36

Pieter de Hooch, *Die Mutter*, um 1659/60, Leinwand, 190 x 100 cm, Berlin, Gemäldegalerie

mit im Raum zu befinden und damit auch Einrichtung und Gepflogenheiten in einem niederländischen Haus des 17. Jahrhunderts kennenzulernen.

Warum sehen die Kinder auf alten Bildern oft so erwachsen aus?

Eine Kindheit, wie wir sie heute kennen, gab es früher nicht. Die Menschen wurden schon in jungen Jahren für erwachsen gehalten und aufs Leben vorbereitet. Die Jungen mussten eine Lehre absolvieren, die Mädchen das Hausfrauendasein erlernen, indem sie der Mutter zur Hand gingen. Auch wenn sie andere Ausbildungen erhielten, war das in höfischen Kreisen nicht anders als bei den Handwerkern oder Bauern, nur dass die Jungen meistens noch früher aus dem Haus mussten. So begann mit sieben Jahren die Ausbildung zum Ritter, die der Page nicht bei seinem Vater, sondern bei einem anderen Ritter antreten musste. Ein Maler wie Albrecht Dürer kam hingegen erst mit 13 Jahren zum Vater in die Lehre. Da der Vater Goldschmied war, Dürer aber Maler werden wollte, musste er seine Ausbildung nach einiger Zeit woanders fortsetzen.
Trotzdem spielten die Kinder auch damals, und so wurden sie von den Malern häufig dargestellt. Das sieht man beispielsweise in dem Gemälde der *Kinderspiele* von Pieter Bruegel, aber auch in vielen anderen Bildern. Und dort sehen sie auch aus wie Kinder und verhalten sich so. Das wohl am häufigsten gezeigte Kind in der Geschichte der europäischen Malerei ist sicher Christus, jedoch immer als Baby, meistens nur sehr spärlich bekleidet und auf dem Schoß der Mutter sitzend oder in der Krippe liegend.

■ 49 | S. 176/177

Sowohl Engel als auch der kleine Amor verhalten sich häufig wie

Kinder und sehen auch so aus. Raffael zum Beispiel gelang die Engel-Kind-Gleichsetzung meisterhaft, weshalb auch die Engelchen in der 70 | S. 262 *Sixtinischen Madonna* so berühmt geworden sind.

Dann aber gibt es andere Bilder, da scheinen kleinwüchsige Erwachsene vor uns zu stehen. Dabei handelt es sich meistens um die Kinder von Adligen, die bereits repräsentieren müssen. Besonders gut müssen sich die Kinder der Könige verhalten, die später selbst einmal regieren werden. Das kann man zum Beispiel in dem Bild sehen, das Anthonis van Dyck von den ältesten Kindern des Königs 37 | S. 137 von England, Karls. I., malte.

Von diesem Gemälde befindet sich das Original nach wie vor in königlichem Besitz und wird in Windsor Castle aufbewahrt, das Bild in Dresden ist eine von den in der Werkstatt des Malers angefertigten Kopien, die er im Auftrag der Königin malte, damit sie das Porträt an Mitglieder der Familie verschenken konnte.

Der fünfjährige Thronfolger und spätere Karl II. trägt einen seidenen Anzug, dessen Wams mit Spitzen besetzt ist, und lehnt lässig an einer Säule, wie es sich für einen höfischen Würdenträger gehört. Sein kleiner Bruder James, später König Jakob II., hält sich an seinem Arm und seiner Hand fest. Er trägt zwar noch den Kleinkindrock, doch ist dieser aus kostbaren Stoffen genäht und ähnelt dem Kleid seiner Schwester Maria, die auf der anderen Seite neben ihm steht und mit ihren vor dem Körper verschränkten Händen auch schon sehr erwachsen aussieht. Dabei ist sie gerade einmal vier Jahre alt und weiß noch nicht, dass sie einmal die Gemahlin Wilhelms von Oranien sein wird. Gemeinsam mit zwei sie einrahmenden kleinen Jagdhunden stehen die Kinder auf einem kostbaren Orientteppich. Die Hunde sind nicht nur ihre Spielgefährten und gleichzeitig ein Standessymbol, weil die Jagd nur dem Adel vorbehalten war, sondern verweisen auch darauf, dass Prinzen und Prinzessin zur Tugendhaftigkeit erzogen werden.

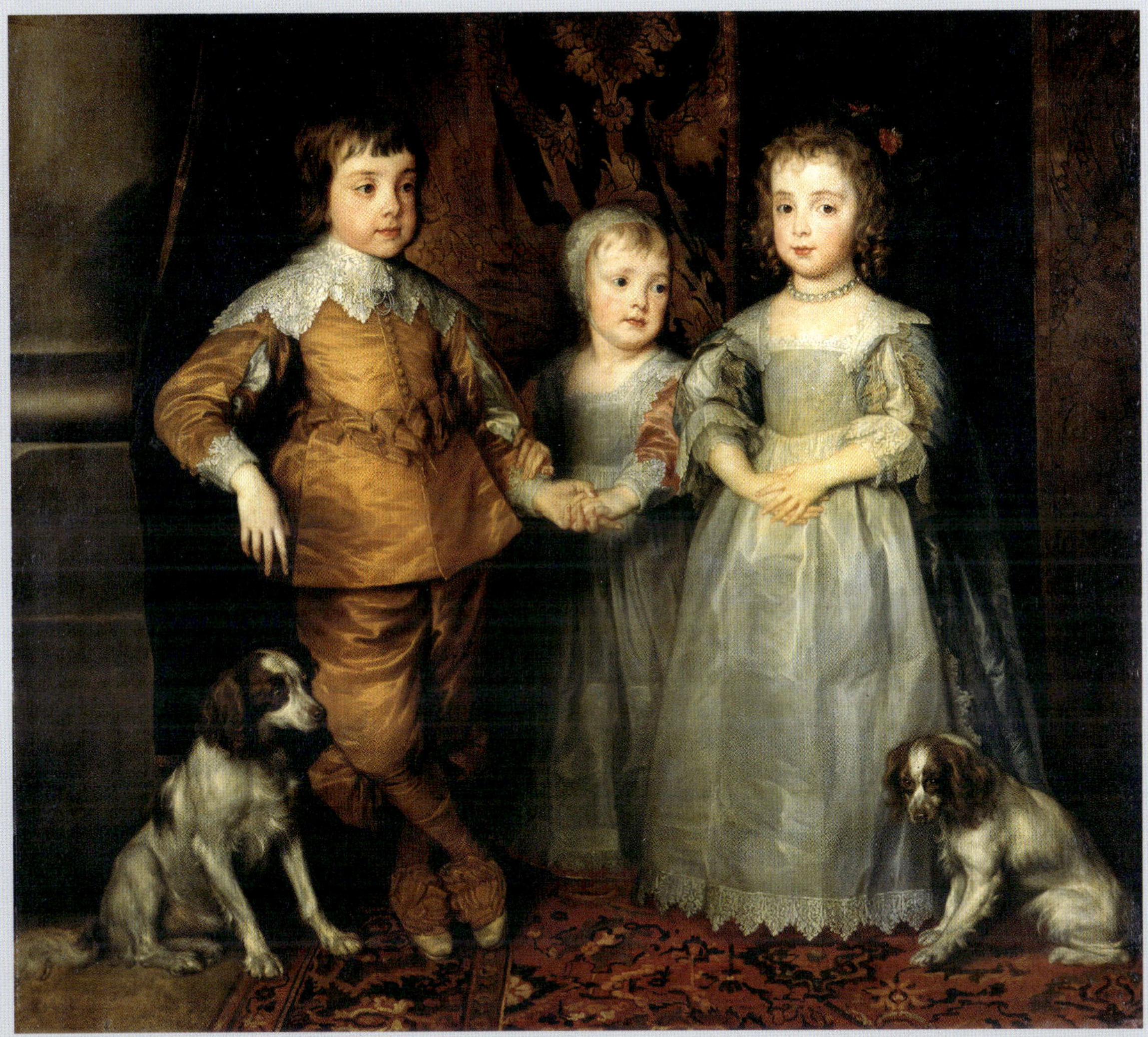

37

Anthonis van Dyck (Werkstatt), *Die 3 ältesten Kinder Karls I. von England*, um 1635, Leinwand, 131 x 151 cm, Dresden, Gemäldegalerie Alte Meister

IV. Botschaften ohne Worte: Die Bedeutung der Bilder

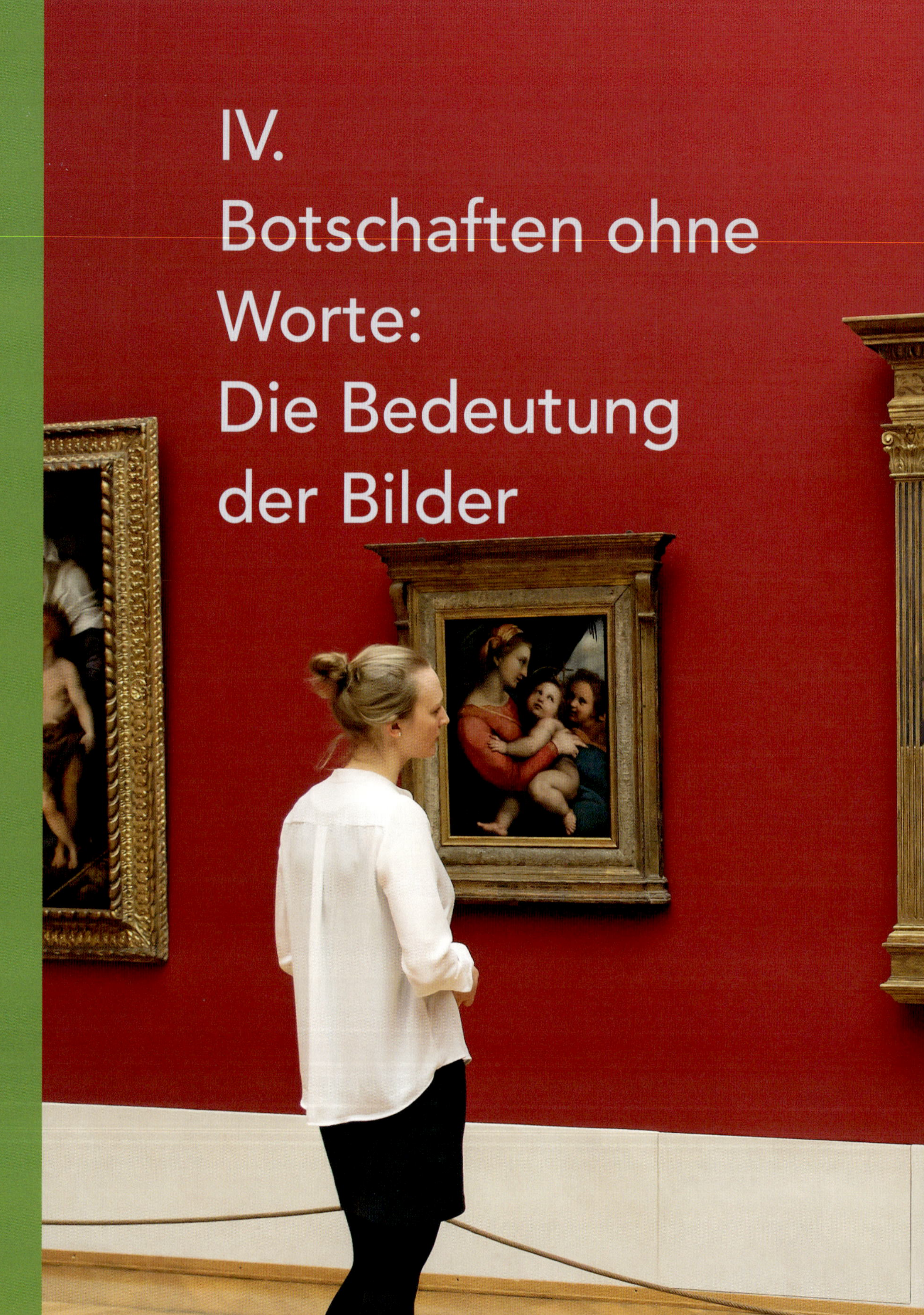

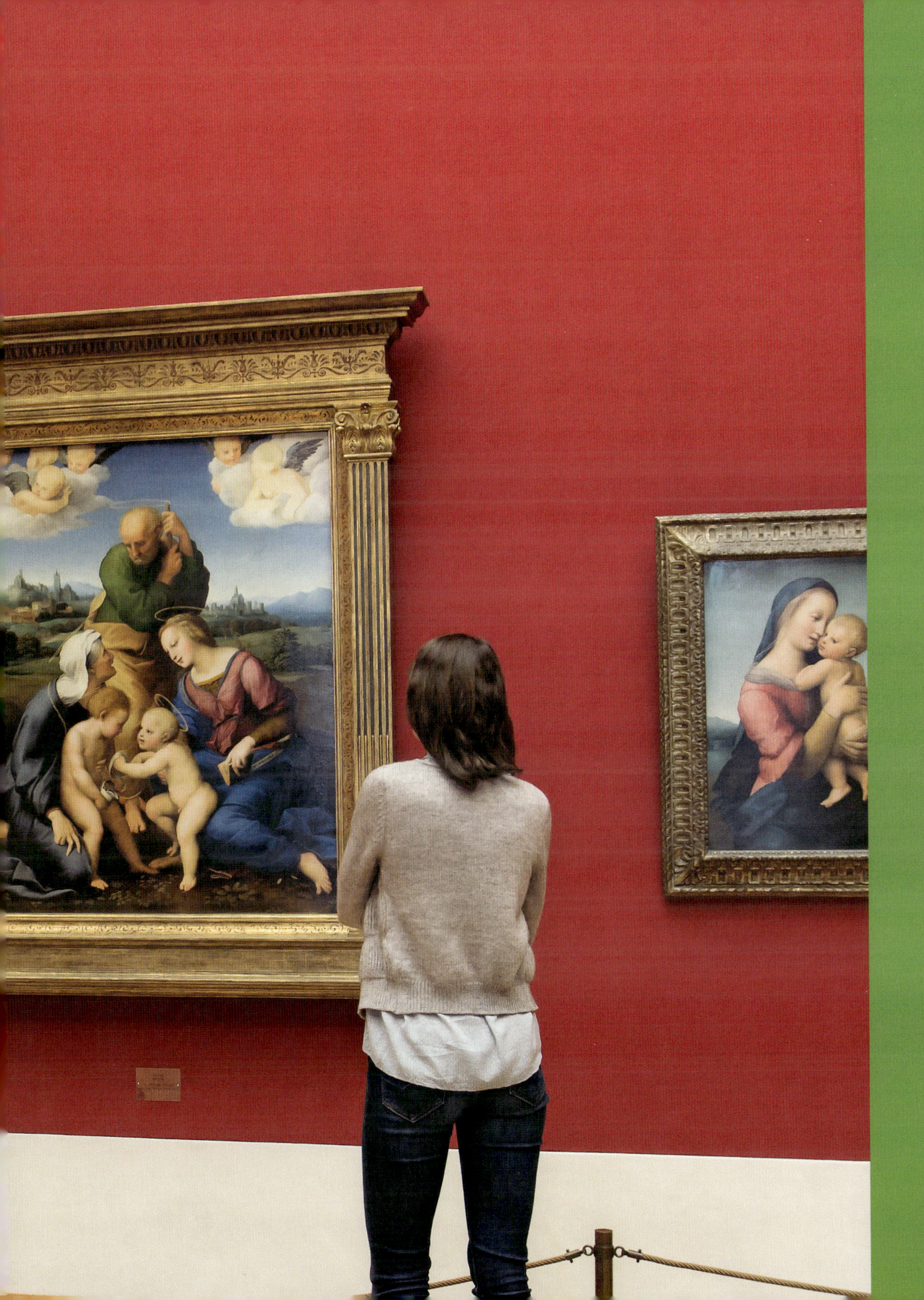

Haben auf alten Bildern alle Gegenstände eine Bedeutung?

Was auf Bildern dargestellt ist, erkennen wir durch unsere Erfahrungswerte. Mann und Frau können wir durch ihre Kleidung, aber auch durch ihre Gesichter unterscheiden. Häuser, Paläste, Kirchen, Tempel sind uns ebenso vertraut wie verschiedene Bäume, Blumen und anderes mehr. Bei den Geschichten, die auf den Bildern dargestellt sind, müssen wir schon mehr Vorwissen mitbringen. Wenn wir ein Bild mit einem Mann, einer Frau und einem Baby sehen, dazu Ochs und Esel, vielleicht noch ein paar Engel und Hirten, wissen diejenigen, die im christlich geprägten Kulturkreis aufgewachsen sind, dass es sich um die Geburt Christi, also ein Weihnachtsbild, handelt. Menschen aus anderen Kulturkreisen oder Religionszugehörigkeiten brauchen jedoch häufig eine Erklärung, so wie wir bei der Darstellung anderer biblischer Geschichten, die wir nicht auf Anhieb erkennen. Ebenso rätselhaft sind häufig bestimmte Gegenstände auf einem Bild. Wieso befindet sich zum Beispiel auf dem Gemälde mit der *Anbetung der Heiligen Drei Könige* von Rogier van der Weyden oberhalb von Maria am Mittelpfeiler des Stalls ein Kruzifix? Weil es vorausweist auf den Opfertod Christi! Und warum liegt zu Füßen des jüngsten Königs ein Hund? Der Hund ist erstens ein Zeichen für Treue, in diesem speziellen Fall handelt es sich aber auch noch um einen Windhund, der kostbaren Besitz und höchste Abstammung darstellt. Denn diese Könige kommen gar nicht aus dem Morgenland, sondern – darauf lässt ihre elegante modische Kleidung schließen – vom burgundischen Hof, und der jüngste von ihnen trägt überdies die Gesichtszüge des damaligen Thronfolgers.

◘ 65 | S. 239

In den meisten Bildern haben die einzelnen Gegenstände eine Bedeutung, die über das hinausgeht, was sie darstellen. Um diese zu ergründen, muss man sich in der Bibel sowie in der antiken Sagenwelt gut auskennen und mit Büchern wie Ovids «Metamorphosen» vertraut sein. Doch gibt es auch Auslegungen, für die man wiederum andere, spezielle Bücher braucht. 1593 veröffentlichte der Italiener Cesare Ripa ein «Iconologia» genanntes Werk, in dem er allegorische Figuren für viele Begriffe beschrieb und in der Ausgabe von 1603 auch mit Illustrationen versah. Dieses Buch diente den Künstlern zur Verschlüsselung ihrer Werke. Heute benutzen es die Kunsthistoriker als Hilfsmittel zur Entschlüsselung, das führt aber nicht immer zum erwünschten Erfolg.

So gibt es bis heute unterschiedliche Interpretationen des Bildes *Die Malkunst* von Johannes Vermeer, der offensichtlich die «Iconologia» von Ripa verwendete. Trotzdem können einzelne Figuren verschieden gedeutet werden. Bis heute ist man sich nicht einig, ob es sich bei der Dame am Fenster wirklich um Klio, die Muse der Geschichtsschreibung, handelt oder doch eher um diejenige, die die Poesie vertritt. ▢ 58 | S. 207

Die Methode, Figuren und Gegenstände auf Bildern zu bestimmen, nennt man in der Kunstgeschichte «Ikonografie», ein aus zwei griechischen Worten zusammengesetzter Begriff, der sich mit «Bildbeschreibung» übersetzen lässt, aber eher als Erkennen von Bildgegenständen und ihren Bedeutungen bezeichnet werden kann. Darauf aufbauend wird dann eine zweite Methode angewendet, um die Bedeutung der gesamten Komposition zu erfassen, also den Bildinhalt, wie er in der damaligen Zeit verstanden wurde, und welche Übertragungen es gab. Das nennt man «Ikonologie», also die Lehre der Bilder.

Für die einzelnen und oft auch noch unterschiedlichen Bedeutungen aller Figuren und Gegenstände gibt es heute zahlreiche Nachschlagewerke, die bei der Beschreibung und Interpretation eines Bildes hilfreich sein können.

Was aber macht man mit Bildern, die weder eine biblische Geschichte noch eine aus der Sagenwelt erzählen? Die uns auf den ersten Blick als Darstellungen des täglichen Lebens erscheinen? Auch sie besitzen meistens mehrere Bedeutungsebenen, so zum Beispiel

49 | S. 176/177
38 | S. 143

die *Kinderspiele* von Pieter Bruegel, deren tiefere Bedeutung bis heute noch nicht enträtselt worden ist. Ein weiteres Beispiel dieser Art ist das Thema des Bordells oder der *Lockeren Gesellschaft*, das bereits aus dem 16. Jahrhundert bekannt ist. Ein Maler, dessen Namen wir nicht kennen und der aufgrund einer Tafel in Braunschweig, die mit einem Monogramm versehen ist, der Braunschweiger Monogrammist genannt wird, hat mehrere solcher Bilder gemalt, von denen sich eines in Berlin, ein anderes in Frankfurt befindet und die beide mehrere Szenen in einem Bordell zeigen. Von jedem dieser Bilder wurden mehrere Kopien hergestellt. Im Frankfurter Bild sieht man im Hintergrund einen Mann, der, bevor er zu der im Bett wartenden Dirne kommt, noch schnell sein Geschäft verrichtet. Dieser Mann war früher ein pinkelnder Mönch, dessen Kleider später übermalt wurden. Die Kritik am Verfall der Sitten hatte also ursprünglich auch den Klerus mit einbezogen.

Das Berliner Bild zeigt mehr Szenen als das Frankfurter, beide stehen im Zusammenhang mit der Lasterliteratur, können aber auch als eine Abwandlung der Geschichte vom Verlorenen Sohn (s. S. 116, 118) und darüber hinaus als eine der «Sieben Todsünden» gelten. Sie besitzen also neben der interessanten Darstellung eines Bordells im 16. Jahrhundert (und damit einer Genreszene in einem Interieur) auch wieder eine moralisierende Ebene. Der Maler war auf diese Art Bilder und auf vielfigurige Bibelszenen spezialisiert.

Auf dem Bild *Die lockere Gesellschaft* sieht man den Eingang eines Hauses, an dem ein Vogelkäfig hängt, das Aushängeschild für ein Bordell. An der offenen Tür prügeln sich zwei Frauen. Halbherzige Versuche, sie zu trennen, sind erfolglos. Nur wenige Besucher verfolgen die Auseinandersetzung, die meisten von ihnen sprechen dem Alkohol zu und tauschen Zärtlichkeiten aus. Zwei vergitterte Fenster geben den Blick auf ein Paar im Bett frei. An den Wänden sind – zumeist unlesbare – Kritzeleien angebracht, wie sie in öffentlichen Häusern üblich waren. Nur ein Spruch über den vergitterten Fenstern lässt sich entziffern. Das «D» am Beginn jedes Wortes ist durch einen Penis ersetzt, daneben ein Hahn, ebenfalls mit Penis, gezeich-

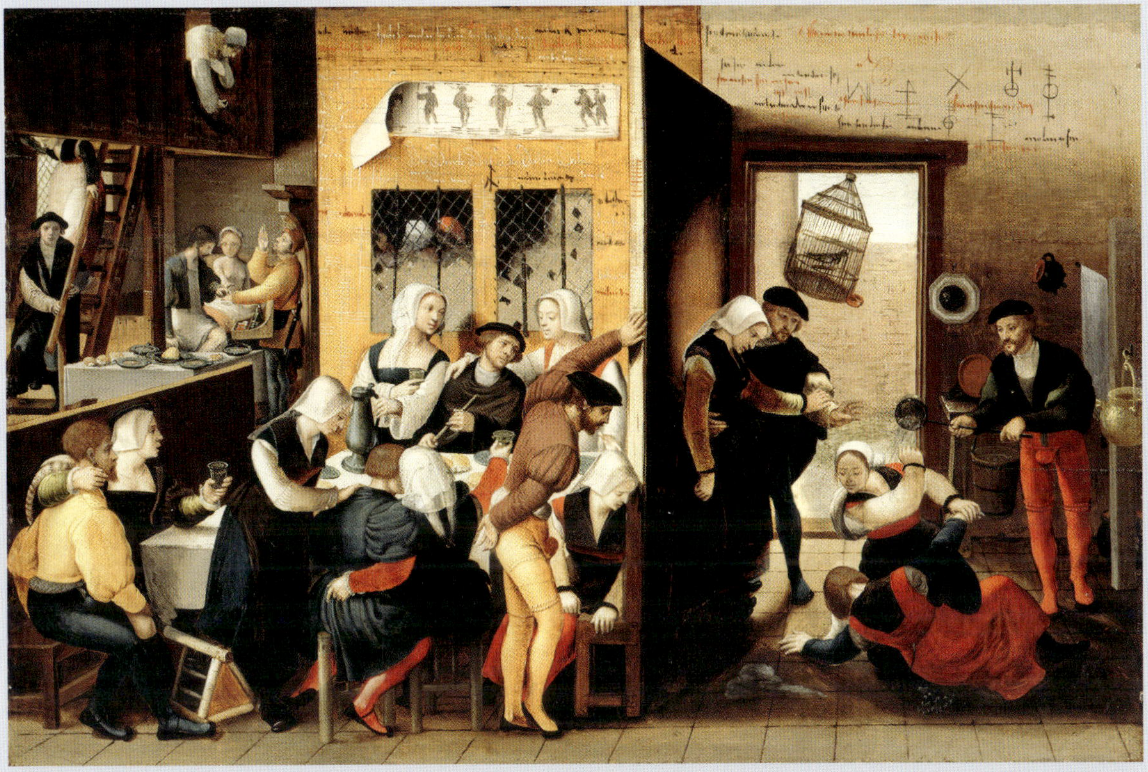

38

Braunschweiger Monogrammist, *Die lockere Gesellschaft*, um 1535/40, Eichenholz, 29 x 45 cm, Berlin, Gemäldegalerie

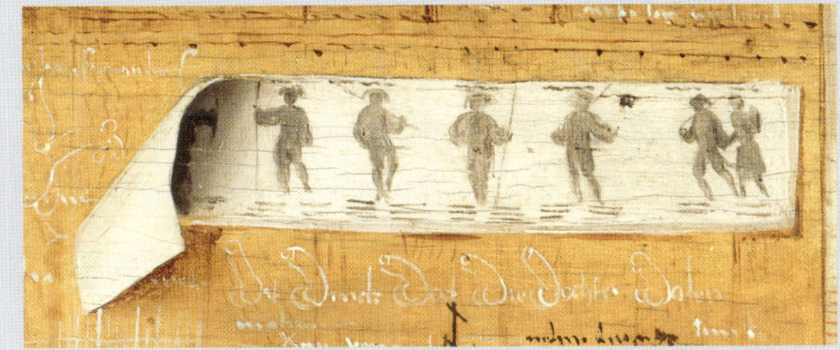

net. Der Spruch (Dat Dinck Dat Die Dochter Dalen) bezieht sich auf die verlorene Unschuld der im Haus befindlichen Frauen. Auf dem darüber angebrachten Bilderfries sind Landsknechte dargestellt, ein damals beliebtes Motiv. Im Hintergrund sind weitere Paare gezeigt.

Warum trägt Maria einen blauen Mantel?

■ 47 | S. 171

Auf den meisten Bildern trägt Maria einen blauen Mantel und ein rotes Kleid. Nur selten ist es umgekehrt, also ein roter Mantel mit blauem Kleid, wie Jan van Eyck sie malte. Rot, die Farbe des Blutes und des Feuers, steht für Leben, Liebe und Leidenschaft, aber auch für die Herrschaft der Könige. Deshalb wurde der rote Mantel auch eher Christus zugeordnet. Blau hingegen ist die Farbe des Himmels und des Wassers, der Reinheit und der Treue. Aus diesem Grund ist der Mantel Mariens in den meisten Fällen Blau. Hinzu kommt, dass das Ultramarinblau aus Lapislazuli hergestellt wurde und damit ungeheuer wertvoll war (s. S. 199) – die Muttergottes hob sich also auch durch das erlesene Material von den anderen Figuren ab. Das leuchtende Ultramarinblau nimmt man beispielsweise in Memlings vielfigurigem Gemälde *Die sieben Freuden Mariens* oder in Raffaels *Die Heilige Familie aus dem Hause Canigiani* schon auf den ersten Blick wahr – und damit die zentrale Figur der Madonna.

■ 2 | S. 16/17
■ 5 | S. 30

Natürlich besitzen nicht nur Rot und Blau symbolische Bedeutungen, sondern auch die meisten anderen Farben. Hinzu kommt, dass mit einer Farbe ganz unterschiedliche Vorstellungen verbunden werden, je nachdem, in welchem Zusammenhang sie vorkommt. So kann Rot neben vielen positiven Eigenschaften auch Hass, Hochmut und die Hölle charakterisieren. Gelb wird in Verbindung mit Licht, Sonne und Gold gebracht und kann so als Zeichen für die Auferstehung verstanden werden, doch ist es auch die Farbe der Galle und wird deshalb mit Neid und Missgunst gleichgesetzt. Der Verräter Judas und der Scherge bei der *Entkleidung Christi* sind an ihren gelben Kleidern zu erkennen. Gelb war deswegen auch die Farbe der Juden. Schon im Mittelalter wurden sie häufig gezwungen, einen gelben «Judenhut» zu tragen. Der gelbe «Judenstern» war insofern keine Erfindung der Nationalsozialisten.

17 | S. 75

Grün kann die Farbe des Lebens sein, Weiß diejenige der Reinheit, Schwarz hingegen für Sünde, Tod und Vernichtung stehen. Das sind nur wenige Beispiele für eine Fülle an Bedeutungen, die man auch in verschiedenen Nachschlagewerken findet.

Was für eine Bedeutung können Tiere und Pflanzen haben?

Tiere und Pflanzen begegnen uns auf vielen Bildern. Häufig, aber nicht immer, besitzen sie eine tiefere Bedeutung, die für das Verständnis eines Bildes wichtig ist. Deshalb lohnt es sich in vielen Fällen, die Tier- und Pflanzensymbolik bei der Betrachtung zu berücksichtigen, was auch heißt, sich mit ihr vertraut zu machen. So wissen wir zwar, dass Ochs und Esel zu einer Geburt Christi dazugehören, doch dass der Ochse als reines Tier für die Juden steht, der Esel als unreines für die Heiden, ist relativ unbekannt. Eine weitere Möglichkeit besteht darin, den Ochsen als Opfertier und den Esel als Lasttier zu sehen. Der eine verweist also auf den Opfertod Christi, der andere darauf, dass Christus die Sünden der Welt trägt.

Die Akelei, die auf dem *Bartholomäusaltar* ganz klein im Vordergrund zu sehen ist, besitzt auch mehrere Bedeutungen: Als Heilpflanze ist

19 | S. 87

sie Maria zugeordnet, aufgrund ihrer fünfeckigen Blütenform wehrt sie Dämonen ab. Die inneren Blütenblätter haben die Form einer Taube, also ist sie Symbol des Heiligen Geistes, und wenn die Akelei sieben Blüten hat, sind damit die sieben Gaben des Heiligen Geistes oder die sieben Schmerzen Mariens gemeint. Außerdem steht sie für die Dreieinigkeit und für die Anrufung Gottes.

Woher soll man nun wissen, wofür sie steht? Das lässt sich nur aus dem Zusammenhang erschließen, also auf welchem Bild sie sich befindet und wo genau. So steht sie im *Bartholomäusaltar* für die 65 | S. 239 Anrufung Gottes durch den Stifter, im *Columba-Altar* hingegen als Mariensymbol. Als solches findet sich die Pflanze auch in dem Bild 2 | S. 16/17 Memlings, wo sie genau vor der Anbetung der Heiligen Drei Könige platziert ist, gemeinsam mit dem Windhund, der hier Treue, aber auch vornehme Herkunft symbolisiert. Die kleinen Hunde im Bildnis, das Anthonis van Dyck von den Kindern des englischen Königs 37 | S. 137 malte, verweisen neben der vornehmen Herkunft allerdings vor allem auf die Tugendhaftigkeit, zu der die Kinder erzogen werden.

Die frühen Niederländer um Jan van Eyck und Rogier van der Weyden malten Bilder, die zwar den Eindruck erwecken, uns das tägliche Leben vor Augen zu führen, sie füllten aber ihre Bilder mit nicht unbedingt auf den ersten Blick zu erkennenden Symbolen an, sodass man für ihre Art der Darstellung den Begriff der «versteckten Symbolik» (disguised symbolism) erfand. Eine solche versteckte Symbolik findet sich auch in dem Gemälde vom Schweißtuch der heiligen 20 | S. 91 Veronika. Christus hat zwar keinen Heiligenschein, doch das normalerweise in ihn eingeschriebene Kreuz wird hier durch goldene Blumenstängel ersetzt, deren mittleres jeweils in einem Dreipass endet, die anderen in ornamentalen Formen. Der Dreipass kann auch als dreiblättriges Kleeblatt angesehen werden, dem Zeichen für Auferstehung und Dreifaltigkeit, denn die anderen Gebilde ähneln den Fruchtständen des Klees.

In den Stillleben der späteren Zeit wurde besonders in den Niederlanden die Darstellung von Gegenständen, die eine symbolische Bedeutung haben, auf die Spitze getrieben, wie sich auch bei dem-

39

Giuseppe Arcimboldo, Wasser, 1566, Erlenholz, 66,5 x 50,5 cm, Wien, Kunsthistorisches Museum

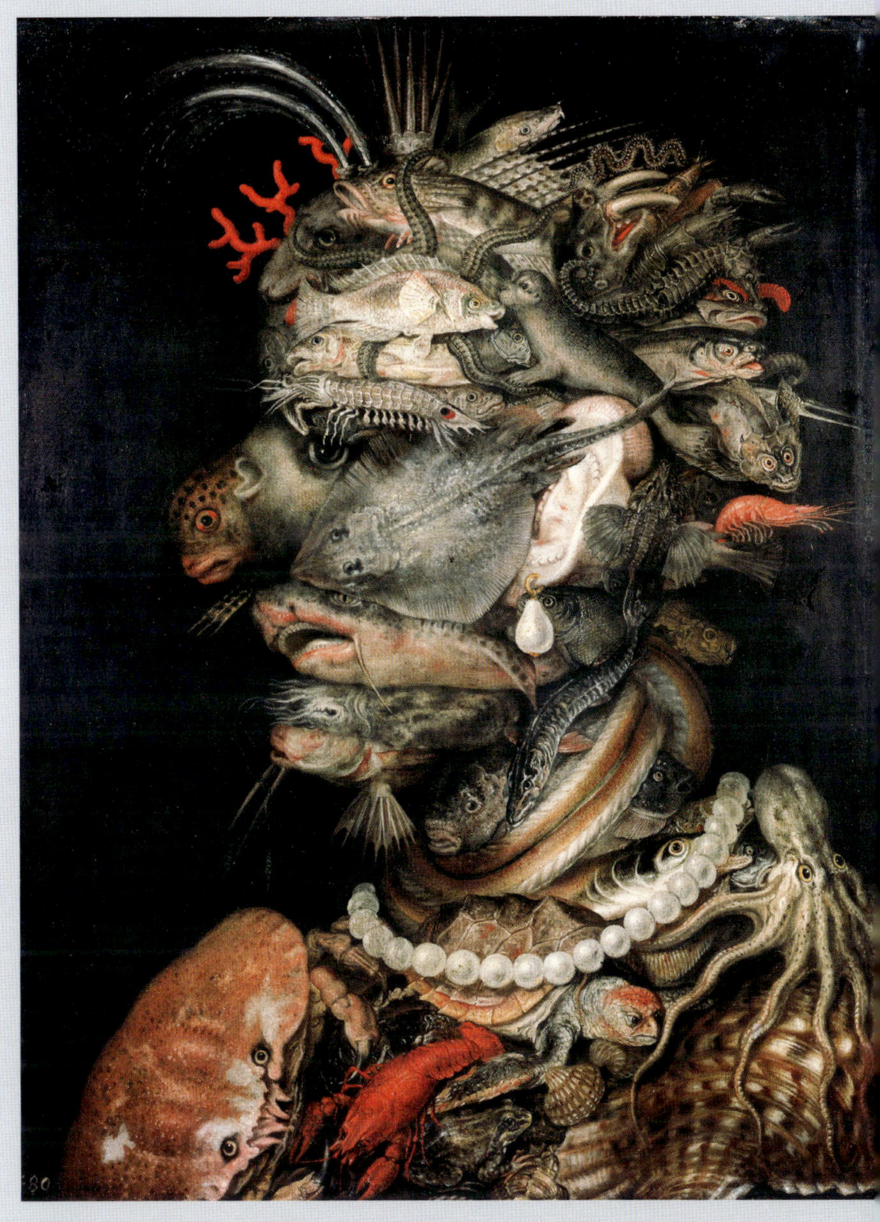

jenigen von Maria van Oosterwijck zeigt. Dabei spielten Pflanzen, vor allem Blumen, und Tiere eine große Rolle. 33 | S. 125

Eine ganz außergewöhnliche Darstellung von Tieren und Pflanzen kennen wir von Giuseppe Arcimboldo. Der Maler am Hof in Wien widmete seinem Herrn, Kaiser Maximilian II., zu Neujahr 1569 acht Bilder mit dazugehörigen Gedichten. Es handelt sich um Allegorien der vier Jahreszeiten und der vier Elemente, die jeweils ein Paar bilden. Diese Allegorien sind allerdings keine hübschen Frauen, sondern Köpfe, die aus einer Vielzahl von Pflanzen und Tieren zusammengesetzt sind und dabei erstaunlicherweise menschliche Züge tragen. 39 | S. 147
Der Maler, der das Interesse des Kaisers an Naturstudien teilte, betrieb zahlreiche Pflanzen- und Tierstudien, bevor er in langjähriger Arbeit die Köpfe komponierte. Später malte er auf Wunsch des Kaisers weitere Serien, dabei kopierte er sie aber nicht immer, weshalb es unterschiedliche Köpfe mit demselben Titel gibt.

Das Ende des Jahres ist vergleichbar mit dem Ende des Lebens, weshalb der *Winter* ein alter Mann ist, der vor allem aus einem knorrigen Baumstamm besteht, aus dem dünne Äste als Bart sprießen, ein dickerer die Nase formt und darunter Baumschwämme die Lippen bilden. Der immergrüne Efeu rankt sich um kahle Äste, die Haarpracht hat schon gelitten. An einem Ast am Hals hängen zwei Zitronen, winterliches Obst.

Dem feuchtkalten Winter entspricht das Element Wasser, das sich aus einer Vielfalt von Meeresbewohnern zusammensetzt: Fische, Meeresfrüchte, Perlen, Korallen, alle sind genau erkennbar, auch wenn die Größenverhältnisse nicht stimmen. So wirken Seepferdchen und Krebs riesig im Vergleich zu Robbe, Schildkröte oder Tintenfisch.

Arcimboldo und seine merkwürdigen Bilder gerieten bald in Vergessenheit. Erst die Surrealisten entdeckten ihn wieder und verhalfen ihm zu dem heute ungebrochen bestehenden Ruhm.

Lassen sich alle Bilder entschlüsseln?

Trotz Kenntnis der Bibel, der antiken und nordischen Sagen, Cesare Ripas (s. S. 141) «Iconologia», Nachschlagewerken und vielem mehr erschließen sich nicht alle Bilder in ihrem kompletten Sinn. So wissen wir bis heute nicht, ob sich in Pieter Bruegels *Kinderspielen* eine allgemeine und moralisierende Aussage findet, ob es sich bei dem *Mann mit dem Goldhelm* wirklich um den Kriegsgott Mars handelt, warum die *Architektonische Vedute* gemalt wurde, welche Muse Vermeer in dem Gemälde der *Malkunst* dargestellt hat, ob bei *Amor als Sieger* die irdische Liebe über alle moralischen und intellektuellen Werte triumphiert oder das Bild als eine Lobpreisung des Auftraggebers verstanden werden muss ... Die Liste ließe sich beliebig fortsetzen. Bei einem anderen Bild kennen wir den Titel und verstehen trotzdem nicht genau, was der Maler uns mitteilen will. Es handelt sich um *Die Entführung des Ganymed*, die Rembrandt 1635 malte und signierte.

■ 49 | S. 176/177
■ 64 | S. 228
■ 46 | S. 169
■ 58 | S. 207
■ 15 | S. 70
■ 1 | S. 12

Von der Geschichte des Ganymed gibt es verschiedene Versionen. Der Sohn eines Königs war so schön, dass der Göttervater Zeus nach ihm verlangte. Während der Hirtenknabe Kirschen pflückte, raubte ihn Zeus in Gestalt des Adlers, trug ihn hoch in den Olymp und machte ihn zum Mundschenk der Götter. Später verlieh er ihm Unsterblichkeit, indem er ihn als Tierkreiszeichen des Wassermanns an den Himmel versetzte. Diese Geschichte, die natürlich homoerotisch zu verstehen ist, wurde bereits in der Antike, dann aber auch ab der Renaissance immer wieder dargestellt, wobei die Schönheit des Jünglings eine große Rolle spielte. So malte ihn auch Correggio in einem um 1530 entstandenen Gemälde (Wien, Kunsthistorisches Museum) oder Girolamo da Carpi in einem Bild, bei dem sich Adler und Jüngling bereits während des Fluges annähern (Dresden, Gemäldegalerie

Alte Meister). Und was machte Rembrandt daraus? Ein schreiendes, pinkelndes Baby, das von einem furchterregenden riesigen Adler entführt wird, der ihn unsanft mit Schnabel und Krallen packt. Was hat das mit der Geschichte vom schönsten Knaben unter der Sonne zu tun?

Darüber gibt es viele verschiedene Meinungen. Die Annahme, Rembrandt mache sich über den antiken Mythos lustig, verwarf man als zu oberflächlich. Die Entführung des Ganymed wurde in der christlich geprägten Literatur mit dem Tod von Kindern gleichgesetzt, die dann in den Himmel «entführt» werden. Außerdem stellte man die reinen Seelen der Toten oft als Kinder dar. Der Urinstrahl hingegen soll sich auf das Tierkreiszeichen des Wassermanns beziehen. Doch diese Auslegungen erklären alle nicht das weinende Kind, das offensichtlich von seiner Entführung nicht begeistert ist und krampfhaft die Kirschen festhält, die es noch auf der Erde gepflückt hat. Diese Kirschen haben auch wieder viele symbolische Bedeutungen. Könnten sie hier als Paradiesfrucht gemeint sein?

Die Forschung hat sich nicht auf eine der Interpretationen einigen können, die Bedeutung des Bildes konnte also bislang noch nicht befriedigend geklärt werden. Fest steht, dass es Rembrandt eindrucksvoll gelungen ist, die Gefühle darzustellen, die ein kleines Kind zeigt, wenn es gewaltsam aus seiner gewohnten Umgebung gerissen wird, denn das Kind, dessen Kleid hochgerutscht ist, wodurch die hell erleuchteten nackten Beine, das Hinterteil und der Rücken sichtbar sind, strampelt verzweifelt mit den Beinen und blickt mit schmerzverzerrtem Gesicht zurück, dahin, wo es seine Eltern vermutet. Doch der Adler, dessen riesige Schwingen von hinten beleuchtet werden, weil sein Körper die Sonne verdeckt, hat den Knaben fest im Griff.

Darf man über Götter und Helden lachen?

Komische Szenen verbergen sich auf vielen Bildern, bei anderen ist der Witz zumindest vordergründig Hauptthema wie bei vielen Genrebildern. So finden sich z.B. in der *Lockeren Gesellschaft* viele Einzelheiten, über die man lachen kann. Die Engelchen in der *Sixtinischen Madonna* besitzen ebenso eine gewisse Komik wie das pinkelnde Baby als *Ganymed*. Bilder christlichen Inhalts oder solche, die Geschichten der antiken Gottheiten darstellen, können also auch durchaus lustig sein. Und gerade bei den Geschichten aus der antiken Sagenwelt gibt es nicht nur tragische, sondern auch komische Situationen.

38 | S. 143

70 | S. 262

1 | S. 12

Eine von ihnen handelt vom Ehebruch der Göttin der Liebe, Venus, mit dem Kriegsgott Mars, wie sie Homer in der Odyssee erzählt und später Ovid in den Metamorphosen. Darin eröffnet der Sonnengott dem hässlichen alten Götterschmied Vulkan, dass Venus, seine Frau, ihn mit Mars betrüge. Vulkan schmiedet daraufhin so dünne Ketten, dass sie das bloße Auge nicht erkennen kann, und legt sie so in und um die Bettstatt, dass sich die beiden darin verfangen müssen. So geschieht es auch, Venus und Mars werden von dem zornigen Ehemann überrascht, der alle Götter herbeiruft, die sich göttlich amüsieren und laut lachen müssen. Aus dieser Geschichte leitet sich der Begriff des homerischen Gelächters ab, sie wurde aber auch sehr gerne bildlich dargestellt.

Der Venezianer Tintoretto stellte die Szene allerdings anders dar, als sie von Homer oder Ovid erzählt wird. Hier hat Vulkan keine Ketten ausgelegt, sondern kommt in das Schlafzimmer eines venezianischen Palasts, wo er seine Frau nackt auf dem Bett liegend antrifft, allerdings allein, wie er sich selbst überzeugt. Der Geliebte hat sich nämlich in voller Montur, wie sie einem Kriegsgott angemes-

40 | S. 152

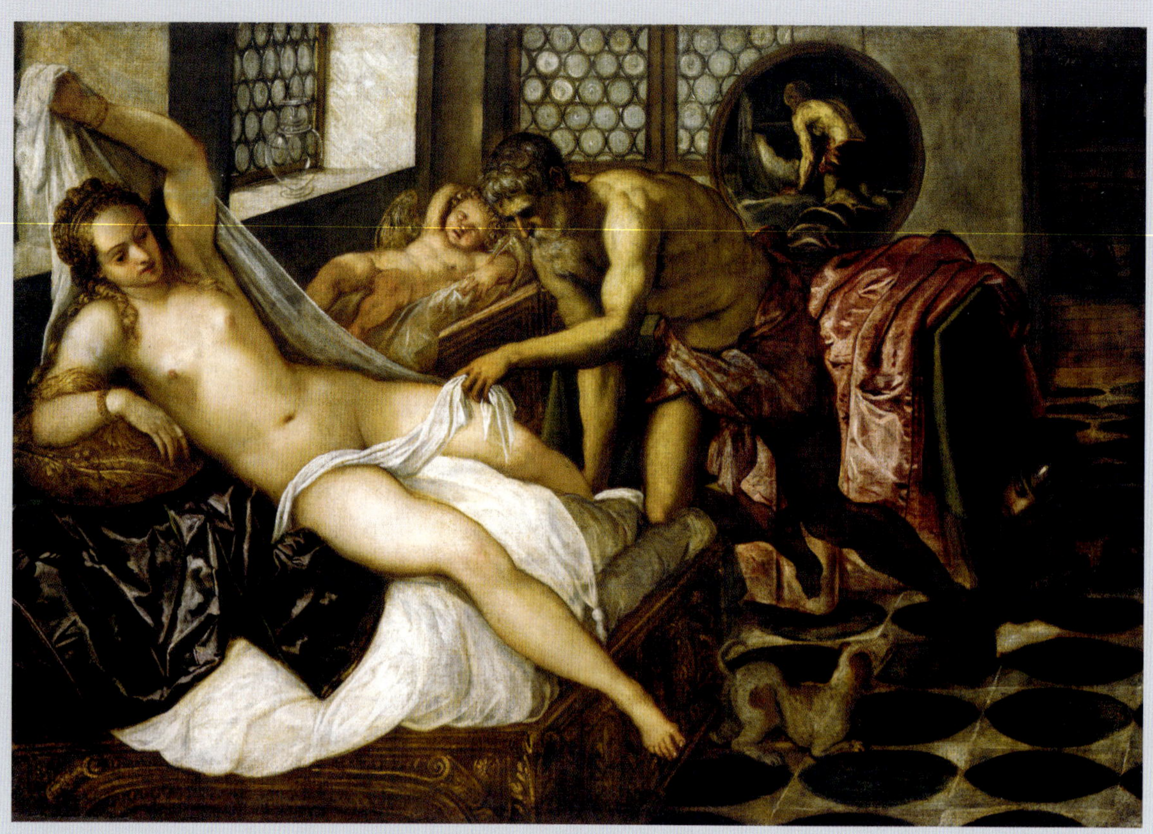

40

Tintoretto (eigentlich Jacopo Robusti), *Vulkan überrascht Venus und Mars*, gegen 1555, Leinwand, 135 x 198 cm, München, Alte Pinakothek

sen ist, unter dem Tisch verkrochen, was allerdings nicht von großem Mut zeugt. Zu allem Überfluss schaut auch noch sein Kopf mit dem Helm hervor, weil er versucht, das Hündchen zu beruhigen, das am Fußende des Bettes steht und ihn verbellt – allerdings ohne Erfolg. In seiner Wiege zwischen Bett und Tisch, direkt unterm Fenster, durch das das Tageslicht fällt, schläft trotz des Tumults das Kind der Venus, Amor, einen Liebespfeil im Arm. Mit diesem Pfeil wird er wohl das Unheil ausgelöst haben. Damit der totale Überblick gewährleistet ist, befindet sich an der hinteren Zimmerwand noch ein runder Spiegel, in dem man Vulkan von hinten sieht, wie er das Bett untersucht. Ob er Mars entdeckt hat und ihn bewusst übersieht, um sich nicht mit dem Kriegsgott anlegen zu müssen, lässt Tintoretto offen, dem es wohl vor allem auf die Situationskomik ankommt. Das homerische Gelächter dürfen jetzt die Betrachter anstimmen.

Haben Porträts eine Botschaft?

Seitdem das Porträt in der Malerei zu einer eigenen Gattung wurde, unterteilte es sich immer mehr in einzelne Gebiete, und je nachdem welche Wünsche die Auftraggeber äußerten, fielen diese Bilder sehr unterschiedlich aus. Der Stifter eines Altars, der sich selbst ins Bild hineinmalen ließ, wollte natürlich vor allem seine Frömmigkeit zum Ausdruck bringen. Und so kniet der Kölner Bürgermeister auf der mittleren Tafel des *Columba-Altars* hinter einem Mäuerchen, in seinen gefalteten Händen einen Rosenkranz, und darf so aus einer gewissen Distanz der Anbetung der Könige zuschauen. Der wahrscheinlich von Rogier van der Weyden oder seinem Lehrer porträtierte *Feiste Mann* wollte sein Bild offensichtlich der Nachwelt erhalten, wohingegen Dürer in seinem berühmten *Selbstbildnis* durch die Christusähnlichkeit darauf hinweist, dass ein Künstler die Bilder der Men-

■ 65 | S. 239

■ 26 | S. 109

schen so kreiert, wie Gott den Menschen erschuf. Den Kaiser malte er zwar nicht mit Krone und Zepter, dennoch wird durch die Haltung und die Art, wie die Figur in Szene gesetzt ist, deutlich, dass es sich hier um ein Herrscherporträt handelt.

14 | S. 68
28 | S. 111

Keine zwanzig Jahre später erhielt Hans Holbein der Jüngere den Auftrag, den französischen Gesandten am englischen Hof, Charles de Solier, Sieur de Morette, zu malen. Das lebensgroße Porträt des frontal aus dem Bild schauenden Mannes, der fast die gesamte Bildfläche einnimmt, zeigt in Haltung und Kleidung seine Bedeutung als Kammerherr und Ratgeber des französischen Königs, der ihn nun als Botschafter nach London geschickt hatte.

41 | S. 155

Charles de Solier trägt einen pelzbesetzten Mantel mit geschlitzten Ärmeln, unter denen das weiße Hemd sichtbar wird. Die goldene Kette des Würdenträgers und der ebenfalls goldene Dolch, der an einer weiteren Kette befestigt ist, weisen ebenso auf seine hohe Stellung hin wie das Barett auf dem leicht ergrauten Haar, das in den noch teilweise rötlichbraunen Vollbart übergeht. Die gelbledernen Handschuhe sind heller als das Gold des Dolches und heben sich davon ab. Hinter der Dreiviertelfigur befindet sich ein grüner Damastvorhang, der mit Ornamenten versehen ist. Das Bild ist so präzise ausgeführt, dass jede noch so geringe Falte im Gesicht, jedes Barthaar, aber auch die Haare des Pelzes, die gewebten und gestickten Ornamente der Stoffe erkennbar sind. Bei einer ebenfalls in Dresden aufbewahrten Vorzeichnung hat sich Holbein ganz auf den Gesichtsausdruck und den auf den Betrachter gerichteten strengen Blick konzentriert.

Auch wenn man nicht weiß, um wen es sich handelt, wird aus der Art der Darstellung deutlich, dass es eine höhergestellte Persönlichkeit sein muss. Tatsächlich hielt man das Bild bis ins 19. Jahrhundert für ein Porträt des Herzogs von Mailand, Ludovico Sforza, gemalt von Leonardo da Vinci.

Die Maße des Bildes sind mit denen des Porträts, das Jean Clouet um 1530 von König Franz I. von Frankreich malte, auf dem der König in ähnlicher Haltung wiedergegeben ist, fast identisch (Paris, Louvre).

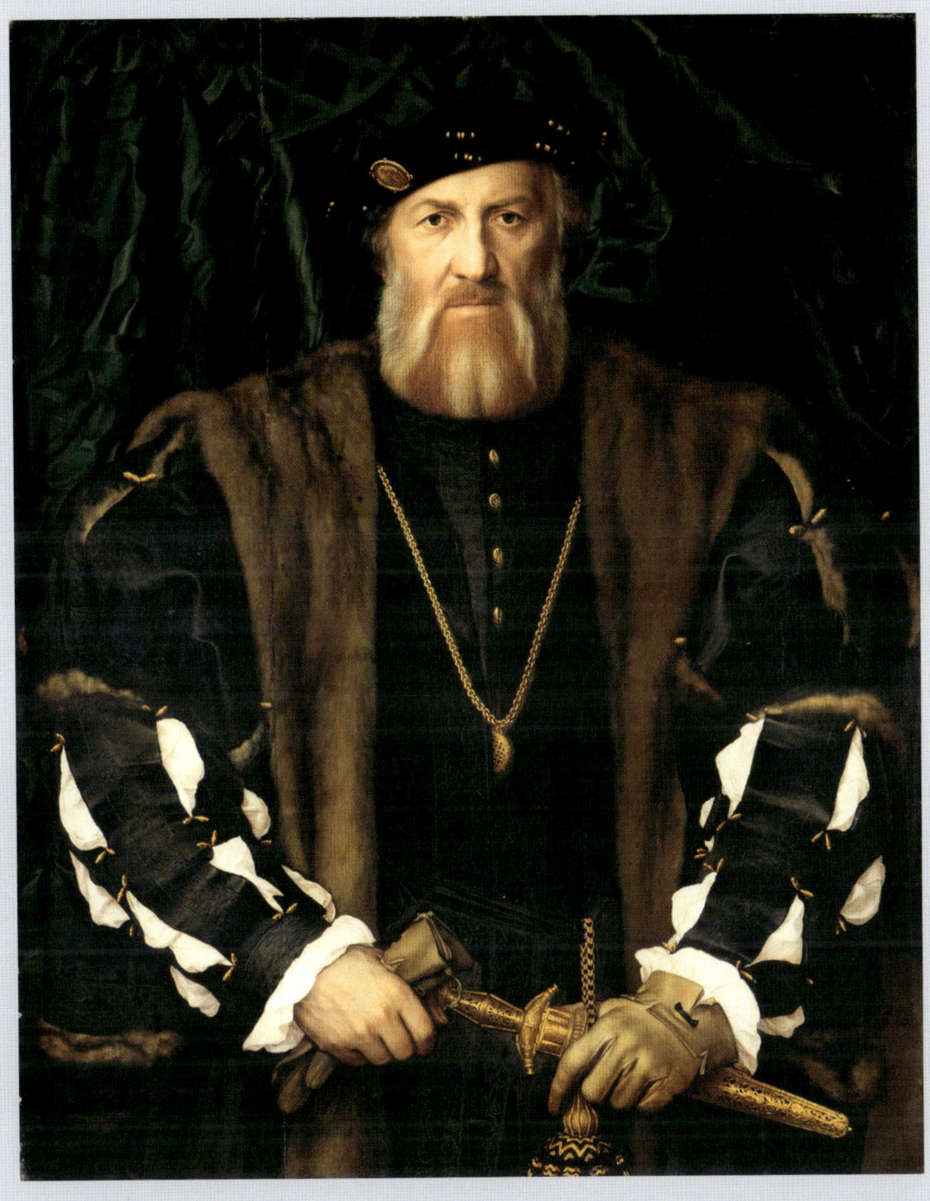

41

Hans Holbein d.J., *Charles de Solier*, um 1534/35, Eichenholz, 92,5 x 75,5 cm, Dresden, Gemäldegalerie Alte Meister

Barett, Kette und Dolch bilden auch hier die Zeichen der höfischen Macht. Holbein, der das Bild zumindest in Kopie sicher kannte, zeigt damit die Verbundenheit des Dargestellten mit seinem Herrn.

Auf ganz andere Weise «beschreibt» mehr als zweihundert Jahre später François Boucher die *Marquise de Pompadour*, die Maitresse des französischen Königs Ludwig XV.

42 | S. 157

Auf dem großformatigen, hochrechteckigen Gemälde lagert die Marquise in einer grünen Robe, dem «Déshabillé du Matin», die mit Rosengirlanden besetzt ist, auf einem Kanapee, das vor einem Spiegel steht, dessen Rahmen von gelben Vorhängen begrenzt wird. Der unglaublich weite Rock des Kleides, unter dem gerade einmal die eleganten Pumps hervorschauen, verdeckt fast das gesamte Kanapee. Im Spiegel sieht man den Hinterkopf der Porträtierten, die gegenüberliegende Wand und den Bücherschrank mit einer kostbaren Uhr als Bekrönung, aber nicht den Maler. Neben dem Kanapee steht ein kleiner Tisch mit den Schreibgeräten, einer – nicht brennenden – Kerze sowie Büchern in einem unteren Fach und auf dem Boden. Der kleine Hund zu ihren Füßen sitzt vor dem Stapel mit Notenblättern und Kupferstichen, daneben liegen auf dem Boden zwei Rosen und Halterungen mit den für Kupferstiche notwendigen Grabsticheln. Boucher malte das Bild in seinem Atelier nach Skizzen und mithilfe einer Puppe.

Jeanne-Antoinette Poisson, wie sie ursprünglich hieß, war die erste Bürgerliche, die zur offiziellen Mätresse des Königs ernannt wurde. Gleichzeitig erhielt sie den Titel einer Markgräfin, verbunden mit eigenem Land und Wappen. Nachdem es ihr dann 1756 auch noch gelungen war, Hofdame der Königin zu werden, ein Amt, das Mitgliedern des Hochadels vorbehalten war, beauftragte sie ihren Freund und Lehrer François Boucher, ein Porträt von sich zu malen, das in seinen Einzelheiten nicht nur ihre Schönheit rühmt, sondern auch von ihrem Einfluss und ihrer Klugheit berichtet. Ihre Belesenheit zeigt sich nicht nur in dem Buch, das sie in Händen hält, sondern auch in dem Bücherschrank mit Werken der von ihr geförderten

42
François Boucher, *Bildnis der Marquise de Pompadour*, 1756, Leinwand, 201 x 157 cm, München, Alte Pinakothek

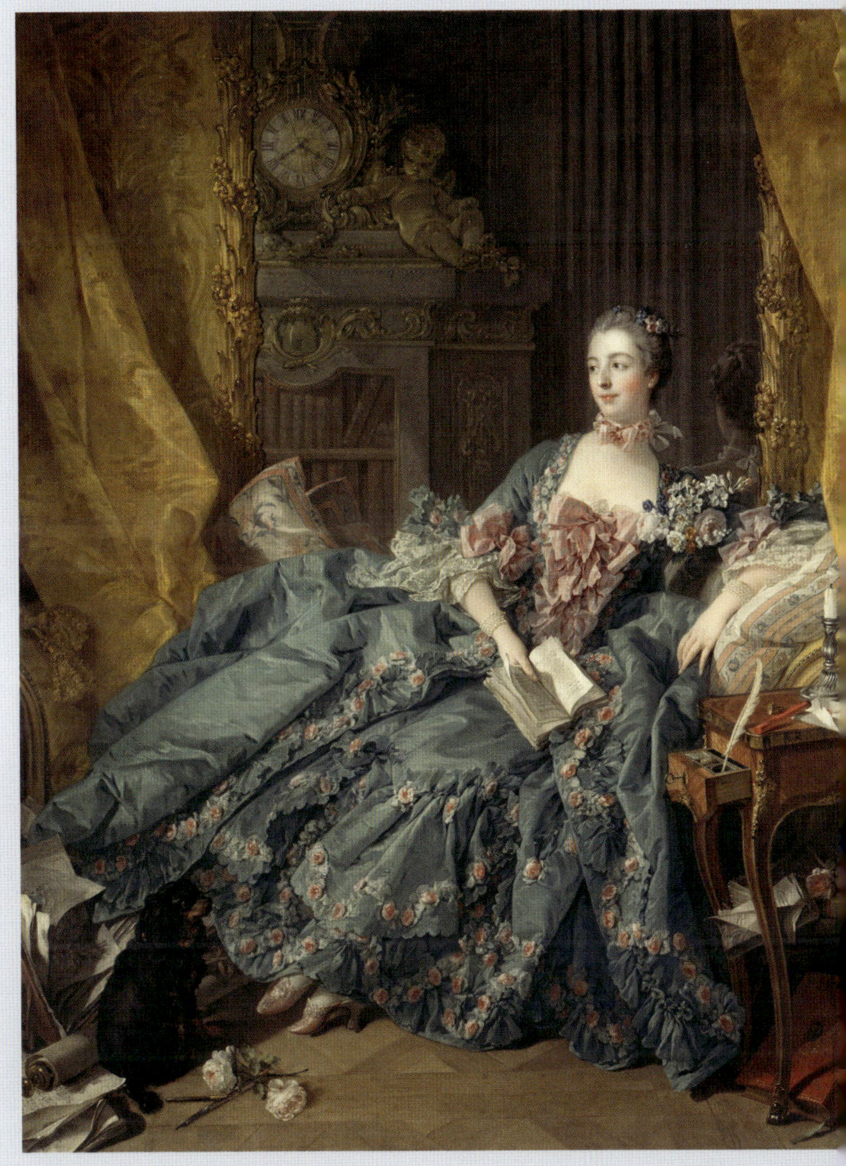

wissenschaftlichen und literarischen Autoren wie Denis Didérot, Jean-Jacques Rousseau, Voltaire oder Montesquieu. Schreibutensilien, Siegel und Briefumschlag erzählen von ihrem Briefwechsel mit einflussreichen Politikern und damit von ihrem eigenen Einfluss auf die Politik, die Notenblätter von ihrer Musikalität, die Kupferstiche nach Werken von ihrem Lehrer Boucher von ihren Fähigkeiten als bildende Künstlerin, die Einrichtung von ihrer Förderung der (Möbel-)Künste, das Kleid, das sie trägt und das sie selbst entworfen hatte, von ihrem Modediktat, der Hund ihr zu Füßen von ihrer Stellung als adlige Dame. Jede Einzelheit des Bildes hat also eine tiefere Bedeutung, die die Eigenschaften der Marquise hervorhebt.

Welche Bedeutung haben Landschaftsbilder?

21 | S. 93
31 | S. 120
25 | S. 103

Im 15. Jahrhundert begannen die Maler zwar damit, die Landschaft ihrer Umgebung darzustellen, doch war diese meistens eingebunden in eine Geschichte, so wie bei Rogier van der Weyden, auf dessen Bildern sich ausgedehnte Landschaften finden, die zwar nicht genau zu bestimmen sind, aber dennoch vom Charakter her zu den Niederlanden passen. Als dann Albrecht Altdorfer im 16. Jahrhundert die erste topografisch richtige Landschaft malt, macht er durch die Wolkenformationen, das Spiel von Licht und Schatten und die Größe der Bäume im Vordergrund daraus ein Stimmungsbild. In der *Alexanderschlacht* bemüht er sich zwar um eine möglichst genaue Wiedergabe des Mittelmeers und der angrenzenden Küsten, trotzdem trifft auch im Zusammenhang mit der historischen Schlacht, die auch zeitgenössisch zu deuten ist, die Bezeichnung der Weltlandschaft auf das Bild zu (s. S. 106). Gleichzeitig entwickelt sich die sogenannte poetische Landschaft, die in ihrer Kleinteiligkeit und Nahansicht räumliche Nähe zeigt, wie man sie in den Bildern der Italiener findet. Ein Beispiel dafür ist Giorgione, dessen *Philosophen* sich in einer 71 | S. 270 solchen Landschaft befinden. Zu diesen Formen der Landschaftsmalerei kamen dann noch die heroischen, idealen oder bukolischen 32 | S. 122 Landschaften hinzu, wie sie vor allem in Italien dargestellt wurden. In den Niederlanden hingegen wurden die Ideallandschaften von Landschaftsporträts abgelöst, doch verbreiteten auch sie wieder eine Stimmung, konnten also bedrohlich oder friedlich wirken, je nachdem welches Licht, welches Wetter der Maler wählte.

In den Niederlanden war diese Landschaftsmalerei sehr verbreitet, zumal es inzwischen einen freien Kunstmarkt gab und Landschaftsbilder auch aufgrund ihrer niedrigeren Preise sehr beliebt waren. Diese Gemälde lieferten nicht nur Darstellungen der vertrauten Umgebung, sondern drückten auch ein bestimmtes Naturempfinden aus, verbunden mit Harmonie, Religiosität, Schwermut oder – ähnlich wie bei den Stillleben – Vergänglichkeit. In diesen Landschaften wird nichts dem Zufall überlassen, sie scheinen wirklichkeitsgetreu zu sein und sind dennoch zusammenkomponiert zu einem bestimmten Stimmungsbild. Einer der vielen niederländischen Maler, die sich auf die Landschaft spezialisiert hatten, war Jacob van Ruisdael. Der Maler war auch Mediziner, arbeitete in Amsterdam als Chirurg und hat dabei so viele Gemälde hinterlassen, dass man sie in fast allen großen Museen findet. Und so besitzen auch die Sammlungen in Basel, Berlin, Dresden, Frankfurt, Hamburg, Köln, München, Stuttgart und Wien Bilder dieses Malers, die fast alle Landschaften mit einzelnen Bäumen zeigen, eines seiner ausgewiesenen Kennzeichen. Ein anderes ist der Wasserfall, der immer wiederkehrt wie auch auf dem Bild der *Waldlandschaft*. 43 | S. 160

Auf dem kleinen, fast quadratischen Bild kündigt sich die düstere Gewitterstimmung durch dunkle Wolken an, die sich auftürmen und immer weiter vor das Blau des Himmels schieben. Die Bäume oberhalb des Bachs und um das kleine Haus herum, das noch von der Sonne beschienen wird, scheinen sich zu ducken, um dem Unwetter standhalten zu können. Ein Mensch strebt auf die Hütte zu, die ihm

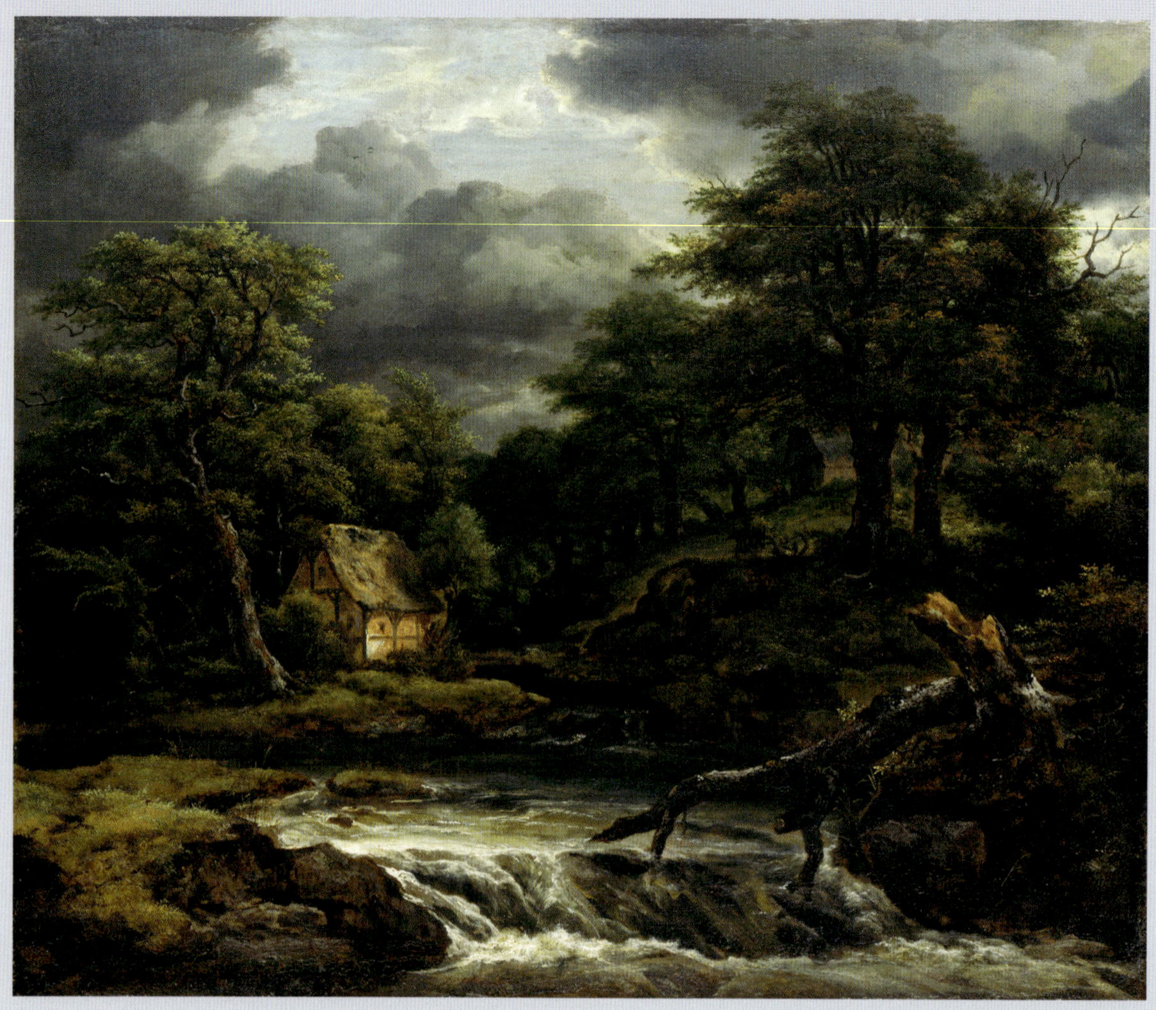

43

Jacob Isaackszoon van Ruisdael, *Waldlandschaft mit Wasserfall bei aufziehendem Gewitter*, Leinwand, 56x66,8 cm, Frankfurt, Städel Museum

Schutz bieten wird. Der Baumstumpf im Vordergrund und der daneben liegende abgebrochene dicke Ast erzählen von früheren Unwettern und nehmen damit quasi die Katastrophe vorweg. Der Bach fließt noch friedlich dahin, doch schon der kleine Wasserfall im Vordergrund, der sich über eine Felskante ergießt und dessen Schaum in den letzten Sonnenstrahlen glitzert, kündet von der Kraft, die das Wasser bekommen kann, vom reißenden Fluss, in den sich der Bach voraussichtlich verwandeln wird.

Landschaftsgemälde hatten also bis zum Ende des 18. Jahrhunderts immer auch eine tiefere Bedeutung, erst im 19. Jahrhundert beginnt der Wandel hin zum Landschaftsbild, das vor Ort, also im Freien, gemalt und nicht mehr im Atelier zusammenkomponiert wird.

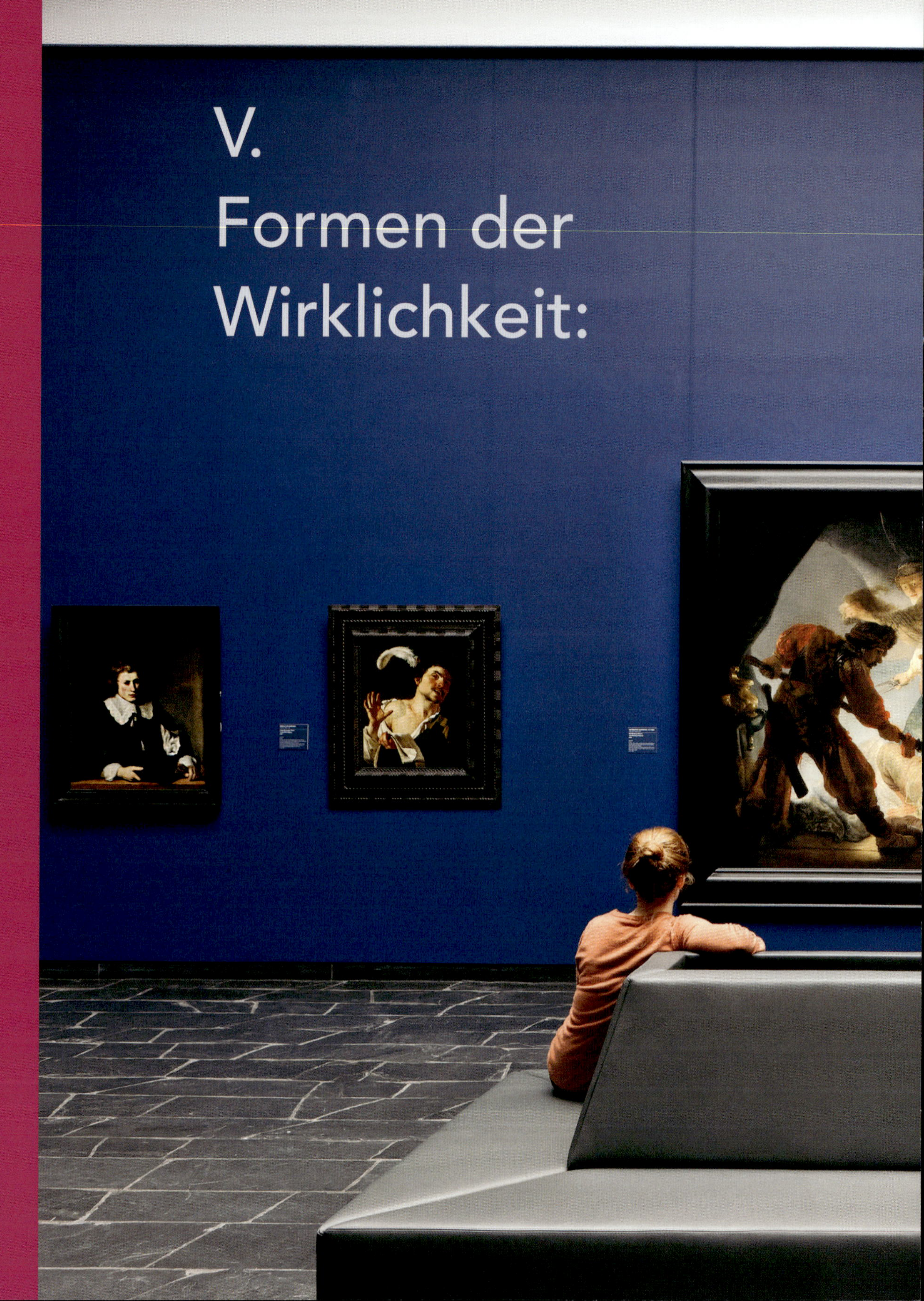
V.
Formen der
Wirklichkeit:

Die Malerei als Spiegel der Welt

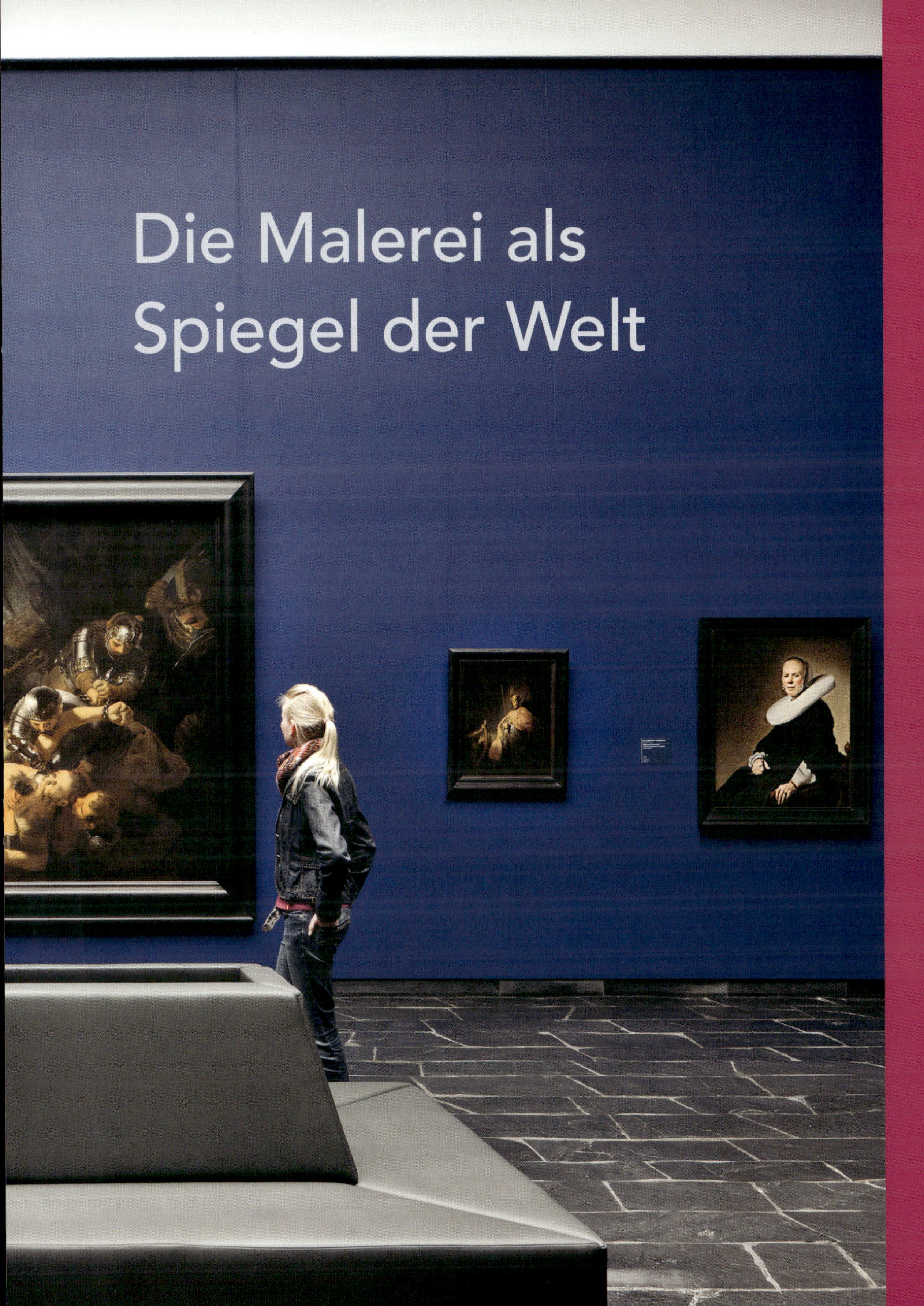

Wollten alle Maler die Wirklichkeit darstellen?

Diese Frage lässt sich zwar mit «Ja» beantworten, allerdings muss man gleichzeitig fragen, um welche Wirklichkeit es sich dabei handelt. Denn es gibt immer unterschiedliche Wirklichkeiten, je nachdem von welchem Standpunkt man ausgeht, wo und wie man lebt. So stellte sich für einen Künstler im 12. oder 13. Jahrhundert die christlich geprägte Wirklichkeit ganz anders dar als für einen Maler des 15. Jahrhunderts, als der Mensch immer stärker ins Zentrum rückte und die Welt keine Scheibe mehr war, sondern eine Kugel. Noch später wurde der Glaube, dass die Planeten und vor allem die Sonne um die Erde kreisen, erschüttert. Auch wenn die Kirche diese Erkenntnisse bekämpfte, waren sie in der Welt und nahmen Einfluss auf die Wahrnehmung und damit auch auf die Wirklichkeit. Insofern sind die Bilder zu allen Zeiten Spiegel der jeweiligen Wirklichkeit.

Warum sehen wir in Bildern aus dem frühen und hohen Mittelalter keinen Raum?

In der Antike wurde räumlich gemalt. Die Darstellungen zeigten die damalige Wirklichkeit auf Erden. Schon im frühen Christentum wurde diese Wirklichkeit durch eine andere, eine himmlische ersetzt. Dafür benötigte man auch andere Darstellungsformen. Und so begann man die Hintergründe der Heiligenbilder in Gold zu malen. Die Heiligen und biblischen Gestalten besaßen in den meisten Fäl-

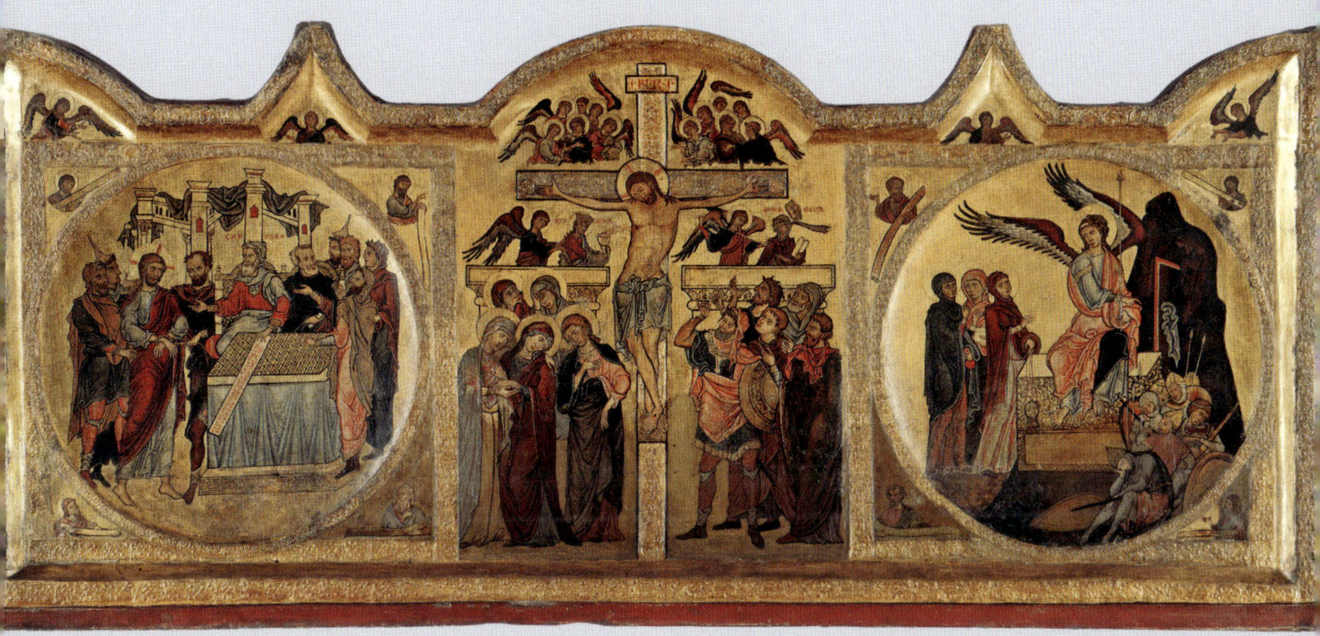

44

Das Kreuzigungsretabel aus Soest, Westfälisch um 1230/40, Pergament auf Eichenholz, 86 x 195,5 cm, Berlin, Gemäldegalerie

len keinen sie umgebenden Raum, denn sie befanden sich ja im Himmel, der keinen Raum kennt. Und sie selbst waren ja auch keine Personen aus Fleisch und Blut mehr, deshalb verloren sie auch ihre Körperlichkeit. Diese Malweise wurde über Jahrhunderte beibehalten. Und so bestanden auch bei den frühen Altartafeln aus dem 13. Jahrhundert die Hintergründe fast immer aus Gold, einem sehr wertvollen Material, und die Gestalten traten nicht aus der Fläche hervor.

■ 44 | S. 165

Ein gutes Beispiel dafür ist eins der frühesten erhaltenen Altarbilder aus Deutschland, *Das Kreuzigungsretabel aus Soest* in Westfalen. Die Passion ist auf drei Szenen beschränkt: Links wird Christus dem Hohepriester Kaiphas zum Verhör vorgeführt, in der Mitte befindet sich die Kreuzigung und rechts erfahren die drei Frauen am Ostersonntag von der Auferstehung Christi. Alle drei Szenen haben zwar auf der Erde stattgefunden, gehören aber zur biblischen Geschichte. Das ist einer der Gründe dafür, dass sie auf Goldgrund gemalt sind. Die «Räume» sind lediglich angedeutet. So stellen die Türme und Mauern hinter Kaiphas Jerusalem dar, der Felsen hinter dem Engel den Ort, an dem sich das Grab Christi befand, und bei der Kreuzigung mit großem Personal erheben sich neben dem Kreuz zwei Emporen, wie sie in damaligen Kirchen zu finden waren.

Wieso sind in manchen Bildern die Figuren unterschiedlich groß?

In den Jahrhunderten, als der Raum, der die Figuren umgab, kaum eine Rolle spielte, war nicht die tatsächliche Größe der Personen maßgebend für die Maler, sondern ihre Bedeutung. Je wichtiger, desto größer. Auch überragt der erwachsene Christus immer alle

45
Thronende Maria mit dem Kind (Glatzer Madonna), Böhmisch, um 1340/50, Tempera auf Holz, 186 x 95 cm, Berlin Gemäldegalerie

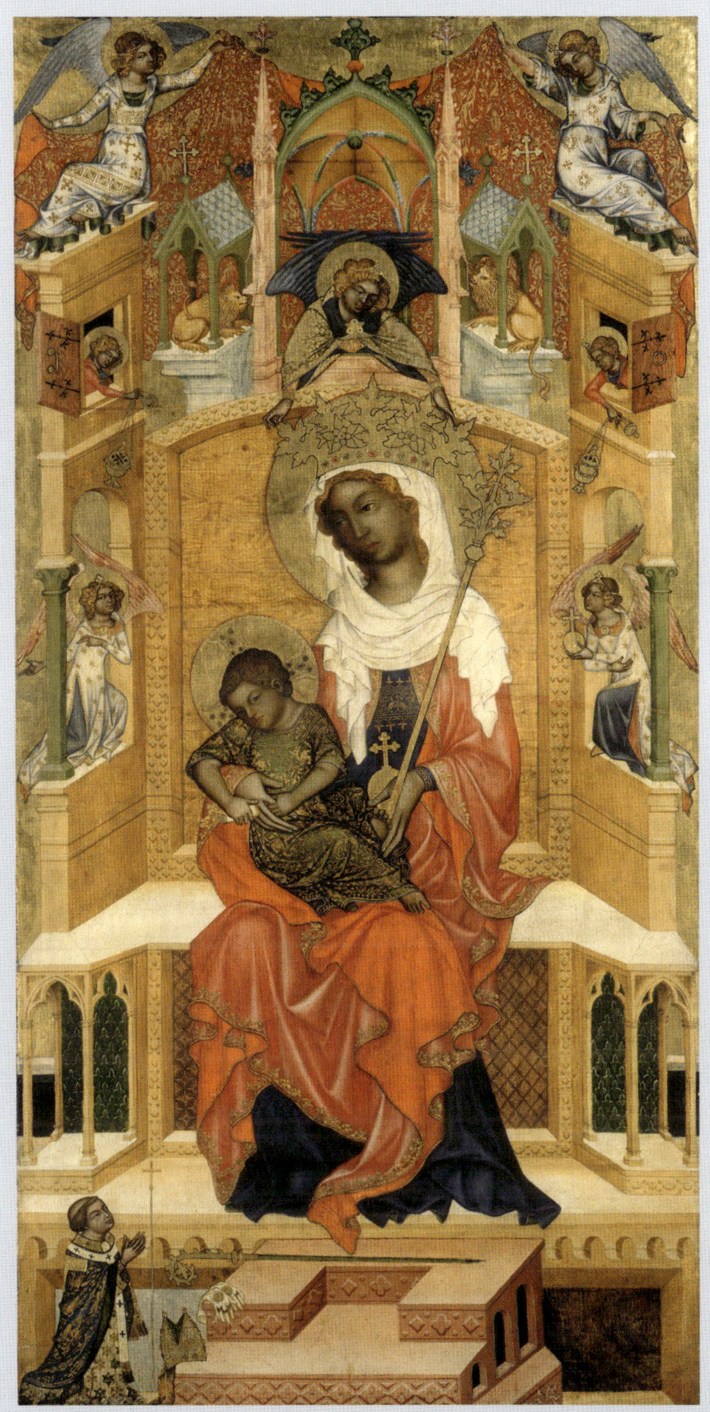

anderen Figuren, ganz egal ob es sich um eine Szene aus seinem Leben handelt oder um den Gekreuzigten wie auf dem *Kreuzigungsretabel* aus Soest. Das änderte sich mit der Zeit. Auf dem Bild mit der *Abendmahlsdarstellung* von Giotto ist Christus nur unwesentlich größer als die Jünger. Doch die Stifterfiguren blieben noch lange sehr viel kleiner als die Heiligen. So sieht man auf einem Bild mit der sogenannten *Glatzer Madonna* unterhalb des großen Throns, auf dem die Muttergottes Platz genommen hat, einen kleinen Stifter knien, der noch kleiner ist als das Jesuskind.

■ 44 | S. 165
■ 10 | S. 53
■ 45 | S. 167

Dieser Stifter, Ernst von Pardubitz, wurde 1343 zum ersten Bischof von Prag ernannt. Er gründete um 1350 im niederschlesischen Glatz (heute Kłodzko) ein Augustinerchorherrenstift, aus dem wahrscheinlich diese Madonnentafel stammt. Auf ihr ist Maria als Himmelskönigin dargestellt, umgeben von Engeln und zwei Löwen, die an den Thron des Königs Salomon erinnern, der von diesen Tieren bewacht wurde. Maria galt damals auch als Sitz der Weisheit, Christus auf ihrem Schoß als neuer Salomon.

Wann haben die Maler begonnen, perspektivisch zu malen?

Um 1300 änderte sich erstmals in Italien der Malstil hin zu Versuchen, Körper und Raum im Bild wiederzugeben. Einer der ersten Maler, denen dies überzeugend gelang, war Giotto, der seine Bilder wie das Abendmahl in München als Guckkastenbühnen anlegte und den Figuren Körperfülle gab. Diese Versuche wurden in Florenz von anderen Malern aufgegriffen und weiterentwickelt. Doch auch in anderen Ländern versuchten sich Maler an räumlichen Darstellungen, wie das Beispiel der böhmischen Holztafel zeigt. Marias Thron mit

■ 10 | S. 53
■ 45 | S. 167

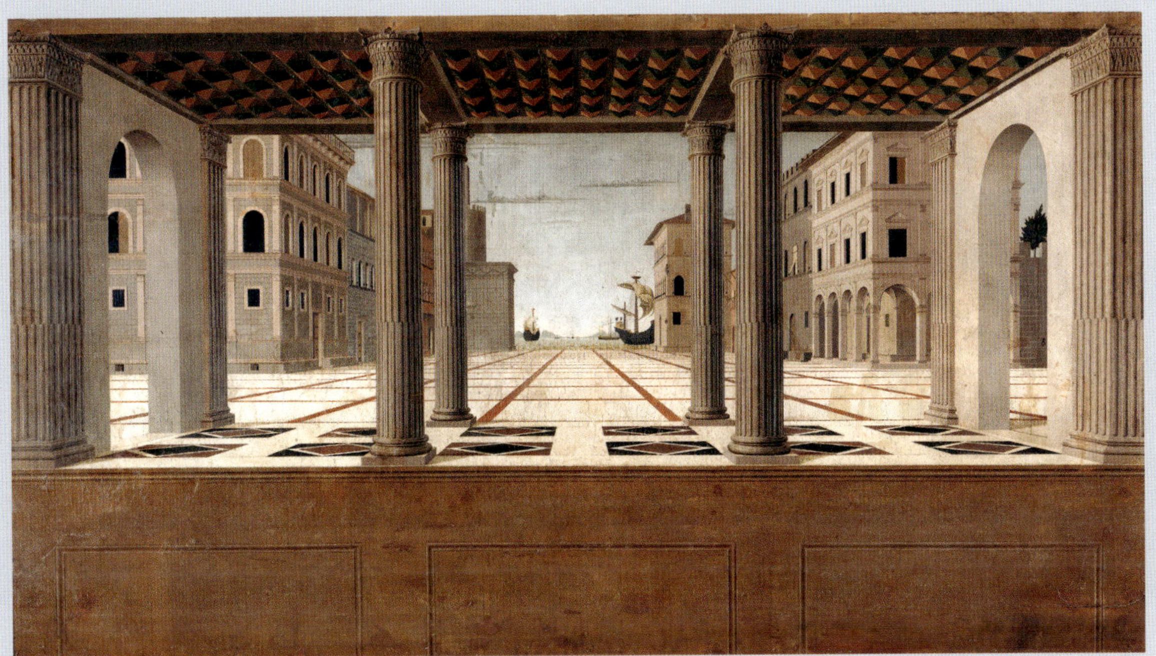

46
Francesco di Giorgio Martini oder Luciano Laurana (zugeschrieben), *Architektonische Vedute*, 1480 oder um 1490/1500, Pappelholz, 131 x 233 cm, Berlin, Gemäldegalerie

der hohen Rückenlehne und den seitlichen Begrenzungen, mit seinen Türmchen und Öffnungen, bildet einen Raum um die sitzende Muttergottes, der allerdings die Dreidimensionalität nicht vollkommen überzeugend darstellt.

Erst nach 1400 gelang es dem Florentiner Architekten Filippo Brunelleschi mit den Mitteln der Zentralperspektive zu zeichnen, also mathematisch genau zu berechnen, wie er die Linien anlegen musste, um ein Bild malen zu können, das Dreidimensionalität vortäuscht. Er half daraufhin wahrscheinlich dem Freund und Malerkollegen Masaccio, ein Bild an eine Kirchenwand zu malen, das von einem bestimmten Betrachterstandpunkt aus wie ein tiefer Raum wirkt. Anschließend verbreitete sich diese Art zu malen erst einmal südlich der Alpen, was auch durch das von dem Architekten Leon Battista Alberti verfasste Traktat «Über die Malerei» von 1435/36 befördert wurde, das Alberti dem älteren Freund Brunelleschi widmete und das unter anderem von der mathematischen Berechnung der Zentralperspektive handelt. Einige Gedanken Albertis, die er in dem 1452 abgeschlossenen Traktat «Über die Baukunst» formulierte, fanden in den drei berühmten Ansichten von Idealstädten ihren Niederschlag, bei denen man sich nicht ganz sicher ist, wer sie gemalt hat.

■ 46 | S. 169

Auf der hier gezeigten *Architektonischen Vedute* öffnet sich hinter einer Säulenhalle ein leerer Platz, dessen rechtwinklig zugeschnittene Fußbodenplatten auf einen Fluchtpunkt zulaufen. Der Platz wird von Palästen gesäumt, im Hintergrund scheint sich ein Hafen zu befinden, worauf die Schiffe hindeuten, die dort zu sehen sind. Bis auf zwei vergleichbare Bilder, die sich heute in Baltimore und Urbino befinden, gibt es aus dieser Zeit keine Gemälde, die menschenleer sind und die offensichtlich Idealstädte darstellen sollen. Bis heute ist unklar, von wem und wofür diese Bilder gemalt wurden. Doch zeigen sie eine erstaunliche Beherrschung der Mittel der Zentralperspektive und werden so eher im Umfeld von Architekten entstanden sein. Ähnliche Architekturdarstellungen finden sich im herzoglichen Palast von Urbino in der Holzvertäfelung des Studiolo, einer Studier- und Wunderkammer. Das ist einer von mehreren Gründen für die Ver-

47

Jan van Eyck, *Thronende Muttergottes*, Mittelteil eines Flügelaltars, 1437, Eichenholz, 33,1 x 27,5 cm, Dresden, Gemäldegalerie Alte Meister

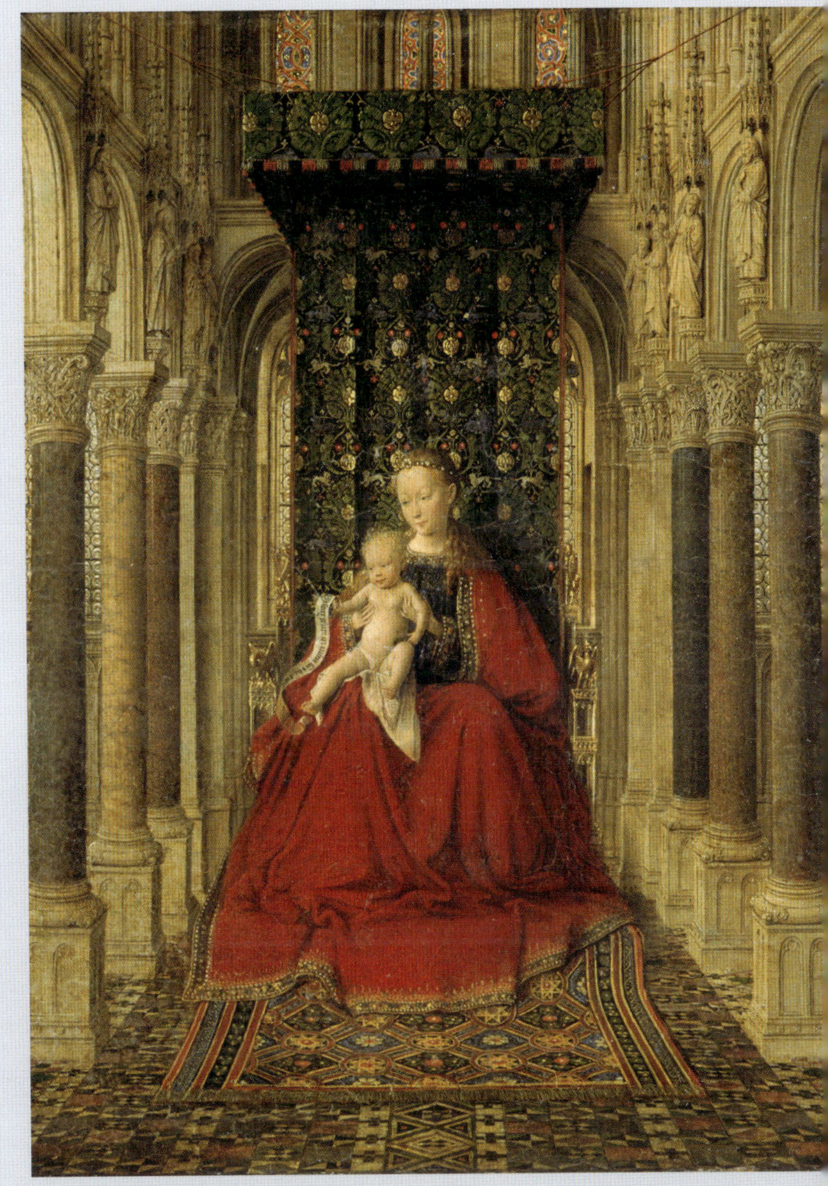

mutung, dass dieses und die anderen Bilder in Urbino entstanden sind. Dort waren Mathematik, Baukunst, Malerei und Innenausstattung eng miteinander verbunden und wurden von dem damaligen Herzog gefördert.

Nördlich der Alpen beschäftigte man sich zwar um 1400 nicht mit der mathematisch berechneten Zentralperspektive, doch gelang es dort den Malern, aufgrund von Erfahrungswerten perspektivisch zu malen, weshalb auch von einer empirischen Perspektive gesprochen wird. Das zeigt sich sehr deutlich in einem Altarbild von Jan van Eyck, auf dem die Muttergottes im Mittelschiff einer Kirche thront, deren Boden mit einem geknüpften Teppich bedeckt ist. Das geometrische Muster des Teppichs diente – ebenso wie die rahmenden Säulen – dem Maler als Hilfestellung bei der Darstellung von Dreidimensionalität. Obwohl die in einen roten Mantel gehüllte Maria und das nur mit einem dünnen Tuch bekleidete Jesuskind zu groß für die Architektur sind, wirkt das Bild insgesamt ausgewogen.

■ 47 | S. 171

Warum wurden Stoffe und Emotionen in manchen Zeiten so täuschend echt gemalt?

Das Weltbild im Christentum veränderte sich ab etwa 1300 immer stärker dahingehend, dass der Mensch nicht mehr nur Gottes Diener war, sondern auch ein Individuum. Das hatte auch Folgen für die Malerei. Das Bemühen um perspektivische Darstellung (s. S. 168 ff.) und Körperlichkeit der Figuren ging auch einher mit Darstellungen, die aus dem Leben gegriffen schienen, egal ob es sich nun um christliche oder weltliche Inhalte handelte.
In Oberitalien und den Niederlanden blühte seit dem 14. Jahrhundert

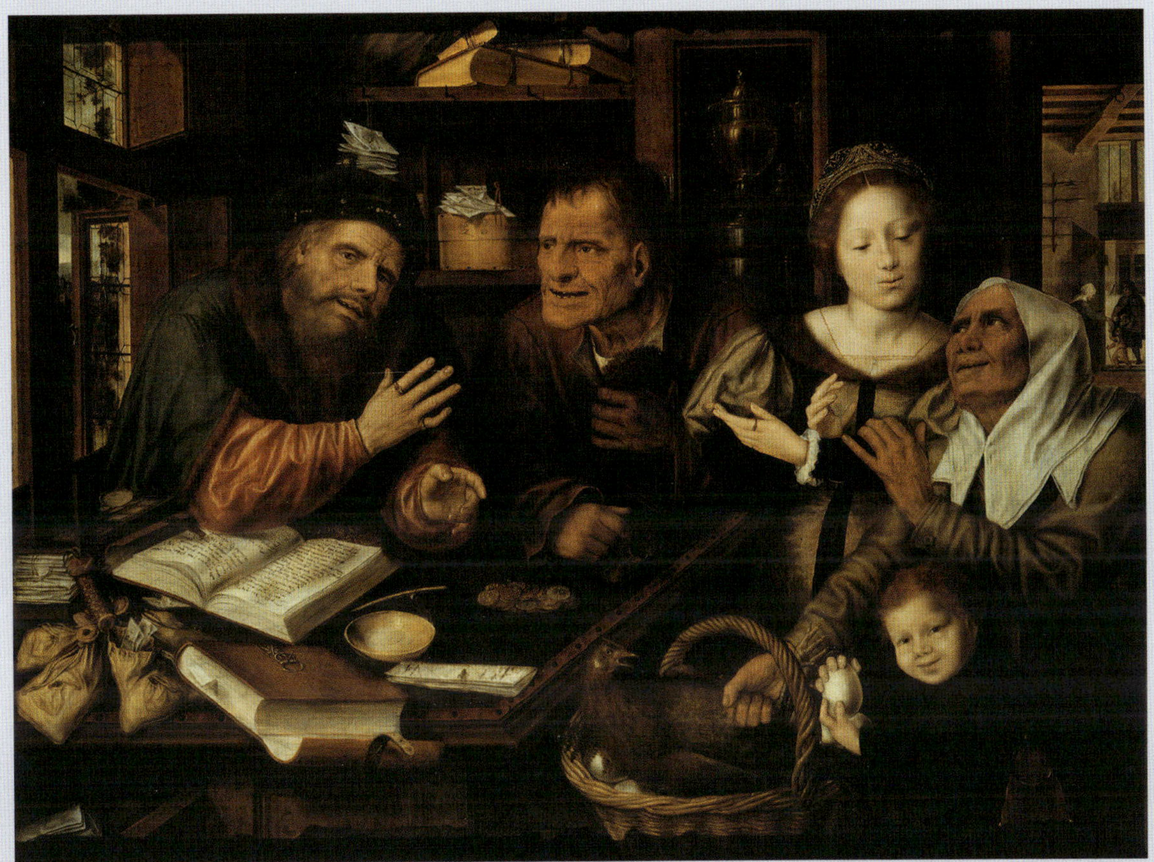

48

Jan Massys (zugeschrieben), *Beim Steuereinnehmer*, 1539, Eichenholz, 85 x 115 cm, Dresden, Gemäldegalerie Alte Meister

der Handel. Um alle Steuern und andere Geldgeschäfte zu regeln, wurden immer mehr Banken eröffnet. Der Beruf des Steuereinnehmers war ein lohnendes Geschäft, die Geldeintreiber kamen besonders in Antwerpen mit seinem großen Hafen und dem Handel nach Übersee zu Reichtum und ließen sich bei der Arbeit porträtieren, wie dieses Bild zeigt, bei dem die Betrachter das Gefühl vermittelt bekommen, selbst im Zimmer zu stehen und den verschiedenen
48 | S. 173
Gesprächen zu lauschen. Zwei Männer sitzen an einem Tisch mit Büchern, Papieren, Geldbeuteln und Münzen. Der Steuereinnehmer erklärt dem Kunden gestenreich, warum er den Haufen Geld zahlen muss, der vor ihm liegt. Währenddessen versucht die elegante Frau, die lamentierende Frau zu beruhigen, in deren Korb ein Huhn gackert und die Eier bewacht, von denen das Kind im Vordergrund bereits eins stibitzt hat. Was alles abzugeben ist, ist in dem auf dem Tisch liegenden aufgeschlagenen Buch aufgeführt. Aus den offenen Seiten des Buches geht auch hervor, dass es sich hier um einen Pachtvertrag von 1539 handelt. Dieses Datum lässt Rückschlüsse auf die Datierung des Bildes zu.

Die offene Schublade ganz vorn, die Bücher im Regal, die verschiedenen Gefäße, der Ausblick aus dem Fenster und die Szenen im hinteren Raum sind weitere Einzelheiten, die nicht nur die Liebe zum Detail offenbaren, sondern auch mehrere Bedeutungsebenen besitzen. So verweist die lebensechte Fliege auf dem Papier ganz vorne sowohl auf die künstlerische Perfektion als auch auf die Vergänglichkeit. Und das Almosen, das der Bettler an der Tür im Hintergrund erhält, betont, dass im Haus des Steuereinnehmers Nächstenliebe gepflegt wird.

Warum hat man schon früher gerne «Wimmelbilder» gemalt?

Das Wort «Wimmelbild» ist noch nicht sehr lange in Gebrauch. Es entstand als Bezeichnung für Bilderbücher, in denen es auf jeweils einer Seite viele einzelne Szenen, Personen und Gegenstände zu entdecken gibt. Später wurde das Wort dann auf die Vorläufer dieser Bilderbücher übertragen, Bilder, die vor allem seit dem 16. Jahrhundert entstanden und vielfigurig genannt werden. Sie stammen meist aus den Niederlanden und stellen mal nur eine Geschichte dar, mal auch mehrere.

Zu allen Zeiten hat man gerne Geschichten erzählt, sei es mündlich oder bildlich. Und so entstanden auch immer neue Legenden um das Leben Jesu, Geschichten, die nicht in der Bibel standen, die aber erzählt und gemalt wurden, meistens in Büchern, manchmal aber auch auf die Wände der Kirchen. Auf frühen Tafelbildern wie denen
der Apokalypse oder dem Altar aus der Hamburger St. Petri Kirche ■ 7 | S. 39
erzählen manchmal viele kleine Szenen Teile der Biblischen Ge- ■ 11 | S. 58
schichte sowie vom Leben Jesu oder der Heiligen. Andererseits gab es schon früh Darstellungen von der Hölle mit verschiedenen Szenen, in denen den Betrachtern sehr drastisch vor Augen geführt wurde, was sie erwartet, wenn sie ein sündiges Leben führen.

Einige Künstler entwickelten daraus um 1500 Bilder mit mehreren ineinander übergehenden und nicht immer überschaubaren Szenen.
Einer von ihnen ist Hans Memling, der biblische Geschichten nicht ■ 2 | S. 16/17
getrennt voneinander darstellte, sondern in einem Bild, ein anderer
Hieronymus Bosch dessen Gemälde häufig aus einer unübersеh- ■ 18 | S. 79
baren Menge an Personen bestehen, die in unterschiedliche Handlungen eingebunden sind. Vergleichbar mit diesen malte Pieter Bruegel der Ältere Bilder mit mehreren Szenen zu einem übergeordneten Thema. Die meisten von ihnen befinden sich heute in Wien.

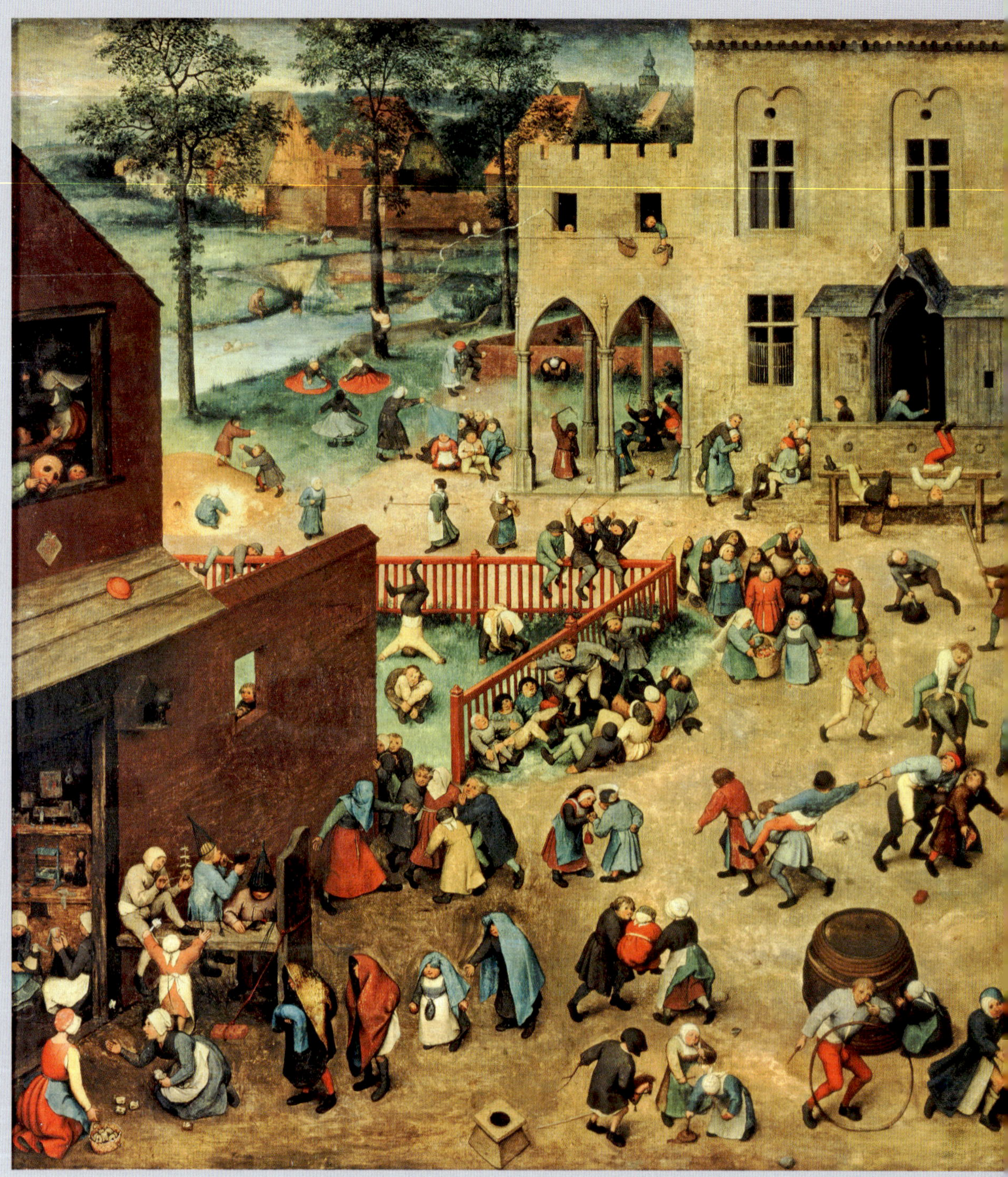

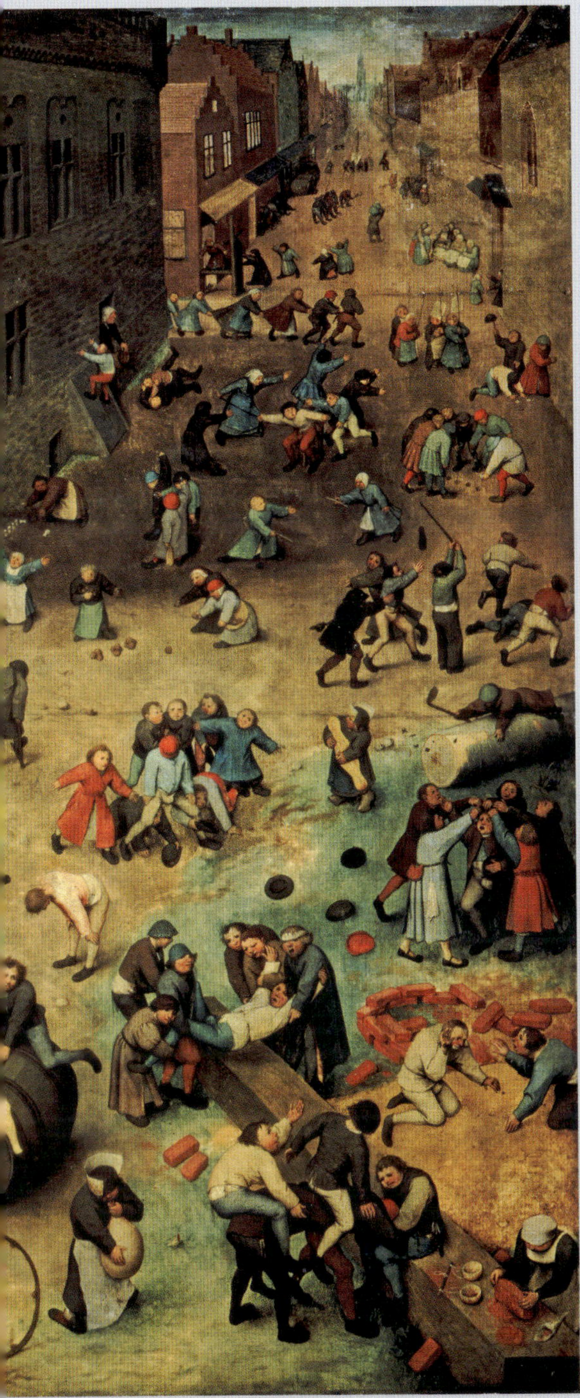

49
Pieter Bruegel d. Ä., *Kinderspiele*, 1560, Eichenholz, 118 x 161 cm, Wien, Kunsthistorisches Museum

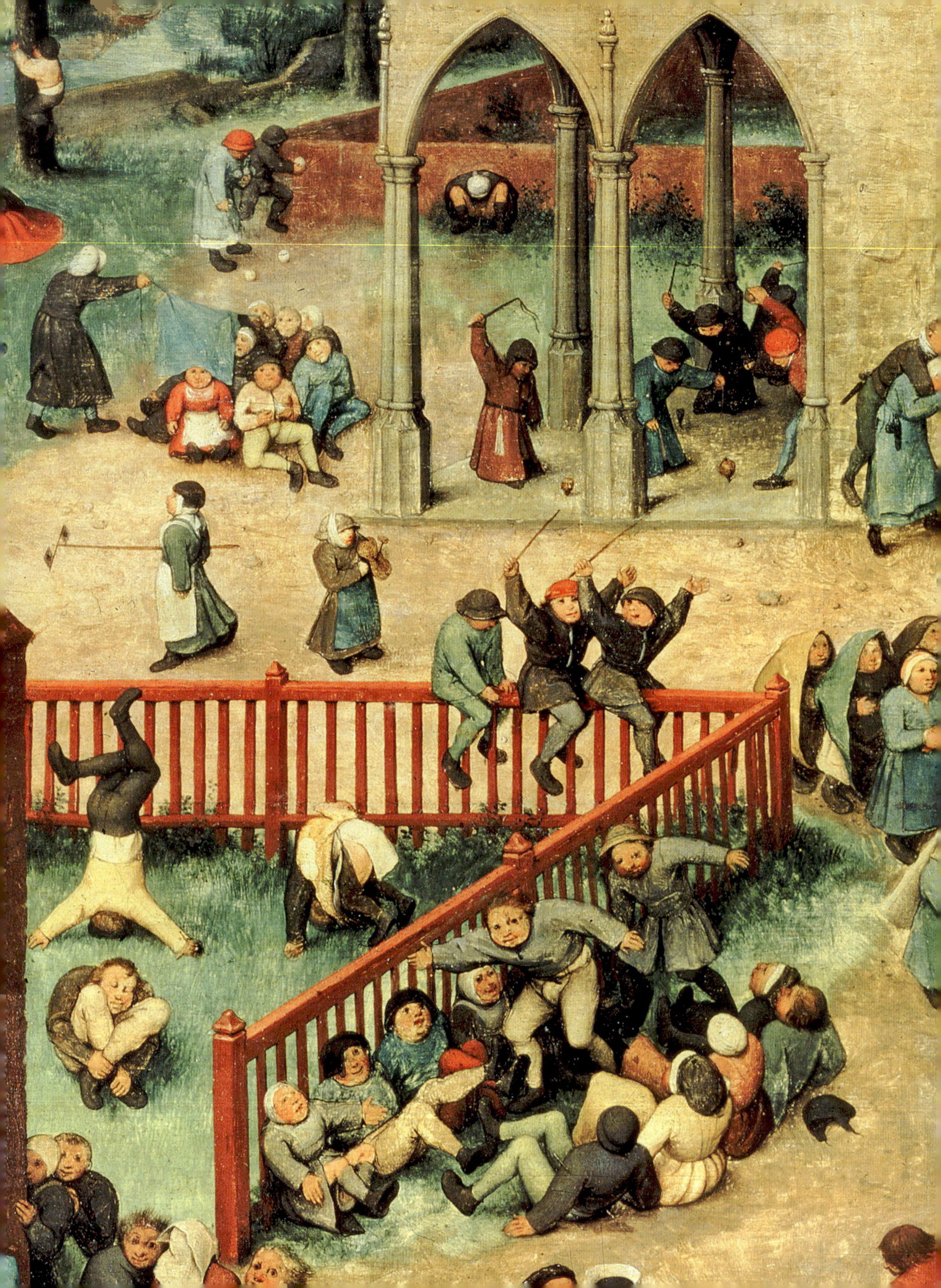

Auf einem dieser Gemälde spielen über 230 Kinder fast 90 verschiedene Spiele auf den Straßen und Plätzen einer Stadt. Obwohl es auf den ersten Blick so scheint, als handele es sich hier um ein unüberschaubares Durcheinander, sind die einzelnen Gruppen so für sich gemalt, dass man die verschiedenen Spiele gut erkennen kann. Da sieht man Reifentreiben und Bockspringen, Puppenspiel und Kaufmannsladen, Seifenblasen und Blindekuh, den Ritt auf einem Fass und Stelzenlaufen ... Erleichtert wird die Lesbarkeit des Bildes durch den erhöhten Standpunkt des Betrachters, so wie das auch bei dem Bild von Memling der Fall ist.

■ 49 | S. 176/177

Sicherlich hat Bruegel dieses und andere Bilder gemalt, weil sie gewünscht wurden, weil er Kunden hatte, die diese Bilder kauften oder sogar in Auftrag gaben. Doch kam zur reinen Schaulust sicher noch ein tieferer Sinn hinzu, der aber bislang nicht entschlüsselt wurde. Vielleicht will das Bild auf die Undurchschaubarkeit der Welt aufmerksam machen oder den Erwachsenen zeigen, dass sie sich genauso kindisch verhalten wie diese spielenden Kinder.

gegenüberliegende Seite: Detail aus ■ 49

Was ist Helldunkelmalerei?

Bei der Helldunkelmalerei werden bestimmte Partien eines Gemäldes heller gemalt als andere, sodass sie wie von einer Lichtquelle erleuchtet erscheinen, egal ob sich diese im Bild befindet oder außerhalb. Erste Ansätze einer Helldunkelmalerei finden sich bei Leonardo da Vinci, doch wirklich ausgebildet hat sie sich im Barock. Ein Hauptvertreter, der auf viele andere Künstler großen Einfluss hatte, war Caravaggio, der die Helldunkelmalerei zur Perfektion führte. Das sieht man sowohl in dem Bild *Amor als Sieger* als auch in anderen Bildern wie der *Rosenkranzmadonna* in Wien.

■ 13 | S. 64

■ 15 | S. 70
■ 50 | S. 181

Die erhöht thronende Muttergottes mit dem nackten Christuskind auf den Knien ist umgeben von stehenden Dominikanerheiligen und knienden Gläubigen. Der hl. Dominikus rechts von ihr hat die Hände geöffnet, an seinen Fingern hängen die Rosenkränze herab, die dem Bild den Titel gaben und auf die die Muttergottes hinweist. Weder der Hintergrund noch viele der Gewänder sind beleuchtet, sodass das Augenmerk auf die wichtigen ausgeleuchteten Partien fällt. Abgesehen von dem Kind, das vollkommen beleuchtet ist, treten vor allem Gesichter und Hände aus dem Dunkel heraus, ebenso wie die weißen Ärmel der Dominikanerkutten, die nackten (und dreckigen) Füße der Knienden sowie deren Gewänder. Auch die weiße Halskrause des Mannes ganz links im Bild ist angestrahlt. Bei ihm, der sehr viel vornehmer gekleidet ist als die anderen Gläubigen, handelt es sich wohl um den Stifter. Bislang konnte er allerdings nicht identifiziert werden, und man weiß auch nicht aus anderen Quellen, für wen und wann das Bild gemalt wurde.

Wie malt man Licht?

Zu den verschiedenen Zeiten erhielt das Licht in der Malerei eine unterschiedliche Behandlung. Ebenso wie die Goldmosaiken in den frühmittelalterlichen Kirchen, die aus sich heraus leuchten, bestanden die Hintergründe der frühen Tafelmalereien ebenso wie die Heiligenscheine aus Gold. In den Glasfenstern der gotischen Kathedralen erstrahlten die Farben durch das natürliche Licht von außen. Dieses reine Leuchten, das auch als Eigenlicht bezeichnet wird, nimmt Bezug auf die Worte Christi: «Ich bin das Licht der Welt.» (Johannes 8,12)

In der Renaissance kommt dann zum Eigenlicht die Lichtquelle hinzu, wodurch Licht und Schatten entstehen, wie man es in den Gemälden Leonardos sehen kann, der sich zur Frage des Lichts auch schriftlich geäußert hat. In dem Bild *Madonna mit der Nelke* moduliert das Spiel von Licht und Schatten zum Beispiel die Faltenwürfe

■ 13 | S. 64

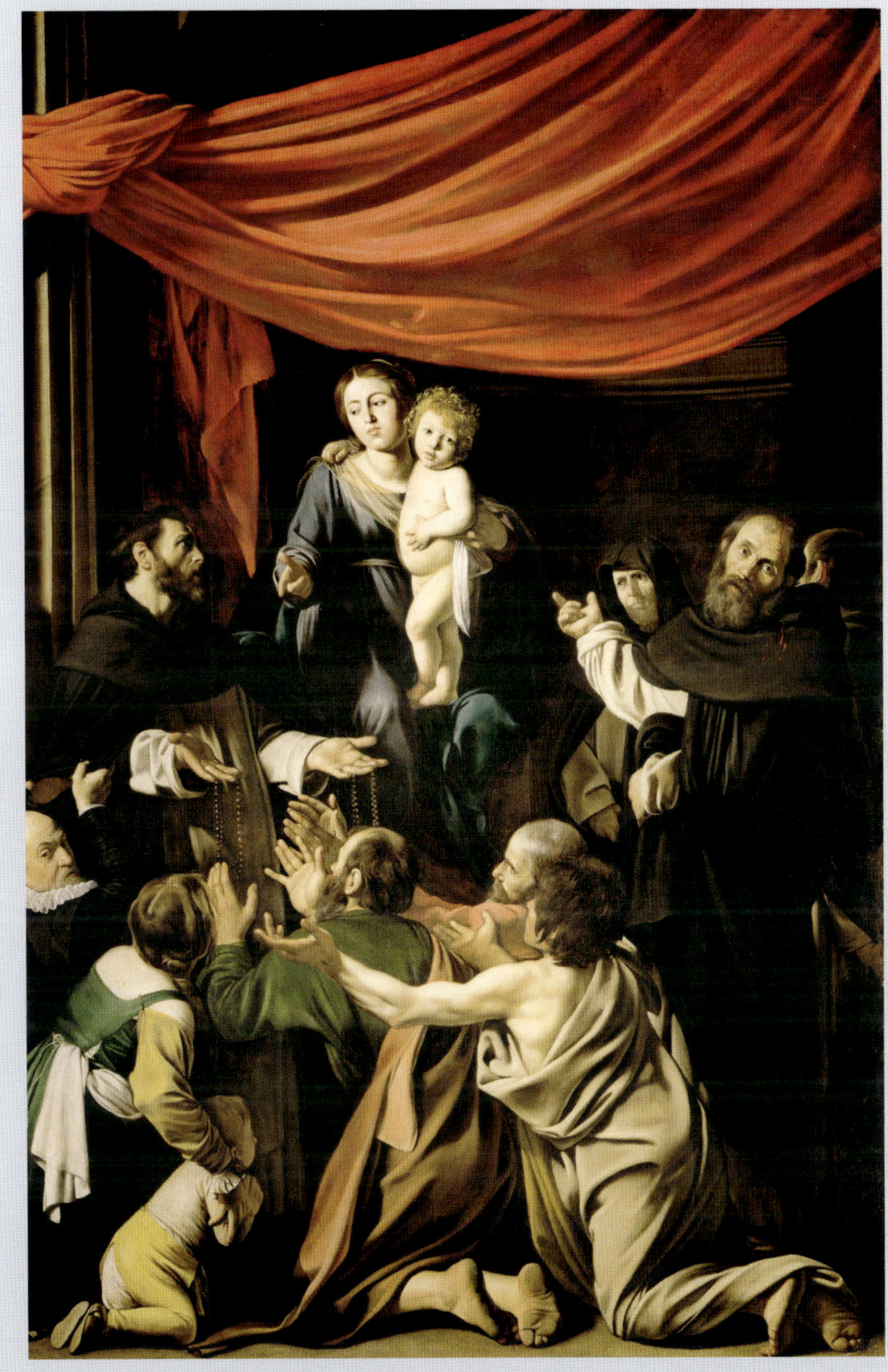

50
Caravaggio, *Rosenkranzmadonna*, um 1601/05, Leinwand, 364,5 x 249,5 cm, Wien, Kunsthistorisches Museum

der Stoffe. Bei dem hell ausgeleuchteten Gemälde der *Kinderspiele* ■ 49 | S. 176/177 von Bruegel sind die Schatten der Gebäude, der Bäume und der spielenden Kinder zu erkennen, wenn auch nur ansatzweise. In der Helldunkelmalerei des Barock spielen dann die außerhalb des Bildes befindlichen Lichtquellen für die Komposition eine entscheidende ■ 15 | S. 70 Rolle. Allerdings können diese unterschiedliche Wirkungen erzielen. ■ 50 | S. 181 So ist das Licht bei Caravaggio häufig mit dem von Punktstrahlern vergleichbar, wohingegen Rembrandts Lichtquellen oft ein weicheres ■ 52 | S. 186 Licht hervorrufen.

Eine Ausnahme bilden die Nachtbilder, bei denen sich die Lichtquellen meistens im Bild befinden und damit eine eigene Leuchtkraft besitzen, die aber nicht mit dem Eigenlicht gleichzusetzen ist.

Auf dem kleinen Gemälde des in Rom lebenden Frankfurter Malers ■ 51 | S. 183 Adam Elsheimer fliehen Maria und Josef mit dem Christuskind nach Ägypten, um dem Bethlehemitischen Kindermord zu entgehen. Erstmals wird aus dieser häufig dargestellten Szene ein Nachtbild mit mehreren Lichtquellen. Links im Vordergrund haben Hirten ein Feuer gemacht, das in der dunklen Nacht leuchtet und nicht nur sie selbst und ihre Tiere sichtbar werden lässt, sondern auch die nahen Felsen, Sträucher und Bäume. Zu diesem wärmenden Feuer strebt die Heilige Familie, die, von rechts kommend, in der Bildmitte zu sehen ist, beleuchtet durch den brennenden Kienspan, den Josef in der Hand hält und damit den Weg weist. Maria und das Kind, die auf einem Esel reiten, sind dadurch nicht ganz so gut zu erkennen wie Josef. Der dunkle Wald und der Nachthimmel werden weiter hinten durch den hellen Vollmond erleuchtet, der sich im Wasser spiegelt und dadurch ein weiteres Licht erzeugt. Am Himmel stehen außerdem noch zahllose Sterne. Im linken Bildfeld bilden sie einen helleren Streifen – die Milchstraße! Ein Stern strahlt hell durch eine Lücke der Bäume.

Das Bild, das schon bei den Zeitgenossen als außergewöhnliches Meisterwerk gelobt wurde, zeigt zum ersten Mal die Milchstraße als eine Anhäufung zahlreicher Sterne. Außerdem hat Elsheimer eine ganz bestimmte Sternenkonstellation dargestellt, die sich dem 16. Juni 1609 zuordnen lässt (er hat wohl selbst mithilfe eines Tele-

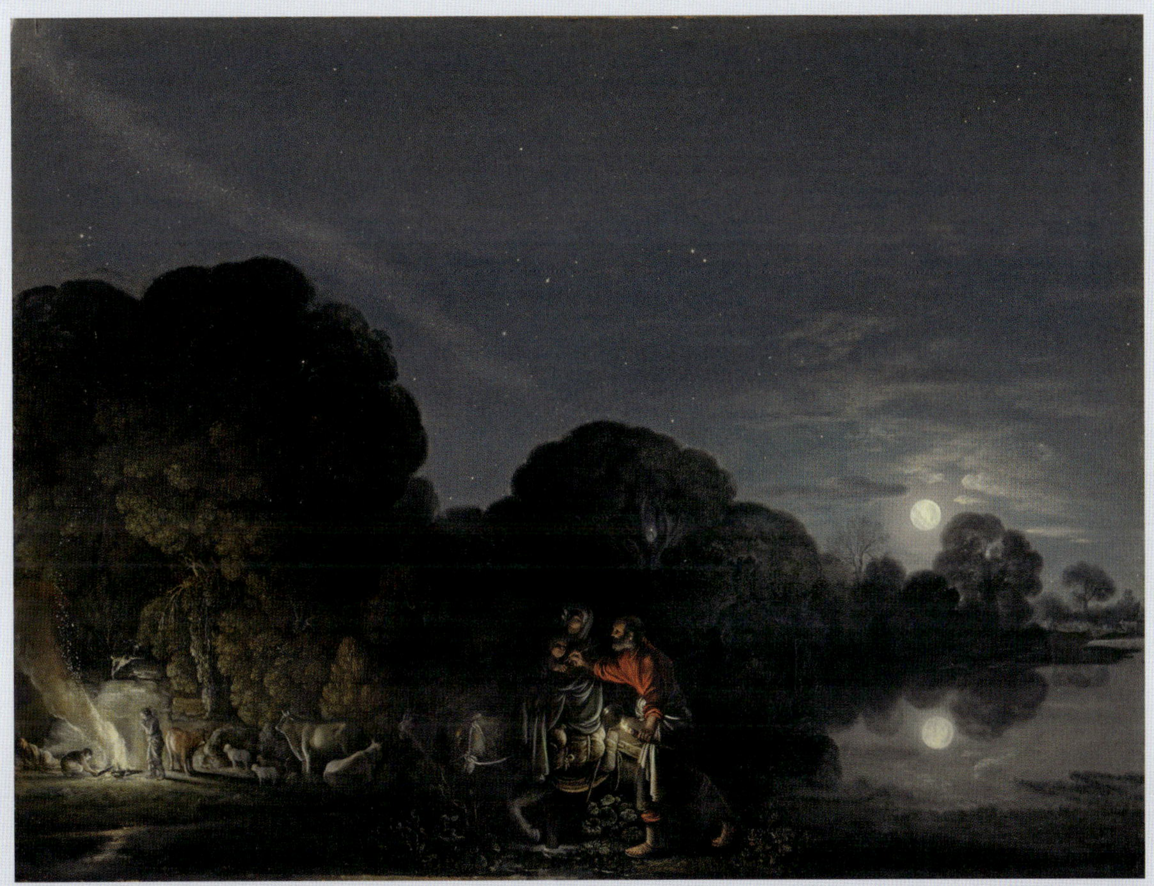

51

Adam Elsheimer, *Die Flucht nach Ägypten*, 1609, Öl auf Kupfer, 30,6 x 41,5 cm, München, Alte Pinakothek

skops astronomische Studien betrieben). Ein Detail in dem Bild ist allerdings falsch: Bei Vollmond kann man die Milchstraße nicht erkennen. Doch brauchte Elsheimer ihn wohl als Lichtquelle, um den Hintergrund und das Gewässer auszuleuchten.

Manche Bilder wirken warm, andere dagegen kalt – woran liegt das?

17 | S. 75
65 | S. 239

Bei der Wirkung eines Bildes spielen die Farben eine entscheidende Rolle. Es gibt kalte und warme Farben, wobei es häufig auf die Mischung ankommt und nicht auf die Farbe selbst. So gibt es beispielsweise kaltes und warmes Grün, Rot oder Blau. Hinzu kommen noch die Farbkombination oder der Farbklang. Es ist ein erheblicher Unterschied, ob zwei Farben einen Kontrast bilden oder nicht, wie unterschiedlich die Helligkeit der einzelnen Farben ist und vieles andere mehr. So wirkt das Bild von El Greco *Die Entkleidung Christi* mit den spezifischen Gelb- und Rottönen eher kalt, der *Columba-Altar* hingegen eher warm, trotz des vielen Rot, das aber mit einem dunklen Blau kombiniert ist und auch selbst einen wärmeren Ton erzeugt. Obwohl eine erste Farbtheorie, die auf wissenschaftlichen Erkenntnissen beruhte, erst im 18. Jahrhundert formuliert wurde, wussten die Maler in früheren Zeiten aus Erfahrung, wie sie ein Gefühl für Wärme oder Kälte erzeugen konnten.

Gibt es Gewalt in den Bildern der Alten Meister und wie wurde sie dargestellt?

Die Menschen hat es schon immer gereizt, Gewalt darzustellen. Und so gibt es auch in der christlichen Kunst bestimmte Themen, in denen Gewalt eine große Rolle spielt, wie die Höllendarstellungen im *Jüngsten Gericht*, sei es in der Buchmalerei, an der Kirchenwand oder in der Tafelmalerei. Hinzu kommen Szenen aus dem Alten Testament wie die *Opferung Isaaks* oder die *Enthauptung des Holofernes* sowie die qualvollen Leiden der christlichen Märtyrer: Sie wurden geröstet, man zog ihnen die Haut bei lebendigem Leib ab, stach ihnen die Augen aus, steinigte sie und vieles andere mehr. Doch gibt es natürlich Unterschiede in der Drastik. Sie findet einen ihrer Höhepunkte im Barock und da speziell in einem Bild von Rembrandt, der von der Blendung des Simson erzählt.

■ 11 | S. 58

Auf dem großformatigen, querrechteckigen Bild spielt sich eine grausame Szene ab. Ein nur dürftig bekleideter Mann liegt am Boden eines Zeltes und wehrt sich mit all seiner Körperkraft gegen die ihn haltenden, fesselnden und verletzenden Männer. Eine Frau in prächtigen Kleidern flieht aus dem Zelt. In ihrer erhobenen linken Hand hält sie triumphierend lange Haare, die im Wind flattern, in der rechten eine Schere.

■ 52 | S. 186

Der mit übernatürlichen Kräften ausgestattete Simson, eine Figur aus dem Alten Testament, kämpft immer wieder gegen die Philister, deren Versuche, ihn zu überwinden, so lange zwecklos sind, bis Delilah, seine Frau, ihnen verrät, dass seine Kraft in den langen Haaren liegt. Delilah schneidet dem schlafenden Simson die Haare ab, die Philister überwältigen und blenden ihn.

Rembrandt hat diesen dramatischen Moment für seine Darstellung gewählt. Ein Philister liegt unter Simson und umklammert seinen

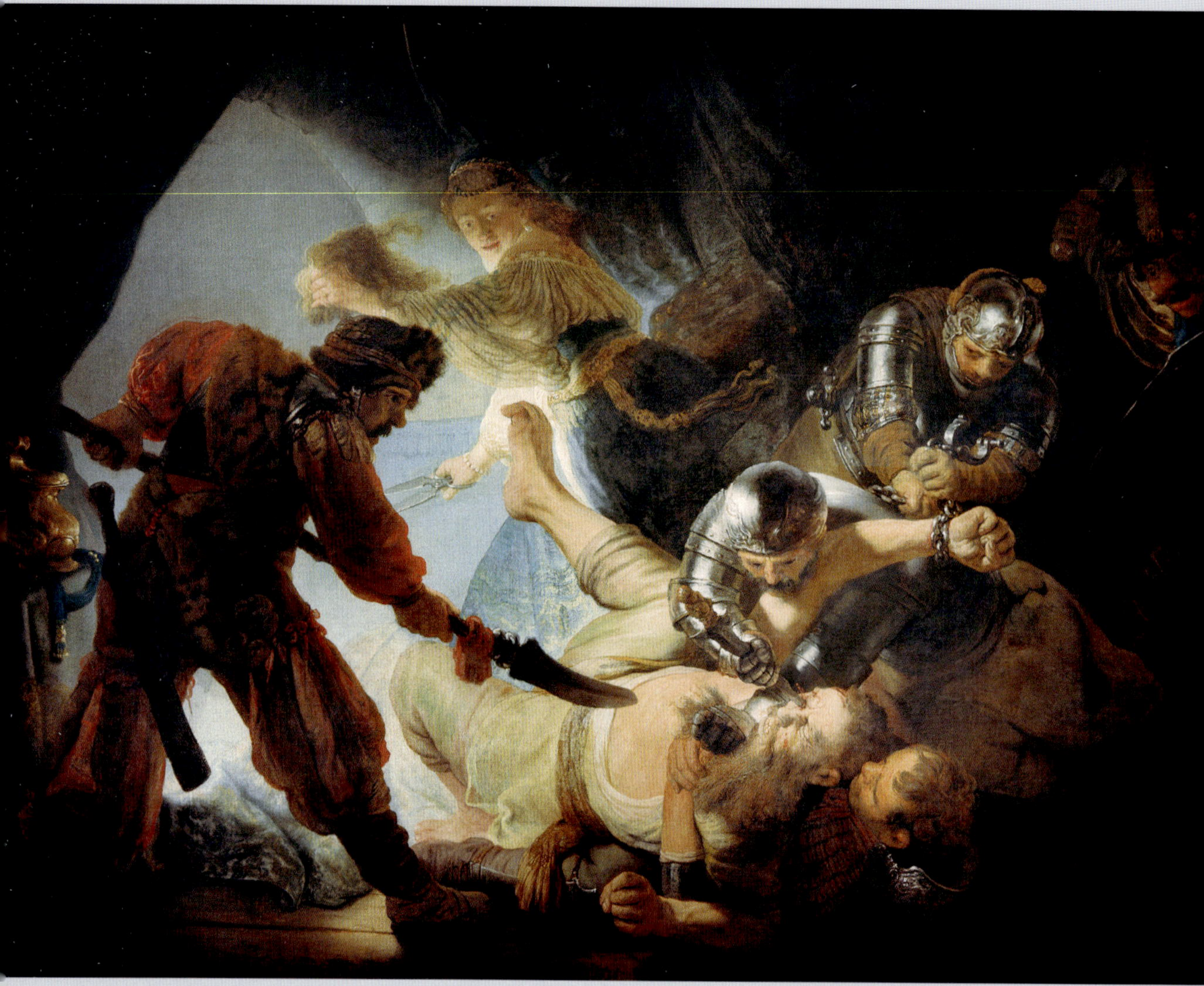

52

Rembrandt, *Die Blendung Simsons*, 1636, Öl auf Leinwand, 206 x 276 cm, Frankfurt am Main, Städel Museum

Brustkorb, ein zweiter legt ihn in Ketten, während ein dritter ihm mit aller Kraft einen Dolch ins Auge rammt.

Die dargestellten Grausamkeiten werden durch die Lichtregie Rembrandts noch gesteigert. Das im Schmerz verzerrte Gesicht Simsons und sein sich aufbäumender Körper sind in gleißendes Licht getaucht, das von draußen durch den geöffneten Zelteingang fällt und auch die Hand von Delilah mit der Schere beleuchtet, ebenso wie die Rüstungen der zwei rechten Philister. Die verzierten Rüstungen, das orientalische Gewand des linken Philisters, die goldene Kanne, die kostbaren Stoffe und das Kleid Delilahs stehen im krassen Gegensatz zu dem schrecklichen Schmerz, der Simson zugefügt wird. Warum Rembrandt die grausame Darstellung so drastisch gemalt hat und dazu noch ein großes Format wählte, ist leider nicht bekannt. Wohl ohne Auftrag entstanden, machte es Rembrandt offensichtlich dem Diplomaten Constantijn Huygens zum Geschenk als Dank für dessen Bemühungen, dem Maler Aufträge des Hofes zukommen zu lassen. Rembrandt muss die grausame Darstellung geschätzt haben, Huygens gefiel das Gemälde nicht.

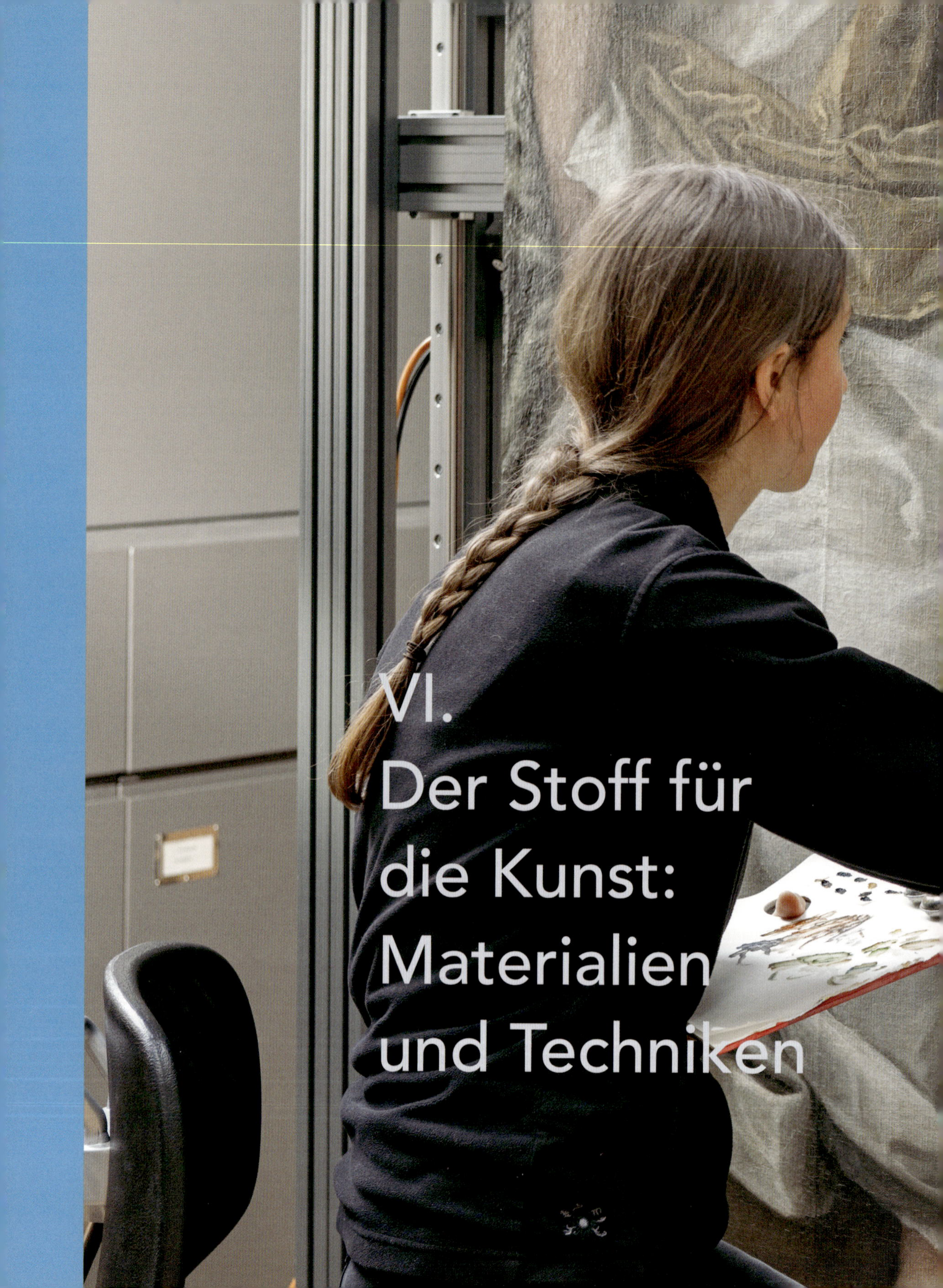

VI. Der Stoff für die Kunst: Materialien und Techniken

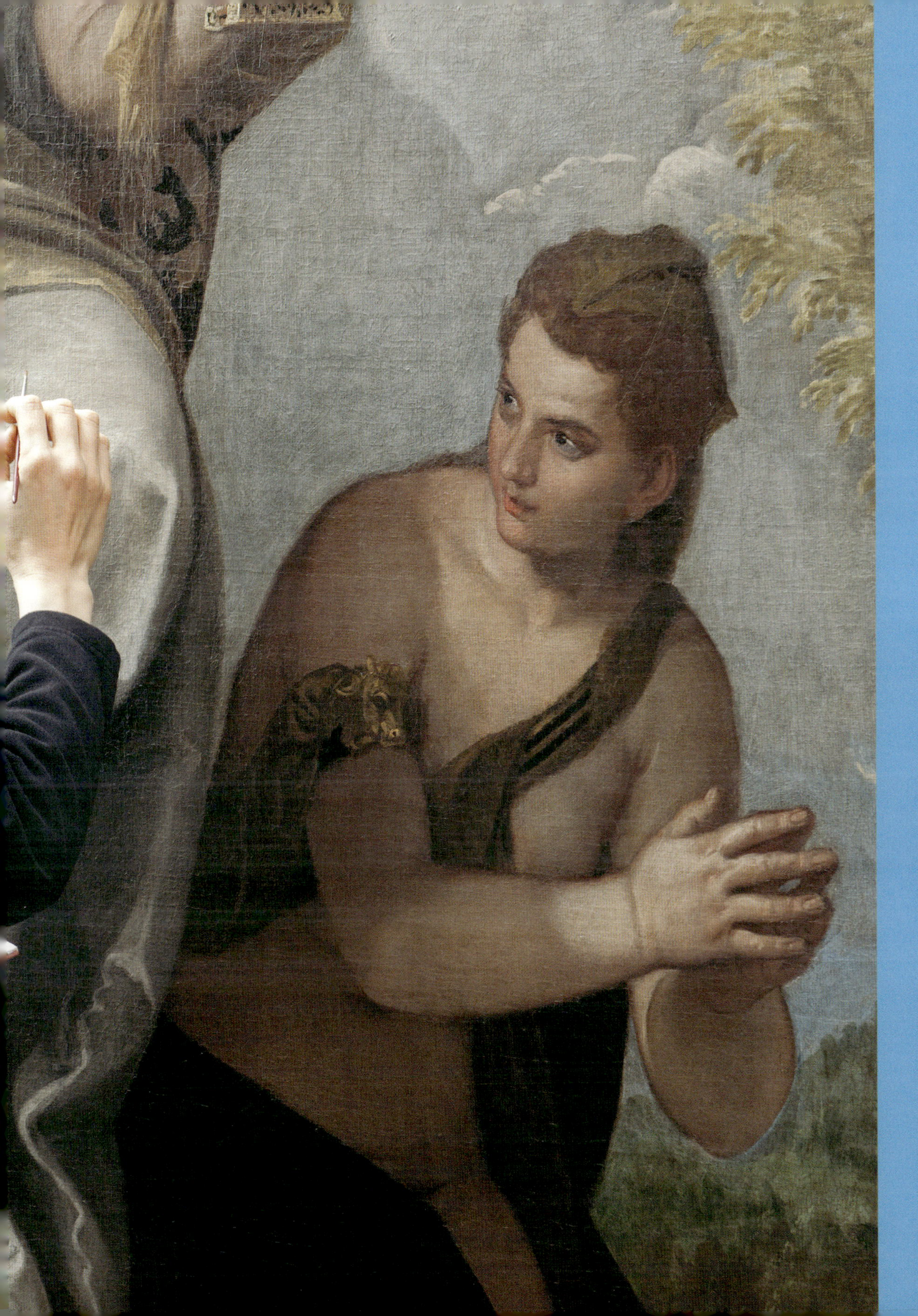

Was bedeutet «Tafelmalerei», und was ist ein «Tafelbild»?

Das Wort Tafelmalerei bezeichnet Gemälde, die sich auf einem beweglichen Bildträger befinden. Das unterscheidet sie von der Wand- oder Buchmalerei, die beide in einen Zusammenhang eingebunden sind, aus dem sie im Prinzip nicht herausgelöst werden sollten, auch wenn das möglich ist. Als Bildträger der Tafelmalerei dienten in der Antike und im Mittelalter vor allem Holztafeln (daher auch der Name) sowie Ton und Elfenbein. Später kamen Kupferplatten hinzu, vor allem aber die auf einen Blendrahmen gespannte Leinwand. Seitdem gibt es zwar den Unterschied zwischen einem Tafel- und einem Leinwandbild, häufig wird das Wort «Tafelbild» aber auch für das «Leinwandbild» benutzt, obwohl das nicht ganz richtig ist.

Die Bildträger mussten erst grundiert werden, bevor man auf sie malte, damit die Oberfläche eben war. Denn eine Holztafel besteht meistens aus mehreren Brettern, die von einem Tischler oder einem speziellen Tafelmacher zusammengefügt wurden. Die dabei entstehenden Fugen und die Unebenheiten im Holz selbst wurden mit der Grundierung ebenso geglättet wie die Webstruktur der Leinwand. Die Grundierung bestand meistens aus einem Gemisch aus Leim und Gips oder Kreide, dem manchmal auch Öl beigefügt wurde. Man unterscheidet deshalb auch magere und fette Grundierungen. Diese wurden bei Holztafeln in mehreren Schichten mit dem Spachtel aufgetragen und dann geschliffen, auf der Leinwand waren die Grundierungen dünner und bestanden manchmal auch aus anderen Zusammensetzungen, die von Maler zu Maler unterschiedlich sein konnten. Bis ins 16. Jahrhundert hinein waren die Grundierungen in der Regel weiß, danach wurden auch andere Farben verwendet. Bei den Holztafeln wurden häufig auch die Rückseiten grundiert, wie beim *Selbstbildnis im Pelzrock* von Albrecht Dürer zu sehen ist.

■ 53 | S. 191

53

Albrecht Dürer, *Selbstbildnis im Pelzrock*, 1500, Lindenholz, 67 x 49 cm, München, Alte Pinakothek, Rückseite

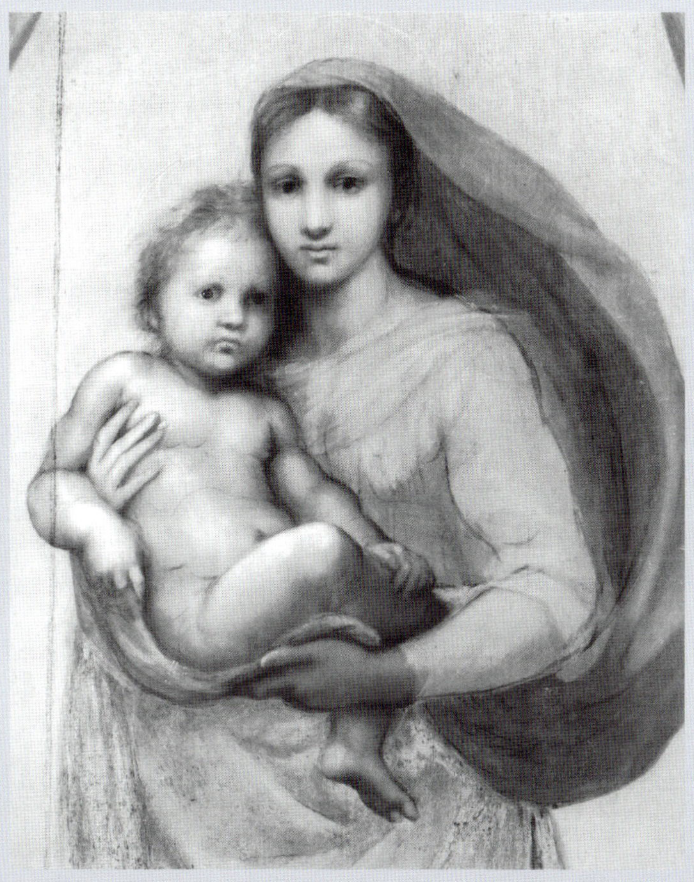

54

Raffael, *Die Sixtinische Madonna*, 1512/13, Leinwand, 269,5 x 201 cm, Dresden, Gemäldegalerie, Alte Meister, Infrarotreflektografie (Detail Madonna mit Kind)

Die 67 cm hohe und 48,7 cm breite Tafel besteht aus drei verleimten Lindenholzbrettern, die vorne und hinten grundiert wurden, sodass man auch auf der Rückseite die Bretter nicht sehen kann, die unterschiedlich breit sind und sich auch in der Höhe um 2 mm unterscheiden. Außerdem wurden große Teile der Tafel vor der weißen Grundierung mit Flachsfasern beklebt. Der rote Schutzanstrich stammt wahrscheinlich erst aus dem 19. Jahrhundert. Das Klötzchen links unten wurde angebracht, um einen Einriss zu sichern. Auf den Zetteln steht die Inventarnummer von 1856, als das Bild in den Besitz der Pinakothek kam, an drei Stellen finden sich Reste von Siegellack. Dort befanden sich früher nicht mehr erkennbare Siegel.

Die Grundierung, manchmal auch Bemalung der Bildrückseiten mit Ornamenten, diente der Stabilität, denn Holz arbeitet auch dann noch, wenn es abgelagert ist. Mit dem Anstrich der Rückseiten versuchte man, das so weit wie möglich zu verhindern.

Die Grundierung diente auch zur Vorzeichnung des anschließend zu malenden Bildes. Diese Zeichnungen lassen sich heute durch Infrarotreflektografie erkennen. So sieht man bei der *Sixtinischen Madonna* in der Unterzeichnung, dass Raffael in der fertigen Fassung nicht nur die Augenachse verschoben hat, sondern vor allem genaue anatomische Studien betrieb und die Madonna erst einmal nackt zeichnete, bevor er dann das Gewand darüberlegte. Besonders deutlich zeichnet sich die Brustwarze ab, aber man erkennt auch die Ausbildung des Oberarms, den der Ärmel des roten Unterkleides in der fertigen Fassung verdeckt.

■ 70 | S. 262
■ 54 | S. 191

Seit wann wird auf Wände, auf Holz, auf Leinwand gemalt? Und warum?

Die ersten Malereien, die wir kennen, befinden sich auf den Wänden von Höhlen. Diese sind mehrere 10 000 Jahre alt. Wann die ersten Holztafeln als Bildträger benutzt wurden, wissen wir nicht, denn Holz kann verrotten oder verbrennen. Vermutlich verwendete man zuerst Tontafeln. Die frühesten uns bekannten auf Holz gemalten Bilder sind Mumienporträts, die in Ägypten zur Zeit der römischen Herrschaft entstanden und aus denen sich im 6. Jahrhundert n. Chr. die Ikonen der oströmischen Kirche entwickelten. Sie wurden dann zum Vorbild für die ab dem 12. Jahrhundert im christlichen Europa auf Holz gemalten Altartafeln. Gleichzeitig bemalte man auch schon Stoffe, die allerdings nicht auf einen Rahmen gespannt waren. Dabei handelte es sich um Fahnen oder Banner sowie um Tücher, die in den Kirchen zum Beispiel als sogenannte Fastentücher Verwendung fanden. Manchmal wurde auch Stoff oder Pergament auf die Holztafel geklebt, um Unebenheiten wie Astlöcher zu verdecken, und erst darauf grundiert.

Je größer die Altartafeln wurden, desto schwerer waren sie, was nicht nur beim Transport hinderlich war. Außerdem musste das Holz gut abgelagert sein. Doch auch dann noch konnten sich die Bretter verziehen. Dadurch entstanden hässliche Risse in den Bildern. Diese und vielleicht noch andere Gründe führten zur vermehrten Verwendung von Leinwand als Bildträger. Die Leinwand musste zwar vor der Bearbeitung auf einen Rahmen gespannt werden, man konnte das fertige und trockene Bild aber auch wieder abspannen und zusammenrollen. Dann konnte es ohne größere Probleme auf Reisen gehen und am Bestimmungsort wieder auf einen Rahmen gespannt werden, der natürlich die gleiche Größe besitzen sollte wie der ur-

sprüngliche. Ein frühes Beispiel für eine Altartafel, die auf Leinwand
70 | S. 197 gemalt wurde, ist *Die Sixtinische Madonna* von Raffael. Bereits über
29 | S. 114 fünfzig Jahre früher malte Andrea Mantegna ein kleines Andachtsbild auf Leinen, bei dem sich der ursprüngliche Spannrahmen erhalten hat.

55 | S. 196 Das *Große Jüngste Gericht* in München hätte durch seine riesigen Ausmaße wahrscheinlich nie die Werkstatt verlassen können und wäre überhaupt nicht transportabel gewesen, hätte Peter Paul Rubens es auf Holz gemalt. Es ist aber seit seiner Entstehung im 17. Jahrhundert immer wieder verschickt worden, was auch heißt, dass es jedes Mal abgespannt, aufgerollt und verpackt werden musste. Insgesamt hat es eine Strecke von über 2000 km zurückgelegt, bis es an seinen letzten Bestimmungsort, die Alte Pinakothek in München gelangte. Doch auch dort musste es noch einige Male seinen angestammten Platz verlassen.

Das Gemälde ist über 6 Meter hoch und mehr als 4,5 Meter breit. In der Fläche entspricht das in etwa 27 Quadratmetern, also den Maßen eines größeren Zimmers. Allein der heutige Keilrahmen mit der Leinwand wiegt 270 kg, zusammen mit dem Zierrahmen sind es ungefähr 500 kg. Was hätte dieses Bild dann als Holztafel gewogen? Kein Webstuhl war damals so groß, dass man auf ihm eine solche Leinwand hätte weben können. Also wurden vier Stoffbahnen zusammengenäht, auf den Rahmen gespannt und dann in einem Raum im Atelier von Rubens in Antwerpen an der Wand befestigt. Voraussetzung dafür war ein Raum, der hoch genug war.

Im Januar 1615 vom Herzog von Pfalz-Neuburg für die den Jesuiten unterstellte Hofkirche in Neuburg an der Donau in Auftrag gegeben, wurde das Bild im Oktober 1617 auf seine erste Reise geschickt. Es kam leicht beschädigt an seinem Zielort an und wurde auf einen neuen Rahmen gespannt, der für weitere Transporte wieder zerlegbar war. Doch den Jesuiten waren auf dem Altarbild zu viele nackte Leiber zu sehen. Es wurde 1653 wegen «Nuditäten» abgehängt, blieb aber in der Neuburger Kirche, bis der Enkel des Herzogs, Kurfürst Johann Wilhelm von Pfalz-Neuburg, 1690 das riesige

Bild und die dazugehörigen Seitenaltäre für seine Düsseldorfer Sammlung haben wollte, was ihm nur nach langen Verhandlungen gelang. Ab 1703 in Düsseldorf, wurde es 1806 nach Schloss Schleißheim bei München verbracht. Als König Ludwig I. von Bayern dann mit seinem Architekten Leo von Klenze ab 1826 den Bau der Alten Pinakothek plante, wurde das riesige Bild in die Bauplanung mit einbezogen. Es wurde 1836 (zusammengerollt und im Raum wieder aufgespannt) an seinen Bestimmungsort gebracht, wo es sich auch heute noch befindet. Damit bildet es den Mittelpunkt der Alten Pinakothek, die um das Bild herum gebaut zu sein scheint. Und tatsächlich bestimmten nicht nur die Maße des riesigen Gemäldes bei der Bauplanung die Größe des Raums, sondern führten auch zu der großen Bogenöffnung ins angrenzende Kabinett, wodurch die Betrachter so weit zurücktreten können, dass sie das Bild aus angemessener Entfernung sehen, ohne dass Mauern die Sicht verdecken. Doch musste das Bild noch mehrfach diesen Raum verlassen: im Zweiten Weltkrieg und bei den Restaurierungsmaßnahmen 1994 bis 1998. Dieses Schicksal teilte es mit anderen Gemälden, die einst für Kirchen gemalt und später in Museen verbracht wurden. Dies hatte jedoch bei den bislang letzten Sanierungsmaßnahmen, die von 2014 bis 2018 dauerten, ein Ende. Das große Bild wurde nicht abgehängt, sondern erhielt als einziges eine Sonderbehandlung. Es wurde eingehaust, also mit einem begehbaren Wandschrank umbaut, der eine eigene Klimatisierung besaß. ■ 56 | S. 197
Auf dem Bild ist das Weltgericht am Jüngsten Tag dargestellt. Im Himmel thront Christus als Weltenrichter, flankiert von der Muttergottes zu seiner Rechten und Johannes dem Täufer zu seiner Linken, den Fürbittern der Menschheit und Hauptvertretern des Alten (Johannes) und des Neuen (Maria) Bundes. Sie werden von Figuren aus dem Alten und Neuen Testament begleitet. Darüber, in einer noch höheren Sphäre, sendet Gottvater die Taube des Heiligen Geistes zu seinem Sohn herab. Er ist von Engelschören umgeben, während der Erzengel Michael hinunterstößt zu den Auferstehenden und sie in Selige und Verdammte teilt, allerdings nicht mit der Seelenwaage,

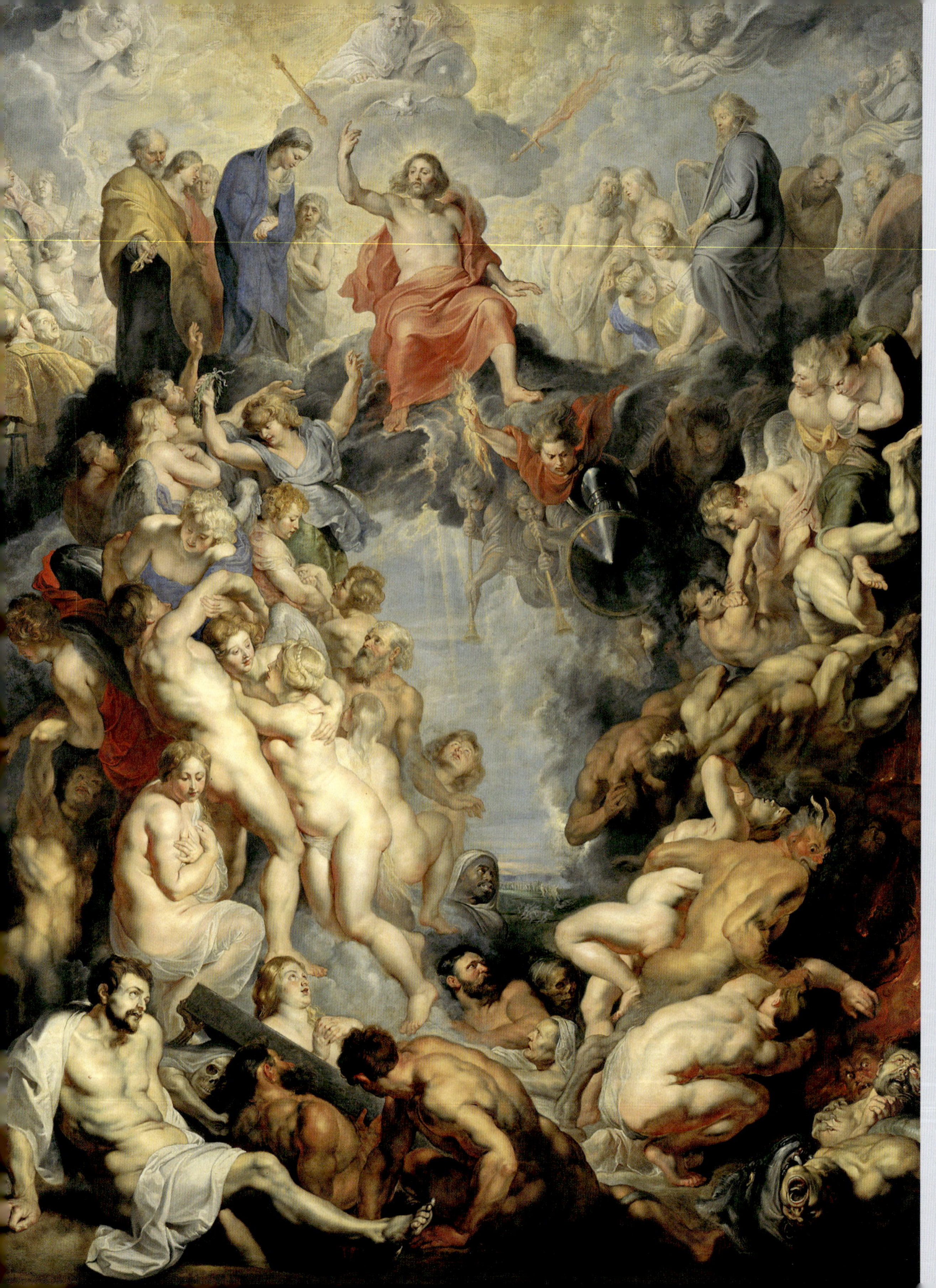

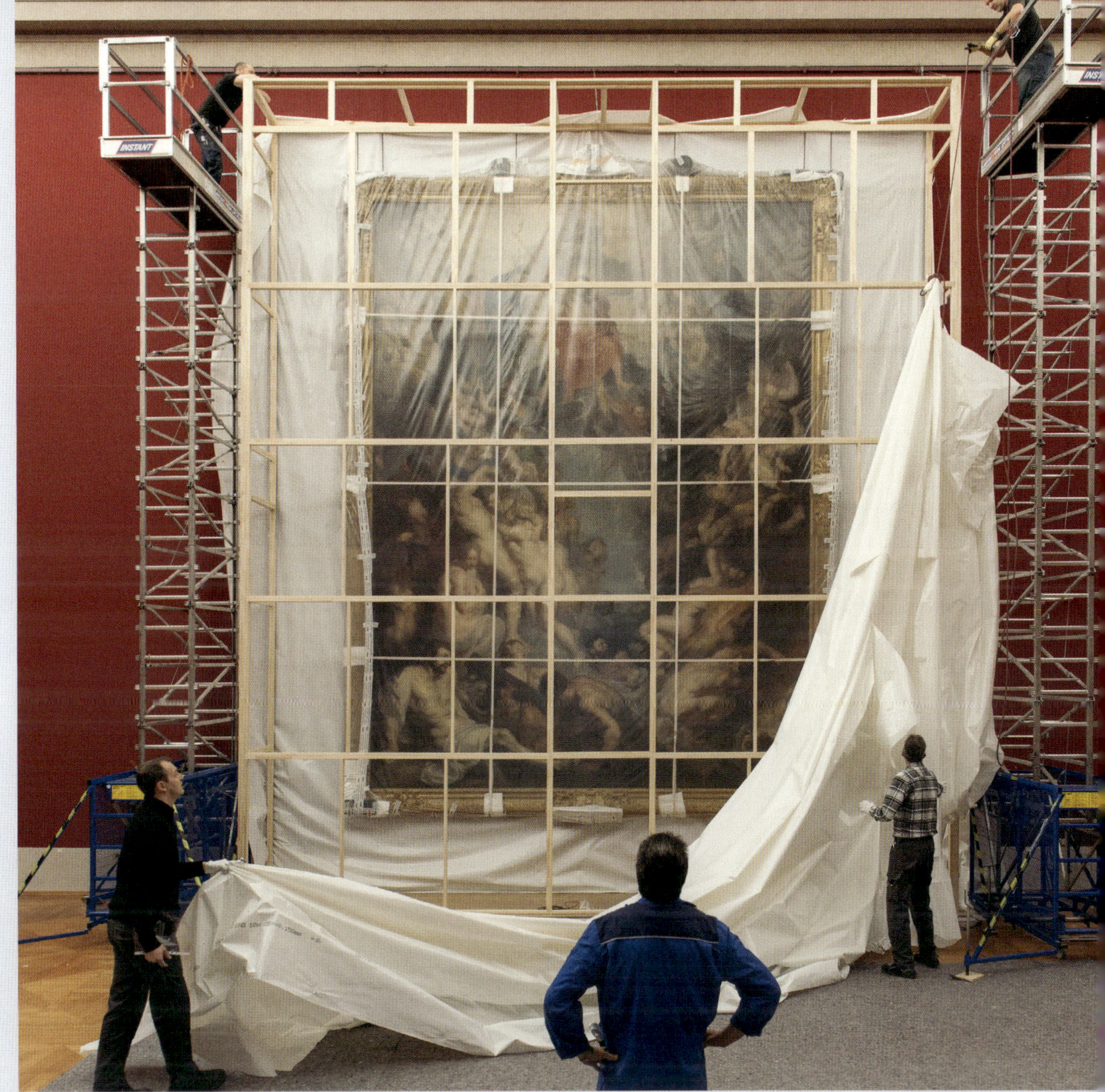

55 (links)

Peter Paul Rubens, *Das Große Jüngste Gericht*, 1617, Öl auf Leinwand, 608,5 x 463,5 cm, München, Alte Pinakothek

56 (oben)

Einhausung des *Großen Jüngsten Gerichts*, München, Alte Pinakothek

sondern mit einem Flammenstrahl. Die Handhaltung Christi ersetzt die Waage, denn auf der Seite seiner erhobenen rechten Hand steigen die Seligen zum Himmel auf, während diejenigen, die sich unter der hinabzeigenden rechten Hand befinden, von den Teufeln in die Hölle gebracht werden und dabei schon ungeheure Qualen erleiden müssen. Ganz unten entsteigen die Menschen ihren Gräbern und warten auf den Urteilsspruch.

Gemessen an der Größe des Bildes sind erstaunlich wenig Figuren dargestellt, dafür in einer Größe, dass das individuelle Glück und Leid erfahrbar wird. Das von der Himmelszone ausgehende Licht scheint auf die Seligen, die nach oben streben, und lässt die Verdammten im Schatten zurück. Dadurch werden, ganz im Sinn der Gegenreformation, die Idee der Auferstehung und der Triumph der Gerechtigkeit hervorgehoben. Das steht im Einklang mit der Entstehung des Bildes, kurz nachdem der protestantische Herzog von Pfalz-Neuburg zum katholischen Glauben übergetreten war und die Hofkirche den Jesuiten übergab. Und diese waren die Hauptverfechter der Gegenreformation.

Aus welchen Bestandteilen bestehen die Farben?

Malfarben bestehen aus einem farbgebenden Stoff, dem Pigment, und einem Bindemittel. Für einen flüssigeren Farbauftrag benötigt man als Malmittel noch ein Lösungsmittel. Heute kann man fertige Farben in Tuben oder Töpfen kaufen, früher gehörte das Farben reiben und mischen zur Aufgabe der Lehrlinge in einer Werkstatt. Die spezielle Mischung war häufig ein gut gehütetes Geheimnis und konnte zum Ruhm eines Meisters beitragen.

Die Pigmente bestehen aus ganz unterschiedlichen Stoffen. Sie können aus Erden, aus Steinen, aus Kohle, Ruß, Pflanzen, Mineralien oder aus tierischen Sekreten gewonnen werden. So erhält man Karminrot, wenn man eine bestimmte weibliche Schildlausart trocknet, anschließend in einem Gemisch aus Wasser und Schwefelsäure kocht und dann mit Kalk und Alaun bindet. Ein dunkles Gelb (auch als Ocker bezeichnet) findet sich in der Erde in der Nähe der toskanischen Stadt Siena, weshalb es auch Terra di Siena genannt wird. Ein besonders kostbares Pigment ist das Ultramarinblau, das aus Lapislazuli gewonnen wird, einem wertvollen Stein, der vor allem in einem bestimmten Gebiet Afghanistans vorkommt. Bereits bei den Sumerern und Ägyptern begehrt, wurde er damals wie heute als Schmuckstein verwendet, seit dem frühen Mittelalter dann auch als Farbpigment. Da der Stein von weit her übers Meer (ultra marinum) nach Europa gelangte, war er genauso teuer wie Gold. Übertroffen wurde er höchstens von dem aus der Purpurschnecke gewonnenen Rot, das allerdings weniger in der Tafelmalerei als vielmehr in der Buchmalerei oder zum Färben von kostbaren Stoffen verwendet wurde.

Welche Leuchtkraft von dem aus Lapislazuli gewonnenen Pigment ausgeht, zeigt sich zum Beispiel im Blau des Mantels der Muttergottes, wie Stefan Lochner sie gemalt hat. Auf dem kleinen Andachtsbild sitzt Maria vor einer Rosenlaube auf einer mit kleinen Blumen und Erdbeeren übersäten Wiese. Kindliche Engel in roten und gelben Kleidern machen Musik und bringen dem kleinen Jesuskind Geschenke dar. Zwei weitere Engel ziehen einen mit Goldfäden durchwirkten Vorhang auf, wodurch der Himmel mit Gottvater und der Goldgrund sichtbar werden. Zu der hervorragenden Malerei, bei der jeder Grashalm, jede Flügelfeder, jeder Edelstein in der Marienkrone mit bloßem Auge zu erkennen sind, kommen die Malfarben hinzu, das überreich verwendete Blattgold ebenso wie die großen Mengen an wertvollem Blau, das Lochner in kleinen Tupfen aufgetragen hat, wodurch sich der Stoff in weiche Falten zu legen scheint.

■ 57 | S. 200

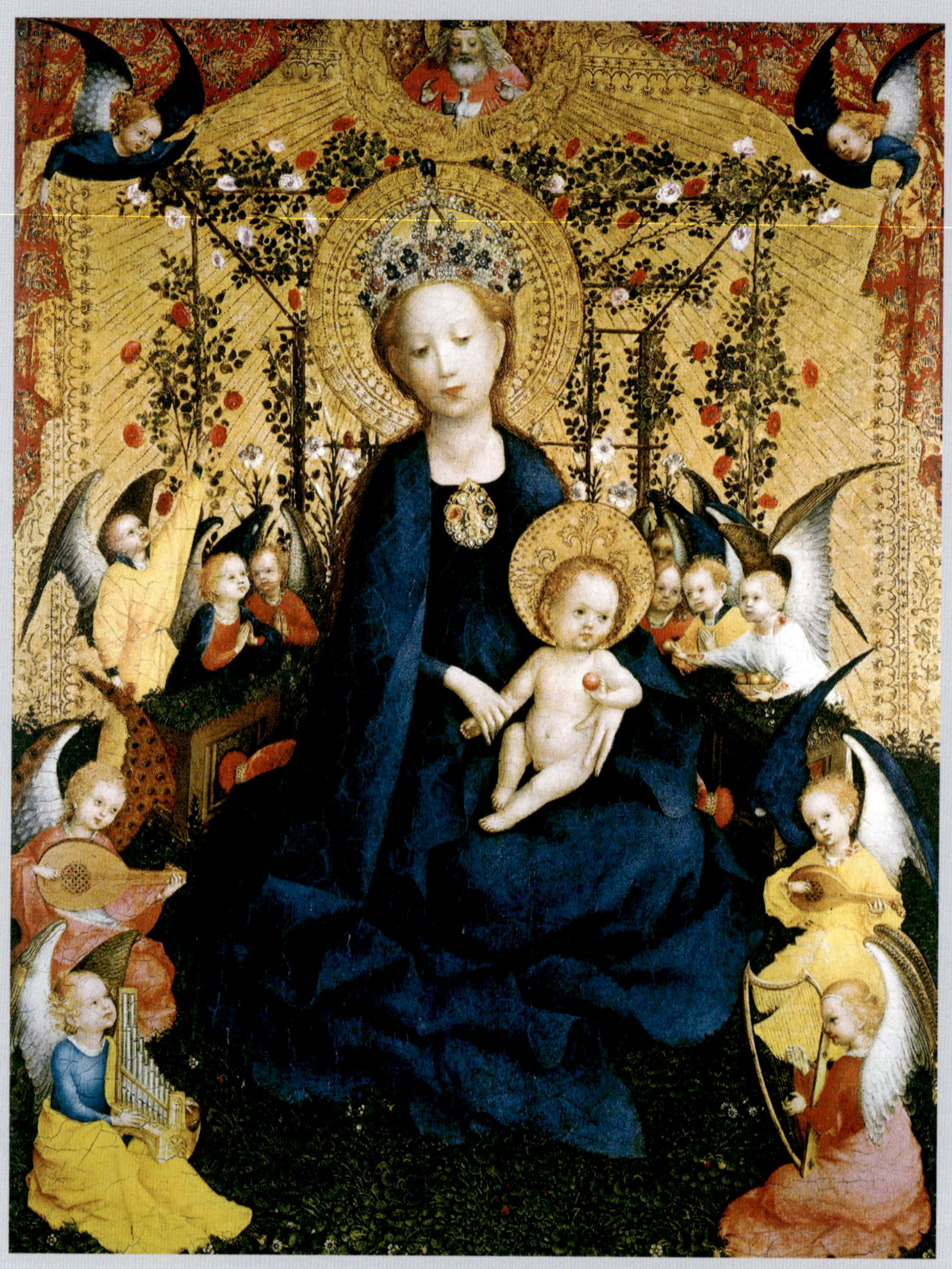

57

Stefan Lochner, *Die Muttergottes in der Rosenlaube*, um 1440–42, Eichenhoz, 50,5 x 40 cm, Köln, Wallraf-Richartz Museum

Es gibt unglaublich viele Pigmente, aus denen die unterschiedlichsten Farben gewonnen werden können. Sie wurden zu feinem Staub gerieben, aber auch erhitzt, gebrannt, mit anderen Stoffen verbunden – ein Teil der Malerwerkstatt konnte durchaus einer Alchimistenküche gleichen, wenn der Maler die Farben nicht beim Apotheker kaufte, sondern sie selbst herstellte.
Zur Wahl des Pigments kam dann noch das des Bindemittels hinzu, denn jedes Pigment reagiert anders, und so kann es sein, dass für eine Farbe Öl, für eine andere aber Eigelb Verwendung fand. Azurit zum Beispiel schlägt mit Öl von Blau zu Braun um, deshalb braucht es ein anderes Bindemittel, zum Beispiel Leim. Denn nicht nur Öl und Eigelb, auch Harze, Leim und Milcheiweiß dienten als Bindemittel, wurden aber nicht unbedingt alternativ benutzt, sondern auch gemischt, denn bestimmte Harze gaben den Farben mehr Leuchtkraft. Früher war man der Meinung, die Maler im Mittelalter und in der frühen Renaissance hätten noch keine Ölfarben gekannt, sondern vor allem Ei als Bindemittel benutzt. Erst Jan van Eyck hätte dann die Ölfarbe erfunden, die sehr viel langsamer trocknet als die sogenannte Temperafarbe und die man in vielen Schichten übereinanderlegen kann. Obwohl man diese Geschichte von der Erfindung der Ölfarbe auch heute noch lesen kann, stimmt sie nicht, denn Öl wurde vor allem im Norden schon sehr früh als Bindemittel verwendet. Doch hat Jan van Eyck wohl erstmals besonders reines, helles und gut trocknendes Öl genommen, das sich dann bald weiterverbreitete.
Durch die heutigen immer genaueren Untersuchungsmethoden ändern sich auch die Erkenntnisse über die frühere Verwendung von Farben. So wusste man lange Zeit nicht, dass sich auf einem Bild unterschiedliche Bindemittel finden können. Außerdem haben die Maler wohl doch nicht so viele Farbschichten übereinandergelegt, wie lange angenommen wurde. Mit dem bloßen Auge kann man nicht unbedingt erkennen, welche Bindemittel auf einem Bild Verwendung fanden.

Sind die Farben unendlich lange haltbar?

Die Haltbarkeit der Farben richtet sich nach der Beschaffenheit der Pigmente, der Art der Bindemittel und vielem anderen mehr. So können die einen Farben nachdunkeln, die anderen mit der Zeit eine andere Farbe annehmen und wieder andere so bleiben, wie sie sind. Doch viele Farben haben ihre Leuchtkraft bis heute nicht verloren. Insofern kann man verallgemeinernd sagen, dass die Farben von Gemälden, wenn man sie pfleglich behandelt und vor Licht und anderen Umwelteinflüssen schützt, über einen langen Zeitraum hinweg haltbar sind.

Dieser Meinung war auch Albrecht Dürer. Auf seinem *Selbstbildnis*
■ 14 | S. 68
von 1500 verfasste er eine Inschrift, in der er die Worte «proprijs coloribus» verwendete. «Coloribus» sind die Farben, «proprijs» kann man jedoch sehr unterschiedlich übersetzen. Es kann «in eigenen Farben» (also selbst gemischten), «in meinen natürlichen Farben» (so wie er damals aussah) oder eben auch «in unvergänglichen Farben» heißen. Diese letzte Übersetzung scheint insofern wahrscheinlich, weil er im Jahr 1509 an den Kaufmann Jakob Heller einen Brief schrieb, als er den in dessen Auftrag gemalten Altar ablieferte. Darin heißt es, dass die Farben des Altars 500 Jahre halten würden. Die 500 Jahre sind erst seit Kurzem vorbei, und die Farben der Teile des Heller-Altars, die sich erhalten haben (s. S. 29) scheinen sich nicht verändert zu haben. Dürer hatte mit seiner Prognose also durchaus recht.

Haben die Maler früher darüber nachgedacht, wie sie ihre Bilder länger haltbar machen?

«... und da sie [die Tafel] schon fertig war, habe ich sie nachher noch zweifach übermalt, auf daß sie lange dauere. Ich weiß, wenn ihr sie sauber haltet, daß sie 500 Jahre sauber und frisch sein wird», schrieb Albrecht Dürer am 26. August 1509 an Jakob Heller, den Frankfurter Kaufmann, der bei ihm den großen Altar in Auftrag gegeben hatte (s. S. 55). Und er fuhr fort, dass er in wenigen Jahren nach Frankfurt kommen würde, um zu kontrollieren, ob die Farben getrocknet seien. Dann würde er die Tafel mit einem ganz besonderen Firnis überziehen, damit sie noch einmal hundert Jahre länger halten würde. Dürer bezog sich dabei auf die Mitteltafel, die er eigenhändig gemalt hatte, die Seitentafeln hatten Mitarbeiter der Werkstatt ausgeführt.
Schon bei seinem Selbstbildnis hatte sich Dürer Gedanken über die Farbe gemacht und diese sogar in der Inschrift auf dem Bild erwähnt, die unterschiedlich übersetzt wird: «So malte ich, Albrecht Dürer aus Nürnberg, mich selbst mit unvergänglichen (natürlichen, genau entsprechenden) Farben (oder Farben von guter Qualität) im Alter von 28 Jahren (oder: Ich, Albrecht Dürer aus Nürnberg, habe mich so mit realistischen Farben dargestellt, als ich 28 Jahre alt war).» ■ 14 | S. 68

Nicht nur Dürer, auch andere Maler wussten sehr wohl, welche Farben haltbar waren, beziehungsweise welche Mischungen besser waren als andere. Es gab Handbücher, die die einzelnen Pigmente und ihre Reaktionen auf verschiedene Bindemittel beschrieben, und es gab Künstler, die mit verschiedenen Techniken experimentierten. Berühmt ist der Versuch Leonardo da Vincis, das Abendmahl im Refektorium des Mailänder Dominikanerklosters Santa Maria delle Grazie nicht in der altbewährten Freskotechnik zu malen, bei der die

Farben auf den nassen Putz aufgetragen werden, sondern al secco, also auf den trockenen Putz. Dabei verwendete er ein Gemisch aus Tempera- und Ölfarben, das bereits zu Lebzeiten des Künstlers erste Schäden zeigte und häufig restauriert wurde. Der letzte Versuch der Rettung fand zwischen 1978 und 1999 statt.

Leonardo hatte auch bei seinen Tafelbildern unterschiedliche Zusammensetzungen der Farben ausprobiert, was nicht immer gut

13 | S. 64

ausging, wie das Beispiel des Bildes *Madonna mit der Nelke* zeigt, bei dem sich die Farben vor allem im Bereich des Gesichts «kräuseln». Das war sicher nicht beabsichtigt.

Warum glänzen viele Bilder so stark? Andere hingegen sind dunkel und wirken verstaubt?

Der erste Eindruck eines Bildes hängt häufig vom Firnis ab. Das ist eine durchsichtige Schutzschicht, die ganz am Ende auf die anderen Farben gelegt wird und die meistens aus einem Harz besteht. Je nach Harzsorte, Auftrag und Schichtdicke glänzt dieser Firnis mehr oder weniger stark. Mit der Zeit jedoch dunkelt er meist nach, vergilbt oder verbräunt, und es legen sich Staubschichten darüber. Deshalb wird er auch häufig entfernt und wieder erneuert. Nur selten haben sich die Firnisse aus der Zeit erhalten, aus denen das Gemälde stammt, oder wenn ja, dann nur in geringfügigen Resten. Andere Bilder erhielten erst viel später ihren ersten Firnis. Doch wenn ein Gemälde dunkel und verstaubt wirkt, kann man davon ausgehen, dass der Firnis schon älter ist und das Bild lange nicht gereinigt wurde.

Wieso ist bei manchen Bildern die Oberfläche ganz glatt, bei anderen aber ist der Pinselstrich zu erkennen?

Für die Wirkung der Bilder spielt die Farbzusammensetzung eine große Rolle. Mit Ei oder Kasein als Bindemittel trocknen die Farben schneller als bei reiner Ölmalerei, man kann aber auch nicht so viele Schichten übereinanderlegen. Bei der Schichtenmalerei hingegen wählte man häufig für jede Farbe unterschiedliche Bindemittel. Außerdem wurden immer wieder Zwischenfirnisse aufgetragen. Diese Bilder, bei denen man jede Kleinigkeit erkennen kann, wurden über einen langen Zeitraum hinweg gemalt. Das heißt, in einer Werkstatt arbeiteten die Lehrlinge, Gesellen und der Meister oft an verschiedenen Bildern gleichzeitig. Niederländer wie Jan van Eyck und Rogier van der Weyden gehören zu den frühen Vertretern dieser Schichtenmalerei, die vollkommen anders wirkt als die deckenden Farben auf goldenem Grund, wie sie in den Altarretabeln zum Beispiel von Bertram von Minden oder aus Soest und Neapel Verwendung fanden.

11 | S. 58
44 | S. 165
7 | S. 39

Die langwierige Schichtenmalerei provozierte seit dem 16. Jahrhundert eine Gegenbewegung, bei der Pinselstriche erkennbar sind, die Farben dicker und dünner aufgetragen, Nachlässigkeiten bewusst eingesetzt wurden. Häufig wurde diese *Sprezzatura* genannte Malweise nur in Skizzen eingesetzt oder aber in bestimmten Bildern, in anderen nicht. Rembrandt und Rubens führten die Hintergründe häufig viel weniger präzise aus als die Figuren oder wechselten auch die Dicke des Farbauftrags, was zur Wirkung eines Bildes beiträgt. Der etwas jüngere Johannes Vermeer hingegen wählte einen sehr viel feineren Farbauftrag und Adam Elsheimer war im 17. Jahrhundert ein Vertreter der Schichtenmalerei.

Wie hat es in den Werkstätten und Ateliers früher ausgesehen und wonach hat es gerochen?

9 | S. 50

Schaut man sich Bilder wie das von Adriaen van Ostade an, findet man darauf all die Werkzeuge und Gegenstände, die in einer Malerwerkstatt zu finden waren, also dünne und dicke Pinsel, Lappen, Spachtel, Palette, Malstock, Flaschen mit Binde- und Lösungsmitteln, Pigmente in Töpfen und vieles mehr. Man kann sich beim Betrachten eines solchen Bildes auch vorstellen, wie sehr Öle, Harze, Leim, aber auch verschiedene Hölzer und Leinwände als Bildträger ein Geruchsgemisch bildeten. Hinzu kamen die Pigmente, die sicher auch verschiedene Gerüche verbreiteten. Ob das der Nase eher zu- oder abträglich war, hing wahrscheinlich auch von den unterschiedlichen Vorlieben ab, so wie heute die einen sehr gerne die gesundheitsschädigenden Lösungsmittel in Klebern riechen, den anderen davon schlecht wird. Man kann sich aber gut vorstellen, dass nicht nur ätherische Öle und Harze den hauptsächlichen Geruch ausmachten, sondern vielleicht auch ranzige Öle, schlecht gewordene Eier oder verrottetes Kasein. Leider sind uns hierüber keine Informationen überliefert. Denn wenn Rembrandt seine Atelierbesucher warnte, nicht zu nah vor ein Bild zu treten mit dem Argument, der Geruch der Farbe würde sie belästigen, wollte er damit erreichen, dass sie einen gewissen Abstand einhielten, und bestimmt nicht vor den ungesunden Dämpfen warnen. Denn wenn man an die noch nicht durchgetrockneten Farben kam, konnten sie verwischen. Die Vorsichtsmaßnahme bezog sich also auf den Schutz der Bilder.

Ostade war nicht der einzige Maler, der eine Malerwerkstatt wiedergab. Doch nicht in allen Gemälden zeigte sich die Werkstatt so wirklichkeitsgetreu. Eine ganz andere Wirkung geht zum Beispiel vom

58| S. 207

dem Bild mit dem Titel *Die Malkunst* aus.

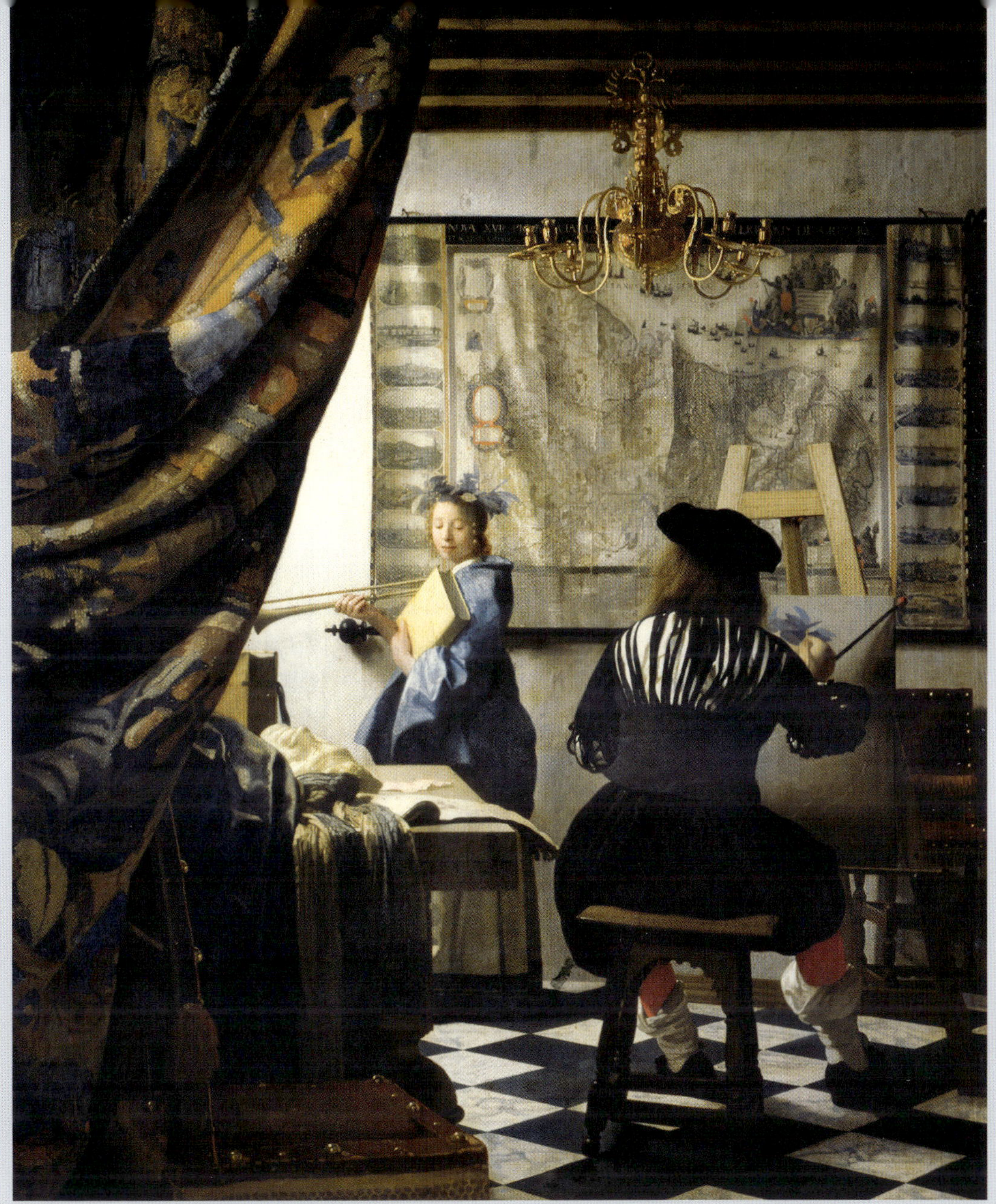

58

Johannes Vermeer, *Die Malkunst*, um 1666/68, Leinwand, 120 x 100 cm, Wien, Kunsthistorisches Museum

In einem hellen Raum sitzt ein elegant gekleideter Maler mit dem Rücken zum Betrachter an der Staffelei. Sein Modell, die Muse der Geschichtsschreibung oder die der Poesie (s. S. 141), steht, in ein blaues Gewand gehüllt, an der hinteren Wand. In den Händen hält sie Buch und Posaune, ihr Kopf wird von einem blaugrünen Lorbeerkranz bekrönt. Der von der Decke hängende Kronleuchter, die Staffelei und die Muse verdecken Teile der Karte der Niederlande mit ihren 17 Provinzen, die damals zwar schon in den südlichen (flämischen) Teil und den nördlichen (holländischen) Teil unterschieden waren, aber trotzdem als eine Einheit betrachtet wurden, zumindest was den Ruhm der Malkunst angeht. Die Fenster, die diese Szenen beleuchten, sind nicht zu sehen, denn sie sind von dem schweren Vorhang verdeckt, der zur Seite gerafft ist, um Einblick in das Zimmer zu gewähren. Auf dem Tisch zwischen Maler und Modell liegen ein Skizzenbuch, eine Maske und ein geschlossenes Buch. Sie verweisen auf die Zeichnung (Skizzenbuch), die Nachahmung (Maske) und die Regelhaftigkeit der Kunst (geschlossenes Buch).
Der Maler hat erst den Lorbeerkranz auf dem Bild festgehalten, das ansonsten noch leer ist. Seine Hand mit dem Malwerkzeug ruht auf dem Malstock, während er intensiv sein Modell betrachtet, wie an der Wendung seines Hinterkopfes ersichtlich ist. Doch sieht man nirgends Farbentöpfe, Flaschen, Pinsel oder andere Gerätschaften herumstehen. Hier wird keine Werkstatt gezeigt, sondern eine Allegorie auf das Lob der niederländischen Malkunst. Als solches wurde das Bild auch schon kurz nach seiner Entstehungszeit sehr geschätzt.

Was hat das Material für ein Bild früher gekostet?

Von einigen Malern haben sich Rechnungsbücher erhalten, bei Aufträgen wurde oft schriftlich niedergelegt, wer die Kosten für das Material übernimmt, Rechtsstreitigkeiten zwischen Künstlern und Apothekern machen deutlich, wie oft die einen den anderen den Betrag für Farbmittel schuldig blieben, oft mit der Begründung, sie hätten für das abgelieferte Bild auch noch keinen Lohn erhalten.

Wie teuer das Material für ein Bild nun tatsächlich war, lässt sich immer nur im Einzelfall beurteilen. Das beginnt mit der Holzsorte oder der Qualität der Leinwand. Dann folgt die Grundierung. Goldhintergründe, wie sie im Mittelalter auf Altarbildern häufig zu finden waren, kosteten natürlich sehr viel mehr Geld als eine Grundierung aus Leim und Kreide. Der dritte Kostenfaktor waren die Pigmente. So war das aus dem Lapislazuli gewonnene Blau enorm teuer. Billiger war Azurit, mit dem sich viele Maler behalfen. Und es gab natürlich auch überall Betrüger, die behaupteten, sehr viel teurere Materialien verwendet zu haben, als dies tatsächlich der Fall war. Das zeigt sich schon daran, dass die Zünfte Regeln aufstellten, die die Verwendung der richtigen Materialien betrafen, und Bußgelder von den Betrügern verlangten.

Allgemein kann man sagen, dass Bilder ein Luxusgut waren, deren Materialien viel Geld kosteten, was die Maler häufig vorstrecken mussten. Deshalb gingen sie auch sparsam damit um und benutzten in der Untermalung ein günstigeres Pigment. So wurde der blaue Marienmantel häufig in Indigo angelegt, auf das dann nur noch eine dünne Schicht Ultramarin aufgetragen wurde. In einzelnen Fällen versuchten die Maler noch nach Vertragsabschluss mit Hinweis auf das Material mehr Geld herauszuschlagen – wie Dürer, der mit seinem Auftraggeber Jakob Heller 130 Gulden vereinbart hatte, dann aber 400 Gulden für die Fertigstellung des Bildes forderte, allerdings erfolglos (s. S. 55).

Die Materialien für die Bilder bekam man – bis auf die Bildträger – in der Apotheke. Und so war es natürlich besonders raffiniert, als Maler selbst eine Apotheke zu besitzen wie Lucas Cranach in Wittenberg, wo er auch noch der einzige Apotheker am Platz war. So konnte er alle Materialien, die er für seine Gemälde benötigte, billiger auf dem Großmarkt einkaufen und war sich außerdem sicher, dass die Pig-

mente wirklich rein waren. Denn vor allem bei den wertvollen Farbpigmenten gab es natürlich auch Betrügereien. Mit welchen Summen die Maler für Materialien zu rechnen hatten, zeigt die offene Rechnung eines Handelsherrn an Cranach aus dem Jahr 1540, die sich auf 1300 Gulden belief, also das Zehnfache dessen, was Dürer für den Helleraltar erhalten hatte.
Das ist übrigens heute nicht anders: Materialien für ein Bild sind immer noch teuer, auch wenn viele der Pigmente inzwischen künstlich hergestellt werden.

Seit wann und wofür gibt es Zeichnungen?

Die Zeichnung ist vermutlich die älteste Kunstäußerung überhaupt, die in den Stein geritzt, in den Sand oder die Erde gezeichnet wurde, lange bevor haltbarere Bildträger wie die Wände von Höhlen, später Tontafeln, Papyrus oder Pergament, Verwendung fanden. Nach der Verbreitung des Papiers in Europa ab der Mitte des 13. Jahrhunderts wurde es zum wichtigsten Bildträger der Zeichnung, weil es billig und einfach herzustellen war. Gezeichnet wurde mit Stiften aus Kohle, Kreide, Silber oder Blei sowie mit Feder und Tinte.
Die Skizze diente dazu, eine Idee festzuhalten, die dann weiter ausgeführt werden konnte. Der Entwurf war schon sehr viel genauer, der dann als Vorzeichnung ausgearbeitet wurde, um sie dem Auftraggeber vorzulegen. Auf die Vorzeichnung folgte häufig noch die Werkzeichnung, die in der Werkstatt als Vorlage diente. Eine noch genauere Ausarbeitung war der Karton, eine maßstabsgetreue Vorlage, die zum Beispiel bei Wandmalereien benutzt wurde, vor allem aber auch in Teppichmanufakturen, um die großen Wandteppiche nach den Entwürfen berühmter Künstler herzustellen.
Solche Kartons haben sich nur sehr selten erhalten. Häufiger kennen

wir Skizzen, Entwürfe und Vorstudien, die in den Graphischen Sammlungen der Museen bewahrt werden. Und weil sie sehr lichtempfindlich sind, können sie auch nicht dauerhaft ausgestellt werden. Das betrifft ebenso die freien Zeichnungen, die ohne Auftrag entstanden und keine Vorarbeiten zu einem anderen Werk der Malerei, Bildhauerei oder Architektur darstellen.

Erhaltene Skizzen, Entwürfe und Vorzeichnungen helfen uns, die Arbeitsweise der einzelnen Künstler besser nachzuvollziehen. Noch besser ist es natürlich, wenn dazu auch schriftliche Äußerungen überliefert sind, wie das bei Rubens *Löwenjagd* der Fall ist. Über das Bild, das sich seit dem 18. Jahrhundert in München befindet, schrieb er kurz vor Vollendung 1621, dass er es ganz allein gemalt habe und es seiner Meinung nach zu seinen besten Werken gehöre. 59 | S. 212/213

Zu diesem Bild haben sich einige Zeichnungen erhalten, dazu aber auch zwei auf Holz gemalte Skizzen, von denen sich eine ebenfalls in der Alten Pinakothek befindet. Auf ihr ist vor allem das Zentrum des Bildes ausgearbeitet, also der angreifende Löwe, das sich aufbäumende Pferd, der fallende Maure und der rot gekleidete Reiter. Alle anderen Figuren sind – wenn überhaupt – nur schemenhaft skizziert. Diese Arbeitsweise war typisch für Rubens, der erst eine Gesamtskizze mit brauner Kontur anlegte und daraus dann den Hauptteil in der Mitte stärker ausarbeitete. Natürlich fanden bei der endgültigen Ausführung noch Veränderungen statt, wie man es hier im Vergleich auch nachvollziehen kann. 60 | S. 213

Die *Löwenjagd* zeigt den unerbittlichen, aber auch ungleichen Kampf gegen den König der Tiere. Sieben teilweise gerüstete Männer und vier Pferde stehen einem Löwenpaar gegenüber, das mit Sicherheit unterliegen wird, jedoch schon einen Mann getötet hat. Weitere können folgen wie der stürzende Maure, in dessen Körper der Löwe seine Zähne getrieben hat, während er mit der Pranke das sich aufbäumende Pferd attackiert. Drei Lanzen durchbohren den Körper des Löwen, er hat bereits verloren, will aber Pferd und Mauren noch mit in den Tod reißen. Ebenso versucht die Löwin den links am Boden liegenden Kämpfer mit ihren Pranken zu töten, während er ihr einen

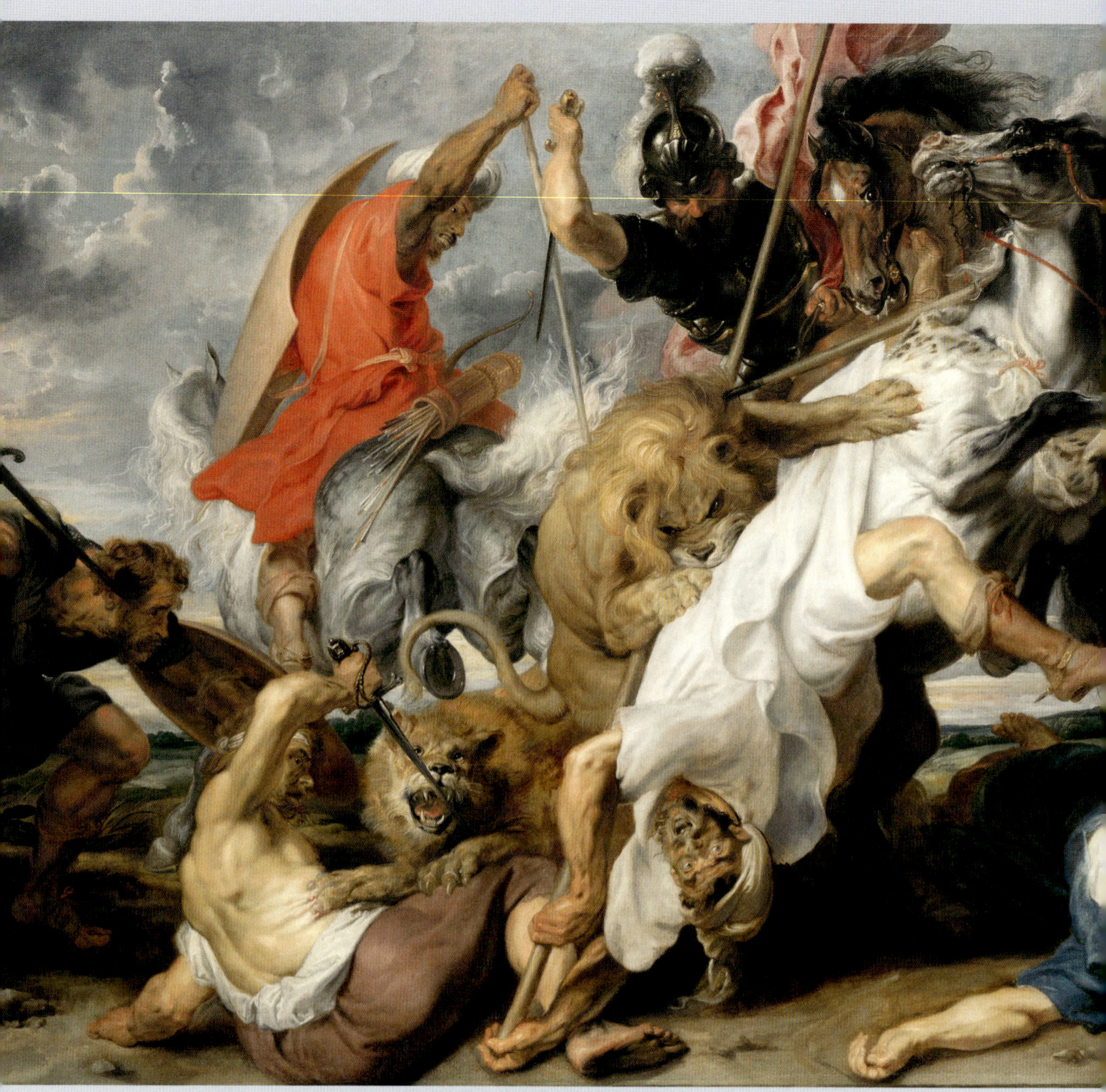

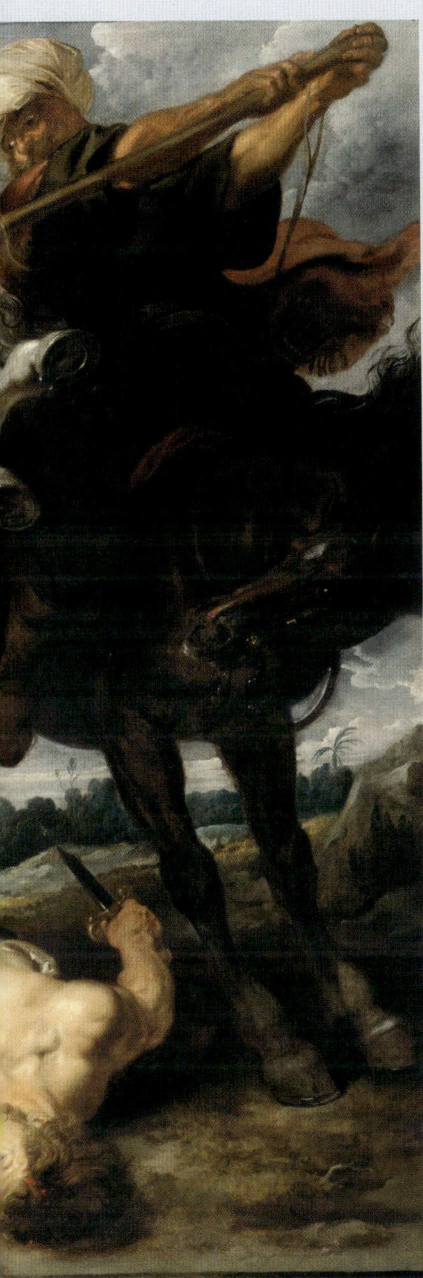

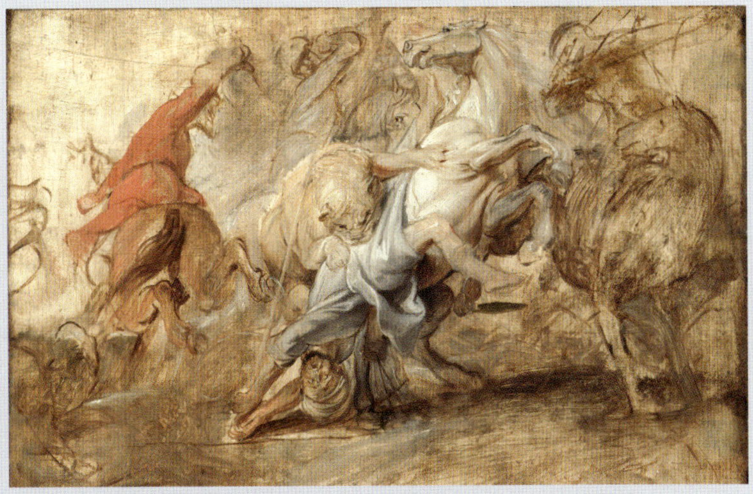

59

Peter Paul Rubens, *Löwenjagd*, 1621, Leinwand, 249x377 cm, München, Alte Pinakothek

60

Peter Paul Rubens, *Löwenjagd*, 1621, Skizze, Öl auf Holz, 44x50 cm, München, Alte Pinakothek

Dolch in den Rachen rammt. Ihm eilt ein weiterer Kämpfer mit gezückter Waffe zu Hilfe.

Kompositorisch bilden Menschen und Tiere einen von links nach rechts oben steigenden Turm aus sich aufeinander auftürmenden und fallenden Leibern, bei denen Schwarz, Weiß, Gelb und Rot die dominierenden Farben sind. Im Hintergrund greifen vor allem die bewegten Wolkenformationen am Himmel die Szenerie auf.

Bei dem Bild hatte sich Rubens von Leonardo da Vincis bereits 1557 übermaltem Fresko der *Anghiari-Schlacht* anregen lassen. Er besaß eine Nachzeichnung des Mittelteils dieses Wandbildes, das er überarbeitete und das für ihn Vorbild für die Löwenjagd war, was sowohl der Verehrung für den großen Künstler Ausdruck verlieh als auch zum Vergleich mit ihm herausforderte.

Warum kann man so wenige Aquarelle im Museum sehen?

Ein Aquarell ist, wie der Name schon sagt, ein mit Wasserfarben gemaltes Bild. Die Wasserfarben (lateinisch *aqua* bedeutet Wasser) bestehen aus fein gemahlenen Pigmenten, die mit wasserlöslichen Bindemitteln wie Gummi arabicum versetzt sind und lasierend (also nicht deckend) aufgetragen werden. Bildträger ist seit dessen Einführung in Europa Papier. In einem Wasserfarbenkasten, so wie er in Schulen gebräuchlich ist, findet sich zwar immer eine Tube sogenanntes «Deckweiß», das die Farben nicht nur heller, sondern auch deckend werden lässt. Doch ein reines Aquarell besteht nur aus den lasierenden Wasserfarben, das Weiß liefert der Bildträger.

Aquarellfarben wurden schon im Alten Ägypten verwendet, sehr viel später dann in der Buchmalerei und beim kolorierten Holzschnitt eingesetzt, einmal als Farbe bei Tuschezeichnungen, das andere Mal als Farbakzent bei den Drucken. Albrecht Dürer und andere Maler haben häufig Skizzen in Wasserfarben gefertigt. Besonders durch die Landschaften, die Dürer in Aquarell malte, wurde die Farbe aufgewertet, aber erst im 18. Jahrhundert als eigenständiges Medium wirklich publik gemacht.

Ob das Aquarell zur Malerei oder zur Zeichnung gehört, ist strittig. Jedenfalls sind die Farben sehr empfindlich und dürfen nicht lange dem Licht ausgesetzt werden, weil sie sonst ausbleichen. Deshalb werden die Aquarelle in Graphischen Sammlungen aufbewahrt und nur selten ausgestellt. Auch dann dürfen sie nur bei gedämpftem Licht und nicht zu lange gezeigt werden, deshalb liegen sie auch manchmal in Vitrinen, die mit einem lichtundurchlässigen Tuch verdeckt sind.

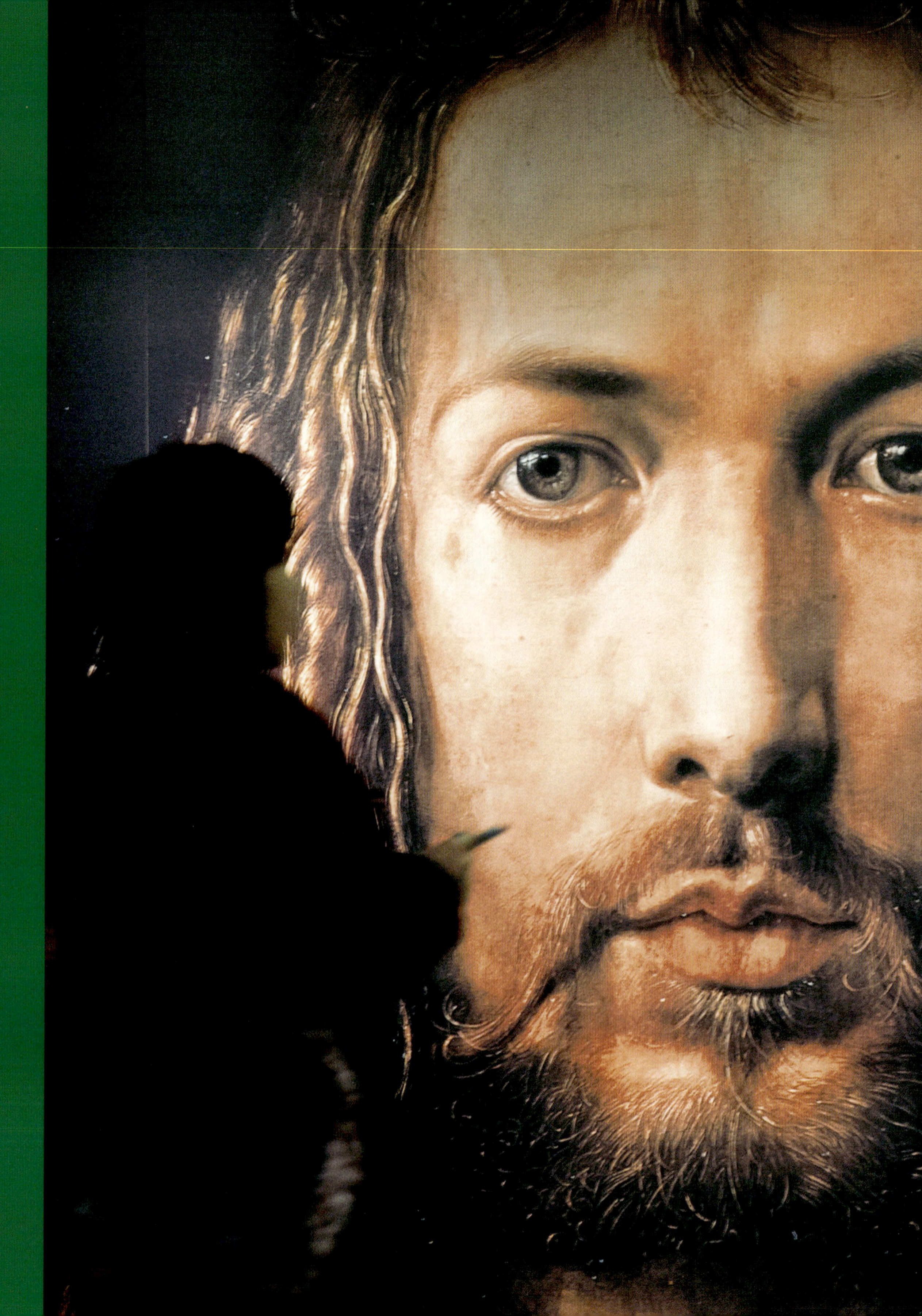

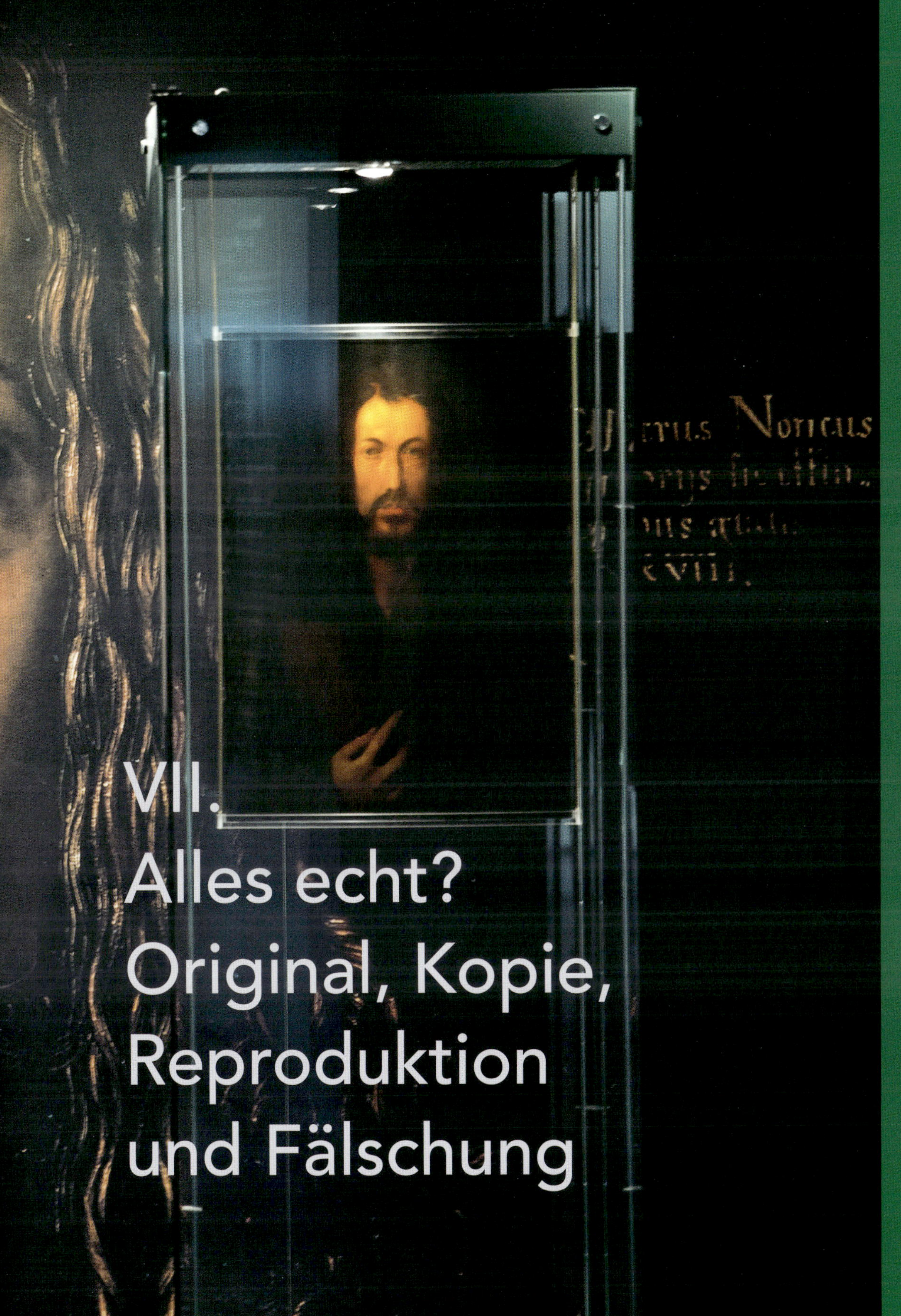

VII. Alles echt? Original, Kopie, Reproduktion und Fälschung

Wann ist ein Bild kein Original mehr?

Ein Original ist ein Bild, das vom Künstler selbst erfunden und gemalt wurde. Unser Originalbegriff stammt aber erst aus jüngerer Zeit. So waren früher auch Bilder, die von einem Künstler entworfen, aber von seinen Gehilfen ausgeführt wurden, eigenständige Werke, wenn sie von ihm anerkannt die Werkstatt verließen.

Viele der Bilder, die sich heute in den Museen befinden, sind allerdings häufig später übermalt worden. Welche von ihnen kann man noch als Originale bezeichnen? Welche bestehen eigentlich nur noch aus Übermalungen? Und von wem wurden die Übermalungen ausgeführt? Bei vielen Bildern wissen wir das nicht so genau. So ist nach wie

■ 30 | S. 117

vor unklar, wann das Bild des *Gleichnis vom verlorenen Sohn* beschnitten und übermalt wurde. Stammen die Veränderungen von Rembrandt selbst, oder wurden sie erst später ausgeführt? Kann die *Schlum-*

■ 23 | S. 97

mernde Venus ohne Amor, der einen wichtigen Teil der Komposition darstellte, noch als Original gelten? Wann wurden die Figuren in

■ 32 | S. 122

der *Italienische Küstenlandschaft im Morgenlicht* so übermalt, dass der Mann seinen Hirtenstab nicht mehr brauchte, der nun ein etwas geisterhaftes Leben führt?

Eine Vielzahl von Werken geben Anlass für solche Fragen. Restaurierungsmaßnahmen sind für den Erhalt alter Gemälde oft wichtig, doch wie weit darf man eingreifen? Vor dieser Frage standen auch die Münchner Restauratoren, als 1988 fünf Gemälde von Albrecht Dürer in der Alten Pinakothek einem Säureattentat zum Opfer fielen. Was konnte man tun, um die Gemälde zu retten, die nicht beschädigte Substanz dabei aber nicht nachträglich ebenfalls zu zerstören? Es war ein langwieriger Weg, die Bilder wieder in einen Zustand zu versetzen, der dem ursprünglichen möglichst nahekommt. Doch sind das jetzt noch Werke von Dürer oder eher diejenigen der Restauratoren? Durch

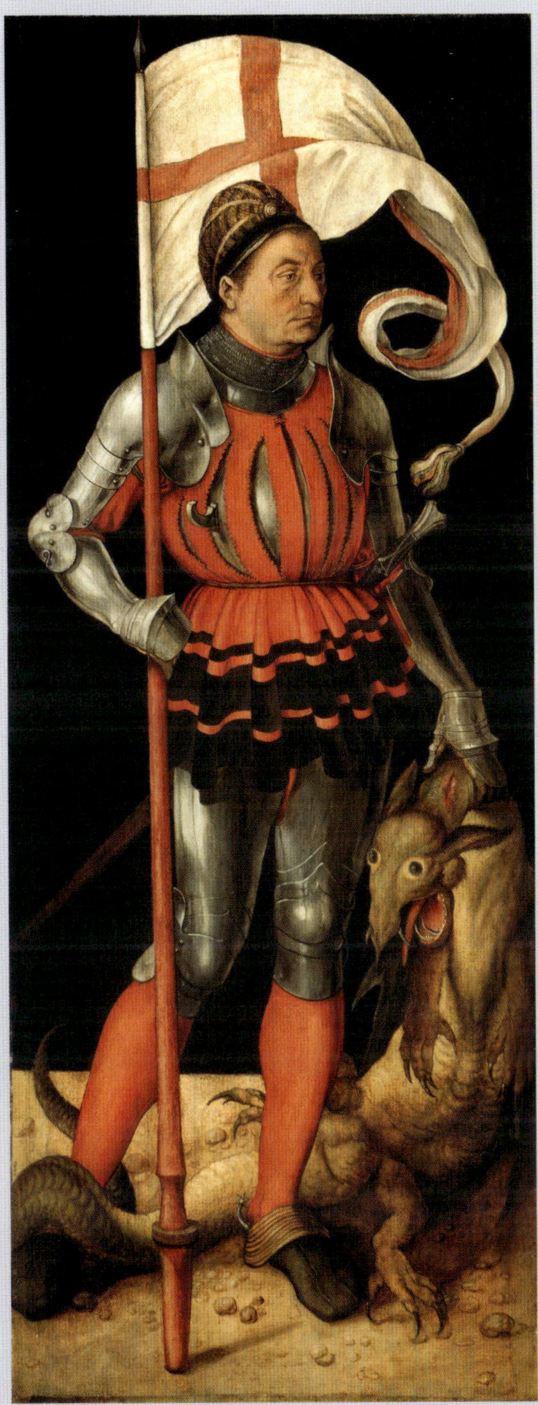

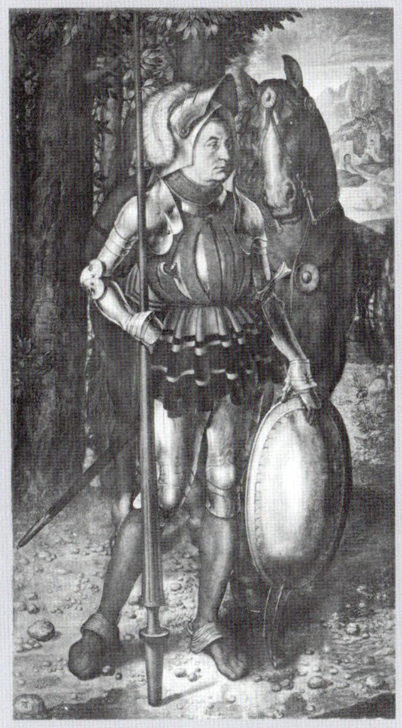

62
Albrecht Dürer, *Heiliger Georg*, linker Seitenflügel des Paumgartner Altars, etwa 157 x 88 cm Fotografie vor 1902/03 mit der Übermalung aus dem 17. Jahrhundert

61
Albrecht Dürer, *Heiliger Georg*, linker Seitenflügel des *Paumgartner Altars*, um 1498, Tannenholz, 156,8 x 60,6 cm, München, Alte *Pinakothek*;

die behutsame Vorgehensweise und die Offenlegung aller Arbeitsschritte spricht sehr viel dafür, die Bilder weiterhin als Originale des Nürnberger Malers zu bezeichnen, zumal die notwendigen Retuschen zwar nicht für Laien erkennbar sind, aber für die Restauratoren. Der dreiflügelige Paumgartner Altar war allerdings lange Zeit dermaßen übermalt, dass vieles von der Komposition Dürers nicht mehr sichtbar war. Diese Veränderungen aus dem 17. Jahrhundert wurden 1902/03 wieder rückgängig gemacht und damit die Bilder wieder in ihren originalen Zustand versetzt. Auf den Flügeln des Altars waren die Ritterheiligen Georg und Eustachius dargestellt. Dem gerüsteten ■ 61 | S. 219 Georg war ein Drache beigegeben und eine Fahne, die er in der Hand hielt. Als der bayerische Herzog Maximilian I. den Altar erwarb, ließ er die Tafeln nach seinen Vorstellungen übermalen – so verlor der heilige Georg Drachen und Fahne und erhielt stattdessen Pferd, ■ 62 | S. 219 Schild und Lanze sowie einen überdimensionierten Helm. Hinter ihm öffnete sich das Bild in eine ausgedehnte Landschaft, wo vorher einfach ein schwarzer Hintergrund gewesen war. Nach heutigen Vorstellungen konnte man dieses Bild, das außerdem etwas verbreitert worden war, nicht mehr als Original von Dürer bezeichnen. Das änderte sich erst wieder, nachdem bei beiden Tafeln die Übermalungen entfernt und die ursprüngliche Größe wiederhergestellt worden war. Auf Fotografien kann man noch nachvollziehen, wie die Bilder vor der Restaurierung ausgesehen haben.

Auf der Mitteltafel des Altars mit einer Geburt Christi ist seitdem die Stifterfamilie wieder sichtbar. Ihre Wappen weisen sie als Mitglieder der damals in Nürnberg ansässigen Familie Paumgartner aus, einem alten Patriziergeschlecht. In den Ritterheiligen Georg und Eustachius auf den Seitentafeln kann man die Gesichtszüge der Brüder Stefan und Lukas Paumgartner erkennen, die das Altarbild wahrscheinlich gestiftet haben. Ihre Eltern, Martin und Barbara Paumgartner, die als kleine Stifterfiguren zusammen mit ihren Kindern auf der Mitteltafel dargestellt sind, waren bereits gestorben, als Dürer das Bild malte. Warum sich die Brüder nicht in Gestalt ihrer Namenspatrone, sondern als Ritterheilige darstellen ließen, ist bis heute ein Rätsel.

Was ist eine Kopie?

Der Begriff der Kopie bezeichnet die Wiederholung eines Bildes durch andere Maler. Das Kopieren gehörte früher zur Ausbildung eines Malers dazu. Außerdem wurden berühmte Kunstwerke häufig kopiert, meistens auf Wunsch von Auftraggebern, die sie ebenfalls besitzen wollten. Wir kennen zahlreiche Kopien von Gemälden Dürers, so auch von seinem *Selbstbildnis*. Die Mitteltafel des *Helleraltars* (s. S. 29) ließen die Besitzer kopieren, als der bayerische Herzog das Original verlangte. Es wurde bei einem Brand der Münchner Residenz zerstört, die Kopie befindet sich nach wie vor in Frankfurt, und durch sie wissen wir, wie das zentrale Bild des Altars ausgesehen hat. ■ 14 | S. 68

Ein Gemälde, das kurz nach seiner Vollendung von Künstlerkollegen hoch geschätzt wurde, war *Die Flucht nach Ägypten* von Adam Elsheimer. Die kleine Kupfertafel wurde mehrfach kopiert, wobei es allerdings keinem der Kopisten gelang, den Sternenhimmel mit Milchstraße und der genauen Sternenkonstellation so darzustellen, wie ihn das Original zeigt. Zu diesen exakten Kopien kamen noch freie Kopien hinzu, die von den großen Meistern Peter Paul Rubens und Rembrandt stammten. Sie drückten damit ihre Bewunderung für dieses außergewöhnliche Bild aus. ■ 51 | S. 183

Wenn ein Werk vom Künstler selbst oder in seiner Werkstatt wiederholt wird, nennt man das streng genommen eine Replik. So wurden Porträts von Privatpersonen häufig kopiert, um sie an Familienmitglieder zu verschenken. Ein Beispiel dafür ist das *Porträt eines feisten Mannes*, von dem wir zwei Versionen kennen, die möglicherweise Kopien oder Repliken eines verlorenen Originals sind. Herrscherporträts hingegen wurden in mehreren Fassungen hergestellt, um sie an verschiedenen öffentlichen Orten wie Gerichten und Regierungssitzen aufhängen zu können, damit die Staatsgewalt immer anwesend war. Wir wissen, dass Jakob Seisenegger fünf Porträts von *Kai-* ■ 26 | S. 109

ser Karl V. malte, auch wenn sich nur eines von ihnen im Kunsthistorischen Museum in Wien erhalten hat. Tizian schuf von diesem Bild eine Kopie, die sich heute im Prado in Madrid befindet.

Es kann von Bildern also sowohl Repliken als auch Kopien geben. Von den vier fast identischen Gemälden mit dem Thema *Der heilige*
■ 21 | S. 93
Lukas zeichnet die Madonna stammen mindestens zwei aus der Werkstatt von Rogier van der Weyden. Bei den anderen beiden ist man sich nicht so sicher. Darüber hinaus wurde diese Bilderfindung von vielen
■ 23 | S. 97
anderen Malern übernommen. Ebenso wurde die *Schlummernde Venus* seit dem Bild von Giorgione in zahllosen Varianten über die Jahrhunderte wiederholt beziehungsweise in immer wieder veränderter Form dargestellt. Hier unterscheidet man zwischen der (fast) genauen und der freien Kopie, die man auch als Übernahme einer Bilderfindung bezeichnen kann. Beide Formen waren in der europäischen Malerei bis ins 19. Jahrhundert in großem Umfang üblich. Doch auch heute noch sitzen in den Museen, die die Alten Meister zeigen, Malerinnen und Maler an ihren Staffeleien vor einzelnen Bildern und kopieren diese.

Ein Bild, das sowohl Übernahme einer Bilderfindung als auch Replik darstellt, früher aber für eine Kopie gehalten wurde, befindet sich heute in der Alten Pinakothek in München. Es zeigt *Die Opferung*
■ 63 | S. 223
Isaaks und trägt unter dem Zierrahmen die Signatur «Rembrandt. verandert. En overgeschildert. 1636», was auf Deutsch so viel wie «Rembrandt hat es verändert und übermalt im Jahr 1636» heißt. Diese Signatur oder Bezeichnung entdeckte man erst im 19. Jahrhundert, vorher galt das Werk als Kopie des sehr ähnlichen Bildes, das sich in der Eremitage in St. Petersburg befindet und das Rembrandt 1635 malte, wie man der Signatur auf diesem Bild entnehmen kann. Auf beiden Bildern ist die Opferung Isaaks dargestellt, wie sie in der Bibel erzählt wird (Genesis, Kapitel 22,1–19). Diese Geschichte gehört zu den grausamsten biblischen Erzählungen. Dem kinderlosen Paar Abraham und Sarah wird im hohen Alter der Sohn Isaak geboren. Doch dann folgt der Befehl Gottes, dieses Kind zu opfern. Abraham macht sich mit dem Kind folgsam auf den Weg, baut einen

63

Rembrandt, *Die Opferung Isaaks*, 1636, Leinwand, 195 x 132,3 cm, München, Alte Pinakothek

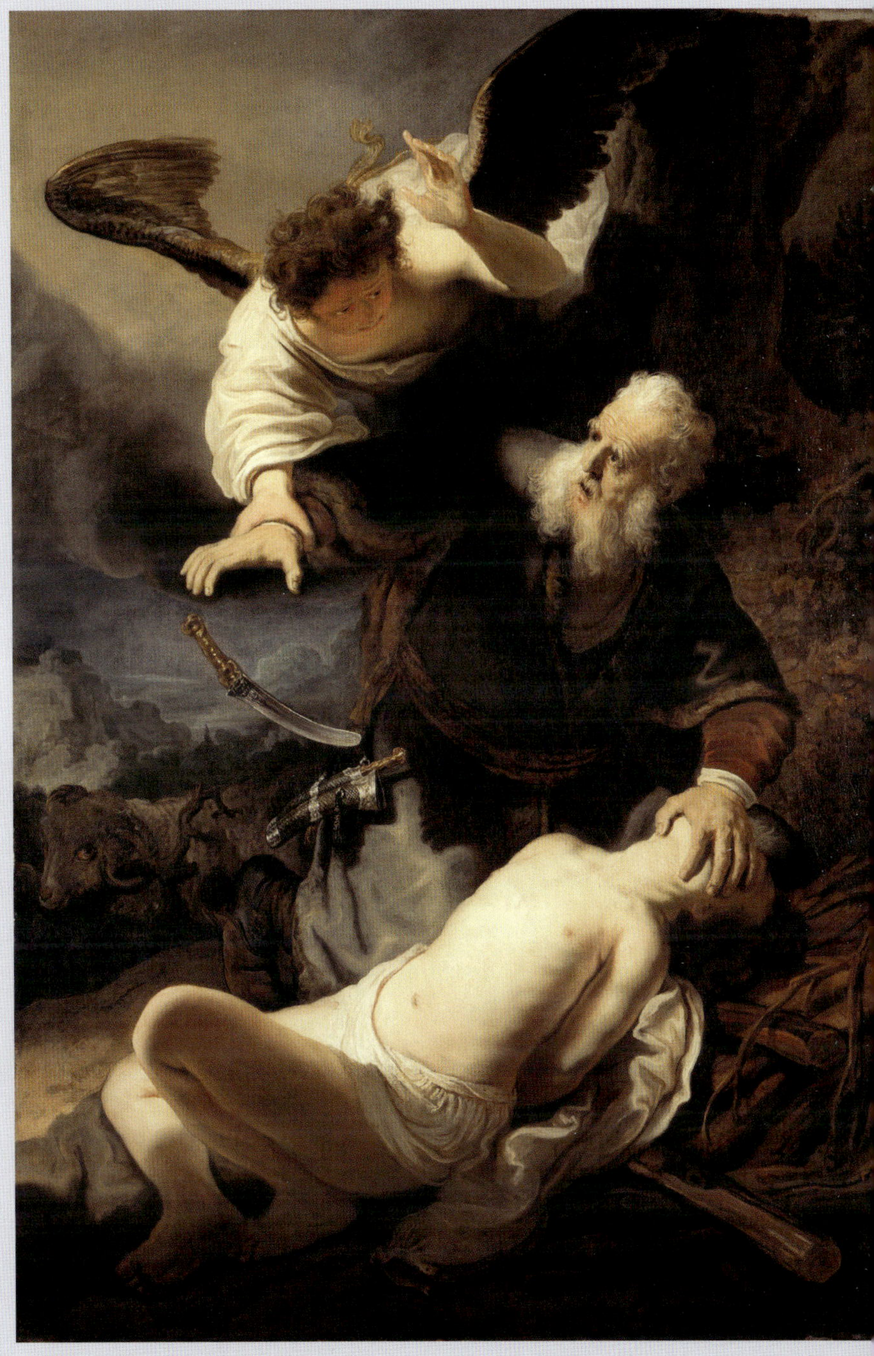

Altar, schichtet erst Holz darauf und legt dann den gefesselten Isaak darüber. Dann aber ertönt die Stimme des Engels des Herrn: «Lege deine Hand nicht an den Knaben und tu ihm nichts; denn nun weiß ich, dass du Gott fürchtest.» Abraham sieht einen Widder an einer Hecke und opfert ihn statt des Sohnes, der dann später der Vater von Jakob und Esau wird.

Im Vordergrund beider Gemälde liegt Isaak als junger Mann gefesselt auf einem Scheiterhaufen. Sein Vater Abraham bedeckt mit der linken Hand das Gesicht des Sohnes, eine Geste, mit der er ihn gleichzeitig festhält und verhindern will, dass Isaak mit ansehen muss, wie er geopfert wird. Doch der Dolch in seiner rechten Hand, mit der er den tödlichen Schnitt ausführen will, ist ihm entglitten, weil ein Engel sein Handgelenk gepackt hat, um ihn an der Ausführung des grausamen Befehls Gottes zu hindern. Auf der Version von 1635 kommt der Engel von links ins Bild, fasst behutsam das Handgelenk und zeigt mit der anderen Hand nach oben, zum Sitz Gottes, dessen Anweisungen er befolgt. Sein Blick ist auf Isaak gerichtet, Abrahams auf den Engel, links breitet sich eine Landschaft aus, rechts sieht man einen Kessel auf einem Feuer.

In der Replik kommt der Engel von oben, umklammert das Handgelenk Abrahams, hat die andere Hand zu einer Drohgebärde erhoben und blickt auf ihn, Abraham hingegen erschrocken ins Leere. Links taucht ein Widder als Opfertier auf, rechts ist das Blattwerk von Büschen und Unterholz zu erkennen. Auch die Malweise ist unterschiedlich und zeigt in den Einzelheiten, die von der ersten Fassung abweichen, Unsicherheiten. Ein Beispiel ist der Engel, bei dem vor allem das Gesicht nicht ganz gelungen erscheint.

Der Engel, der das Handgelenk Abrahams umfasst, ist einer Erfindung Caravaggios entnommen, die Staffelung der drei Personen von oben nach unten stammt von Rembrandts Lehrer Pieter Lastmann. Rembrandt hat also zwei Bilderfindungen übernommen und weiterentwickelt. Was aber ist mit dem zweiten Bild? Dazu gab es viele Theorien, bis eine Infrarotreflektografie-Untersuchung 2003 deutlich machte, dass es sich bei der Münchner Version erst einmal um eine genaue Wiederholung gehandelt hat, die dann abgewandelt wurde. Diese Abwandlung findet sich auf einer Skizze in London, die bis dahin immer wieder anders interpretiert wurde. Auf ihr kommt der Engel von oben, und der Widder ist auch schwach zu erkennen. Man kann also annehmen, dass ein Schüler das Bild Rembrandts kopierte, dieser dann irgendwann eingriff, diese Skizze anfertigte (also seine eigene Komposition «verandert») und dann am Ende noch ein paar eigenhändige Korrekturen anbrachte («overgeschildert»). Die Inschrift scheint von dem ausführenden Schüler zu stammen, bei dem es sich vielleicht um Govaert Flinck handeln könnte.

Was ist der Unterschied zwischen einer Kopie und einer Fälschung?

Solange die Kopie eines Gemäldes als solche gekennzeichnet ist, handelt es sich nicht um eine Fälschung. Das ist nur dann der Fall, wenn eine solche Kopie als Werk des Malers ausgegeben wird, der auch das Original schuf. Es gibt aber auch Fälschungen, bei denen nur der Stil eines Malers nachgeahmt wird oder bei dem Versatzstücke aus verschiedenen Bildern zu einem neuen zusammenkomponiert werden. Außerdem kann ein bereits vorhandenes Bild eines unbekannten Malers so verändert werden, dass es wie dasjenige eines anderen aussieht. In jedem Fall besteht der Betrug darin, dass ein Bild für das Werk eines anderen Malers ausgegeben wird und deshalb teurer verkauft werden kann. Nicht immer muss dabei der ausführende Maler der Fälscher sein. Es ist auch möglich, dass eine früher angefertigte Kopie später von einem Händler als Original ausgegeben wird.

Fälschungen sind oft schwierig zu erkennen, und es gibt Behauptungen, dass in den Museen viele Fälschungen zu finden sind. Über die

Prozentzahlen ist man sich zwar nicht einig, doch durch den im 19. Jahrhundert aufgewerteten Originalitätsbegriff (s. S. 218, 220) und die Gründung zahlreicher Museen nicht nur in Europa, sondern auch in den USA überstieg die Nachfrage nach Bildern Alter wie Neuer Meister bei Weitem das Angebot. Das führte zu Fälschungen in großem Stil. In Siena bildete sich um den Maler Icilio Federico Joni eine ganze Schar von Fälschern, die sich auf mittelalterliche und Renaissance-Malerei spezialisiert hatten. Einer von ihnen, der Akademieprofessor Umberto Giunti war ein Meister der Fresko-Technik. Er schuf sowohl Wandmalerei-Fragmente als auch eine *Madonna*, die angeblich von Sandro Botticelli stammen sollte und erst spät als Fälschung erkannt wurde. Giunti wurde lange nach seinem Tod entlarvt. In seinem Nachlass fanden sich sogar Briefe, in denen er seinen Schülern Fälscher-Tipps gab.

Doch außer den tatsächlichen Fälschungen gibt es auch Fälschungs-Legenden, die immer wieder ausgegraben werden, auch wenn längst bewiesen ist, dass es sich dabei um frei erfundene Geschichten handelt.

■ 14 | S. 68

1805 verkaufte die Stadt Nürnberg das Selbstbildnis von Dürer an die Stadt München. Im Zuge der großen Dürer-Verehrung anlässlich des 300. Todestags 1828 erfanden die Nürnberger offensichtlich eine Geschichte, in der ein Maler die Tafel, von der er eine Kopie anfertigen sollte, spaltete, den vorderen Teil teuer nach München verkaufte und den hinteren mit einer weiteren Kopie versah. So habe er die Stadt Nürnberg um das Original betrogen.

Obwohl längst geklärt ist, dass die Tafel nie gespalten wurde, wird dieses Märchen bis heute gerne erzählt – zum Beispiel als die Alte Pinakothek 2012 das berühmte Selbstbildnis aus konservatorischen Gründen nicht in eine große Ausstellung nach Nürnberg ausleihen wollte.

Wie sicher sind die Zuschreibungen an die Meister?

Notnamen wie die des Meisters des Marienlebens oder des Bartholomäusaltars sind Konstrukte, die wahrscheinlich größere Werkstätten bezeichnen. Möglicherweise stammen die einem Meister zugeordneten Werke auch aus mehreren ähnlich arbeitenden Werkstätten. Das wird sich nur anhand von Dokumenten feststellen lassen, sofern noch welche zu finden sind.

Doch auch bei Bildern, die einem bestimmten Maler zugeschrieben werden, kann man sich nicht immer sicher sein, wenn es keine Signatur oder Dokumente gibt, die die Autorenschaft bestätigen. Berühmtes Beispiel solch einer falschen Zuschreibung ist das Bild *Der Mann mit dem Goldhelm*, einst eines der berühmtesten Bilder der Berliner Gemäldegalerie, das zu einem nationalen Symbol wurde. Die Gesichtszüge des finster dreinblickenden Mannes unter dem golden glänzenden Helm wurden mit dem Reichskanzler Otto von Bismarck in Verbindung gebracht, ebenso wie dessen Staatskunst einem Bild Rembrandts gleiche. Denn dass dieses Bild von Rembrandt stammte, daran hatten die Berliner Ankäufer 1897 keinen Zweifel. Damals wurde das Gemälde restauriert, und dabei wurden wohl auch die Gesichtszüge «nachgebessert».

■ 64 | S. 228

Das Bild, das sich früher in vielen Schulbüchern befunden hat und mit dem die Gemäldegalerie Besucher ins Haus lockte, gilt heute, nach eingehenden Untersuchungen, als ein Bild, das um 1650/55 im Umkreis von Rembrandt entstanden ist und vielleicht den Kriegsgott Mars darstellt. Gerade die scharfen Lichtreflexe auf dem Helm und das im Dunkel liegende Gesicht, die beiden Aspekte, die früher so gerühmt wurden, waren ausschlaggebend für erste Zweifel, die Ende der 1960er Jahre in Kunsthistorikerkreisen geäußert wurden und

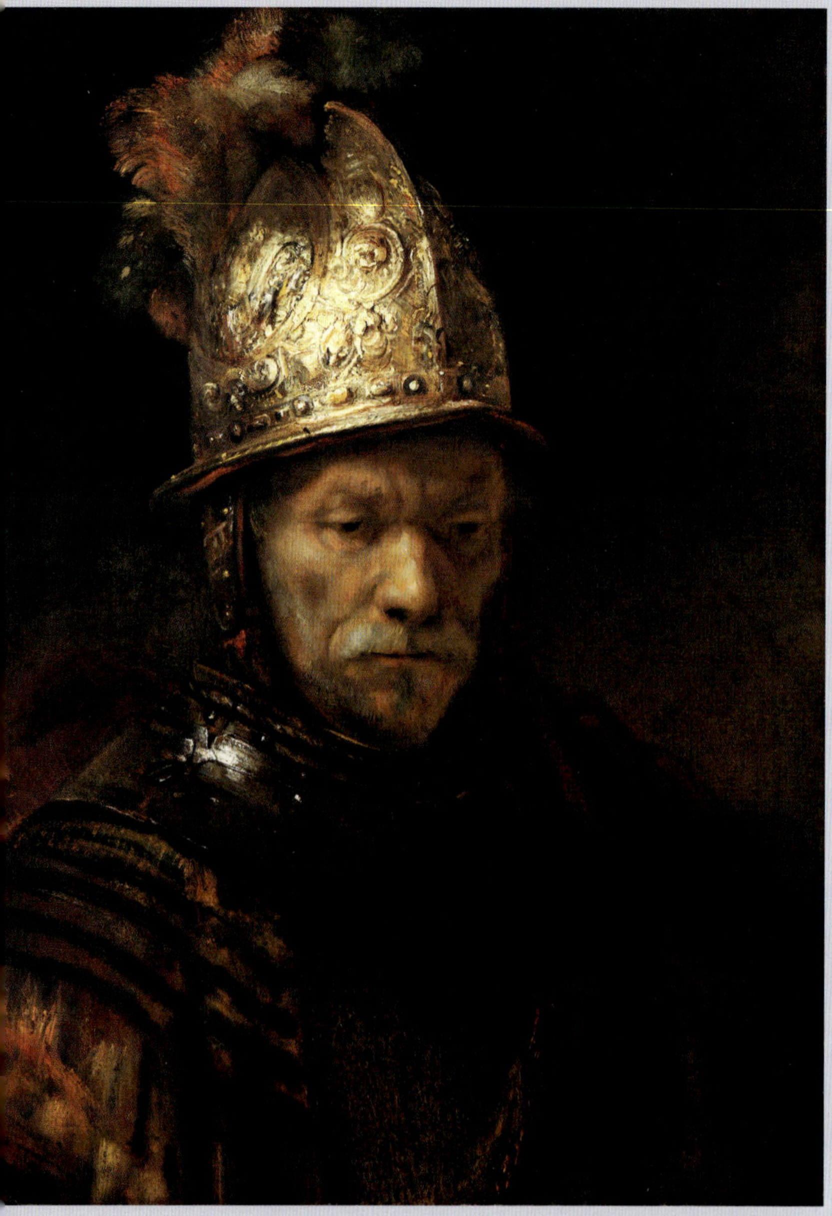

64

Rembrandt-Umkreis, *Der Mann mit dem Goldhelm*, Öl auf Leinwand, 67,5 x 50,7 cm, um 1650/55, Berlin, Gemäldegalerie

dann zu aufwendigen Untersuchungen führten. Röntgenstrahlen und Infrarotlicht gaben die Geheimnisse des Bildes nicht preis. Physiker wurden bemüht, um eine Autoradiografie herzustellen. 1985 war dann klar, dass es sich bei diesem Gemälde, das die Wissenschaftler zuvor als Meisterwerk gerühmt hatten, wohl um eine Arbeit handelte, die im engeren oder weiteren Umkreis des Meisters entstanden war. Natürlich wurde gegen das Untersuchungsergebnis protestiert und polemisiert. Bis heute sind das Für und Wider nicht verstummt. Und es bilden sich schon wieder neue Legenden. So wird ein Mitglied des Rembrandt Research Projects mit den Worten zitiert, die Forscher hätten sich jahrelang nicht getraut, ihre Zweifel zu äußern. Dabei waren die längst in der Welt.

Bei all den Bildern, bei denen weder Signatur noch Dokument eine eindeutige Zuweisung erlauben, sind Zweifel angesagt. Man kann sich nie sicher sein, ob die einmal getroffenen Zuschreibungen stimmen oder ob sie nicht irgendwann revidiert werden.

Seit wann gibt es Reproduktionen? Und was hat sich durch die Reproduktionen verändert?

Das Wort Reproduktion stammt aus dem Lateinischen und bedeutet soviel wie «wieder hervorbringen», was natürlich den Begriff der Kopie umschreibt. Doch im Gegensatz zur Kopie ist die Reproduktion eine vervielfältigte Abbildung, das heißt, sie ist in mehreren Exemplaren verfügbar. Dabei handelte es sich vor der Erfindung der Fotografie um Druckgrafiken, also um Holzschnitte, Kupferstiche, Radierungen, später dann auch um Lithografien. Dürer selbst fertigte von seinem Gemälde, das *Kaiser Maximilian I.* darstellte, einen Holz- 27 | S. 111
schnitt an. Der gab das Bild in etwas abgewandelter Form nur 28 | S. 111

schwarz-weiß wieder. Es haben sich aber auch handkolorierte Exemplare erhalten. Andere Gemälde wurden von speziellen Reproduktionsstechern in eine der druckgrafischen Techniken übersetzt. Eine direkte Zusammenarbeit über einen längeren Zeitraum fand erstmals zwischen Raffael und Marcantonio Raimondi statt. Allerdings stach Raimondi nicht nach den Gemälden, sondern nach Zeichnungen von Raffael, die entstanden waren, bevor die Gemälde ausgeführt wurden, bei denen die Auftraggeber häufig Änderungswünsche formulierten. Durch diese Stiche kennt man auch heute von einigen Bildern die ursprüngliche Version, wie Raffael sie geplant hatte. Zudem wurden auf diese Weise schon damals die Wandmalereien von Raffael im Vatikanpalast, zu dem kaum jemand Zugang hatte, einem größeren Kreis bekannt.

Auf den Kupferstichen vermerkte Raimondi, dass die Idee von Raffael stammte, die Ausführung von ihm. Diese Praxis wurde von den meisten anderen Reproduktionsstechern übernommen, wobei die Worte «invenit» (erfunden) und «fecit» (gemacht) auch durch «delineavit» (gezeichnet), «pinxit» (gemalt) beziehungsweise «excudit» (ausgeführt) oder «sculpsit (gestochen) ersetzt werden konnten. Es finden sich dann aber immer zwei Namen auf dem Stich. Etwa hundert Jahre später beschäftigte Peter Paul Rubens in seiner Werkstatt mehrere Kupferstecher, die seine Werke reproduzierten, damit sie einem größeren Publikum bekannt wurden. Diese Künstler erhielten später den Namen «Rubens-Stecher».

Durch die Reproduktionen wurden nun Werke auch außerhalb des Ortes bekannt, an dem sie sich befanden. Viele Künstler besaßen Graphik-Sammlungen, die ihnen lange Reisen ersetzten. Oft wussten sie natürlich nichts über die Farbigkeit eines Bildes, aber immerhin kannten sie die Komposition und die malerische Umsetzung eines Themas. Es gab allerdings auch Farbdrucke. Diese waren entweder anschließend handkoloriert oder aber es handelte sich um Farbholzschnitte. Bei diesen benötigte man für jede Farbe einen neuen Druckstock. Das war also ziemlich aufwendig.

Durch Inventarlisten kennen wir die graphischen Sammlungen etlicher Künstler. Sie wurden meistens nach ihrem Tod zusammengestellt, wenn der Nachlass von den Erben verkauft wurde. Von Rembrandt existiert die Inventarliste seines Besitzes aus der Zeit, als er Konkurs anmelden und alles verkaufen musste, um die Gläubiger zu bedienen. Wahrscheinlich besaß er ursprünglich noch mehr Werke, von denen er einige bereits zuvor veräußert hatte. Doch ist durch die Liste bekannt, dass er Grafiken nicht nur niederländischer, sondern auch italienischer und deutscher Meisterwerke besaß. In beide Länder ist er nie gereist, zum Studium dieser Kunstwerke reichten ihm die Reproduktionen. Von einigen Künstlern wie Lucas Cranach, Hans Holbein, Andrea Mantegna, Michelangelo, Raffael, Martin Schongauer oder Tizian besaß er ganze Bücher mit Reproduktionen. Und so wird er auch Adam Elsheimers *Flucht nach Ägypten* durch den ■ 51 | S. 183 Stich gekannt haben, den dessen Schüler Hendrick Goudt nur wenige Jahre nach dem Tod des Meisters angefertigt hatte. Aufgrund dieses Stiches entstand dann 1647 seine freie Kopie nach dem Bild, die sich heute in Dublin in der National Gallery befindet.

Hendrick Goudt nahm das Gemälde von Elsheimer nach dessen Tod mit nach Utrecht und fertigte dort eine genaue Reproduktion an, die auch von den Maßen her fast dem Original entspricht. Goudt gelang es in dem Blatt, die Helldunkelkontraste hervorragend wiederzugeben, sogar die Milchstraße und viele der Sterne sind zu erkennen. Allerdings fällt eines auf: das Bild ist seitenverkehrt, Goudt hatte also seine Version seitenrichtig auf die Platte gebracht, der Druck erschien dann natürlich seitenverkehrt. Obwohl er bei diesem Blatt darauf verzichtete, den Urheber zu nennen, war bekannt, von wem das Original stammte.

Wann wurden Drucke zu eigenständigen Bildern?

Um 1400 wurden die ersten Holzschnitte auf Papier gedruckt, um 1420 folgten die ersten Kupferstiche und um 1500 die Radierungen. Das waren die drei Druckverfahren, zu denen dann im 19. Jahrhundert die Lithographie (die 1798 erfunden wurde) und im 20. Jahrhundert der Siebdruck hinzukamen. Diese Druckverfahren unterscheiden sich in der Art des Drucks (Hoch-, Tief- und Flachdruck), in der Aufwendigkeit der Herstellung des Druckstocks und in der Menge der zu druckenden Blätter.

Die ersten Drucke werden der Gebrauchsgrafik zugerechnet. Das waren Heiligenbildchen bei Wallfahrten, Buchillustrationen, Kartenspiele, Flugblätter. Dann aber begannen die Künstler sich vermehrt auch für dieses Medium zu interessieren. Albrecht Dürer war der erste Maler, der Bildserien in Holzschnitt und Kupferstich verlegte und eigene Handelsvertreter anstellte, die für ihn diese Drucke weit über die Grenzen von Nürnberg und Franken hinaus verkauften. Solche häufig auch großformatigen Drucke waren zwar nicht billig, aber immer noch sehr viel günstiger als Gemälde, sowohl in der Herstellung als auch im Verkauf. Und mit ihnen entwickelte sich ein freier Kunstmarkt, denn diese Blätter waren keine Auftragsarbeiten, sondern standen gleich zum freien Verkauf. Die Druckgrafiken konnten sich auch weniger reiche Bürger leisten. Neben verschiedenen Serien des *Marienlebens*, der *Passion* und der *Apokalypse* schuf Dürer auch die drei berühmten sogenannten Meisterstiche, die aufgrund ihrer hervorragenden Ausführung und ihrer bis heute nicht vollkommen entschlüsselten Bildinhalte diesen Namen erhielten.

Dürer war zwar einer der ersten, aber nicht der einzige Maler, der künstlerische oder freie Druckgrafiken hervorbrachte. Auch Rembrandt benutzte dieses Medium. Er arbeitete bevorzugt mit der Radierung und schuf dort ebenfalls Meisterwerke. Eines seiner Blätter wurde schon zu seinen Lebzeiten *Hundertguldenblatt* genannt, weil es solch hohe Preise erzielte. Die 1649 entstandene Radierung, auf der Christus dargestellt ist, wie er die Kranken heilt, wird auch heute noch hoch gehandelt, wenn eines der Blätter zum Verkauf angeboten wird. Im Jahr 2006 wurde es zum Doppelten des Schätzpreises (der 30 000 Euro betrug) ersteigert.

Druckgrafiken befinden sich, wenn sie in Museumsbesitz sind, in deren graphischen Sammlungen, die manchmal auch Kupferstichkabinette genannt werden. Sie dürfen nur selten und dann auch nur kurz ausgestellt werden, weil sie zu lichtempfindlich sind. Heute können sie dort, wo sie bereits digitalisiert sind, wenigstens in dieser Form der Öffentlichkeit zugänglich gemacht werden. Das kann allerdings die Betrachtung des Originals nicht vollkommen ersetzen, denn in der virtuellen Anschauung kann man weder die Qualität und Beschaffenheit des Papiers erfassen, noch genau erkennen, ob es sich nun um einen Hoch- oder Tiefdruck handelt, ob es ein früher oder später Druck ist und vieles andere mehr, was sich nur am Original nachvollziehen lässt.

Warum sieht bis heute jedes Bild auch im teuren Katalog ganz anders aus als im Museum?

Nach der Erfindung der Drucktechniken und damit der Möglichkeit, Bilder zu reproduzieren, gab es Bücher, in denen fürstliche oder königliche Sammlungen in Kupferstichen oder Radierungen wiedergegeben waren. Das waren aber natürlich immer Schwarz-Weiß-Abbildungen. Sehr viel später, nach Erfindung der Fotografie, wurden Techniken entwickelt, die Druckplatte mithilfe der Fotografie zu belichten und zu drucken. Zunächst waren das wieder Schwarz-Weiß-Drucke; als dann der Farbdruck hinzukam, war er erst einmal sehr teuer. Das änderte sich zwar mit der Zeit, doch galt die Schwarz-Weiß-Fotografie immer noch als die bessere Form der Wiedergabe von Kunstwerken. In Ausstellungskatalogen, vor allem aber in der kunsthistorischen Fachliteratur, wurde ihr bis vor wenigen Jahrzehnten der Vorzug gegeben.

Das hat sich heute zwar geändert und die Verfahren, Gemälde zu reproduzieren, haben sich verfeinert, trotzdem besteht immer noch ein Unterschied zwischen dem Original und dem reproduzierten Bild. Das beginnt mit der Vorlage. Wenn das Bild nicht richtig ausgeleuchtet oder eine falsche Belichtung gewählt wurde, kann bereits die Fotografie die Farben falsch wiedergeben. Ein anderes Problem entsteht durch die Wahl des Papiers, denn die verschiedenen Materialien nehmen die Druckfarben jeweils anders auf. Die Vorlage kann noch so gut sein – wenn das falsche Papier gewählt wird, «saufen» die Farben ab, werden die Bilder zu dunkel, oder sie wirken so, als seien sie mit einem Schleier überzogen. Beim Druck selbst müssen auf einem Druckbogen die gleichen Farbmischungen verwendet werden. Braucht eines der Bilder auf dem Bogen mehr Gelb, kann ein anderes deshalb gelbstichig werden oder eine andere Reaktion hervorrufen. All dies kann dazu führen, dass die Farben im noch so teuren und sorgfältig gestalteten Katalog ganz anders wirken als im Original. Will man dann ein Bild und seine Farbigkeit beschreiben, hat aber nur eine Reproduktion zur Hand, kann man dabei ziemlich falsch liegen. Wenn mehrere Reproduktionen nebeneinanderliegen, weiß man häufig gar nicht mehr, welches nun eigentlich die richtige Farbe ist.

Die einzige Möglichkeit, Klarheit zu schaffen, ist dann immer noch der Besuch im Museum, die Betrachtung des Originals. Denn nur dort kann man wirklich erkennen, wie der Farbauftrag ist. Handelt es sich um dünn aufgetragene Schichtenmalerei, oder hat der Künstler die Farben dick mit dem Pinsel aufgetragen? Ist der Hintergrund wirklich so dunkel, oder liegt das nur an der Reproduktion und man erkennt doch noch eine Landschaft, andere Personen oder ganz andere Dinge, wenn man vor dem Original steht? Die fotografische Wiedergabe vermittelt auch keine Vorstellung von der Größe eines Bildes. In dem einen Fall ist man von der enormen Größe überwältigt, im anderen hat man das Werk für viel größer gehalten und ist nun ganz erstaunt darüber, dass es so klein ist und man dennoch alles darauf erkennen kann. Sosehr heute also die Reproduktionen, noch mehr als früher die Stiche und Radierungen, dazu dienen, viele Werke kennenzulernen und sie zu vergleichen mit anderen Bildern, die sich an ganz anderen Orten befinden – der Eindruck, den man vor dem Original bekommt, lässt sich durch nichts ersetzen.

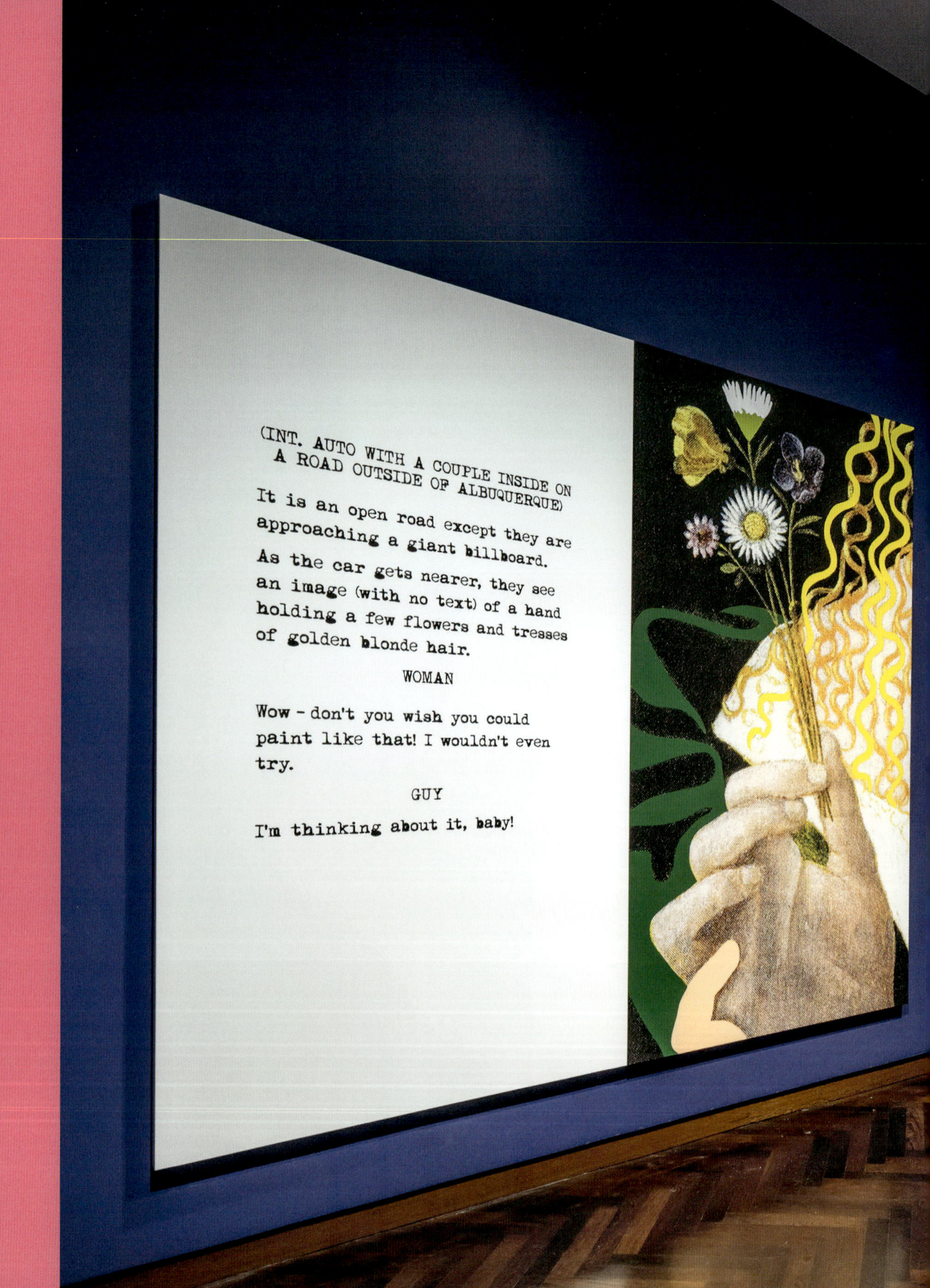
(INT. AUTO WITH A COUPLE INSIDE ON
A ROAD OUTSIDE OF ALBUQUERQUE)
It is an open road except they are approaching a giant billboard.
As the car gets nearer, they see an image (with no text) of a hand holding a few flowers and tresses of golden blonde hair.
WOMAN
Wow - don't you wish you could paint like that! I wouldn't even try.
GUY
I'm thinking about it, baby!

VIII. Die Bilder in ihrer Zeit und heute

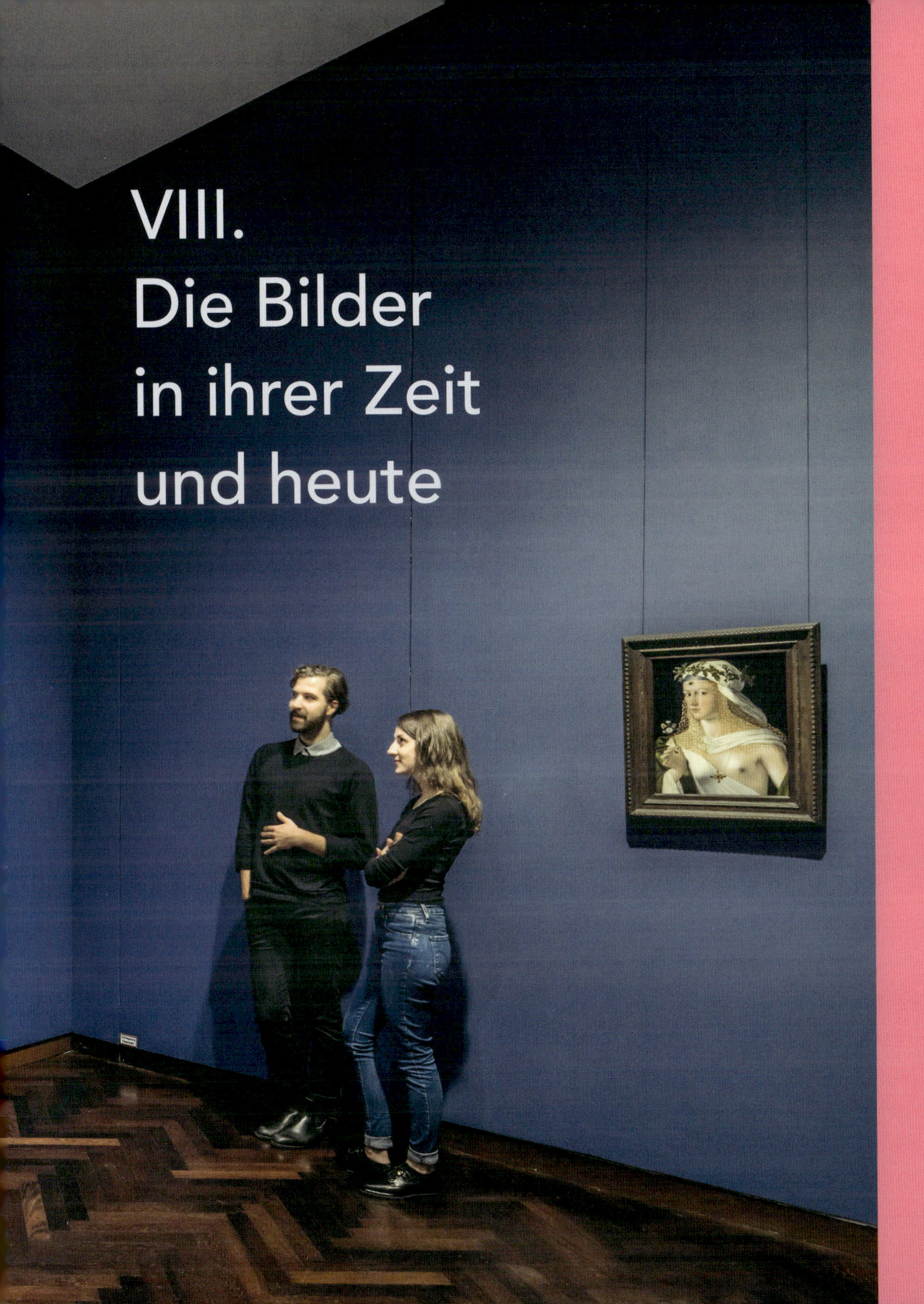

Für wen schufen die Maler ihre Bilder?/Wer waren die wichtigsten Auftraggeber?

Die ersten Tafelbilder waren ausschließlich Heiligenbilder, die für die Altäre in Kirchen bestimmt waren. Sie wurden entweder von den Priestern der Kirchen selbst in Auftrag gegeben oder von einer Person, die dieses Altarbild dann stiftete. Das konnte zum Beispiel ein Mitglied der Kirche sein, so wie der Erzbischof von Prag, der winzig 45 | S. 167 klein in dem Bild der sogenannten *Glatzer Madonna* vor der Muttergottes kniet, oder aber ein Herrscher, der sich auf diese Weise verewigen wollte. Doch haben sich häufig keine Verträge erhalten, sodass man heute oft weder weiß, von wem ein Bild gemalt wurde, noch wofür oder für wen.

Mit der Zeit wurden die Stifter in den Bildern immer größer, bis sie sich kaum noch von den anderen Figuren unterschieden. Ein Bei- 65 | S. 239 spiel dafür ist der ebenfalls kniende Stifter im *Columba-Altar*, der nun kein Geistlicher mehr ist, sondern ein Kölner Bürgermeister. Wahrscheinlich ließ er den Altar als privates Andachtsbild malen und stiftete ihn dann testamentarisch der Kirche. Man sieht ihn im Mittelbild mit der *Anbetung der Könige* ganz links ein wenig außerhalb des Geschehens hinter einer Mauer knien. In der Mitte des Bildes befinden sich vor dem als Ruine gemalten Stall Maria mit dem Kind und der älteste der Könige, der kniend die ausgestreckte Hand des nackten Babys küsst. Hinter ihm stehen die beiden anderen Könige, alle in kostbare Gewänder gekleidet, wie man sie zu der Zeit am burgundischen Hof trug. Dort war der Schöpfer des Werks, Rogier van der Weyden, als Hofmaler tätig. Und so trägt auch der jüngste der Könige die Gesichtszüge des Thronfolgers, der später als Karl der Kühne Herzog von Burgund wurde, obwohl nicht er, sondern der Bürgermeister der Stifter war. Doch der hatte den Altar nicht in Köln,

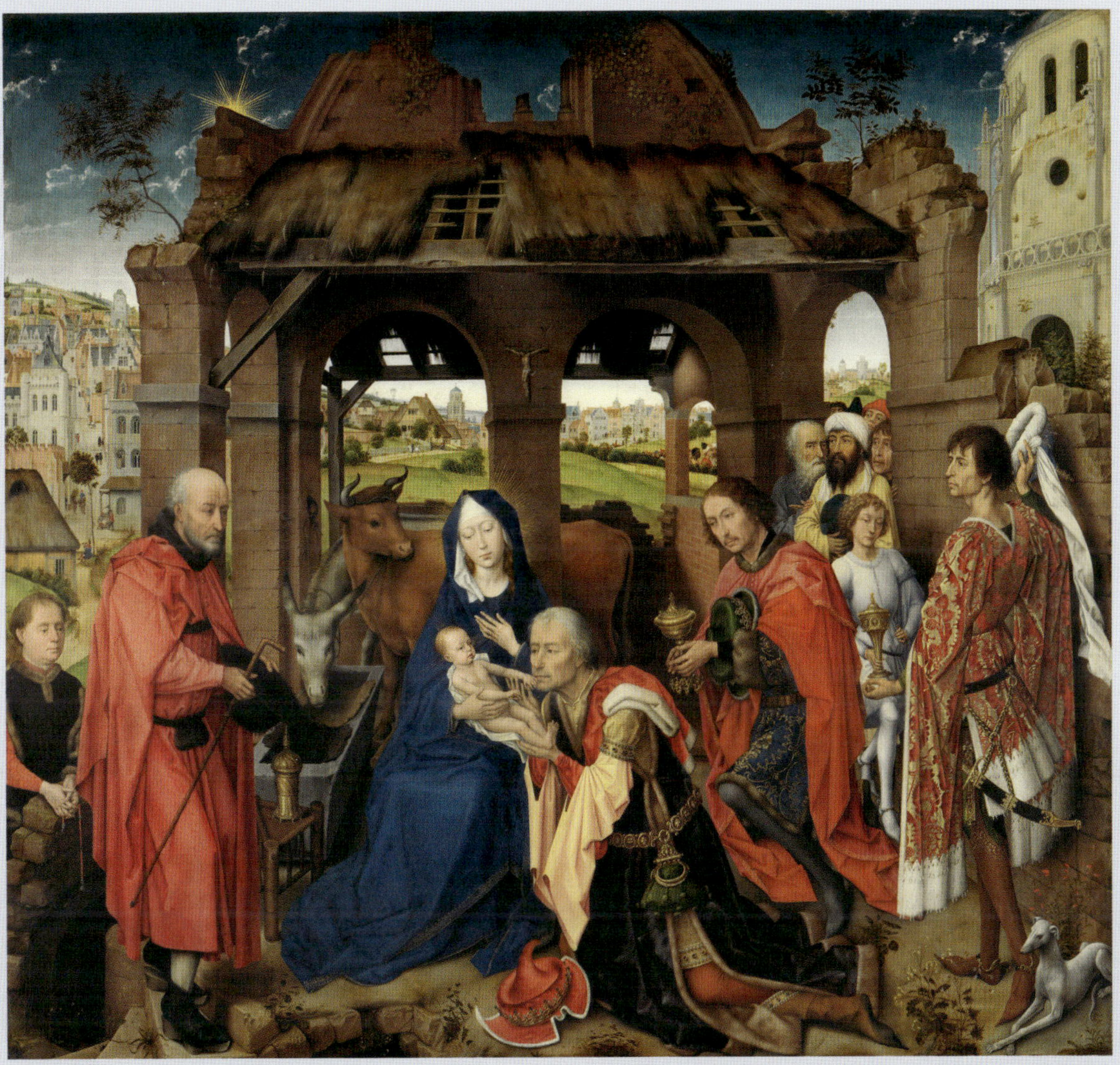

65

Rogier van der Weyden, *Dreikönigsaltar (Columba-Altar)*, um 1455, Eichenholz, Mitteltafel 138 x 153 cm, München, Alte Pinakothek

sondern in Brüssel in Auftrag gegeben, also im Herrschaftsgebiet der Burgundischen Herzöge.

26 | S. 109

25 | S. 103

Gleichzeitig wurden auch immer mehr profane Bilder gemalt. Das konnten Porträts sein wie dasjenige des *Feisten Mannes* oder Darstellungen, um die Herrschaftssitze, die Residenzen, zu schmücken. Ein frühes Beispiel dafür ist die *Alexanderschlacht*, die Teil eines Bildprogramms mit den Geschichten von Helden und Heldinnen war, die vom Bayerischen Herzog und seiner Frau an verschiedene Maler in Auftrag gegeben worden waren. Hier wurden keine Stifter in die Bilder gemalt, denn die Bilder waren ja auch nicht zur Ehre Gottes oder der Heiligen entstanden, die Stifter waren nicht gleichzeitig Fürbitter.

Herrscher, Priester oder auch reiche Kaufleute blieben über die Jahrhunderte hinweg die wichtigsten Auftraggeber für die Künstler. Diejenigen, die das Glück hatten, zum Hofmaler ernannt zu werden, bekamen häufig ein festes Gehalt, mussten dafür aber auch alle möglichen Arbeiten ausführen wie die Ausgestaltung von Festen. Doch besaßen die Hofmaler die Freiheit, auch für andere Auftraggeber zu arbeiten wie Hans Holbein der Jüngere, der als Hofmaler des englischen Königs neben der Königsfamilie und englischen Adligen viele deutsche Kaufleute porträtierte, die sich in England niedergelassen hatten.

Seit wann konnten die Künstler die Themen ihrer Bilder selbst bestimmen?

Wenn ein Auftraggeber ein Bild bestellte – und das gibt es heute noch – bestimmte er natürlich auch, was darauf dargestellt werden sollte. Es konnte sein, dass er (oder sie) nur das Thema festlegte und der Künstler frei in der Umsetzung war. Das konnte auch mal zu Unstimmigkeiten führen, wenn die Vorstellungen von Maler und Auftraggeber sehr weit auseinanderlagen, man sich aber vorher nicht darauf verständigt hatte. Wie eine solche Auseinandersetzung auch heute noch aussehen könnte, hat Caroline Link 2008 in dem Film «Im Winter ein Jahr» gezeigt, in dem eine Frau einem Maler den Auftrag gibt, ihre beiden Kinder zu malen, von denen der Sohn nicht mehr lebt. Die Tochter wehrt sich erst gegen das Porträt, sie und der Maler finden dann aber zu einer Lösung, die allerdings nicht zur Zufriedenheit der Mutter ausfällt – im Gegenteil, sie würde das Bild am liebsten verändern lassen.

Solche Konflikte hat es auch früher gegeben. So waren die Jesuiten mit dem von Rubens gelieferten Gemälde des *Jüngsten Gerichts* wegen der vielen nackten Leiber überhaupt nicht einverstanden (s. S. 194). Andere Auseinandersetzungen, die später verbreitet wurden, hatten so nie stattgefunden: Rembrandt hatte von der Büchsenschützengilde den Auftrag erhalten, die Mitglieder zu porträtieren. Es war damals üblich, die zahlenden Personen auf einem Gruppenporträt in ähnlicher Position zu zeigen. Doch Rembrandt malte die Büchsenschützen in Aktion, weshalb nicht jeder der zahlenden Schützen gleich groß im Bild erscheint. Das war nicht nur eine neue Bilderfindung, sondern brach auch mit der Konvention. Die Büchsenschützen waren begeistert. Erst später hieß es, das Bild, das als *Die Nachtwache* Berühmtheit erlangte, obwohl weder eine Nacht noch eine Wache dargestellt ist, sei ein Misserfolg gewesen.

Manchmal waren aber auch die Malerkollegen mit einem Bild nicht einverstanden. So kritisierte Giovanni Baglione Caravaggios *Amor als Sieger* (s. S. 69, 71) als zu frivol und malte selbst ein anderes, das er dem Bruder des Auftraggebers, einem Kardinal, zum Geschenk machte, weshalb sich die beiden Bilder bis heute in einer Sammlung befinden. Dieses Bild reizte dann wiederum Caravaggio und seine Freunde, üble Spottgedichte über Baglione und das Bild in Umlauf zu bringen.

15 | S. 70
16 | S. 70

Damit sind wir jetzt schon im 17. Jahrhundert angekommen.

Doch bereits im 16. Jahrhundert gab es Auftraggeber, die sehr genaue Vorstellungen davon hatten, was sie dargestellt haben wollten, und andererseits Künstler, die versuchten dem zu entsprechen oder die sich entschieden dagegen wehrten. Eine solche Auftraggeberin war Isabella d'Este, Markgräfin von Mantua, die ihr Studiolo, also ihre Studier- und Wunderkammer, im Schloss von Mantua nur von den damals berühmtesten Künstlern ausgestaltet haben wollte. Giovanni Bellini jedoch weigerte sich, ihrem Auftrag Folge zu leisten und eine *Allegorie der Tugenden und Laster* für sie zu malen. Im Gegenzug schlug er eine *Geburt Christi* vor – die aber wollte Isabella nicht. Stattdessen übertrug sie Pietro Perugino die Aufgabe, ein Bild mit dem Titel *Sieg der Tugend über das Laster* zu malen. Der Vertrag beinhaltete eine ganz genaue Beschreibung, was auf dem Bild darzustellen sei. Perugino ließ sich darauf ein, was keine so gute Idee war, denn es ist eines der schwächsten Bilder dieses Malers. Er hätte sich vielleicht – wie Bellini – dagegen wehren sollen, weil auch er vor allem für seine Marien- und Heiligenbilder berühmt war, von denen sich einige wenige in Frankfurt, München und Wien befinden.

Die Art der Aufträge von Isabella d'Este kennen wir deshalb so gut, weil sich ihr umfangreicher Briefverkehr erhalten hat. Das stellt eher die Ausnahme dar als die Regel. Bei vielen Bildern wissen wir nicht, ob die Auftraggeber genaue Vorstellungen formulierten oder ob es
52 | S. 186
sich um eine Erfindung des Künstlers handelte. Die *Blendung Simsons* könnte Rembrandt aus eigenem Antrieb gemalt haben, sicher ist das aber nicht.

Allerdings gab es natürlich auch schon in früherer Zeit Bilder, die nicht zum Verkauf bestimmt waren. Ein solches Beispiel hat sich von Hans Holbein dem Jüngeren erhalten: 1528/29 porträtierte er seine
66| S. 243
Frau mit den beiden älteren Kindern. Das Bild begleitete den Künstler auf seinen Reisen, auf die er seine Familie nicht mitnehmen konnte oder wollte. Um es besser transportieren zu können, malte er es wohl auch auf Papier und nicht auf Leinwand; es wurde wahrscheinlich erst später auf Holz aufgezogen. Holbein stellte seine Frau Elsbeth und die beiden Kinder Philipp und Katharina ungeschönt

66

Hans Holbein d.J., *Bildnis der Frau des Künstlers mit den beiden ältesten Kindern*, um 1528/29, Mischtechnik auf Papier, an den Figurenkonturen ausgeschnitten und auf Lindenholz aufgezogen, 79,4 x 64,7 cm, Basel, Kunstmuseum

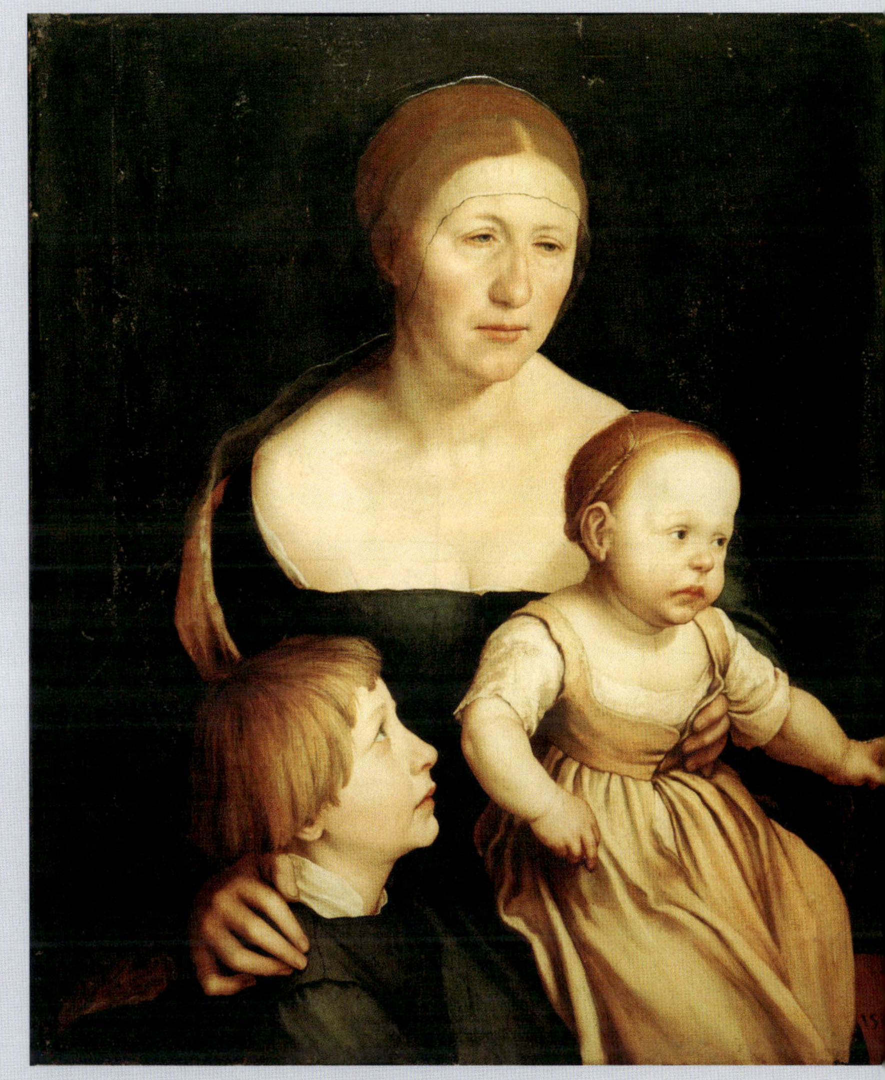

und ohne Standesmerkmale dar. Ihm gelang damit eines der intimsten Werke der damaligen Porträtkunst, das auch zu seinen Hauptwerken zählt.

Man kann davon ausgehen, dass der Übergang von der Zeit, als die Künstler vollkommen an die Auftraggeber gebunden waren, bis dahin, als sie ihre eigenen Bilderfindungen schufen, fließend war. Im Medium der Grafik fand dieser Prozess sehr viel früher statt als in der Tafelmalerei, denn Gemälde vorzufinanzieren barg ein sehr viel höheres finanzielles Risiko, als Zeichnungen anzufertigen oder Holzschnitte, Kupferstiche sowie Radierungen drucken zu lassen. Erst als sich mit den Kunsthändlern ein freier Markt entwickelte, entstanden in größerem Stil Bilder, die die Künstler ohne Auftrag malten.

Gab es Heiligenbilder auch außerhalb der Kirchen?

Bevor das bewegliche Altarbild Einzug in die Kirchen hielt, hatte es dort vor allem Wandmalereien gegeben. Ebenso waren die Burgen der Herrscher mit Wandmalereien geschmückt, die häufig Geschichten von legendären Rittern erzählten. Ein normales Wohnhaus auszumalen war hingegen nicht üblich. Als dann aber die beweglichen Bilder auf Holz entstanden, wurde es auch für begüterte Privatleute einfacher, solche Bilder zu erwerben. Auf großformatigen Altarbildern sehen wir häufig Stifterfiguren, die das Bild bezahlten, das dann in einer Kirche seinen Platz fand wie der *Bartholomäusaltar*. Der große *Columba-Altar* hingegen diente dem Stifter, einem Kölner Bürgermeister, vermutlich erst zur privaten Andacht, bevor er dann nach seinem Tod in die von ihm gestiftete Kapelle der Kölner Kirche Sankt Columba kam.

■ 19 | S. 87
■ 65 | S. 239

Dafür brauchte der Bürgermeister natürlich genügend Platz, denn der Altar ist mit seinen Flügeln knapp drei Meter breit. Nicht alle

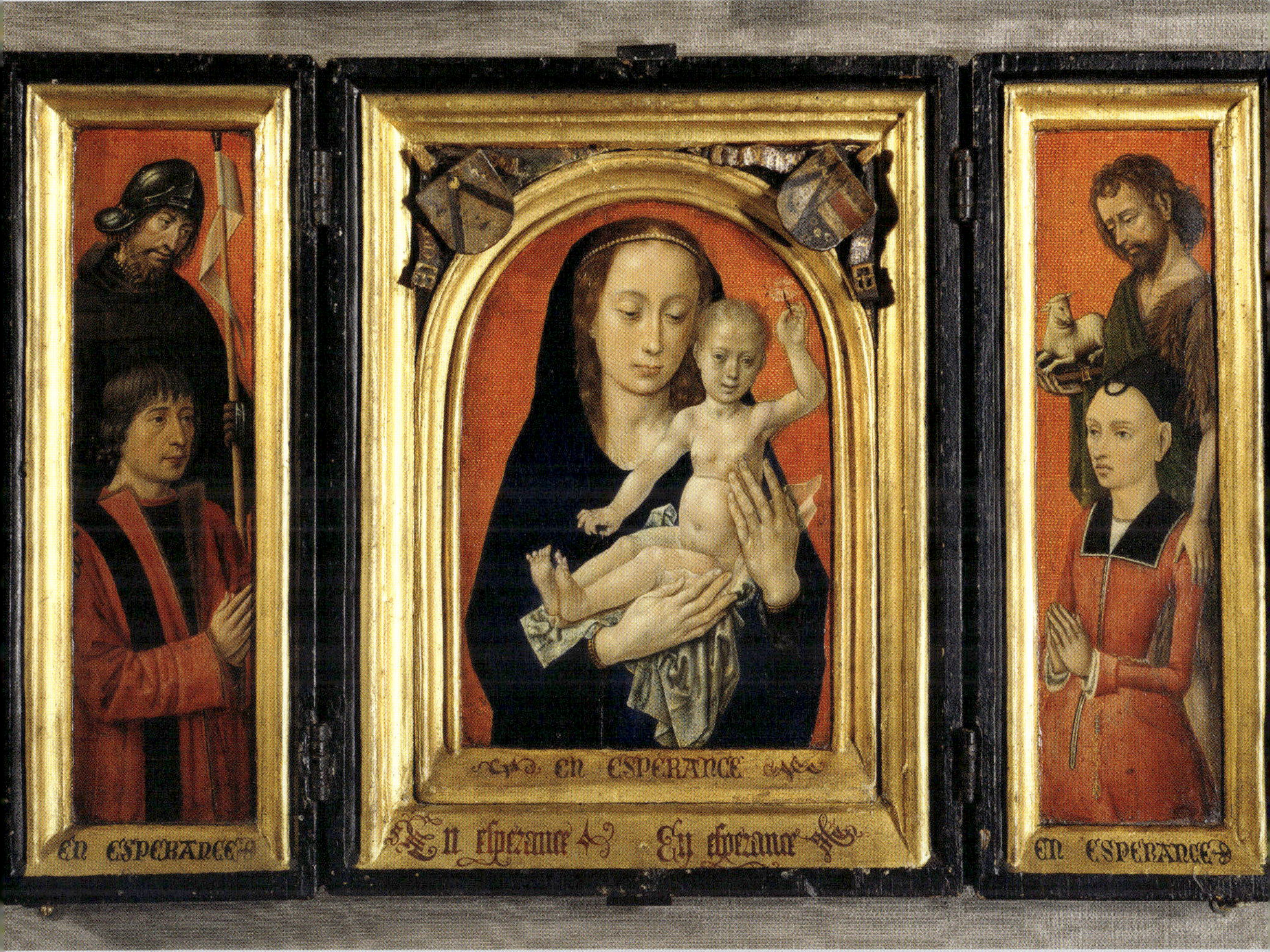

67

Hugo van der Goes, Brügger(?) Meister um 1485/90, *Marientriptychon*, um 1475/80 und um 1485/90, Eichenholz, Mitteltafel: 23,8 x 17,4, Seitentafeln: 30 x 11,6 cm, Frankfurt am Main

wohlhabenden Bürger konnten einen so großen Altar bei sich aufstellen, viele wollten es vermutlich auch gar nicht. Doch kleinere Klappaltäre, die man zu Hause als Andachtsbilder zum täglichen Gebet hinstellte, dann aber auch mit auf Reisen nehmen konnte, wurden von vielen Leuten gekauft. Die ärmeren mussten sich mit sogenannter Massenware zufrieden geben, die reicheren konnten es sich leisten, einen berühmten Maler zu beauftragen und sich auch selbst darstellen zu lassen. Ein solches Klappaltärchen wird heute im

67 | S. 245

Frankfurter Städel aufbewahrt. Es zeigt auf der Mitteltafel eine Maria mit Kind, das in der erhobenen Hand eine Pusteblume hält, deren Samen sich wie der Glaube über die Welt verbreiten, in der anderen einen Anker, der auf die Passion Christi hinweist. Auf den Seitentafeln sind die Stifter Willem van Overbeke, Sekretär der burgundischen Herzöge und seine Frau, Johanna de Keysere, die er 1478 heiratete, mit ihren Namensheiligen Wilhelm von Malavalle und Johannes dem Täufer dargestellt. Verglichen mit dem *Columba-Altar* ist das Altärchen mit einer gesamten Breite von gerade mal 40 cm winzig.

Die Mitteltafel mit der *Madonna* stammt von Hugo van der Goes. Ob die Besitzer das Bild in Auftrag gaben oder es vom Künstler erwarben, ist nicht bekannt. Etwa zehn Jahre später ließen sie von einem anderen Maler die Seitentafeln hinzumalen, die allerdings höher sind, als es die Madonnentafel ursprünglich war, weshalb sich diese jetzt in zwei Rahmen befindet. In die Rahmenecken sind die Wappen der Stifter gemalt. Auf allen Rahmen liest man immer wieder die beiden Worte «en esperance» (in Hoffnung), die Devise der Herzöge von Bourbon, denen Overbeke diente.

Seit wann wurden aktuelle Ereignisse gemalt?

Wer am 11. September 2001 nachmittags zufällig den Fernseher eingeschaltet hatte, wurde Zeuge des Attentats auf das World Trade Center in New York. Hilflos, aber life, konnte die ganze Welt verfolgen, wie die beiden Flugzeuge in die Hochhäuser flogen und diese in sich zusammenstürzten. Heute, keine zwei Jahrzehnte später, ist die Notwendigkeit, dafür in der Nähe eines Fernsehers zu sein, schon wieder Geschichte. Das Smartphone bringt uns – wo auch immer wir uns aufhalten – auf den neusten Stand der gerade stattfindenden Ereignisse.

Natürlich war das früher anders, das ist uns allen bewusst. Die Erfindung der Fotografie eröffnete neue Möglichkeiten der Aktualität. Davor dauerte es eine Weile, bis stattgefundene Ereignisse ins Bild gebracht werden konnten. Und ob sie dann tatsächlich so und nicht anders abgelaufen waren, war auch völlig ungewiss. Denn nur bei vorher planbaren Geschehnissen wie Friedensabkommen, Hochzeiten oder Krönungen konnte ein Maler die Gelegenheit erhalten, anwesend zu sein und zu zeichnen. Es konnte dauern, bis er diese Zeichnung(en) in ein Gemälde umsetzte – wenn das denn gewünscht wurde. So zeichnete Albrecht Dürer Kaiser Maximilian 1518 in Augsburg. Gemälde und Holzschnitt nach dieser Zeichnung wurden jedoch erst nach dem Tod des Kaisers ein halbes Jahr später vollendet.

27 | S. 111
28 | S. 111

Aktuelle – oder vielleicht besser zeitgenössische – Ereignisse wurden erst in Buchmalereien, später vor allem in Druckgrafiken festgehalten. Dabei handelte es sich oft um Krönungsbilder oder andere Situationen im Leben eines Herrschers oder seiner Familie. Gemälde, die von zeitgenössischen Geschehnissen erzählen, waren eher selten. Eine Ausnahme war das Porträt, das einen Menschen nicht nur in einem bestimmten Alter darstellt, sondern auch in einer Situation. Bei der Begegnung zweier Herrscher konnte ein Doppelporträt entstehen, bei einem Friedensschluss ein Gruppenporträt. In wenigen Fällen gibt es ungeschönte Totenbilder. Eines davon zeigt den toten Kaiser Maximilian. Ein namentlich nicht bekannter Maler wurde ans Sterbebett des Kaisers gerufen, zeichnete dort den Toten und verfertigte anschließend ein Gemälde, das sich in verschiedenen Fassungen erhalten hat. Hier ist der Kaiser nicht in seinem Ornat und in herr- 28 | S. 111 schaftlicher Haltung gezeigt, wie Dürer ihn gemalt hatte. Man sieht vielmehr ein vom Todeskampf gezeichnetes Gesicht, das Haupt bedeckt mit einer roten Ohrenkappe, die die Totenblässe und die Bartstoppeln noch hervorhebt. Auch wenn hinter dem Kopf kein Kissen zu sehen ist, sondern nur ein undefinierter grüner Hintergrund, ist der Körper von einem Laken und einem schwarzen Tuch bedeckt, auf dem ein goldenes Kreuz liegt. Der in goldenen Lettern geschriebene Text oberhalb des Toten verweist auf die Vergänglichkeit des Lebens und die Gleichheit im Tod. Dieses 1519 gemalte Bild ist wohl das erste seiner Art. Dreißig Jahre später malte Hans Mielich den bayerischen Herzog Wilhelm IV. auf dem Totenbett. Dieser große Förderer der Künste, der den Zyklus in Auftrag gegeben hatte, zu dem 25 | S. 103 auch die *Alexanderschlacht* gehört, starb unerwartet an einem Schlaganfall und wurde noch schonungsloser dargestellt als der Kaiser. Von diesem Bild gibt es keine Kopien, man weiß auch nicht, ob es einer irgendwie gearteten Öffentlichkeit gezeigt wurde.

Andere aktuelle Ereignisse wurden meistens nur in Form von Druckgrafiken wiedergegeben, dann allerdings häufiger als Illustration zu einem Text oder sogar als Bildergeschichte. In Gemälden wurden sie entweder in andere Zeiten entrückt oder allegorisch überhöht, meist wurden hier keine wirklichkeitsgetreuen Darstellungen gezeigt. Und so spielt die *Alexanderschlacht* auf aktuelle Ereignisse nur an, stellt aber einen Kampf aus der Antike dar. Gleichzeitig gab es zwar auch Bilder von Schlachten, die sich gerade ereignet hatten und bei denen die Künstler teilweise sogar anwesend waren und gezeichnet hatten, doch setzten sie in der Werkstatt dann ein Bild aus vielen verschiedenen Details so zusammen, dass der Herrscher und seine Generäle im Mittelpunkt standen, die einfachen Soldaten aber eher in der Masse untergingen. Allerdings erkennt man in solchen Bildern häufig die topografischen Besonderheiten, kann die Schlachtenformationen nachvollziehen und sich eine Vorstellung von den zeitgenössischen Uniformen machen. Sie liefern einem also durchaus Informationen, auch wenn sie nicht den genauen Verlauf einer Schlacht abbilden.

Natürlich ließen sich auch die Herrscher gerne in Aktion darstellen, doch zeigten diese Bilder nie Begebenheiten, wie sie stattgefunden hatten oder hätten stattfinden können, sondern allegorisch überhöht. Es spielen also immer höhere Mächte mit, die die Geschicke der Menschen leiten. Ein Beispiel dafür ist der sogenannte *Medici-Zyklus*: 1621 gab die französische Königin Maria de' Medici, die Witwe Heinrichs IV. und Mutter Ludwigs XIII., bei Peter Paul Rubens den Gemäldezyklus über ihr Leben in Auftrag. Die 21 Gemälde befinden sich heute im Louvre in Paris, Ölskizzen dazu werden in der Alten Pinakothek in München aufbewahrt. Doch auch wenn die Bilder Titel wie *Die Erziehung der Prinzessin*, *Die Krönung der Königin* oder *Die Flucht von Blois* heißen, also Begebenheiten benennen, die tatsächlich stattgefunden haben, sind die Bilder keine Darstellungen der Wirklichkeit, sondern zeigen die Königin im Kreis von Allegorien oder mythologischen Gestalten.

Erst im 18. Jahrhundert entstanden wenige Bilder mit aktuellen Geschehnissen wie zum Beispiel der ersten Ballonaufstieg in Venedig, der 1784 stattfand und den Francesco Guardi in einem Gemälde festhielt, das sich heute in Berlin befindet. Doch auch hier musste Guardi den Startplatz wohl aus kompositorischen Gründen verändern. Wirkliche Skandalbilder, mit denen die Maler politische Zustände anprangerten, Kriegstreiberei und Unterdrückung kritisierten, kennen wir erst aus dem 19. Jahrhundert.

Wo konnte man Bilder kaufen? Seit wann gibt es einen freien Markt?

Obwohl das Hauptgeschäft mit Kunstwerken bis ins 19. Jahrhundert über die Aufträge abgewickelt wurde, wurden in den Werkstätten auch schon im Mittelalter Bilder «auf Halde» gemalt. Das waren vor allem Christus- und Mariendarstellungen, wie sie hauptsächlich für die Kirchen massenhaft verlangt wurden. Meistens wurden sie noch nicht vollendet, um spezielle Wünsche der Auftraggeber einfügen zu können. Doch kann man diese Form der Bildherstellung noch nicht als freien Markt bezeichnen.

Das änderte sich mit der Erfindung der Druckgrafik. Jetzt wurden Bilder von Heiligen, aber auch Spielkarten, Flugblätter und anderes auf Jahrmärkten verkauft. Albrecht Dürer machte sich dies um 1500 zunutze und ließ Handelsvertreter mit seinen Druckfolgen von Jahrmarkt zu Jahrmarkt ziehen, um sie dort anzubieten. Dürer verdiente gut damit, und schon bald entstand ein blühender Kunsthandel mit grafischen Blättern. Das hatte natürlich auch zur Folge, dass sich der Beruf des Kunsthändlers immer weiter ausbreitete. Diese Händler waren häufig selbst Künstler, die eigene und fremde Werke anboten. Die Käufer entstammten der in den größer werdenden Städten wachsenden Bürgerschicht, für die es ein gewisses Statussymbol war, Kunstwerke zu besitzen. Das konnten natürlich auch Gemälde und kleine Skulpturen sein, die sie entweder bestellten oder aber auf dem sich langsam entwickelnden freien Markt erstanden. Dort wurden vor allem Genrebilder, Landschaften und Stillleben angeboten.

Es gab aber auch Händler, die im Auftrag von Herrschern und mächtigen Bürgern Kunstwerke aufkauften, um die Sammlungen in den Schatzkammern zu vergrößern. Einer von ihnen, der Italiener Jacopo Strada war das, was wir heute ein Allroundgenie nennen würden.

Neben seinen Tätigkeiten als Gelehrter, Maler, Architekt, Ingenieur, Goldschmied, Schriftsteller war er auch Numismatiker, also Münzexperte, Kunstsammler und Kunstagent. Er stand erst im Dienst der Augsburger Familie der Fugger, wurde 1556 Kunstsachverständiger und Verwalter der kaiserlichen Schatzkammer am Wiener Hof und von dem nächsten Kaiser, Maximilian II., 1566 zu seinem «Antiquarius» ernannt, also zum Verwalter der kaiserlichen Sammlungen. Für dessen Schwager, den bayerischen Herzog Albrecht V., kaufte er ab 1566 in Italien antike Skulpturen, die im Münchner Antiquarium ihren Platz fanden, wo sie sich auch heute noch befinden, außerdem Münzen und wertvolle Bücher. Wahrscheinlich während dieser Italienreisen ließ sich Strada in Venedig von Tizian als Kunstsachverständiger porträtieren. Das Gemälde, das erste dieser Art, befand sich später in der Sammlung des Erzherzogs Leopold Wilhelm und wurde an prominenter Stelle in dem Gemälde von Teniers wiedergegeben.

■ 68 | S. 252

■ 3 | S. 24/25

Zwischen Tisch und Schrank befindet sich Jacopo Strada, elegant gekleidet. Kette und Degen weisen ihn als Herren aus, der er im Dienst des Kaisers fraglos war. Auf dem Schrank liegen genau über seinem Kopf zwei Bücher, die seine Gelehrsamkeit zur Schau stellen. Seinen Kunstsachverstand verdeutlichen die Venus-Statue in seiner Hand, die Herkules-Figur auf dem Schrank, die Diana auf dem Tisch und der davor liegende Torso. Die Münzen verweisen auf den Numismatiker. Tizians Signatur erscheint in goldener Schrift links vom Schrank, rechts von Jacopo Strada befindet sich eine Kartusche, deren Inschrift ihn als römischen Bürger und Antiquarius des Kaisers ausweist, zusammen mit der Jahreszahl 1566. Der Adressat des Briefes auf dem Tisch ist wiederum Tizian. Darin ist vermutlich der Auftrag formuliert, der 1567 an den großen venezianischen Künstler erging, nachdem Strada 1566 zum Antiquarius ernannt worden war. Erstaunlich ist die Position des Porträtierten, der weder den Betrachter noch die Skulptur in seiner Hand anschaut, sondern so nach rechts blickt, als wolle er einer dort befindlichen Person die Statue präsentieren. Er tritt also gleichsam als Kunsthändler und Sachverständiger in Aktion.

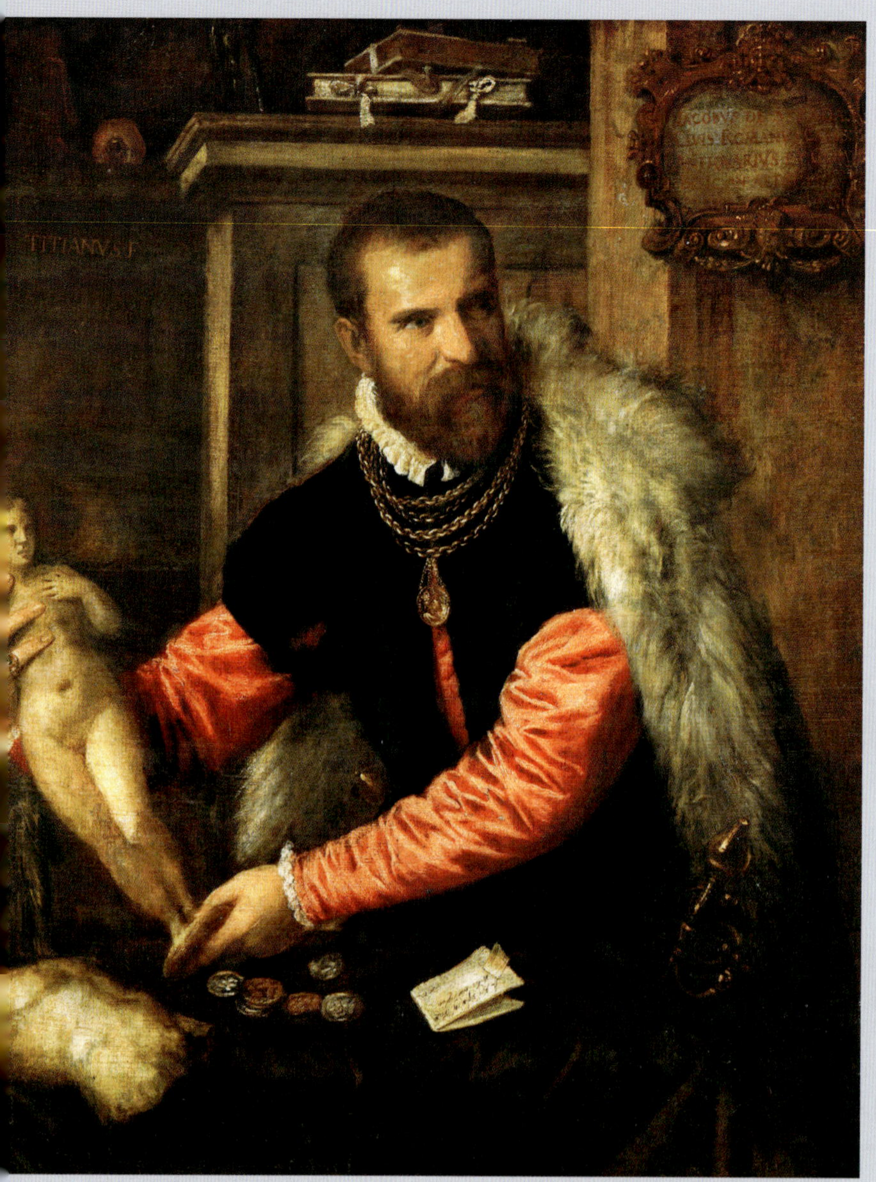

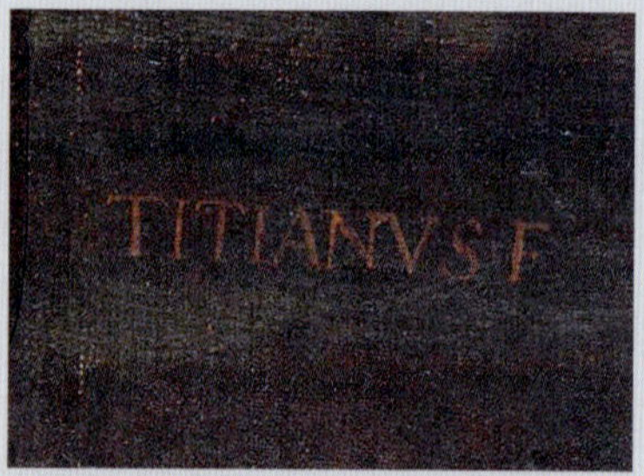

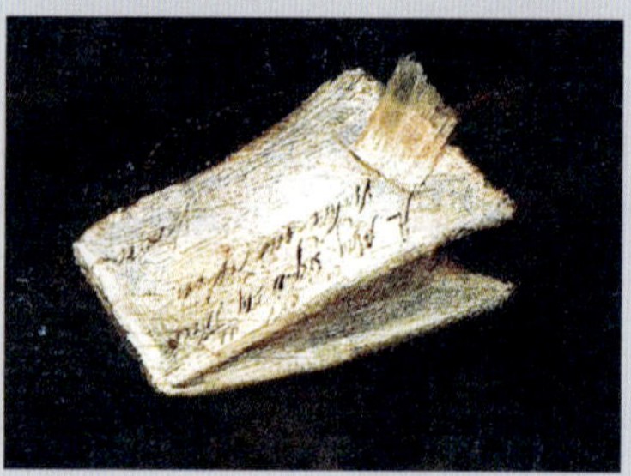

68

Tizian, *Jacopo Strada*, um 1567/68, Leinwand, 126 x 95,5 cm, Wien, Kunsthistorisches Museum

Im 17. Jahrhundert entwickelte sich ein neuer Typ von Kunsthändlern. Sie nahmen Künstler unter Vertrag, damit sie Bilder malten. Diese Kunsthändler gaben einerseits bei diesen Malern Bilder in Auftrag, vermittelten aber auch Aufträge, zum Beispiel für Porträts. So arbeitete der junge Rembrandt schon von Leiden aus für den Amsterdamer Händler Hendrick Uylenburgh. Dadurch kannte man ihn bereits in Amsterdam, als er sich 1631 entschloss, dorthin zu ziehen und für Uylenburgh zu arbeiten. Denn solange er nicht in die Amsterdamer Lukasgilde aufgenommen war, konnte er sich nicht als selbstständiger Meister in der Stadt niederlassen.

Uylenburgh hatte ein interessantes Geschäftsmodell entwickelt. Die Künstler, die für ihn arbeiteten, hielten ebenso Anteile an der Kunsthandlung wie auch wohlhabende Bürger. Diese ließen sich selbstverständlich von den für Uylenburgh arbeitenden Künstlern porträtieren, das heißt, sie steigerten den Umsatz und damit auch den Gewinn, an dem sie dann wieder beteiligt waren. In der Kunsthandlung wurden außerdem Lehrlinge ausgebildet, die dafür natürlich bezahlen mussten, und ein Kunstunterricht speziell für Kinder angeboten. Rembrandt hatte sich schon von Leiden aus in das Geschäft eingekauft, lebte in Amsterdam dann drei Jahre im Haus des Händlers, bis er heiratete, in die Lukasgilde aufgenommen wurde und ein eigenes Atelier bezog.

Der Kunstmarkt wuchs durch die größere Nachfrage, immer mehr Kunsthandlungen begannen sich zu etablieren. Mitte des 18. Jahrhunderts eröffneten in London die beiden Auktionshäuser Sotheby's und Christie's, die heute als die größten und bekanntesten Kunstauktionshäuser weltweit bezeichnet werden können. Ihnen folgten im 19. Jahrhundert Galerien, die sowohl mit alter als auch mit zeitgenössischer Kunst handelten.

Wozu wollte man früher Bilder besitzen?

Die ersten Bilder, die sowohl von den Adligen, als auch von Bürgern gekauft wurden, waren Heiligenbilder, die zur Andacht dienten, aber auch zeigten, dass die Besitzer gottesfürchtig waren. Ihnen folgte das Porträt, das als Grundstock einer Ahnengalerie dienen konnte, wie sie in den Herrscherhäusern üblich wurden, um die adelige Herkunft über Generationen hinweg zur Schau zu stellen. Der Aufstieg des Bürgertums in den Städten erweckte auch bei den Kaufleuten den Wunsch nach Selbstdarstellung, wodurch auch sie sich, häufig mit ihren Familien, porträtieren ließen. Von hier war es dann nur noch ein kleiner Schritt, auch andere Bilder zu kaufen, um die Zimmerwände damit zu schmücken oder sich – ähnlich wie die Adligen – Kunstkammern zuzulegen. Beide Möglichkeiten fanden ihren Niederschlag in Gemälden. So sieht man in etlichen Werken, die bürgerliche Wohnstuben abbilden, Bilder an den Wänden. Ein Beispiel ist

◘ 36 | S. 134

das Gemälde von Pieter de Hooch, das zwei spärlich eingerichtete Räume zeigt, dafür aber erstaunlich viele Bilder an den Wänden aufweist. Über der Tür zum hinteren Raum erkennt man ein Seebild in der Art, wie sie damals in den Niederlanden typisch waren, und über dem Alkoven eine weitere Landschaft. Im Eingangsbereich hängt ein Heiligenbild, das die Eintretenden begrüßt und zeigt, dass in diesem Haus gläubige Christen wohnen. Bilder gehörten also zu einer typischen Einrichtung eines niederländischen Hauses im 17. Jahrhundert.

Bereits Anfang des 17. Jahrhunderts malte Frans Francken d. J. eine

◘ 69 | S. 255

Kunst- und Raritätenkammer. Vermutlich handelt es sich nicht um eine damals tatsächlich existierende Sammlung, da sich der Maler selbst in das Bild hineingemalt hat. Doch bekommt man eine Vorstellung davon, aus was für einem Sammelsurium solche Kunstkam-

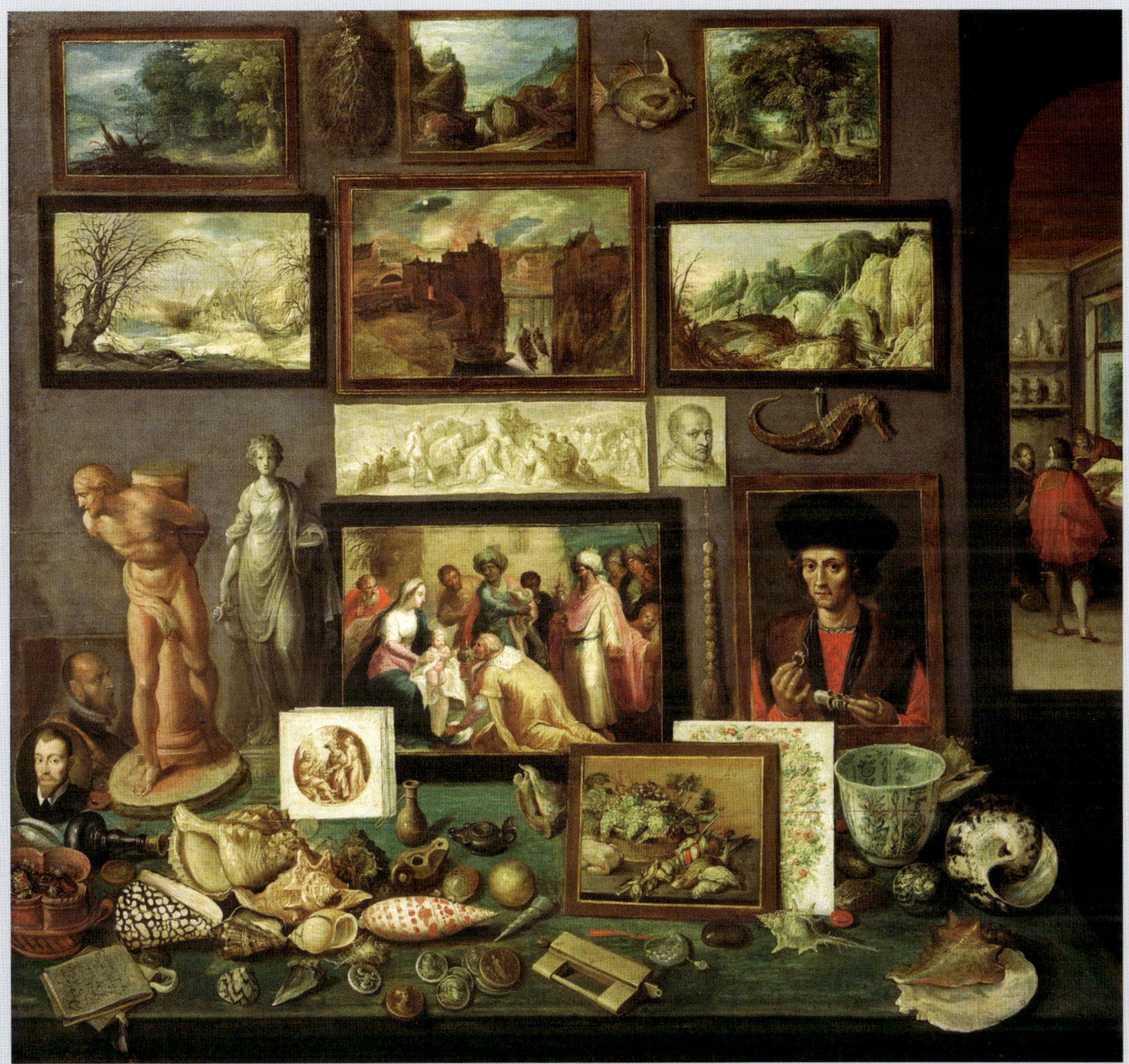

69

Frans II. Francken, *Kunst- und Raritätenkammer*, um 1620/25, Eichenholz, 74 x 78 cm, Wien, Kunsthistorisches Museum

mern bestanden. An der Wand hängen nicht nur Bilder in mehreren Reihen über- und nebeneinander, sondern auch eine seltene Koralle, ein Fisch und ein überdimensioniertes Seepferdchen. Auf dem Tisch stehen weitere Bilder, umgeben von Muscheln, Münzen, Öllämpchen, Gefäßen (eines ist gefüllt mit Perlen), zwei Skulpturen, einem Petschaft, das das Monogramm des Künstlers trägt, und einem Brief, auf dem man ein paar Worte und Zahlen entziffern kann. Rechts neben der Bilderwand blickt man in einen zweiten Raum, in dem weitere Skulpturen in einem Regal aufgereiht sind, vor dem drei Männer ein Buch betrachten und sich dabei angeregt unterhalten. Es sind die Kunstkenner, die solche Schätze zusammentragen.

Frans Francken war berühmt für seine kleinformatigen Kunstkammerbilder, in denen er fast immer wünschenswerte Sammlungen präsentierte und dabei bestimmte Aussagen traf, die bis heute noch nicht alle entschlüsselt sind. Auf diesem Bild spricht er sich offensichtlich gegen die Wertung der verschiedenen Bildgattungen aus, indem er sie – bis auf das Genrebild – gleichberechtigt nebeneinander darstellt: Mit der *Anbetung der Könige* und einer *Kreuztragung* finden sich christliche Historienbilder, dazu eine brennende Stadt als weiteres Historienbild. Mehrere Landschaftsbilder zeigen Wald und Gebirge im Sommer wie im Winter, hinzu kommen einige Porträts. Die Stillleben hängen nicht an der Wand, sondern stehen auf dem Tisch, der mit den verschiedenen Gegenständen selbst ein Stillleben darstellt. Die Skulpturen mit einem *Christus an der Geißelsäule* und einer *Libertas* vereinen Antike und Christentum, denn die Allegorie der Freiheit ist einer antiken Figur nachempfunden. Direkt daneben befindet sich das Porträt des Geografen Abraham Ortelius, womit auch die Wissenschaft vertreten ist. Die Vorlage für dieses Porträt entstand wohl um 1575/80 und wird heute im Paul Getty Museum in Los Angeles aufbewahrt. Am Ortelius-Porträt lehnt ein Medaillon mit dem Selbstporträt des Künstlers. Direkt daneben liegt das Petschaft mit dem Monogramm FF. Das Porträt des Mannes rechts an der Wand stellt einen Goldschmied dar. Das Original wurde um 1505/10 von Gerard David, einem anderen flämischen Künstler, gemalt und befindet sich heute ebenfalls in Wien. Möglicherweise hat Francken dieses Porträt gewählt, um neben einem Vertreter der Malerei, also sich selbst, auch einen der Goldschmiedekunst darzustellen.

Konnten sich früher nur reiche Leute Bilder leisten?

Seitdem Andachtsbilder für den freien Verkauf hergestellt wurden, gab es kleinere und größere, sorgfältig ausgeführte und Massenware, Gemälde und Druckgrafiken. Und so konnten sich spätestens seit dieser Zeit auch die ärmeren Schichten der Bevölkerung Bilder leisten. Man weiß, dass an bestimmten Pilgerstätten Drucke von Heiligenbildern in ungeheuer hohen Stückzahlen verkauft wurden und dass es sie auch in mehreren Ausführungen gab: die größere und sorgfältiger hergestellte Luxusausgabe und die kleinere, billigere. Ein frühes Beispiel für solche Wallfahrtsgrafiken ist die Darstellung der *Maria von Einsiedeln* von 1466, die sogar in drei verschiedenen Fassungen zu einem großen Fest des Klosters angeboten wurde. Von all diesen Fassungen, von denen insgesamt wahrscheinlich 9000 Stück verkauft wurden, haben sich nur noch wenige Exemplare erhalten, die sich in grafischen Sammlungen von Museen befinden. Von dem kleinsten und billigsten Blatt gibt es nur noch drei, von den anderen sechs beziehungsweise dreizehn. Wenn man sich allerdings überlegt, dass in Einsiedeln gleichzeitig 130 000 Pilgerzeichen verkauft wurden, war es doch wieder ein nur ausgewählter Kreis, der sich diese Bilder leisten konnte oder wollte.

Ist alte Kunst heute teurer als moderne?

Die berühmtesten Bilder der Alten Meister sind heute unverkäuflich. Ihr Marktwert kann nur noch nach der Versicherungssumme beurteilt werden. Bei dem heute berühmtesten Gemälde der Welt, der *Mona Lisa*, spricht man von ungefähr 800 Millionen Dollar. Oder sind es Milliarden? Das kann man sich aussuchen, denn eigentlich ist es auch egal. Die Mona Lisa wird nie mehr ausgeliehen, sie muss also auch nicht versichert werden, und falls irgendetwas passiert, haftet der Staat. Weniger berühmte Bilder tauchen aber immer mal wieder aus Privatsammlungen auf und werden auf Auktionen versteigert. Und natürlich gibt es Listen, in denen die teuersten Gemälde der Welt aufgeführt werden. Eine von den zwei berühmten Auktionshäusern Sotheby's und Christie's erstellte Liste führt die 69 teuersten Gemälde von 1987 bis 2013 auf. Nur sechs von ihnen entstanden vor 1800, aus dem 19. Jahrhundert sind es 17 und 46 aus dem 20. Jahrhundert. Die zehn teuersten stammen alle aus dem 20. Jahrhundert. Allerdings ist kein einziges Bild aus dem 21. Jahrhundert dabei. Eine andere Liste zeigt die Verkäufe von 1885 bis 2013 und zählt lediglich zwanzig Bilder auf. Sie zeigt genau umgekehrt, dass zehn Bilder vor 1800 gemalt wurden, sechs im 19. und nur vier im 20. Jahrhundert. Allerdings handelt es sich bei den vier Bildern um die allerteuersten, die im Zeitraum zwischen 2004 und 2013 verkauft wurden. Zu der Zeit kamen keine so außergewöhnlichen Bilder Alter Meister mehr in die Auktionshäuser. Das war zwischen 1885 und 1970 anders, denn in dieser Zeitspanne wurden noch Bilder von Raffael, Rembrandt, und Leonardo verkauft. Taucht heute ein unbekanntes Bild dieser Maler auf, sind die Zweifel, ob es sich tatsächlich um ein eigenhändiges Werk handelt und nicht um eine Werkstattarbeit oder gar eine Fälschung, berechtigt. Als sich dem Frankfurter

Städel 2010 die Gelegenheit bot, ein Bildnis Papst Julius II. von Raffael zu kaufen, gab es viele Einwände gegen das Bild, dessen Kaufsumme bis heute geheim gehalten wird. Gemunkelt wird von ein bis zwei Millionen. Das wäre für eine Kopie zu viel, für einen echten Raffael viel zu wenig. Nur sieben Jahre später, im Herbst 2017, wurde ein Christusbild, das angeblich von Leonardo stammen soll, bei einer Auktion für 450 Millionen Dollar verkauft. So viel Geld wurde noch nie für ein Bild ausgegeben. Und genau dieses Bild erzielte bei einem Verkauf 1958 lediglich 45 Britische Pfund (das waren ungefähr 5000 D-Mark), weil man sich sicher war, dass es sich um eine Schülerarbeit handelt. Trotz des überhitzten Kunstmarkts sind weniger bekannte Bilder der alten Meister nach wie vor für erstaunlich niedrige Summen zu haben, vergleicht man sie mit Werken aus dem 19. und 20. Jahrhundert. Dieses Blatt kann sich natürlich jederzeit auch wieder wenden. Doch auch heute schon ist alte Kunst dann, wenn sie von den ganz berühmten Meistern stammt, richtig teuer, in anderen Fällen jedoch ist sie oft billiger als die moderne.

Warum sind einige Bilder wie Dürers Selbstbildnis oder Raffaels Madonna so berühmt geworden?

Viele heute berühmte Werke der Alten Meister wurden zu ihrer Entstehungszeit zwar gerühmt, gerieten dann aber lange in Vergessenheit. Häufig bot ein äußerer Anlass den Grund für eine erneute Wahrnehmung, die zur Verehrung werden konnte. Die anschließende geschickte Vermarktung führte und führt zu dem Wunsch, dieses eine Werk unbedingt sehen zu wollen, was sich auf die Besucherzahlen in einem Museum auswirkt, manchmal aber auch groteske Züge annimmt wie im Fall der *Mona Lisa*.

Im Pariser Louvre befindet sich in jedem Raum ein Hinweisschild mit einem Pfeil, der die Richtung zu dem heute wohl berühmtesten Bild der westlichen Welt weist. Es ist unvorstellbar, dass das einmal anders war. Doch geriet dieses Bild, das die Zeitgenossen Leonardo da Vincis bereits gerühmt hatten, irgendwann in Vergessenheit und landete im Depot der Kunstkammer der französischen Könige, bis es Napoleon, nachdem er sich zum Kaiser ernannt hatte, in seinem Schlafzimmer aufhängen ließ. Von dort gelangte es in den Louvre, doch sollte es noch eine Weile dauern, bis es erhöhte Aufmerksamkeit erhielt. Und als es 1911 gestohlen wurde, fiel das erst einmal niemandem auf. Das wäre heute undenkbar. Die Rückkehr des Bildes 1913 erinnerte dann aber an einen Triumphzug. Seitdem, also erst seit gut hundert Jahren, war die *Mona Lisa* in aller Munde, ihre Popularität ist seitdem ungebrochen. Und auch erst danach setzten sich verschiedene Künstler kritisch mit ihr auseinander. Heute befindet sie sich – schwer bewacht – hinter Panzerglas. Die Spekulationen darüber, wen die Dame darstellt, reißen nicht ab.

14 | S. 68

Ähnlich verhält es sich mit dem *Selbstbildnis im Pelzrock* von Albrecht Dürer. Wahrscheinlich hing das Bild noch in Dürers Haus, als der Künstler 1528 starb. Wohin es anschließend gelangte, ist nicht mit Sicherheit zu sagen, doch vieles spricht dafür, dass es sich zeitweise im Nürnberger Rathaus befand, vielleicht aber schon früh durch eine Kopie ersetzt wurde. 1805 wurde es dem Kurfürsten in München von einem Nürnberger Bürger zum Kauf angeboten. Doch 1827, bei den Vorbereitungen zum 300. Todestag Dürers, wurden sich die Nürnberger des Verlusts plötzlich schmerzlich bewusst, und es entstand die Legende von Fälschung und Betrug (s. S. 226), die das Bild womöglich erst richtig berühmt gemacht hat. Hinzu kam dann natürlich noch die Tatsache, dass es sich bei diesem Bild um eins der frühesten eigenständigen Selbstbildnisse überhaupt handelt. Außerdem galt Dürer schon länger als der wichtigste deutsche Künstler. All dies trug dazu bei, dass das Bild immer bekannter wurde, lange bevor die *Mona Lisa* zum berühmtesten Bild schlechthin wurde.

Ein drittes Bild erhielt diesen Status noch früher. Es ist *Die Sixtinische*

Madonna von Raffael, die sich seit der Mitte des 18. Jahrhunderts in Dresden befindet und bereits fünfzig Jahre später zu den beliebtesten Bildern der königlichen Sammlung zählte. 70 | S. 262

Das große Gemälde wurde vom Papst für die Kirche San Sisto des Benediktinerklosters von Piacenza in Auftrag gegeben und 1512/13 von Raffael ausgeführt. Dadurch, dass sich das Bild in einer Kleinstadt südöstlich von Mailand befand, geriet es zwar nicht in Vergessenheit, fand aber auch keine große Beachtung – bis August III., Kurfürst von Sachsen und König von Polen, unbedingt ein Bild von Raffael für seine Kunstsammlung begehrte. Damit war er damals aber nicht allein, und das Unterfangen gestaltete sich schwierig, bis der aus Dresden nach Italien gesandte Kunsteinkäufer erfuhr, dass die Mönche von San Sisto aus Geldnot ihr Altarbild verkaufen mussten. Mühselige Verhandlungen begannen, denn die Mönche wollten sehr viel Geld. Als man sich über den Kaufpreis geeinigt und die Zustimmung des Papstes erhalten hatte, kam als nächste Hürde die Ausfuhrgenehmigung des Herzogs von Parma hinzu, bis nach zwei Jahren das Bild in einer Kutsche von Piacenza nach Dresden verbracht und dort im März 1754 August III. präsentiert wurde. Das Bild wurde zwar wohlwollend zur Kenntnis genommen, doch dauerte es noch einmal etwa fünfzig Jahre, bis ihm so große Begeisterung entgegengebracht wurde, dass es auch Eingang in die Literatur fand und sich Legenden darum rankten. Seitdem entstanden unzählige Kopien von dem Bild. Aber auch die Geschichte, wie die *Sixtinische Madonna* dem träumenden Raffael erschien und er diese Erscheinung nur noch zu malen brauchte, wurde als bildwürdig erachtet.

Gleichzeitig entstand der Kult um die Engelchen. Engel sind zwar in vielen Mariendarstellungen anzutreffen, sie sind aber meistens so in das Geschehen eingebunden, dass sie nicht einfach herausgelöst werden können. Außerdem sehen sie selten wirklich aus wie kleine Kinder. Diese beiden sind jedoch niedlich anzuschauen. Sie scheinen auf irgendetwas zu warten und sich dabei zu langweilen. Beste Voraussetzung, sich irgendeinen Unfug auszudenken. Und so verselbständigten sie sich, wurden als Bildchen in Poesiealben geklebt, als

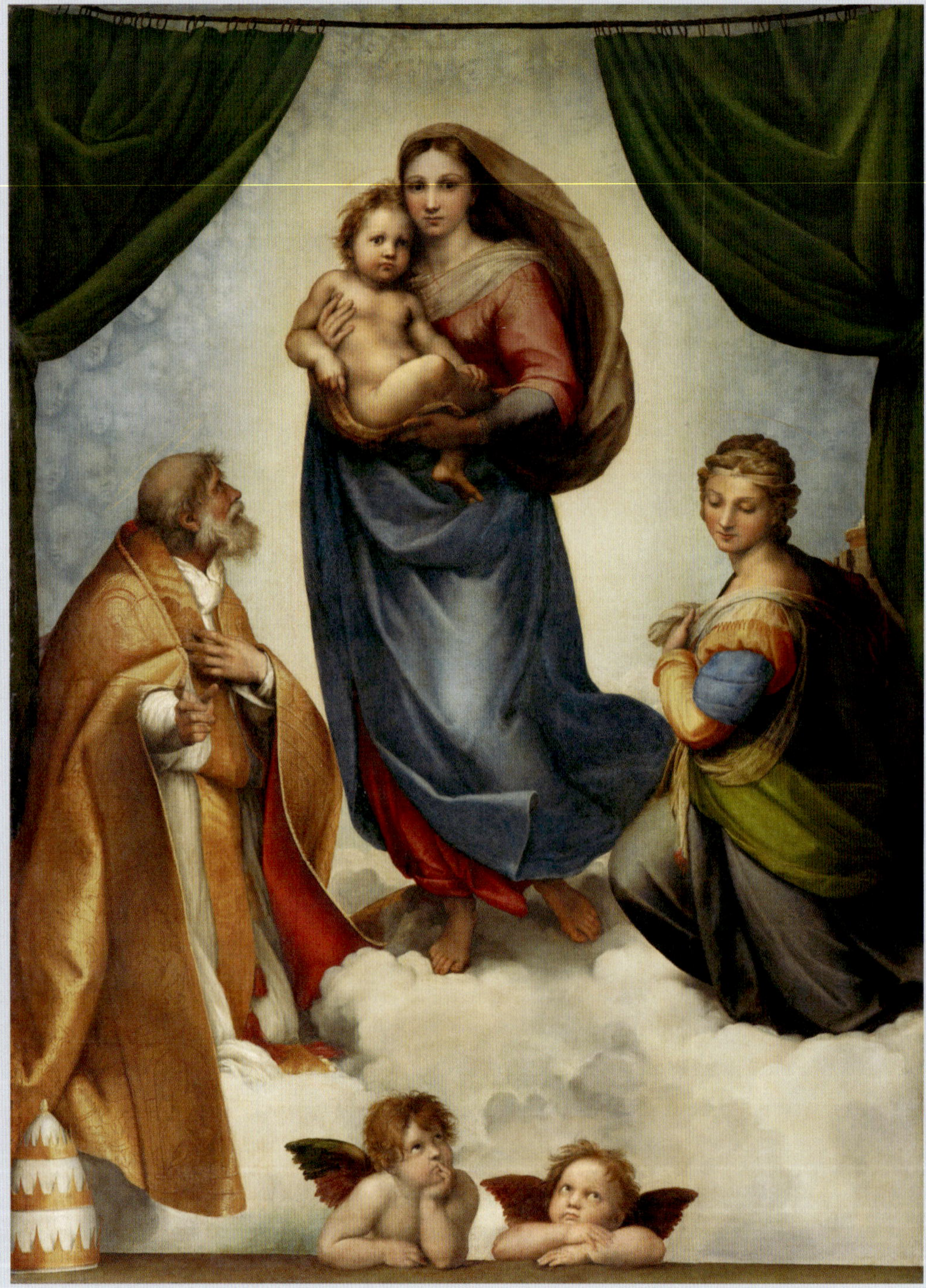

70
Raffael, *Die Sixtinische Madonna*, 1512/13, Leinwand, 269,5 x 201 cm, Dresden, Gemäldegalerie Alte Meister

Schutzengel modelliert und verzieren heute Verpackungen für echten Dresdner Christstollen, sind T-Shirt-Motive, prangen auf Adventskalendern ebenso wie auf Klopapier und machen Werbung für Dresden ganz allgemein. Wahrscheinlich sind sie noch bekannter als die *Mona Lisa*, auch wenn ihr eigentlicher Platz zu Füßen der Madonna vielen gar nicht mehr bekannt ist.

Auf dem großformatigen, hochrechteckigen Altarbild gibt ein geöffneter grüner Vorhang den Blick frei auf die Madonna, die ihr Kind auf dem Arm trägt. Sie wird von Wolken getragen, auf denen sie offensichtlich voranschreitet, wie am Flattern ihres Schleiers und Mantels zu erkennen ist. Im Hintergrund sind schemenhaft unzählige Engelsköpfe zu erkennen, die zum Teil von dem strahlenden Licht überblendet werden, das die Muttergottes von hinten wie eine Gloriole umfängt. Links neben ihr kniet der heilige Sixtus, Patron der Kirche und Papst, der seine Tiara auf der Brüstung abgestellt hat. Er blickt zur Madonna, während die heilige Barbara rechts im Bild die Augen niedergeschlagen hat, als schaue sie durch die Wolkendecke hindurch auf die Erde. Der Turm, an dem sie zu erkennen ist, wird fast völlig vom Vorhang verdeckt. Die Kirche besaß Reliquien beider Heiligen. Die beiden Engel stützen sich auf die Brüstung und warten vielleicht auf das Ende der Messfeier, um die verwandelte Hostie wieder mit in den Himmel zu nehmen (so die Interpretation einiger Kunsthistoriker). Technische Untersuchungen haben gezeigt, dass Raffael diese Engel erst spät hinzugefügt hat, um damit einen Bildraum zu schaffen, der einen unteren Abschluss besitzt.

Woran kann man erkennen, von wann ein Bild ist?

Im Museum befindet sich bei jedem Bild eine Beschriftung, auf der zu lesen ist, wer das Bild gemalt hat, was darauf dargestellt ist und von wann es ist. In manchen Fällen sind die Angaben nicht ganz genau, aber zeitlich doch immer eingegrenzt, wenn auch vielleicht nur auf das Jahrhundert. Auf einigen Bildern befinden sich Signaturen, sie können durch eine Datierung ergänzt sein. Dann weiß man genau, wann ein Bild entstanden ist. Kennt man nur den Namen des Künstlers, kann man aufgrund der Lebensdaten und verschiedener anderer Anhaltspunkte die Zeit relativ gut eingrenzen. In anderen Fällen geben Dokumente, die über den Auftrag berichten, Aufschluss darüber, von wann das Bild stammt.

Es gibt aber natürlich auch Bilder, bei denen weder der Maler noch die Zeit bekannt sind. Diese können dann durch Stilvergleiche eingeordnet werden. Das Wissen darum, wie zu unterschiedlichen Zeiten gemalt wurde, hilft dabei, die Epoche oder das Jahrhundert zu bestimmen. Dem folgen dann Überlegungen darüber, aus welchem Land das Bild stammen könnte. Vielleicht erkennt man, ob das Bild einem Künstler oder dessen Umkreis zuzuordnen ist. Dadurch ist es dann gegebenenfalls möglich, den zeitlichen Rahmen noch enger zu fassen.

Für solche Untersuchungen sind die in einem Museum arbeitenden Kunsthistoriker zuständig. Viele von ihnen kennen sich ganz besonders gut in einer bestimmten Zeit aus, sind auf ein Gebiet wie Italien, Spanien, die Niederlande, Frankreich oder Deutschland spezialisiert. Bekommt ein Museum ein Bild angeboten, geben die dort beschäftigten Kunsthistoriker eine erste Einschätzung ab. Sind sie sich aber unsicher, wenden sie sich an Spezialisten für den einen oder anderen Künstler, um ein weiteres Urteil einzuholen. Außerdem untersuchen natürlich auch die Restauratoren ein solches Bild. Sie können oft aufgrund des technischen Befundes das Alter, aber auch die Zugehörigkeit zu einer Schule oder Werkstatt bestimmen. Und so werden häufig viele einzelne Ergebnisse wie Mosaiksteinchen oder Puzzleteile zusammengesetzt, um ein Urteil zu fällen.

Manchmal gibt es aber auch unterschiedliche Meinungen zu einem Bild, die sehr weit auseinandergehen können. So kaufte das Metropolitan Museum in New York im Jahr 2004 für 45 Millionen Dollar eine kleine Madonnentafel, die dem Sieneser Maler Duccio di Buoninsegna zugeschrieben wird. Der US-amerikanische Kunsthistoriker und Professor an der Columbia University in New York, James Beck, hielt dieses Bild allerdings für eine Fälschung und veröffentlichte seine Meinung in einem 2006 erschienenen Buch. Seitdem stehen sich zwei Meinungen gegenüber, denn der Kurator am Metropolitan Museum und viele andere Wissenschaftler sind sich sicher, dass es sich um eine Tafel aus dem 14. Jahrhundert handelt, und haben keinen Zweifel an der Zuschreibung an Duccio. Ihrer Meinung nach wird dieses Urteil auch durch die technischen Analysen untermauert.

Ein anderer Fall, in dem sich die Experten nicht einig sind, wird seit 2016 diskutiert. Drei Jahre zuvor hatte der Fürst von Liechtenstein eine *Venus* von Cranach für sieben Millionen Euro erworben. In einer Ausstellung wurde sie 2016 von der französischen Polizei beschlagnahmt mit dem Verdacht, es handele sich um eine Fälschung. Bei einer Tagung von Cranach-Forschern konnten sich die Teilnehmer nicht einigen. Während die einen stichhaltige Argumente für die Echtheit der Tafel vorbrachten, überzeugten die anderen mit der Ansicht, es handele sich um ein Werk aus dem 20. Jahrhundert. Die Diskussion ist auch 2017 noch nicht beendet, es sprechen allerdings immer mehr Argumente für eine Fälschung. Es gibt also manchmal große Abweichungen in den Meinungen. Allerdings sind das die Ausnahmen. Häufig beschränken sich die Auseinandersetzungen auf weniger grundsätzliche Fragen wie: Wer hat die *Architektonische Vedute* gemalt, Francesco di Giorgio Martini, Luciano Laurana oder 46 | S. 169

64 | S. 228 ein ganz anderer Maler? oder: Stammt der *Mann mit dem Goldhelm* aus der Werkstatt Rembrandts oder nur aus dem Umkreis?

Was ist eine Epoche in der Kunst?

Eine Epoche bezeichnet einen Zeitraum mit bestimmten Gemeinsamkeiten. In der Malerei sind das meistens stilistische Ähnlichkeiten, also die Art, wie die Maler zu einer bestimmten Zeit gemalt haben. Die europäische Kunst – neben der Malerei natürlich auch Architektur, Bildhauerei, Kunstgewerbe, Grafik – der Vormoderne wird (wie auch Geschichte, Literatur, Musik usw.) in die großen Abschnitte Antike, Mittelalter, Renaissance und Barock gegliedert, die dann wieder Unterteilungen erfahren.
Zur Antike mit einer über 3000 Jahre währenden Geschichte zählen die Hochkulturen seit Erfindung der Schrift, die sich vor allem im Mittelmeerraum angesiedelt haben: Die Sumerer, Babylonier, Assyrer und Achämeniden in Mesopotamien, also dem Land zwischen den Flüssen Euphrat und Tigris, die Ägypter im Land am Nil, später die Griechen und Römer. Sie alle sind allerdings nicht Teil der Kunstgeschichte, sondern verschiedener Wissenschaften wie Altorientalistik, Ägyptologie und Archäologie, ihre Kunstwerke befinden sich in verschiedenen Museen, die sich speziell mit diesen Zeiträumen und Gegenden beschäftigen.
Die als Mittelalter bezeichnete Epoche umfasst wiederum einen Zeitraum von tausend Jahren und wurde früher als das finstere Zeitalter zwischen Antike – speziell der griechischen und römischen – und Renaissance definiert. Im englischen Sprachraum nennt man diese Zeit deshalb auch «dark ages». Das Mittelalter besteht wiederum aus mehreren Abschnitten. Auf die Vorromanik, die nach den Geschlechtern der Kaiser noch einmal in eine karolingische und otto-

nische Epoche unterteilt ist, folgt die Romanik, deren Name aus dem 19. Jahrhundert stammt und darauf Bezug nimmt, dass in der Architektur der Rundbogen vorherrscht – ähnlich wie in der römischen Antike. Als Beginn gilt die Jahrtausendwende, das Ende liegt je nach Landschaft zwischen 1130 und 1200. Die anschließende Gotik beginnt in Frankreich früher als in den anderen europäischen Ländern und endet in Italien bereits im 14. Jahrhundert, in den anderen Ländern erst um 1500, in England noch später. Obwohl der Beginn der Gotik in Frankreich zu suchen ist, wurde der Begriff von dem Volksstamm der Goten abgeleitet und auf eine als deutsch empfundene Architektur bezogen.
Renaissance bedeutet Wiedergeburt und meint das Wiederaufleben des Interesses an der Antike. In Italien wurden die ersten Voraussetzungen für diesen Stil um 1300 mit Künstlern wie Giotto gelegt, um dann um 1400 dort und bald darauf in den Niederlanden zur vollen Ausprägung zu gelangen. Die anderen Länder waren erst um 1500 so weit, sich dieser Orientierung anzuschließen. Der Name stammt auch aus dem 19. Jahrhundert, wurde allerdings in Italien bereits Mitte des 16. Jahrhunderts mit dem Begriff der «rinascità» geprägt. Die Renaissance beginnt mit der ab 1400 einsetzenden Frührenaissance, die um 1500 von der Hochrenaissance abgelöst wird. Dieser folgt ab etwa 1540 die Spätrenaissance, die auch als Manierismus bezeichnet wird. Dieser Begriff wurde von dem italienischen Wort «maniera» abgeleitet, was so viel heißt wie Stil oder Art und Weise und eine Kunst beschreibt, die sich von den strengen Regeln der Renaissance befreit und damit einen Übergang zum Barock darstellt. Das Wort «barock» stammt aus dem Portugiesischen und bezeichnet eine unregelmäßige Perle. Es wurde ab dem 19. Jahrhundert abwertend für die häufig üppigen Formen verwendet, die in den verschiedenen Kunstgattungen zu finden sind. Peter Paul Rubens gehört zu den wichtigsten Vertretern dieser Art von Barockmalerei, die aber auch ganz andere stilistische Merkmale hervorgebracht hat. Die bis etwa 1800 andauernde Epoche wird in ihrer Endphase vor allem in Frankreich und Deutschland auch Rokoko genannt. Dieses

Wort stammt aus der Architektur, wo es eine unregelmäßige Ornamentform, die rocaille, bezeichnet.

Auch wenn die Einteilung in Epochen heute oft als problematisch angesehen wird, weil in den einzelnen Ländern unterschiedliche Entwicklungen stattgefunden haben und weil es große zeitliche Verschiebungen gibt, werden sie doch immer wieder als Hilfsmittel für eine schnelle und kurze Einschätzung benutzt, um dann eine genauere Einordnung folgen zu lassen.

Liefern Bildtitel immer die richtigen Informationen?

Die Namen, die die Bilder heute tragen, wurden häufig später hinzugefügt. Berühmtes Beispiel ist die sogenannte *Nachtwache* von Rembrandt, ein Titel, den das Gemälde Ende des 18. Jahrhunderts erhielt, wahrscheinlich, weil der Firnis inzwischen stark nachgedunkelt war. Der Titel führte anschließend auch zu falschen Interpretationen. Dass es sich bei der Darstellung weder um eine Wache handelt noch um ein Nachtbild, zeigt die alte Beschreibung, die heute zum offiziellen Titel des Gemäldes geworden ist: *Frans Banning Cocq gibt seinen Leuten den Befehl zum Abmarsch der Bürgerkompagnie.* Trotzdem wird nach wie vor von der *Nachtwache* gesprochen, denn mit diesem Titel gelangte das Bild im 19. Jahrhundert zu der Berühmtheit, die es bis heute besitzt.

Dieses Beispiel ist eines von vielen, bei denen die Titel der Bilder zwar irreführend sind, sie aber trotzdem beibehalten werden; bei anderen wurde der Titel inzwischen geändert. So sind auf dem Bild der

■ 2 | S. 16/17

Sieben Freuden Mariens viel mehr als sieben Szenen dargestellt, allerdings fehlen zwei von denen, die zu den üblichen Darstellungen der *Sieben Freuden* gehören, nämlich die *Heimsuchung*, also das Treffen zwischen Maria und Elisabeth, und die *Präsentation im Tempel*.

Bevor die Texte auf dem Bild *Beim Steuereinnehmer* entziffert wurden und damit die dargestellte Situation klar war, ging man davon aus, dass auf dem Bild ein Bauer versuchte, sein Huhn möglichst teuer zu verkaufen, oder aber, dass hier ein Anwalt mit seinen Klienten gezeigt sei. Beide Titel sind in früheren Katalogen der Dresdner Galerie verzeichnet. Ebenfalls in Dresden befindet sich das Bild vom *Verlorenen Sohn in der Schenke*, das lange als Ehebildnis von Saskia und Rembrandt galt, bis durch Röntgenaufnahmen klar wurde, dass es sich hier um ein Historienbild handelt (s. S. 116, 118).

48 | S. 173

30 | S. 117

Ein ganz besonderes Geheimnisbild stellt das Gemälde *Die drei Philosophen* von Giorgione dar, ein Bild, das zu der Sammlung des Erzherzogs Leopold in Brüssel gehörte. Man sieht es auf dem Bild von Teniers oben links an der Bilderwand. Bei kaum einem anderen Bild hat man sich so viele Gedanken darüber gemacht, was darauf dargestellt sein könnte wie bei diesem. 1525 bezeichnete es ein Venezianer als Darstellung von drei Philosophen, doch aufgrund der Gegenstände, die die Männer in Händen halten, wurden daraus im 17. Jahrhundert «Drei Mathematiker», im 18. Jahrhundert die «Drei Weisen aus dem Morgenland», also die «Heiligen Drei Könige». Diesen Interpretationen folgten andere: drei Zeitalter, drei Lebensalter, Astrologen, Astronomen, bestimmte mythologische Gestalten. Insgesamt kommt man leicht auf über dreißig verschiedene Lesarten des Bildes, dem 2006 eine weitere hinzugefügt wurde. *Die drei Philosophen* werden nun genauer als Pythagoras mit seinen Lehrern Thales und Pherekydes identifiziert, die darüber hinaus durch ihre Kleidung den Dialog mit Judentum, Islam und Heidentum symbolisieren. Ausgangspunkt für die neue Interpretation ist eine venezianische Schrift von 1499 über antike Erfinder, in der die drei eben genannten als Gründerväter der abendländischen Philosophie bezeichnet werden. Das alles klingt so lange plausibel, bis man die nächste Gegendarstellung liest. Und so bleibt das stark beschnittene Bild ein Geheimnis, auf dem sich in einer sich nach hinten weit ausdehnenden Landschaft die drei Männer auf einer felsigen Anhöhe gegenüber einer Höhle zusammengefunden haben. Der vordere mit grauem Bart und in einen

71 | S. 270

3 | S. 24/25

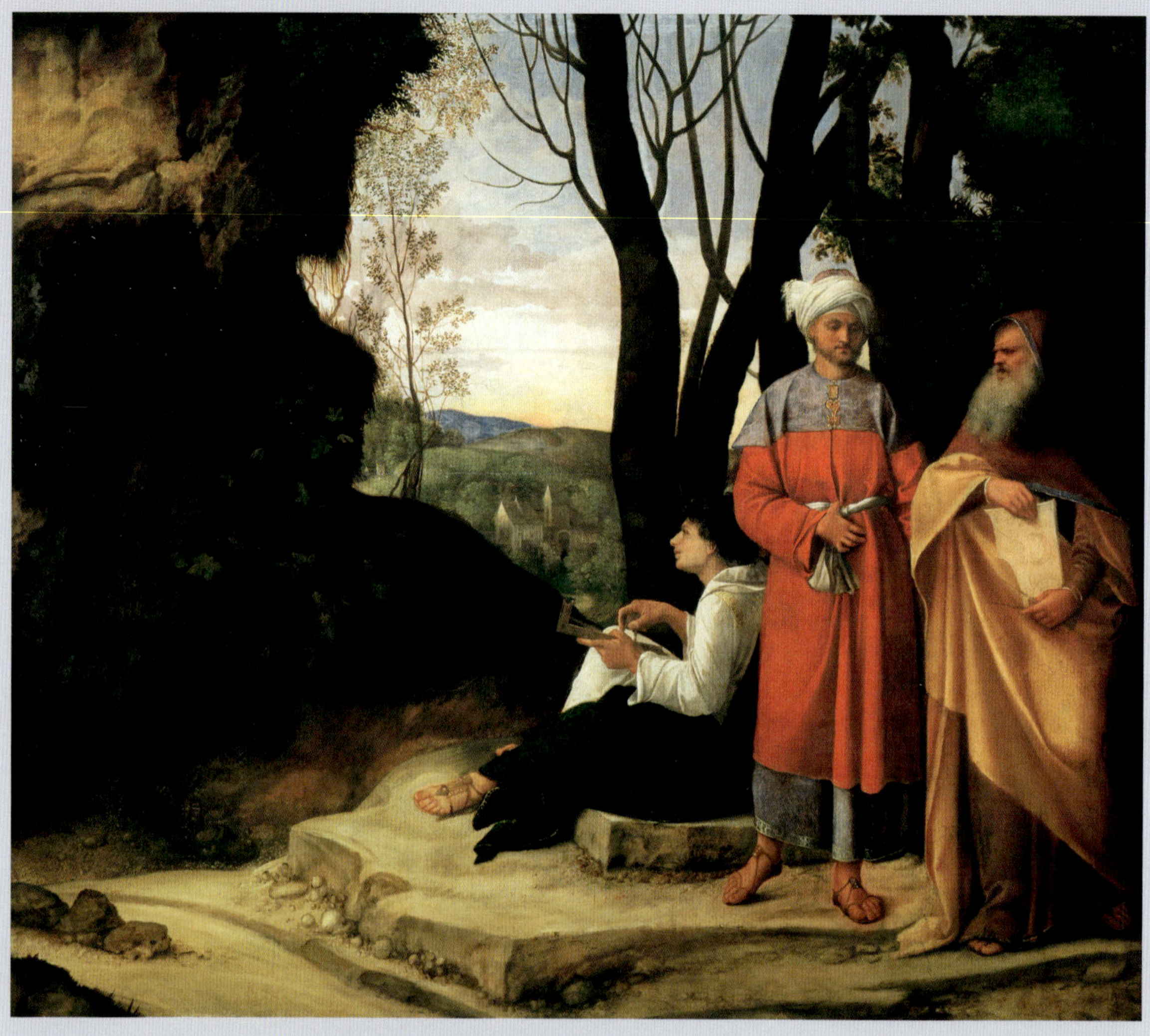

71

Giorgione, *Die drei Philosophen*, 1506 oder 1508/09, Leinwand, 125,5 x 146,2 cm (links stark beschnitten), Wien, Kunsthistorisches Museum

gelben Mantel gehüllt hält ein Blatt mit Zeichnungen und Ziffern in der einen Hand, in der anderen einen Zirkel. Es könnte sich um Thales in jüdischer Kleidung handeln. Er wendet sich dem deutlich jüngeren und arabisch gekleideten Mann mit Turban zu, eventuell Pherekydes. Der hinter ihnen sitzende junge Mann in griechischer Tracht hält Richtscheit und Zirkel in der Hand und wurde schon häufiger als Pythagoras identifiziert.

Welche Bedeutung hat der Bilderrahmen?

Leinwandbilder benötigen einen Blendrahmen, über den die Leinwand gespannt und dann befestigt wird. Um ein Bild kommt dann aber noch der Zierrahmen als Abschluss vom Bildraum, egal ob es sich um ein Leinwandbild, eine Holztafel oder einen anderen Bildträger handelt. Der Zierrahmen kann aus schlichten Hölzern bestehen oder aufwendig geschnitzt und vergoldet oder über einem Holzkern aus Stuck oder Gips modelliert und dann ebenfalls vergoldet sein. Weniger teuer ist es, den Rahmen mit einer Farbe zu streichen. Zu den verschiedenen Zeiten hat man die Bilder unterschiedlich gerahmt. Und irgendwann gefielen die Rahmen aus der frühen Zeit nicht mehr, daher rahmte man sie um. Wenn die Bilder aus Kirchen in fürstliche Sammlungen kamen, erhielten sie meist einen neuen Rahmen. Häufig wurden die alten Rahmen nicht mitgeliefert, oder sie galten einfach als altmodisch. Bei der *Sixtinischen Madonna* wurde der ursprüngliche Rahmen noch in der Kirche San Sisto zweimal ersetzt, das zweite Mal durch einen barocken Altaraufsatz mit einem völlig überladenen Rahmen, in dem sich bis heute eine Kopie des Gemäldes von Raffael befindet. In Dresden erhielt die Madonna dann wieder einen neuen Rahmen, diesmal mit einem großen Sockel, der wie ein Altar wirkte. Der Rahmen selbst

◻ 70 | S. 262

war streng rechtwinklig, sehr breit, mit einem hohen oberen Abschluss, der an Tempelarchitektur erinnerte. Auch hier spielte wieder die Zeit eine Rolle. Der Rahmen entstand in der Zeit, die als Klassizismus bezeichnet wird und nach dem Barock zu einer erneuten Rückbesinnung auf die Antike führte. Nach dem Zweiten Weltkrieg wurde die Madonna nach Moskau gebracht und hing dort in einem für ihre Verhältnisse sehr schlichten Goldrahmen an der Wand, obwohl der große Dresdner Rahmen auch nach Moskau transportiert worden war. Das Bild kehrte 1955 rahmenlos nach Dresden zurück und erhielt einen relativ schlichten Goldrahmen, wie er dem Zeitgeschmack entsprach. Anlässlich der großen Ausstellung zu seinem 500. Geburtstag wurde das Gemälde neu gerahmt. Ein Rahmenbauer, der auf historische Rahmen spezialisiert ist, erhielt den Auftrag, einen Rahmen zu bauen, der so aussieht, als stamme er aus der Zeit, in der das Gemälde entstand. Nach aufwendigen Untersuchungen über norditalienische Renaissancerahmen, einschließlich des einzigen erhaltenen Originalrahmens bei einem Raffael-Gemälde, entschied sich der Rahmenbauer für eine architektonische Tabernakelrahmung, durch die daran erinnert wird, dass das Bild für einen Altar gemalt wurde. Der breite vergoldete Rahmen ist mit Pflanzenornamenten verziert und besitzt sowohl einen Sockel als auch einen nach vorne auskragenden oberen Abschluss.

■ 72 | S. 273
■ 73 | S. 273

Doch ein solch großer Aufwand kann natürlich nicht mit allen Gemälden betrieben werden, und so befinden sich viele von ihnen in Rahmen, die wir überladen finden. Denn heute überwiegt das Gefühl, dass ein schlichterer Rahmen das eine oder andere Bild besser zur Geltung bringen würde.

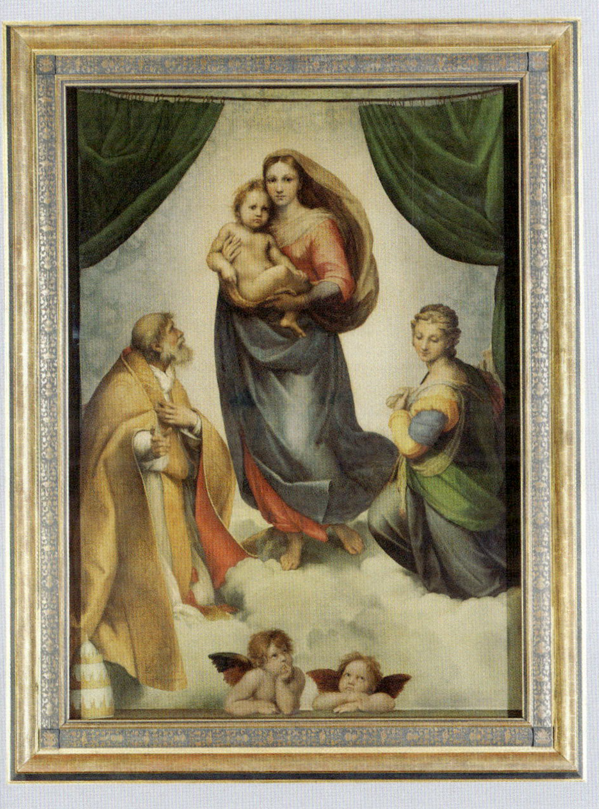

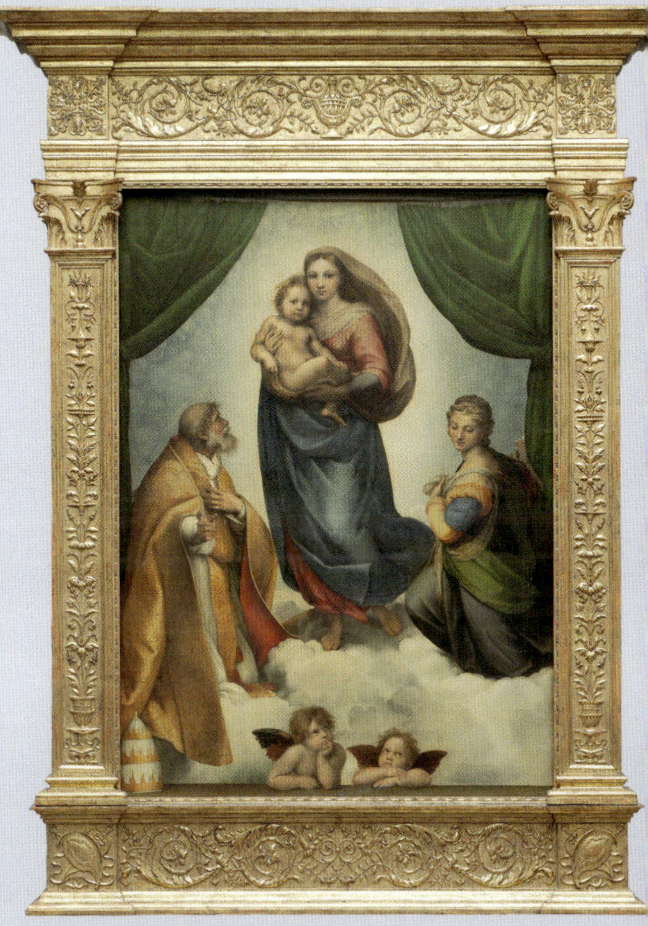

72 und 73

Vorher / Nachher: Raffaels *Sixtinische Madonna* im schlichten Neorenaissance-Rahmen aus den 1950er Jahren und in der originalgetreuen Kopie eines Tabernakel-Rahmens der Renaissance von 2012

Welche Rolle spielt die alte Kunst für die modernen Maler?

Im ersten «Manifest des Futurismus» schrieb Filippo Tommaso Marinetti 1909 die berühmten Worte «Ein Rennwagen …, ein aufheulendes Auto … ist schöner als die *Nike von Samothrake*» und weiter: «Ein altes Bild bewundern heißt, unsere Sensibilität in eine Aschenurne schütten.» 1910 folgten die futuristischen Maler mit der Aussage: «Wir lehnen uns gegen die blinde Bewunderung alter Bilder, alter Statuen und aller alten Gegenstände auf.» Aus diesen Sätzen, aus dieser Bewegung, kann man schließen, dass die Künstler zu Beginn des 20. Jahrhunderts mit alten Traditionen brachen. Sie lehnten sie ab, wollten nichts mehr mit ihnen zu tun haben. Doch das ist ein Trugschluss, der die Ideen der Futuristen verallgemeinert.

Das Gegenteil ist der Fall: Pablo Picasso, lange Zeit von vielen abgelehnt und als Schmierfink beschimpft, der die Kunst in den Dreck ziehe, schuf 1907 mit den *Demoiselles d'Avignon* (New York, Museum of Modern Art) ein Schlüsselwerk der modernen Kunst. Die flächigen Figuren mit ihren maskenhaften Gesichtern und völlig verdrehten Körpern, die sich aus geometrischen Formen zusammensetzen, befinden sich in einem undefinierbaren «Raum», dem jegliche Perspektive fehlt. Doch zitieren die Frauengestalten einzelne Göttinnen wie die Venus von Milo, bilden mit ihrer Anzahl genau die fünf Frauen, die der griechische Maler Zeuxis benötigte, um ein Abbild der schönen Helena zu malen, stellen die Früchte auf einem Teller ein Stillleben dar, beziehen sich die Weintrauben außerdem auf eine weitere antike Malerlegende, in der es Zeuxis gelang, Weintrauben so täuschend echt wiederzugeben, dass die Vögel daran picken wollten. Picasso wählte bewusst diese Zitate und stellte ihnen eine ganz neue Bildsprache entgegen, um damit der Malerei neue Wege zu eröffnen.

Er ließ aber keinen Zweifel daran, dass die Entwicklung dieser neuen Malweise ohne Rückbesinnung auf die Traditionen nicht möglich sei. Später hat sich Picasso dann auch mit einigen berühmten Bildern früherer Zeiten beschäftigt. Berühmtes Beispiel ist das Gemälde von Diego Velázquez, *Las Meninas* (Madrid, Prado), von 1656, das Picasso in seiner Jugend in Madrid häufig gesehen haben muss und von dem er 1957 als alter Mann 58 verschiedene Fassungen malte. Natürlich handelt es sich dabei nicht um Kopien, bei vielen der Bildern würde man auf den ersten Blick nie glauben, dass Picasso die *Meninas* zum Vorbild genommen hatte, doch fand hier eine für den Maler äußerst wichtige Auseinandersetzung mit einem prominenten Gemälde statt.
Solche Übernahmen oder die Weiterführung von Traditionen mit anderen Mitteln waren keine Eigenart von Picasso, sie wurden auch von anderen Künstlern wie Wassily Kandinsky oder Kasimir Malewitsch gepflegt. So behandeln Kandinskys erste abstrakte Gemälde wie die *Komposition VII* von 1913 (Moskau, Tretjakow Galerie) christliche Themen wie Garten der Liebe, Sintflut, Auferstehung und Jüngstes Gericht, auch wenn die Symbole nur dann erkennbar sind, wenn man mit der Bildsprache Kandinskys vertraut ist. Malewitsch hingegen wollte mit seinem *Schwarzen Quadrat* von 1914/15 (Moskau, Tretjakow Galerie) eine neue Kunst für eine neue Gesellschaft schaffen. Er nannte das Bild aber auch «nackte, ungerahmte Ikone» und hängte es in der Ausstellung, in der er es erstmals präsentierte, genauso auf, wie in Russland die als Ikonen bezeichneten Heiligenbilder in jedem Haus hingen – in eine der oberen Ecken des Raums.
Doch nicht nur für die Maler der klassischen Moderne der ersten Hälfte des 20. Jahrhunderts behielt die ältere Kunst ihre Bedeutung. Der US-amerikanische Maler Barnett Newman, ein Vertreter der reinen Farbfeldmalerei, übernahm die Form des Triptychons, so wie es von mittelalterlichen Altären her bekannt ist, und stellte darauf seine Farbflächen dar. Weiter in die Gegenwart reicht die Auseinandersetzung von David Hockney mit der Kunst der Alten Meister. Diesem englischen Künstler reichte nicht die Betrachtung und Analyse älterer Kunstwerke (wobei es ihm egal war, ob ein Bild 2000

oder 20 Jahre alt war), er probierte verschiedene altmeisterliche Techniken aus und konnte nachweisen, dass sich viele Maler seit dem 15. Jahrhundert optischer Hilfsmittel bedient haben. Seine Erkenntnisse legte er auch schriftlich nieder und veröffentlichte sie in Buchform (Geheimes Wissen, München 2001).

Einen anderen Weg beschritt John Baldessari, als er 2015 anlässlich des 200. Geburtstages des Frankfurter Städel 16 neue Werke schuf, die sich auf Bilder aus der 700 Jahre umfassenden Sammlung bezogen. Aus Reproduktionen von Gemälden Alter und Neuer Meister, unter anderen von Lucas Cranach d. Ä. und Bartolomeo Veneto, vergrößerte er Details, verfremdete sie darüber hinaus durch Übermalungen und stellte sie Texten gegenüber, die formal und inhaltlich an Hollywood-Drehbücher erinnern. Diese zweigeteilten Bilder setzen sich mit dem Verhältnis von Malerei und Fotografie, von Bild und Sprache sowie von alter und neuer Kunst auseinander und führen damit zu vollkommen neuen Sehweisen sowohl auf das Vorbild als auch auf das neue entstandene Werk.

Bis heute wird an den Kunstakademien auch Kunstgeschichte gelehrt, werden die angehenden Künstler und Künstlerinnen dazu angehalten, sich mit ihren Vorläufern auseinanderzusetzen. Sie müssen zwar nicht mehr die Gemälde der Alten Meister kopieren, es wird von ihnen auch nicht verlangt, altmeisterlich malen zu können, doch findet immer wieder und auf unterschiedliche Weise eine Form von Aneignung statt. Katharina Gaenssler hat mit ihrer Arbeit *Sixtina 2012 (Gobelin)*, die anlässlich des 500. Geburtstags der *Sixtinischen Madonna* von Raffael 2012 in Dresden zu sehen war, die Unerreichbarkeit der Muttergottes, ihr Entrücktsein, ebenso thematisiert wie die Malerei an sich. Die Vorlage für den Gobelin bilden 5750 digitale Bilder, die, einzeln betrachtet, abstrakt wirken, auch wenn es sich natürlich um ein zusammenhängendes Werk handelt.

Die Kunstwerke alter Meister bleiben so nicht nur für Museumsbesucher, für Kunsthistoriker und Kulturwissenschaftler wichtige Zeugnisse einer vergangenen Zeit, sie behalten auch ihre Bedeutung als Anreger und Impulsgeber für eine Kunst der Gegenwart.

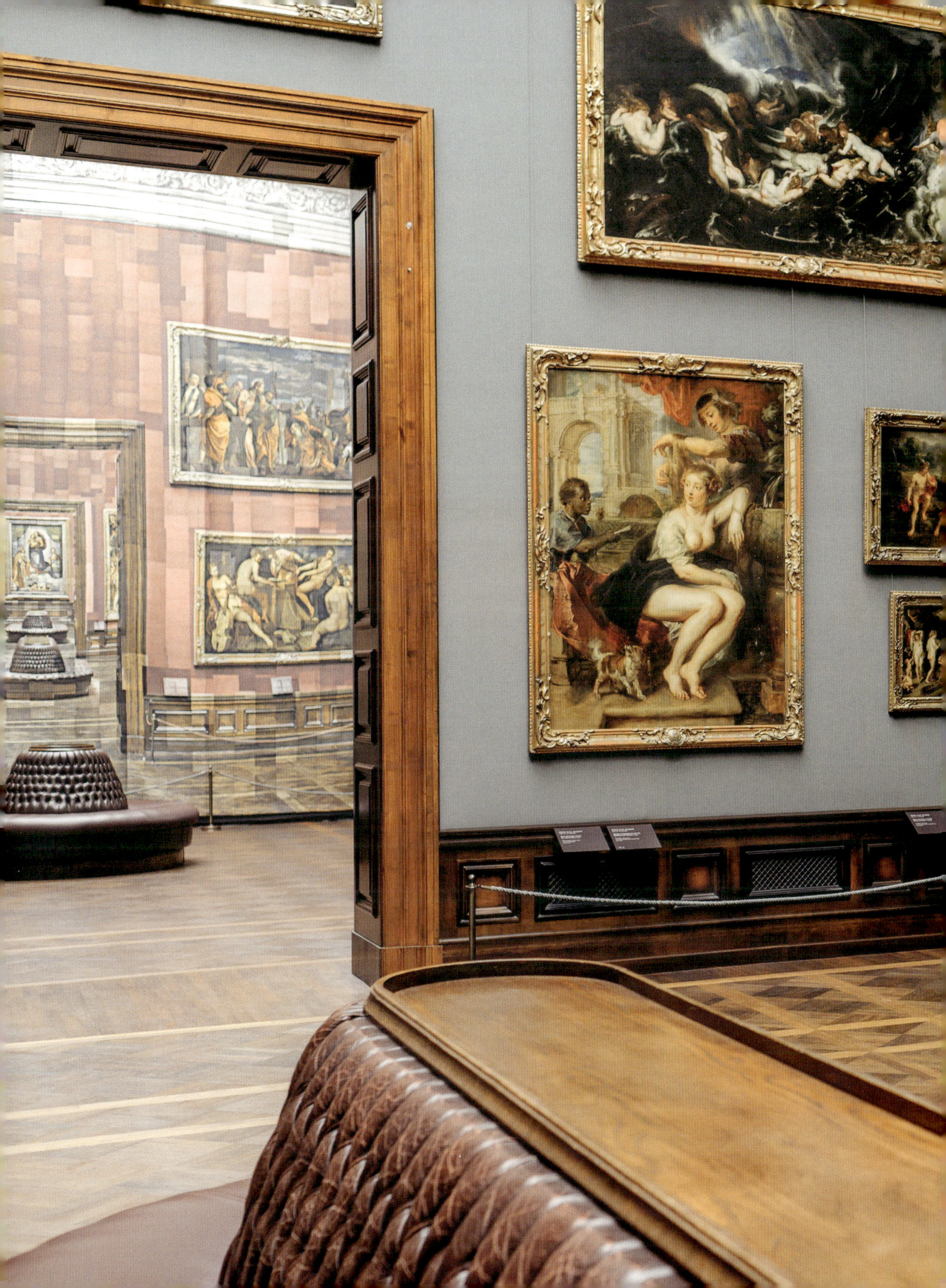

Glossar

Akademie: Aus dem Griechischen (akádemos) stammende Bezeichnung für den Ort, an dem Platon seine Schüler versammelte, später übertragen auf Zusammenschlüsse und Ausbildungsstätten für Gelehrte, später auch für Künstler. Die erste Kunstakademie wurde 1563 in Florenz gegründet, ihr folgten Rom (1593), Paris (1648), Nürnberg (1662), Berlin (1696) und Wien (1725).

Allegorie: Überwiegend als Personen dargestellte abstrakte Begriffe, abgeleitet vom Griechischen «allegoreo» (etwas anders ausdrücken).

Altarretabel: Das auf dem Altar stehende geschnitzte oder gemalte Bild.

Barock: Zeitraum von ungefähr 1600 bis 1800, dessen Name sich von dem portugiesischen Wort für unregelmäßige Perle ableitet (barocco) und der von einer großen Bandbreite an Bildthemen gekennzeichnet ist, mit häufig drastischen Darstellungen.

Dendrochronologie: Verfahren, mit dem man aufgrund der unterschiedlichen Jahresringe von Baumstämmen das Alter von Holz bestimmen kann; der Name setzt sich aus den griechischen Worten dendron (Baum), chronos (Zeit) und logos (Lehre) zusammen, kann also als «Baumzeitlehre» oder besser als «Holzalterbestimmung» übersetzt werden.

Depot: hier: Aufbewahrungsort (Lager, Magazin) für Gemälde im Besitz eines Museums, die nicht in der Dauerausstellung gezeigt werden.

Diptychon: Zweigeteiltes Bild, häufig zum Zuklappen als Reisealtar, später als Ehegatten Doppelporträt; das griechische Wort bedeutet doppelt gefaltet.

Druckgrafik: Vervielfältigung von Bildern in verschiedenen Drucktechniken (Holzschnitt, Kupferstich, Radierung).

Druckstock: Zum Druck vorbereitete Holzplatte beim Holzschnitt.

Expressionisten: Künstlerinnen und Künstler, die in der ersten Hälfte des 20. Jahrhunderts im Stil des Expressionismus arbeiteten; charakteristisch ist die Darstellung von Gefühlen in Farben und Formen und die Negierung der Perspektive.

Fluchtpunkt: In einem mit Mitteln der Zentralperspektive (mathematisch berechnete Darstellung des Raums auf einer Bildfläche) aufgebauten Bild der Punkt, an dem alle Linien, die in die Tiefe des Bildes führen, zusammenlaufen.

Gegenreformation: Die Bewegung in der katholischen Kirche gegen den sich durch die Reformation gegründeten Protestantismus ab der Mitte des 16. Jahrhunderts drückte sich auch in bestimmten Bildinhalten aus.

Gobelin: Auf einem Webstuhl gefertigter Bildteppich, bei dem die einzelnen Fäden (der Schuss) nicht über die ganze Breite gehen, sondern für jede Farbe ein anderer Faden eingeflochten (oder gewirkt) wird; der Name stammt von der berühmten seit 1607 bestehenden Teppichmanufaktur Gobelin in Paris.

Gotik: Zeitraum von 1130 (in Frankreich) bis um 1500 (in England später) mit einer aus tragenden Stützen bestehenden Bauweise, ausgebildeter Bauskulptur und dem Beginn der Tafelmalerei; der bei seiner Einführung im 16. Jahrhundert abschätzig gemeinte Begriff wurde um 1800 als nordisch-deutscher Stil positiv umbewertet, obwohl die Ursprünge in Frankreich zu suchen sind.

Holzschnitt: Hochdruckverfahren; aus einer Holzplatte (dem Druckstock) werden die nicht zu druckenden Teile weggeschnitten, der Druckstock eingefärbt und (meistens) auf Papier gedruckt.

homoerotisch: Erotische Gefühle für das eigene Geschlecht empfinden.

Ikone: Das griechische Wort «eikon» (Bild) bezeichnet auf Holztafeln gemalte Heiligenfiguren und biblische Geschichten; sie besaßen in Byzanz weite Verbreitung und sind heute noch in Ländern mit orthodoxem Glauben (vor allem Russland und Griechenland) als Andachtsbilder in den Kirchen zu finden.

Impressionisten: Künstlerinnen und Künstler, die im späten 19. Jahrhundert vor allem in Frankreich in ihren Bildern den Augenblick festhalten wollten, wobei die Darstellung des Lichts eine große Rolle spielte.

Kanapee: Aus dem französischen «Canapé» abgeleitete Bezeichnung für Ruhebett oder Sofa, allerdings meistens nur mit einer als Kopfteil ausgebildeten Seitenlehne.

Kartusche: Ein aus an ihren Enden gerollten Ornamenten bestehender Rahmen um eine Fläche für Inschriften, Wappen und ähnliches; das Wort leitet sich auch dem französischen «cartouche» (Behälter) ab.

Konvolut: hier: eine Sammlung von Kunstwerken; ursprünglich ein Bündel von Schriftstücken (lateinisch: convolutum = zusammengerollt).

Kopie: Nachbildung eines Kunstwerkes, das von jemand anderem ausgeführt wird; das Wort «copia» stammt aus dem lateinischen und heißt Fülle, Vorrat.

Kupferstich: Tiefdruck, bei dem Linien in eine Kupferplatte geritzt werden, die erst eingefärbt, dann abgewischt wird, damit nur die in den Linien befindliche Farbe mithilfe einer speziellen Tiefdruckmaschine gedruckt wird.

Lapislazuli: Edler blauer Stein, der vor allem in Afghanistan vorkommt und als sehr teures Pigment für Ultramarinblau dient; das Wort bedeutet einfach blauer (lazulum) Stein (lapis), Ultramarin hingegen ist von dem italienischen oltre mare (über dem Meer) abgeleitet.

Malstock: Das «Zepter» der Maler besteht aus einem Stock, an dem auf einer Seite ein Polster befestigt ist, das man, ohne das Bild zu beschädigen, so an die Tafel oder Leinwand lehnt, dass man die malende Hand darauf abstützen kann, um ein Zittern oder Abrutschen zu vermeiden. Viele Maler und Malerinnen haben sich auf Selbstbildnissen mit diesem Malstock als Berufszeichen (Insigne) dargestellt.

Manierismus: Anderer Begriff für Spätrenaissance; bezeichnet die Zeit um 1530 bis 1600, in der die Malerei der Renaissance von Regelverstößen abgelöst wird, mit überlängten und schlangenartig gedrehten Figuren sowie grellen Farben.

Numismatiker: Mit der Münzkunde Beschäftigter (griechisch nómisma = Münze).

Original: Lateinisch «origo» bezeichnet den Ursprung, das daraus entstandene Wort das Ursprüngliche, Unverwechselbare.

Pastellmalerei: Eine mit sogenannten Pastellkreiden ausgeführte Malerei, meist auf Papier, bei der sich die Farben sehr gut mischen lassen; die Empfindlichkeit der Farben macht eine Fixierung mit bestimmten Stoffen (Fixativen) nötig.

Petschaft: Stempel aus hartem Material (Metall) mit eingraviertem Siegel oder Monogramm, das in Siegellack gedrückt werden kann.

Renaissance: Zeitspanne zwischen 1400 und 1600, in der ein an antiken Vorbildern orientierter Stil ebenso prägend ist wie die Entwicklung der perspektivischen Malerei und ein größeres Spektrum an Bildthemen; Ausbildung des eigenständigen Porträts.

Retabel s. Altarretabel

Säkularisation: hier: Enteignung von Kirchengut in Frankreich und in den von den Franzosen besetzten Ländern während der Regierung Napoleons zu Beginn des 19. Jahrhunderts.

Staffage: Das aus dem Französischen stammende Wort bedeutet ausstatten, ausschmücken und bezeichnet Menschen oder Tiere, die in einer Landschaft oder in einem Interieur das Bild beleben, aber eben nur als Beiwerk dienen.

Stifter: hier: Geldgeber für ein Altarbild, auf dem er sich – häufig mit seiner Familie – auch selbst darstellen ließ.

Tabernakel: ein aus Stützen und Dach bestehendes Gehäuse, in dem sich häufig eine Skulptur befindet; hier an ein solches Tabernakel erinnernder Bilderrahmen.

Torso: Unvollendete oder unvollständig erhaltene Statue, häufig aus der Antike, meistens mit abgebrochenen Gliedmaßen; das italienische Wort bezeichnet sowohl einen (Baum-)Stamm als auch den menschlichen Rumpf beziehungsweise Oberkörper.

Triptychon: Dreiteiliges Bild, vor allem ein Altarbild mit zwei Seitenflügeln; das griechische Wort bedeutet «dreifach gefaltet». Es gibt außerdem das zweiteilige Diptychon und das aus mehreren Flügeln bestehende Polyptychon.

Kurzbiographien der Künstler

Alberti, Leon Battista (1404 Genua – 1472 Rom): ital. Architekt, Maler, Bildhauer, Kunsttheoretiker der Renaissance; setzt mit seiner Architektur, v. a. aber mit seinen Lehrbüchern über Malerei, Bildhauerei und Baukunst Maßstäbe für folgende Generationen.

Altdorfer, Albrecht (um 1480 Regensburg – 1538 ebd.): dt. Maler, Grafiker der Renaissance, Vertreter der sog. Donauschule; malt das erste reine Landschaftsbild in der europ. Kunst.

Anguissola, Sofonisba (1531/35 Cremona – 1625 Palermo): ital. Bildnis-Malerin des Barock, in Cremona, Madrid (Hofmalerin), Palermo und Genua tätig.

Arcimboldo, Giuseppe (1527 Mailand – 1593 ebd.): ital. Maler des Manierismus am Hof des Kaisers in Wien und Prag, spezialisiert auf Porträts, zusammengesetzt aus Pflanzen, Tieren oder anderen Gegenständen.

Baglione, Giovanni (um 1570 Rom – 1643 ebd.): ital. Maler des Barock und Verfasser von Künstlerbiografien; Konkurrent von Caravaggio.

Baldessari, John (*1931 National City, Kalifornien): US-amerikanischer Künstler, bedeutender Vertreter der Konzeptkunst, untersucht die Wechselwirkung von Bild und Sprache.

Bartolomeo Veneto (1502–1530 im Veneto und der Lombardei belegt): ital. Maler, von Giovanni Bellini beeinflusst und vor allem für Heiligenbilder und Porträts bekannt.

Bellini, Gentile (um 1430 Venedig – 1507 ebd.): ital. Maler, Sohn und Schüler von Jacopo B.; Porträts und Darstellungen des venezianischen Lebens.

Bellini, Giovanni (um 1430/35 Venedig – 1516 ebd.): ital. Maler, Sohn und Schüler von Jacopo B., Hauptvertreter der venez. Renaissancemalerei.

Bellini, Jacopo (um 1400 Venedig – 1470/71 ebd.): ital. Maler und Zeichner der Frührenaissance, auch in Florenz, Padua, Verona und Ferrara tätig.

Bellotto, Bernardo, gen. Canaletto (1722 Venedig – 1780 Warschau): ital. Maler, Neffe und Schüler des ital. Malers Canaletto (1697 Venedig – 1768 ebd.; eigtl. Giovanni Antonio Canal), dessen Namen er annimmt; berühmte Veduten von Dresden, Wien, Warschau u. a. Städten.

Bertram von Minden (um 1340 Minden – 1414/15 Hamburg): dt. Maler, 1376 als Meister Mitglied der Hamburger Malerzunft; einziges gesichertes Werk, der *Petri-Altar*, zeichnet sich durch große Gestalten in kräftigen Farben vor Goldgrund aus.

Block, Josef (1863 Bernstadt/Schlesien, heute Bierutów – 1943 Berlin): dt. Maler, Mitbegründer der Münchner Sezession; ab 1896 in Berlin; wurde nach 1933 verfolgt und gezwungen, seine ererbte große Kunstsammlung weit unter Preis zu verkaufen.

Bosch, Hieronymus (um 1450 ’s-Hertogenbosch – 1516 ebd.): niederl. Maler, bekannt für seine drastischen Höllendarstellungen mit phantastischen Wesen.

Botticelli, Sandro (um 1444/45 Florenz – 1510 ebd.; eigtl. Alessandro Filipepi): ital. Maler der Renaissance; berühmt ist sein Gemälde *Geburt der Venus.*

Boucher, François (1703 Paris – 1770 ebd.): frz. Maler, Hauptmeister des Rokoko; Direktor der Akademie, erster kgl. Hofmaler von Ludwig XV., stilprägend.

Braunschweiger Monogrammist (2. Viertel 16. Jh. Antwerpen[?]): niederl. Maler, das Monogramm «ISMv» auf einem Gemälde in Braunschweig ist Ausgangspunkt für zahlreiche Zuschr.; sie spielen eine große Rolle in der Entwicklung der Genre- und Landschaftsmalerei.

Bruegel, Pieter d. Ä. (1526/30 ? – 1569 Brüssel): niederl. Maler, Zeichner, Begründer der Malerdynastie, berühmt für seine Landschaftsbilder, vielfigurigen bibl. Szenen, allegorischen Werke und Bauernsatiren (Bauernbruegel).

Brueghel, Jan, d. Ä. (1568 Brüssel – 1625 Antwerpen): fläm. Maler, Sohn von Pieter B. d. Ä., bekannt für seine mit zahlreiche Figuren bevölkerten Landschaftsbilder und seine Blumenstillleben.

Brunelleschi, Filippo (1377 Florenz – 1446 ebd.): ital. Baumeister, Bildhauer; Hauptvertreter der ital. Frührenaissance, Erbauer zahlreiche Florentiner Kirchen und der Domkuppel.

Campin, Robert (um 1378/79 Valenciennes – 1445 Tournai[?]): niederl. Maler mit einer großen Werkstatt, Lehrer von Rogier van der Weyden, wahrsch. ident. mit den sog. Meistern von Flémalle und des Merode-Altars.

Caravaggio (1571 Mailand – 1610 Porto d’Ercole/Grosseto; eigtl. Michelangelo Merisi): ital. Maler, aus Caravaggio stammend; berühmter Vertreter der röm. Barockmalerei; seine Helldunkelmalerei ist prägend für die Epoche; ist in versch. Verbrechen und Morde involviert, muss deshalb erst Mailand, später Rom verlassen.

Carpi, Girolamo da (1501 Ferrara – 1556 ebd.): ital. Maler der Spätrenaissance.

Carracci, Annibale (1560 Bologna – 1609 Rom): ital. Maler, Mitbegründer einer privaten Malerakademie in Bologna; wichtiger Barockmaler in Rom, der im Gegensatz zu Caravaggio die Innigkeit und Frömmigkeit der Heiligen hervorhebt.

Carriera, Rosalba (1675 Venedig – 1757 ebd.): ital. Malerin; v. a. wegen ihrer Porträts im Stil des Rokoko berühmt.

Castillo y Saavedra, Antonio del (1616 Córdoba – 1668 ebd.): span. Maler, für seine religiösen Gemälde ebenso bekannt wie für seine Naturstudien.

Cézanne, Paul (1839 Aix-en-Provence – 1906 ebd.): frz. Maler, erst vom Impressionismus beeinflusst, später Entwicklung eines eigenen Stils und Vorläufer von Kubismus und Abstraktion.

Clouet, Jean (um 1480 Hainaut [?] – 1541[?] Paris): frz. Maler niederl. Abstammung, zeitweise im Dienst des frz. Königs.

Correggio (eigtl. Antonio Allegri; um 1489 Correggio – 1534 ebd.): ital. Maler der Renaissance, Hauptvertreter in der Gegend um Parma mit großem Einfluss auf die Barockmalerei.

Cranach, Lucas d. Ä. (1472 Kronach – 1553 Weimar): dt. Maler, Hofmaler in Wittenberg mit großer Werkstatt, Freund und Porträtist von Martin Luther.

Cranach, Lucas d. J. (1515 Wittenberg – 1586 ebd.): Sohn und Schüler von L. C. d. Ä.; übernimmt die Werkstatt und lässt die vom Vater entwickelten Themen kopieren.

David, Gerard (um 1460 Oudewater – 1523 Brügge): niederl. Maler in Brügge in der Nachfolge von Hans Memling.

Duccio di Buoninsegna (+1318 Siena). ital. Maler, 1278 erstmals in Siena erwähnt, Erneuerer der ital. Malerei, berühmte Madonnenbilder.

Dürer, Albrecht (1471 Nürnberg – 1528 ebd.): dt. Maler, Zeichner, Grafiker, Kunsttheoretiker der Renaissance; bereits zu seiner Zeit berühmter Künstler, später auch Ratsherr, pflegt Kontakt zu bekannten Humanisten, u. a. für Kaiser Maximilian tätig.

Dyck, Anthonis van (1599 Antwerpen – 1641 London): niederl. Barockmaler, in Flandern neben Rubens bedeutendster Maler; berühmter Porträtist, später Hofmaler in London.

Elsheimer, Adam (1578 Frankfurt am Main – 1610 Rom): dt. Maler, lebt ab 1600 in Rom; spezialisiert auf Landschafts- und Nachtbilder hat er großen Einfluss auf die Barockmalerei, v. a. auf Claude Lorrain.

Eyck, Jan van (um 1390 Maaseyck[?] – 1441 Brügge): niederl. Maler, berühmter Vertreter der sog. Frühen Niederländer; 1425 Hofmaler der Herzöge von Burgund, später Stadtmaler von Brügge; neben Altarbildern auch Porträts; gilt fälschlich als Erfinder der Ölfarbe.

Flegel, Georg (1566 Olmütz – 1638 Frankfurt am Main): dt. Maler, erster Vertreter der Stilllebenmalerei in Deutschland.

Flinck, Govaert (1615 Kleve – 1660 Amsterdam): niederl. Maler, Schüler Rembrandts; später eigene große Werkstatt und Ausführung von den in den Niederlanden beliebten Gruppenporträts.

Francken, Frans II. [d. J.] (1581 Antwerpen – 1642 ebd.): niederl. Maler, Schüler des gleichnamigen Vaters; bekannt für kleinformatige Darstellungen von Galerien, aber auch von Massenszenen zu biblischen u. a. Themen.

Gaenssler, Katharina (*1974 München): dt. Künstlerin, Fotografin, ephemere Wandcollagen, Künstlerbücher.

Gentileschi, Orazio (1563 Pisa – 1639 London): ital. Maler des Barock, in Rom von Caravaggio und Elsheimer beeinflusst; später in Genua, Paris und ab 1626 in London; Vater von Artemisia G.

Ghirlandaio, Domenico (1449 Florenz – 1494 ebd.): ital. Maler, bedeutender Vertreter der Frührenaissance; hervorragende Wandmalereien in Florentiner Kirchen und dem Vatikan; bildet in seiner großer Werkstatt viele Maler aus, darunter Michelangelo.

Giorgione (1477/78 Castelfranco Veneto – 1510 Venedig): ital. Maler, wichtiger Vertreter der venez. Hochrenaissance, dessen dokumentierte Werke nicht erhalten sind; Zuschreibungen stützen sich auf zeitgenössische Quellen; viele Werke von Tizian vollendet.

Giotto (um 1270 Florenz [?] – 1337 ebd.): ital. Maler, Wegbereiter der Frührenaissance durch Schaffung von Bildräumen in Tafel- und Wandmalereien; bereits zu Lebzeiten gerühmt folgen früh biografische Legendenbildungen.

Giunti, Umberto (1886 Siena – 1970): ital. Maler, Prof. für Ornament in Siena, Wandmalereien, v. a. aber Fälscher von Werken ital. Meister der Renaissance, wurde erst lange nach seinem Tod entlarvt.

Goes, Hugo van der (um 1440 Gent [?] – 1482 Roode Kloster b. Brüssel): niederl. Maler, wichtiger Vertreter der Frühen Niederländer nach van Eyck; Maler sakraler Bilder, ab 1475 Augustinermönch.

Goudt, Hendrick (um 1583 Den Haag[?] – 1648 Utrecht): niederl. Kupferstecher, Zeichner, lebt zeitweise bei Adam Elsheimer in Rom, fertigt Kupferstiche von dessen Bildern an; wieder in Holland entstehen eigene Zeichnungen und Kupferstiche.

Greco, Dominico (El; eigtl. Doménikos Theotokópoulos; um 1541 Candia [Heraklion/Kreta] – 1614 Toledo): griech. Ikonenmaler; ab 1567/68 in Venedig und Rom Aneignung der westl. Malweise; ab 1576 in Toledo v. a. sakrale Werke und Porträts in grellen Farben und mit überlängten Figuren eines übersteigerten Manierismus.

Guardi, Francesco (1712–1793): ital. Maler, in Venedig tätig, spezialisiert auf Stadtansichten der Lagunenstadt.

Hockney, David (*1937 Bradford/Yorkshire): engl. Maler, bedeutender Vertreter einer figurativen Malerei mit einer zeitweisen Affinität zur Popart; berühmt sind seine *Swimmingpool*-Bilder, die Fotocollagen (*joiners*) sowie die Auseinandersetzung mit berühmten Vorbildern in der Kunst.

Holbein, Hans der Jüngere (1497/98 Augsburg – 1543 London): dt. Maler, erst in Basel, später in London v. a. als Porträtist tätig; Hofmaler Heinrich VIII., fertigt von ihm und seinen Angehörigen bedeutende Bildnisse.

Hooch, Pieter de (1629 Rotterdam – nach 1684 Amsterdam): niederl. Maler, berühmt für seine Interieur-Darstellungen; nicht er (wie früher angenommen), sondern sein gleichnamiger Sohn ist 1684 gestorben, er hat danach noch Bilder signiert.

Joni, Iciclo Federico (1866 Siena – 1946 ebd.): ital. Maler, Restaurator, Fälscher; baut in Siena einen auf alte Meister spezialisierten Fälscherring auf, dem u. a. U. Giunti angehört.

Kalf(f), Willem (1619 Rotterdam – 1693 Amsterdam): niederl. Maler, auf Prunkstillleben spezialisiert.

Kandinsky, Wassily (1866 Moskau – 1944 Neuilly-sur-Seine): russ. Maler, Kunsttheoretiker; ab 1896 in München; einer der ersten abstrakt malenden Künstler, später als Lehrer am Bauhaus auch ungegenständliche Malerei; 1934 Emigration nach Frankreich; Hg. des Almanachs «Der Blaue Reiter» (mit Franz Marc).

Klenze, Leo von (1784 Buchladen b. Schladen – 1864 München): dt. Architekt des Klassizismus; als Hofbaumeister König Ludwig I. v. Bayern Gestaltung von München zur Residenzstadt mit bedeutenden Museumsbauten u. v. a. m. wie die Walhalla b. Regensburg.

Klimt, Gustav (1862 Baumgarten b. Wien – 1918 Wien): österr. Maler, berühmter Vertreter des Wiener Jugendstils.

Kokoschka, Oskar (1886 Pöchlarn – 1980 Montreux): österr. Maler, Grafiker, Schriftsteller; gehört zu den wichtigen Wiener Künstlern des Expressionismus und der Wiener Moderne; als «entartet» verfemt, kann er 1938 nach London fliehen.

Lastmann, Pieter (1583 Amsterdam – 1633 ebd.): niederl. Maler; von ital. Malern wie Caravaggio beeinflusster Historienmaler; Lehrer Rembrandts.

Laurana, Luciano (um 1420/25 Zara/Dalmatien – 1479 Pesaro): ital. Architekt der Frührenaissance, in Mantua, Urbino und Pesaro tätig; evtl. Schöpfer einer der idealen Stadtansichten.

Leonardo da Vinci (1452 Anchiano/Vinci – 1519 Schloss Clos Lucé/Amboise): ital. Maler, Zeichner, Universalgelehrter, Erfinder; einer der berühmtesten Maler der Hochrenaissance, v. a. in Florenz und Mailand tätig; Schöpfer der *Mona Lisa* und des Mailänder *Abendmahls*; mathemat., physikal., mechan. und anatom. Studien, Erfinder zahlreicher technischer Geräte.

Lochner, Stefan (um 1400 Hagnau/Bodensee – 1451 Köln): dt. Maler, ab 1442 in Köln dokumentiert, von der niederl. und Kölner Malerei beeinflusst, sind seine Altartafeln durch die Präzision der Wiedergabe von Gesichtern (Porträts), aber auch einer Liebe zum Detail wie der Pflanzenvielfalt geprägt.

Lorrain, Claude (eigtl. Claude Gellée; 1600 Chamagne b. Mirecour/Lothringen – 1682 Rom): frz. Maler; lebt ab 1613 in Rom; wird der bekannteste Maler von idealen, klassizistischen Landschaften in einem lyrisch-romantischen Stil.

Malewitsch, Kasimir (1878 Kiew – 1935 Leningrad): russ. Maler, entwickelt aus dem Kubofuturismus eine Suprematismus genannte, ungegenständliche Malerei; ist aktiv an der Neuordnung der Sowjetrepublik beteiligt.

Mannlich, Johann Christian von (1741 Straßburg – 1822 München): dt. Maler, Galeriedirektor; Hofmaler der Herzöge von Pfalz Zweibrücken, Inspekteur der Gemälde-Sammlung; bringt 1793 die Kunst-Sammlung vor den frz. Revolutionstruppen in Sicherheit, erst nach Mannheim, dann nach München, dort Generaldirektor aller pfalz-bayerischen Gemälde-Galerien.

Mantegna, Andrea (1431 Isola di Carturo/Padua – 1506 Mantua): ital. Maler, Kupferstecher; bedeutender Künstler der Frührenaissance; macht als Hofmaler der Gonzaga Mantua zu einem Kunstzentrum.

Martini, Francesco di Giorgio (1439 Siena – 1501 S.Giorgio a Papaiano b. Siena): ital. Architekt, Maler, Bildhauer, Theoretiker; v. a. als Festungsbaumeister, Ingenieur und Theoretiker bekannt; Bilder v. a. aus der Frühzeit.

Masaccio (1401 S.Giovanni Valdarno/Arezzo – 1428/29 Rom): ital. Maler in Florenz, Begründer der perspektivischen Malerei und damit der Frührenaissance (gemeinsam mit Donatello und F. Brunelleschi).

Massys, Jan (um 1509 Antwerpen – 1575 ebd.): niederl. Maler, Sohn und Schüler von Quentin M.; v. a. sakrale Werke und Akt-Darstellungen

Meister der Erbach'schen Tafeln (1. Hälfte 14. Jh. Neapel): Notname eines Malers oder einer Werkstatt in Neapel, Schöpfer der um 1330/40 datierten und nach Neapel lokalisierten Tafeln, die sich lange im Besitz der Familie zu Erbach-Fürstenau befunden haben.

Meister der heiligen Veronika (1410–1435 in Köln tätig): Notname für eine Kölner Werkstatt oder eine Werkgruppe mit wichtigen Vertretern des damals vorherrschenden sog. Internationalen Stils.

Meister des Bartholomäusaltars (um 1470–1510 tätig in Köln oder Utrecht/Arnheim/Nimwegen): Notname für eine große Werkstatt im dt.-niederl. Bereich, in der zahlreiche Altartafeln entstanden mit deutlichem Einfluss von Rogier van der Weyden.

Meister des Marienlebens (um 1460–1490 in Köln tätig): Notname einer Werkstatt, aus der v. a. Altartafeln aber auch Porträts stammen.

Memling, Hans (um 1433 Seligenstadt/Aschaffenburg – 1494 Brügge): niederl. Maler dt. Herkunft; großformatige Altarretabel, Andachtsbilder sowie Porträts von Kaufleuten im Stil der Frühen Niederländer.

Michelangelo Buonarroti (1475 Caprese – 1564 Rom): ital. Bildhauer, Architekt, Maler, Zeichner, erst in Florenz, später in Rom; Hauptvertreter der Renaissance, dessen Werke wie der *David*, die Ausmalung der Sixtinischen Kapelle und der Petersdom zu den berühmtesten Kunstwerken überhaupt zählen.

Mielich, Hans (1516 München – 1573 ebd): dt. Maler, v. a. in München als Bildnismaler tätig, erst für die Patrizier, später zunehmend für den Hof.

Murillo, Bartolomé Esteban (1617 Sevilla – 1682 ebd.): span. Maler des Barock; spezialisiert auf religiöse Gemälde und Genrebilder.

Newman, Barnett (1905 New York – 1970 ebd.): US-amerik. Maler; wichtiger Vertreter des Abstrakten Expressionismus, aus dem er die Farbfeldmalerei entwickelt.

Oosterwyck, Maria van (auch Osterwijck; 1630 Nooddorp b. Delft – 1693 Uitdam b. Monnikendam): niederl. Malerin des Barock, auf Stillleben spezialisiert.

Ostade, Adriaen van (1610 Haarlem – 1685 ebd.): niederl. Maler, Zeichner, wichtiger Vertreter der Genremalerei, bevorzugt bäuerliche Szenen; wenige Porträts und religiöse Themen.

Pacher, Michael (gest. 1498 Salzburg): Tiroler Maler; leitet spätestens ab 1467 eine Werkstatt in Bruneck, in der zahlreiche Altarretabel entstehen; arbeitet ab 1495 in Salzburg für die dortigen Kirchen.

Palma, Jacopo d. Ä. (um 1480 Serina/Brembana-Tal – 1528 Venedig): ital. Maler in Venedig, einer der bedeutenden Künstler im Umkreis von Giorgione und Tizian.

Parmigianino (eigtl. Francesco Mazzola; 1503 Parma – 1540 Casalmaggiore b. Parma): ital. Maler, Radierer; früher und wichtiger Vertreter des Manierismus; seine lang gestreckten Figuren in kühlen gebrochenen Farben beeinflussen v. a. die Maler in Venedig und Parma.

Perugino, Pietro (eigtl. Pietro di Cristoforo Vannucci; um 1445/48 Città di Pieve b. Perugia – 1523 Fontignano b. Perugia): ital. Maler der Renaissance mit bedeutenden Aufträgen in Perugia und Rom; berühmt für seine Madonnenbilder; Lehrer Raffaels.

Picasso, Pablo (1881 Málaga – 1973 Mougin/Cannes): span. Maler, Grafiker, Bildhauer; lebt ab 1904 in Paris, später auch in Südfrankreich; gehört zu den wichtigsten und berühmtesten Künstlern des 20. Jhs.

Piero di Cosimo (1462 Florenz – 1521/22 ebd.): ital. Maler der Renaissance; Schüler und Mitarbeiter von Cosimo Rosselli in Rom; später Orientierung an Leonardo.

Pinturicchio (eigtl. Bernardino di Betto; 1452/54 Perugia – 1513 Siena): ital. Maler der Renaissance; Mitarbeiter von Perugino im Vatikan; anschl. abwechselnd in Perugia, Rom und später Siena tätig.

Raffael (eigtl. Raffaello Sanzio; 1483 Urbino – 1520 Rom): ital. Maler, Architekt der Renaissance; einer der wichtigsten Künstler seiner Zeit im Wettstreit mit Leonardo und v. a. Michelangelo; geht von Urbino erst nach Florenz, später nach Rom, wo der Papst wichtigster Auftraggeber wird; im 19. Jh. Verklärung als bester Künstler aller Zeiten.

Raimondi, Marcantonio (um 1475/80 Molinella b. Bologna – um 1534 Bologna [?]): ital. Kupferstecher; einer der Begründer der Reproduktionsgrafik; macht das

Werk Dürers in Italien populär; verbreitet v. a. die Fresken und Gemälde Raffaels.

Rembrandt (eigtl. R. Harmensz. van Rijn; 1606 Leiden – 1669 Amsterdam): niederl. Maler, Zeichner, Grafiker des Barock; innovativ im Bereich der Porträt-, Historien- und Landschaftsmalerei; die Legende vom einsamen und verarmten Genie entsteht im ausgehenden 19. Jh.

Rosselli, Cosimo (1439 Florenz – 1507 ebd.): ital. Maler der Renaissance; zu seiner Zeit sehr erfolgreich; führt eine große Werkstatt und bildet dort viele namhafte Künstler aus.

Rubens, Peter Paul (1577 Siegen/Westf. – 1640 Antwerpen): niederl. Maler, Hauptvertreter des Barock in Europa; an zahlreichen europ. Fürstenhöfen beschäftigt, auch als Diplomat, führt er in Antwerpen eine große Werkstatt, in der er neben Lehrlingen, Gesellen und Meistern auch die sog. Rubens-Stecher beschäftigt, die seine Werke reproduzieren und verbreiten.

Ruisdael, Jacob van (1628/29 Haarlem – 1682 ebd.): niederl. Maler, Hauptvertreter der niederl. Landschaftsmalerei; düstere Landschaften mit einem Hang zur Dramatik haben später großen Einfluss auf die Romantik.

Schiele, Egon (1890 Tulln a. d. Donau – 1918 Wien), österr. Maler, Grafiker, wichtiger Vertreter der Wiener Moderne, berühmt für seine erotischen Darstellungen.

Seisenegger, Jakob (1505 [?] – 1567 Linz): österr. Hofmaler im Dienst des Königs (späteren Kaisers) Ferdinand; v. a. Porträts; das ganzfigurige Repräsentationsbild Kaiser Karl V. wirkt stilbildend und beeinflusst Tizian (nicht umgekehrt!).

Signorelli, Luca (um 1450 Cortona – 1523 ebd.): ital. Maler der Renaissance, in verschiedenen Städten (Loreto, Arezzo, Rom) tätig; berühmt sind die Wandmalereien im Dom von Orvieto.

Snyders, Frans (1579 Antwerpen – 1657 ebd.): niederl. Maler, spezialisiert auf üppige Stillleben und Jagdbilder; fügt auch Blumenstillleben, Tier-Darstellungen u. Ä. in Gemälde von Malerkollegen wie P. P. Rubens, A. van Dyck u. a. ein.

Steen, Jan (1626 Leiden – 1679 ebd.): niederl. Maler des Barock; berühmt für seine Genrebilder, daneben aber auch Historienbilder mit biblischen und mythologischen Themen.

Teniers, David, gen. d. J. (1610 Antwerpen – 1690 Brüssel): niederl. Maler; Sohn und Schüler des gleichnamigen Malers in Antwerpen; ab 1651 Hofmaler von Erzherzog Leopold in Brüssel; Genrebilder, Interieurs, Stillleben und zahlreiche Galerie-Ansichten.

Tintoretto (eigtl. Jacopo Robusti; 1518 Venedig – 1594 ebd.): ital. Maler zw. Hochrenaissance und Manierismus; v. a. in Venedig tätig; große Auftragsarbeiten für Kirchen, Scuolen (Versammlungsorte von Laienbrüdern) und den Dogen-Palast; vielfigurige bewegte Szenen.

Tintoretto, Domenico (eigtl. D. Robusti; 1560 Venedig – 1635 ebd.), ital. Maler, Sohn und Schüler von J. T., dessen Werkstatt er übernimmt und im Stil des Vaters weiterführt.

Tizian (eigtl. Tiziano Vecellio; um 1488/90 Pieve di Cadore/Belluno – 1576 Venedig): ital. Maler; bedeutender Vertreter der venez. Renaissancemalerei; arbeitet für zahlreiche Fürstenhöfe, den Papst und den Kaiser; sakrale und mythologische Historienbilder, Porträts, Landschaften; setzt die Farbe als zentrales Gestaltungsmittel ein.

Vasari, Giorgio (1511 Arezzo – 1574 Florenz): ital. Maler, Architekt, Schriftsteller im Dienst der Medici; Erbauer der Uffizien; berühmt durch seine Künstlerbiografien; wird häufig als «Vater der Kunstgeschichte» bezeichnet.

Velázquez, Diego (1599 Sevilla – 1660 Madrid): span. Maler; berühmter Vertreter der Barockmalerei, Porträtist der span. Königsfamilie und des Hofes.

Vermeer, Johannes (1632 Delft – 1675 ebd.): niederl. Maler, dessen Genrebilder auch als Interieurs bezeichnet werden können, in denen wenige Figuren zu sehen sind, die selten agieren.

Verrocchio, Andrea del (eigtl. Andrea di Michele Cioni; um 1435/36 Florenz – 1488 Venedig): ital. Maler, Bildhauer der Renaissance, v. a. berühmt für seine Bronzefiguren; Leiter einer großen Werkstatt; Lehrer Leonardos.

Weyden, Rogier van der (1399/1400 Tournai – 1464 Brüssel): niederl. Maler, Schüler von Robert Campin; wichtiger Vertreter der sog. Frühen Niederländer, Stadtmaler in Brüssel mit großer Werkstatt; v. a. Altartafeln und Porträts.

Wildens, Jan (1586 Antwerpen – 1653 ebd.): niederl. Maler des Barock; neben eigenständigen Landschaften v. a. Landschafts-Darstellungen in Werken seiner Malerkollegen wie P. P. Rubens, F. Snyders u. a.

Wolgemut, Michael (1434 Nürnberg – 1519 ebd.): dt. Maler, Zeichner; führt eine große Werkstatt, in der zahlreiche Altartafeln und Porträts entstehen; Lehrer von A. Dürer.

Zeuxis (um 430 – um 390 v. Chr.): griech. Maler aus Herakleia, durch zahlreiche Dokumente als führender Maler seiner Zeit belegt.

Literatur

Allgemeine Nachschlagewerke

Allgemeines Künstler Lexikon. Die Bildenden Künstler aller Zeiten und Völker, Band 1–65 Hrsg. K. G.Saur-Verlag / Günter Meißner, München / Leipzig 1992–2009; ab Band 66 Hrsg. Andreas Beyer / Bénédict Savoy / Wolf Tegethoff, Berlin / Boston 2010–? (Stand 2018: Band 101)

Hiltgart L. Keller, Lexikon der Heiligen und biblischen Gestalten, Stuttgart 2010

Hildegard Kretschmer, Lexikon der Symbole und Attribute in der Kunst, Stuttgart 2008

Allgemeine Werke

Hans Belting, Bild und Kult. Eine Geschichte des Bildes vor dem Zeitalter der Kunst, München 1990

Bruno Klein (Hrsg.), Gotik, München u. a. 2007 (Geschichte der bildenden Kunst in Deutschland, Band 3)

Eva-Bettina Krems, Der Fleck auf der Venus. 500 Künstleranekdoten von Apelles bis Picasso, München 2003

Susanna Partsch, Tatort Kunst. Über Fälscher, Betrüger und Betrogene, München ²2015

Thomas Sello / Rainer Müller, Von Pinsel und Öl zu Kohle und Blei. Künstler der Hamburger Kunsthalle, Hamburg 2000

Künstler-Monografien

Nils Büttner, Herr P. P. Rubens. Von der Kunst, berühmt zu werden, Göttingen 2006

Nils Büttner, Vermeer, München 2010

Nils Büttner, Hieronymus Bosch, München 2012

Nils Büttner, Rembrandt. Licht und Schatten, Stuttgart 2014

H. Perry Chapman u. a. (Hrsg.), Jan Steen. Maler und Erzähler, (Ausstellungskatalog Washington / Amsterdam), Stuttgart 1996

André Chastel (Hrsg.), Leonardo da Vinci, München 2011
Marcus Dekiert, Rembrandt. Die Opferung Isaaks (Monografien der Bayerischen Staatsgemäldesammlungen), München 2004
Sybille Ebert-Schifferer, Caravaggio. Sehen – staunen – glauben, München 2012.
Ernst Rebel, Albrecht Dürer. Maler und Humanist, München 1996
Willibald Sauerländer, Der katholische Rubens, München 2011
Sebastian Schütze, Caravaggio. Das vollständige Werk, Köln 2009
Gary Schwartz, Das Rembrandt-Buch. Leben und Werk eines Genies, München 2006
Felix Thürlemann, Rogier van der Weyden. Leben und Werk, München 2006
Giorgio Vasari, Lebensbeschreibungen der berühmtesten Maler, Bildhauer und Architekten. Deutsche Übersetzung (Edition Giorgio Vasari, hrsg. von Susanne Müller-Wolff / Alessandro Nova) in 45 Bänden, Berlin 2004–2015
Frank Günter Zehnder, Stefan Lochner. Meister zu Köln (Ausstellungskatalog), Köln 1993

Ausstellungskataloge

Reinhold Baumstark / Markus Dekiert (Hrsg.), Von neuen Sternen. Adam Elsheimers Flucht nach Ägypten (Ausstellungskatalog München), München 2005
Beverly Louise Brown, Die Geburt des Barock, Stuttgart 2001
Gisela Goldberg, Die Alexanderschlacht und die Historienbilder des bayerischen Herzogs Wilhelm IV. und seiner Gemahlin Jacobea für die Münchner Residenz, München 1983
Gisela Goldberg / Bruno Heimberg / Martin Schawe, Albrecht Dürer. Die Gemälde der Alten Pinakothek, München 1998
Claus Grimm / Johannes Erichsen / Evamaria Brockhoff, Lucas Cranach. Ein Maler-Unternehmer aus Franken (Ausstellungskatalog Kronach / Leipzig), Augsburg 1994
Sabine Haag u. a. (Hrsg.), Dürer – Cranach – Holbein. Die Entdeckung des Menschen. Das deutsche Porträt um 1500 (Ausstellungskatalog Wien / München), München 2011
Andreas Henning (Hrsg.), Die Sixtinische Madonna. Raffaels Kultbild wird 500 (Ausstellungs-Katalog Dresden), München u. a. 2012
Daniel Hess u. a., Der frühe Dürer (Ausstellungskatalog Nürnberg), Nürnberg 2012
Jochen Sander (Hrsg.), Dürer – Kunst, Künstler, Kontext (Ausstellungskatalog Frankfurt am Main), München u. a. 2013

Cornelia Syre / Jan Schmidt / Wolfgang Augustyn (Hrsg.), Leonardo da Vinci – Die Madonna mit der Nelke (Ausstellungskatalog München), München 2006

Sammlungskataloge

Alte Pinakothek. Erläuterungen zu den ausgestellten Gemälden, München 1986
Gesine Asmus u. a., Gemäldegalerie Berlin, Berlin 1998
Bernhard Bürgi u. a., Kunstmuseum Basel. Die Meisterwerke, Ostfildern 2011
Ina Conzen, Staatsgalerie Stuttgart. Die Sammlung, München 2008
Gemäldegalerie Berlin. Katalog der ausgestellten Gemälde, Berlin-Dahlem 1975
Gemäldegalerie Berlin (Prestels Museumsführer), München / New York 1998
Rüdiger an der Heiden, Die alte Pinakothek. Sammlungsgeschichte, Bau und Bilder, München 1998.
Andreas Henning / Harald Marx, «Das Kabinett der Rosalba». Rosalba Carriera und die Pastelle der Dresdner Gemäldegalerie Alte Meister, München 2007
Max Hollein / Franziska Leuthäußer, Meisterwerke im Städel Museum, München 2015
Bernhard Maaz, Gemäldegalerie Alte Meister Dresden. Eine Geschichte der Malerei, Köln 2014
Sylvia Ferino-Pagden u. a., Die Gemäldegalerie des Kunsthistorischen Museums in Wien. Verzeichnis der Gemälde, Wien 1991
Martina Sitt u. a., Die deutschen, englischen, französischen, italienischen und spanischen Gemälde 1350–1800 (Die Sammlungen der Hamburger Kunsthalle), Hamburg 2007

Die meisten Museen bieten heute auf ihrer Website die Möglichkeit an, die Bilder der Sammlung online abzurufen. Dort sind häufig auch die einzelnen Werke ausführlich beschrieben, zumindest aber finden sich die technischen Angaben.

Personenregister

Die kursiv gesetzten Seiten verweisen auf Abbildungen.

Bildnachweis

Kapitelaufmacher:

S. 2/3: Neubespannung der Wände in der Alten Pinakothek München, 2006 © Bayerische Staatsgemäldesammlungen, München, Foto: Haydar Koyupinar

S. 11: Rembrandts *Ganymed* in der Gemäldegalerie Alter Meister, Dresden (im Hintergrund Raffaels *Sixtinische Madonna*), © Staatliche Kunstsammlung Dresden, Foto: David Pinzer

S. 20/21: Abhängung des *Apokalpytischen Weibes* von Peter Paul Rubens in der Alten Pinakothek München, 2014 © Bayerische Staatsgemäldesammlungen, München, Foto: Nicole Wilhelms

S. 42/43: Szene vor Dürers *Selbstbildnis* in der Alten Pinakothek München, © Vivi D'Angelo

S. 82/83: Vermeers *Malkunst* im Kunsthistorischen Museum, Wien © KHM-Museumsverband

S. 138/139: Raffaels *Canigiani-Madonna* in der Alten Pinakothek München, © Vivi D'Angelo

S. 162/163: Rembrandts *Blendung Simsons* im Städel Museum, Frankfurt, © Städel Museum, Frankfurt a.M.

S. 188/189: Restaurierung einer der *Tugend*-Allegorien (Veronese-Werkstatt) aus der Staatsgalerie Würzburg, 2016 © Bayerische Staatsgemäldesammlungen, München, Foto: Sibylle Forster

S. 216/217: Die Kopie des Dürer-Selbstporträts im modernisierten Albrecht-Dürer-Haus in Nürnberg, © dpa, Foto: Daniel Karmann

S. 236/237: John Baldessari, Dialog mit Bartolomeo Venetos *Idealbildnis einer Kurtisane als Flora* in der Ausstellung «John Baldessari – The Städel Paintings» 2015/16, Städel Museum Frankfurt, © Städel Museum, Frankfurt a. M., Courtesy of John Baldessari

S. 277: Katharina Gaensslers *Sixtina 2012 (Gobelin)* in der Gemäldegalerie Alter Meister, Dresden, © Staatliche Kunstsammlung Dresden, Foto: David Pinzer

Alle weiteren Abbildungen:

© AKG Images: Abb. 11, 52, 58, 66, 68

© bpk: Abb. 3; 8, 41, 48, 54, 72, 73 (Staatl. Kunstsammlungen Dresden); 1, 9, 37, 47, 59, 70 (Staatl. Kunstsammlungen Dresden/Hans-Peter Klut); 23, 30 (Staatl. Kunstsammlungen Dresden/Elke Estel/Hans-Peter Klut); 2, 5, 10, 12, 13, 14, 17, 18, 19, 20, 21, 25, 35, 40 (Bayerische Staatsgemäldesammlungen); 15, 16, 22, 29, 32, 34, 36, 38, 44 (Gemäldegalerie, SMB/Jörg P. Anders); 26, 45, 46 (Gemäldegalerie, SMB, Eigentum des Kaiser Friedrich Museumsvereins/Jörg P. Anders; 64 (Gemäldegalerie, SMB/Christoph Schmidt) 27 (Kupferstichkabinett, SMB, Volker-H. Schneider); 28 (Eduard Meyer); 39, 49 (Hermann Buresch); 57 (Lutz Braun); 60 (RMN-Grand Palais/Thierry Olivier); 63 (Roman Beniaminson)

© Bayerische Staatsgemäldesammlungen, München, Fotos: Haydar Koyupinar/Nicole Wilhelms, Abb. 6, 56, 51, 53, 55, 56, 61, 62, 65; Bayerische Staatsgemäldesammlungen, Sammlung HypoVereinsbank, Member of UniCredit, 31

© Staatsgalerie Stuttgart, Abb. 7

© KHM-Museumsverband, Abb. 24, 33, 39, 50, 69, 71

© Städel Museum, Frankfurt, Abb. 43, 67